앞선 정보 제공! 도서 업데이트

언제, 왜 업데이트될까?

도서의 학습 효율을 높이기 위해 자료를 추가로 제공할 때!
공기업 · 대기업 필기시험에 변동사항 발생 시 정보 공유를 위해!
공기업 · 대기업 채용 및 시험 관련 중요 이슈가 생겼을 때!

KB200174

01 시대에듀 도서
www.sdedu.co.kr/book
홈페이지 접속

02 상단 카테고리
「도서업데이트」
클릭

03 해당
기업명으로
검색

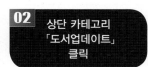

참고자료, 시험 개정사항 등 정보 제공으로 학습효율을 높여 드립니다.

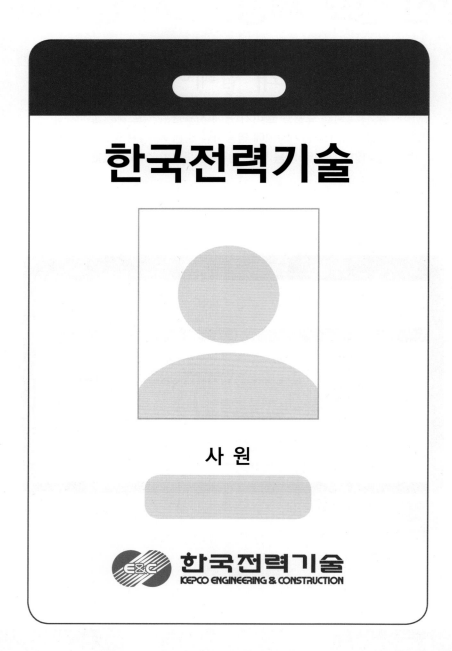

사일 동안
이것만 풀면
다 합격!

한국전력기술
NCS + 전공

2025 최신판 시대에듀 사이다 모의고사
한국전력기술 NCS + 전공

Always **with you**

사람의 인연은 길에서 우연하게 만나거나 함께 살아가는 것만을 의미하지는 않습니다.
책을 펴내는 출판사와 그 책을 읽는 독자의 만남도 소중한 인연입니다.
시대에듀는 항상 독자의 마음을 헤아리기 위해 노력하고 있습니다. 늘 독자와 함께하겠습니다.

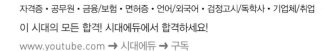

머리말 PREFACE

친환경 에너지 기술로 미래 에너지 산업을 선도하는 한국전력기술은 2025년에 신입 사원을 채용할 예정이다. 한국전력기술의 채용절차는 「입사지원서 접수 ➡ 서류전형 ➡ 필기전형 ➡ 자기소개서 접수 ➡ 면접전형 ➡ 최종합격자 발표」 순서로 이루어진다. 필기전형은 직업기초능력과 직무수행능력, 인성검사로 진행한다. 그중 직업기초능력은 의사소통능력, 수리능력, 문제해결능력, 자원관리능력, 조직이해능력, 기술능력 중 분야별로 5개 영역을 평가하며, 직무수행능력은 분야별로 내용이 상이하므로 반드시 확정된 채용공고를 확인해야 한다. 또한, 필기전형 고득점자 순으로 채용인원의 3~5배수 이내로 합격자가 결정되므로 고득점을 받기 위해 다양한 유형에 대한 폭넓은 학습과 문제풀이능력을 높이는 등 철저한 준비가 필요하다.

한국전력기술 합격을 위해 시대에듀에서는 한국전력기술 판매량 1위의 출간경험을 토대로 다음과 같은 특징을 가진 도서를 출간하였다.

도서의 특징

❶ 합격으로 이끌 가이드를 통한 채용 흐름 확인!
- 한국전력기술 소개와 최신 시험 분석을 수록하여 채용 흐름을 파악하는 데 도움이 될 수 있도록 하였다.

❷ 기출응용 모의고사를 통한 완벽한 실전 대비!
- 철저한 분석을 통해 실제 유형과 유사한 기출응용 모의고사를 4회분 수록하여 시험 직전 4일 동안 자신의 실력을 점검하고 향상시킬 수 있도록 하였다.

❸ 다양한 콘텐츠로 최종 합격까지!
- 온라인 모의고사를 무료로 제공하여 필기전형에 대비할 수 있도록 하였다.
- 모바일 OMR 답안채점/성적분석 서비스를 통해 자동으로 점수를 채점하고 확인할 수 있도록 하였다.

끝으로 본 도서를 통해 한국전력기술 채용을 준비하는 모든 수험생 여러분이 합격의 기쁨을 누리기를 진심으로 기원한다.

SDC(Sidae Data Center) 씀

◇ **미션**

> 친환경 에너지 기술을 기반으로
> 미래 에너지 산업을 선도하여 국민 삶의 질 향상에 기여한다.

◇ **비전**

> **Technology for Earth, Energy for Human**
> 환경을 생각하는 기술, 사람을 향한 에너지

◇ **핵심가치**

사람	기술	미래

◇ **경영목표**

> **2035년 매출액 1.5조 원 달성**

| 탄소중립
매출 1.3조 원 | 에너지안보
기여도 100% | R&D 사업화율
70% | ESG 종합등급
A+ 달성 |

◇ **전략방향 및 전략과제**

핵심역량 중심 주력 · 성장사업 활성화	▶	• 글로벌 원전사업 경쟁력 강화 • 신재생에너지 사업 활성화 • 원전 전주기 사업 활성화
보유역량 활용 미래사업 성장 기반 조성	▶	• 미래성장사업 · 기술역량 확보 • 디지털 융복합 사업 활성화 • 지속성장을 위한 안정적 사업 모델 발굴
기술사업화 중심 에너지기술 경쟁력 확보	▶	• 기술사업화 관리체계 고도화 • 기술역량 관리체계 강화 • 에너지 기술개발 다변화
경영혁신 선도 지속가능 경영체계 구축	▶	• 미래지향 경영혁신 선도 • 상생 · 윤리 경영체계 확립 • 인사 · 문화 · 재무 혁신

◇ **인재상**

신뢰받는 Partner
인류에 대한 존중과 신뢰를 바탕으로 시너지를 극대화하는 인재

도전하는 Pioneer
변화를 두려워하지 않고 지속적인 도전을 통해 가치를 창출하는 인재

기술을 선도하는 Expert
세계 최고의 에너지 전문가를 목표로 무한한 성장을 꿈꾸는 인재

신입사원 채용 안내 INFORMATION

◇ **지원자격(공통)**

❶ 정년(만 60세)에 도달하지 아니한 자
❷ 입사예정일에 근무가 가능한 자
❸ 한국전력기술 인사규정 제9조의 결격사유에 해당하지 않는 자
❹ 군 복무 중인 경우 접수마감일 이전 전역이 가능한 자

◇ **필기전형**

구분	분야	내용
직업기초능력	사무	의사소통능력, 수리능력, 문제해결능력, 자원관리능력, 조직이해능력
	기술·연구	의사소통능력, 수리능력, 문제해결능력, 자원관리능력, 기술능력
직무수행능력	사무	사무 분야 전공지식(통합전공)
	기술·연구	해당 분야 전공지식(기사 수준)
인성검사	전 분야	필요역량과 성격유형 평가

◇ **면접전형**

구분	평가방법 및 합격기준
종합면접	자기소개서 및 직무기술서 기반 역량 평가
발표면접	주어진 업무상황, 과제를 설정하여 해결하는 과정 관찰

❖ 위 채용 안내는 2025년 상반기 채용공고를 기준으로 작성하였으며, 세부사항은 확정된 채용공고를 확인하기 바랍니다.

총평

한국전력기술 필기전형은 피듈형으로 출제되었으며, 난이도는 평이했으나 문항 수가 많아 시간이 부족했다는 후기가 많았다. 수리능력의 경우 응용 수리 문제와 자료 이해 문제가 함께 출제되었으므로 다양한 문제 유형에 대한 준비가 필요해 보인다. 또한, 문제해결능력이나 자원관리능력의 경우 다양한 자료를 해석하는 문제가 출제되었으므로 평소 주어진 시간에 맞춰 꼼꼼하게 문제를 푸는 연습을 해야 한다. 조직이해능력이나 기술능력에서는 모듈이론을 활용한 문제가 출제되었으므로 모듈이론에 대한 학습도 놓쳐서는 안 된다.

◇ 영역별 출제 비중

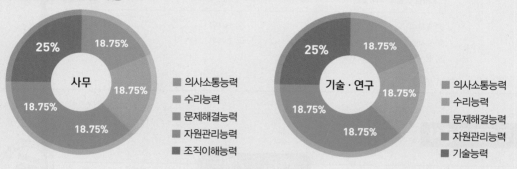

구분	출제 특징	출제 키워드
의사소통능력	• 문서 내용 이해 문제가 출제됨 • 공사 관련 지문이 출제됨	• 문단, 전기, 내용, 보고서 등
수리능력	• 응용 수리 문제가 출제됨 • 자료 이해 문제가 출제됨	• 표, 인원 등
문제해결능력	• 규칙 적용 문제가 출제됨 • SWOT 분석 문제가 출제됨	• SWOT 분석, 상품코드 등
자원관리능력	• 시간 계획 문제가 출제됨 • 비용 계산 문제가 출제됨	• 업체 선정, 경비, 시간 등
조직이해능력	• 모듈형 문제가 출제됨	• 조직, 구조 등
기술능력	• 기술 적용 문제가 출제됨 • 모듈형 문제가 출제됨	• 매뉴얼, 벤치마킹 등

주요 공기업 적중 문제 TEST CHECK

한국전력기술

70 다음 중 매뉴얼 작성 방법에 대해 잘못 이야기한 사원은?

> K팀장 : 우리 신제품에 대한 매뉴얼을 작성해야 하는데 어떻게 작성해야 좋을까?
> A사원 : 매뉴얼의 서술에 있어 명령문의 경우 약한 형태보다는 단정적으로 표현하는 것이 좋을 것 같습니다.
> B사원 : 의미 전달을 명확하게 하기 위해서는 능동태보다는 수동태의 동사를 사용해야 할 것입니다.
> C사원 : 사용자가 한 번 본 후 더 이상 매뉴얼이 필요하지 않게 빨리 외울 수 있도록 배려하는 것도 필요하다고 생각합니다.
> D사원 : 사용자의 질문들을 예상하고 사용자에게 답을 제공해야 한다는 마음으로 매뉴얼을 작성해야 할 것입니다.
> E사원 : 짧고 의미있는 제목과 비고를 통해 사용가자 원하는 정보의 위치를 파악할 수 있었으면 합니다.

① A사원
② B사원
③ C사원
④ D사원
⑤ E사원

한국전력공사

09 K공사에 근무하는 A씨는 사정이 생겨 퇴사하게 되었다. A씨의 근무기간 및 기본급 등의 기본정보가 다음과 같다면, A씨가 받게 되는 퇴직금의 세전금액은 얼마인가?(단, A씨의 퇴직일 이전 3개월간 기타수당은 720,000원이며, 퇴직일 이전 3개월간 총일수는 80일이다)

> • 입사일자 : 2021년 9월 1일
> • 퇴사일자 : 2023년 9월 4일
> • 재직일수 : 730일
> • 월기본급 : 2,000,000원
> • 월기타수당 : 월별 상이
> • 퇴직 전 3개월 임금 총액 계산(세전금액)
>
> | 퇴직 이전 3개월간 총일수 | 기본급(3개월분) | 기타수당(3개월분) |
> | --- | --- | --- |
> | 80일 | 6,000,000원 | 720,000원 |
>
> • (1일 평균임금)=[퇴직일 이전 3개월간에 지급 받은 임금총액(기본급)+(기타수당)]/(퇴직일 이전 3개월간 총일수)
> • (퇴직금)=(1일 평균임금)×(30일)×[(재직일수)/365]

① 5,020,000원
② 5,030,000원
③ 5,040,000원
④ 5,050,000원
⑤ 5,060,000원

한전KPS

참 / 거짓 ▶ 유형

04 연경, 효진, 다솜, 지민, 지현 5명 중에 1명이 선생님의 책상에 있는 화병에 꽃을 꽂아두었다. 〈보기〉의 대화 중 두 명의 이야기는 모두 거짓이지만 세 명의 이야기는 모두 참이라고 할 때, 선생님 책상에 꽃을 꽂아둔 사람은?

> **보기**
>
> 연경 : 화병에 꽃을 꽂아두는 것을 나와 지현이만 보았다. 효진이의 말은 모두 맞다.
> 효진 : 화병에 꽃을 꽂아둔 사람은 지민이다. 지민이가 그러는 것을 지현이가 보았다.
> 다솜 : 지민이는 꽃을 꽂아두지 않았다. 지현이의 말은 모두 맞다.
> 지민 : 화병에 꽃을 꽂아두는 것을 세 명이 보았다. 효진이는 꽃을 꽂아두지 않았다.
> 지현 : 나와 연경이는 꽃을 꽂아두지 않았다. 나는 누가 꽃을 꽂는지 보지 못했다.

① 연경　　　　　　② 효진
③ 다솜　　　　　　④ 지민
⑤ 지현

한전KDN

비율 ▶ 키워드

※ 다음은 외국인 직접투자의 투자건수 비율과 투자금액 비율을 투자규모별로 나타낸 자료이다. 이어지는 질문에 답하시오. **[12~13]**

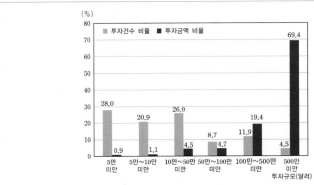

※ 투자규모는 외국인 직접투자의 건당 투자금액을 기준으로 구분함

※ [투자건수 비율(%)]$=\dfrac{(투자규모별 외국인 직접투자 건수)}{(전체 외국인 직접투자 건수)}\times100$

※ [투자금액 비율(%)]$=\dfrac{(투자규모별 외국인 직접투자 금액 합계)}{(전체 외국인 직접투자 건수)}\times100$

학습플랜 STUDY PLAN

1일 차 학습플랜   1일 차 기출응용 모의고사

_____월 _____일

의사소통능력	수리능력	문제해결능력

자원관리능력	조직이해능력 / 기술능력

2일 차 학습플랜   2일 차 기출응용 모의고사

_____월 _____일

의사소통능력	수리능력	문제해결능력

자원관리능력	조직이해능력 / 기술능력

3일 차 학습플랜　　3일 차 기출응용 모의고사

_____월 _____일

의사소통능력	수리능력	문제해결능력

자원관리능력	조직이해능력 / 기술능력

4일 차 학습플랜　　4일 차 기출응용 모의고사

_____월 _____일

사무	전기	기계

취약영역 분석 WEAK POINT

1일 차 취약영역 분석

시작 시간	:	종료 시간	:
풀이 개수	개	못 푼 개수	개
맞힌 개수	개	틀린 개수	개
취약영역 / 유형			
2일 차 대비 개선점			

2일 차 취약영역 분석

시작 시간	:	종료 시간	:
풀이 개수	개	못 푼 개수	개
맞힌 개수	개	틀린 개수	개
취약영역 / 유형			
3일 차 대비 개선점			

3일 차 취약영역 분석

시작 시간	:	종료 시간	:
풀이 개수	개	못 푼 개수	개
맞힌 개수	개	틀린 개수	개
취약영역 / 유형			
4일 차 대비 개선점			

4일 차 취약영역 분석

시작 시간	:	종료 시간	:
풀이 개수	개	못 푼 개수	개
맞힌 개수	개	틀린 개수	개
취약영역 / 유형			
시험일 대비 개선점			

이 책의 차례 CONTENTS

1일 차
기출응용 모의고사

〈문항 및 시험시간〉

평가영역	문항 수	시험시간	모바일 OMR 답안분석
[공통] 의사소통능력＋수리능력＋ 　　　 문제해결능력＋자원관리능력 [사무] 조직이해능력 [전기・기계] 기술능력	80문항	90분	사무　　　전기・기계

1일 차 기출응용 모의고사

문항 수 : 80문항
시험시간 : 90분

| 01 | 공통

※ 다음 글을 읽고 이어지는 질문에 답하시오. **[1~2]**

카셰어링이란 차를 빌려 쓰는 방법의 하나로, 기존의 방식과는 다르게 시간 또는 분 단위로 필요한 만큼만 자동차를 빌려 사용할 수 있다. 이러한 카셰어링은 비용 절감 효과와 더불어 환경적·사회적 측면에서 현재 세계적으로 주목받고 있는 사업 모델이다.

호주 멜버른시의 조사 자료에 따르면, 카셰어링 차 한 대당 도로상의 개인 소유 차량 9대를 줄이는 효과가 있으며, 실제 카셰어링을 이용하는 사람은 해당 서비스 가입 이후 자동차 사용을 50%까지 줄였다고 한다. 또한 자동차 이용량이 줄어들면 주차 문제를 해결할 수 있으며, 카셰어링 업체에서 제공하는 친환경 차량을 통해 온실가스의 배출을 감소시키는 효과도 기대할 수 있다. 호주 카셰어링 업체 차량의 60% 정도는 경차 또는 하이브리드 차량인 것으로 조사되었다.

호주의 카셰어링 시장규모는 8,360만 호주 달러로 지난 5년간 연평균 21.7%의 급격한 성장률을 보이고 있다. 전문가들은 호주 카셰어링 시장이 앞으로도 가파르게 성장해 5년 후에는 현재보다 약 2.5배 증가한 2억 1,920만 호주 달러에 이를 것이며, 이용자 수도 10년 안에 150만 명까지 폭발적으로 늘어날 것이라고 예측한다.

이처럼 호주에서 카셰어링 서비스가 많은 회원을 확보하며 급격한 성장세를 나타내는 데는 비용 측면의 이유가 가장 크다고 볼 수 있다. 호주에서 차량을 소유할 경우 주유비, 서비스비, 보험료, 주차비 등의 부담이 크기 때문이다. 발표 자료에 의하면 차량 2대를 소유한 가족이 차량 구매 금액을 비롯하여 차량 유지비에만 쓰는 비용은 연간 12,000호주 달러에서 18,000호주 달러에 이른다고 한다.

호주 자동차 산업에서 경제적·환경적·사회적인 변화에 따라 호주 카셰어링 시장이 폭발적인 성장세를 보이는 것에 주목할 필요가 있다. 전문가들은 카셰어링으로 인해 자동차 산업에 나타나는 변화의 정도를 '위험한 속도'로까지 비유하기도 한다. 카셰어링 차량의 주차공간을 마련하기 위해서 정부의 역할이 매우 중요한 만큼 호주는 정부 차원에서도 카셰어링 서비스를 지원하는 데 적극적으로 움직이고 있다. 호주는 카셰어링 서비스가 발달한 미국, 캐나다, 유럽 대도시에 비하면 아직 뒤처져 있지만, 성장 가능성이 높아 국내기업에서도 차별화된 서비스와 플랫폼을 개발한다면 진출을 시도해 볼 수 있다.

01 다음 중 윗글의 제목으로 가장 적절한 것은?

① 호주의 카셰어링 성장배경과 전망
② 호주 카셰어링 서비스의 장단점
③ 카셰어링 사업의 세계적 성장 가능성
④ 카셰어링 사업의 성공을 위한 호주 정부의 노력
⑤ 호주에서 카셰어링 서비스가 성공하기 어려운 이유

02 다음 중 윗글의 내용으로 적절하지 않은 것은?

① 호주에서 카셰어링 서비스를 이용하는 사람의 경우 가입 이후 자동차 사용률이 50% 감소하였다.
② 호주의 카셰어링 업체가 소유한 차량의 약 60%는 경차 또는 하이브리드 자동차이다.
③ 호주의 카셰어링 시장은 지난 5년간 급격하게 성장하여 현재 8,360만 호주 달러의 규모를 이루고 있다.
④ 호주의 한 가족이 1년간 카셰어링 서비스를 이용할 경우 최대 18,000호주 달러가 사용된다.
⑤ 미국, 캐나다, 유럽 대도시에는 이미 카셰어링 서비스가 발달해 있다.

03 다음 글의 내용으로 적절하지 않은 것은?

현재 전해지는 조선시대의 목가구는 대부분 조선 후기의 것들이다. 이는 단단한 소나무, 느티나무, 은행나무 등의 곧은결을 기둥이나 쇠목으로 이용하고, 오동나무, 느티나무, 먹감나무 등의 늘결을 판재로 사용하여 자연스런 나뭇결의 재질을 살렸다. 또한 대나무 혹은 엇갈리거나 소용돌이 무늬를 이룬 뿌리 부근의 목재 등을 활용하여 자연스러운 장식이 되도록 하였다.

조선시대의 목가구는 대부분 한옥의 온돌에서 사용되었기에 온도와 습도 변화에 따른 변형을 최대한 방지할 수 있는 방법이 필요하였다. 그래서 단단하고 가느다란 기둥재로 면을 나누고, 기둥재에 홈을 파서 판재를 끼워 넣는 특수한 짜임과 이음의 방법을 사용하였으며, 꼭 필요한 부위에만 접착제와 대나무 못을 사용하여 목재가 수축·팽창하더라도 뒤틀림과 휘어짐이 최소화될 수 있도록 하였다. 조선시대 목가구의 대표적 특징으로 언급되는 '간결한 선'과 '명확한 면 분할'은 이러한 짜임과 이음의 방법에 기초한 것이다. 짜임과 이음은 조선시대 목가구 제작에 필수적인 방법으로, 겉으로 드러나는 아름다움은 물론 보이지 않는 내부의 구조까지 고려한 격조 높은 기법이었다.

한편, 물건을 편리하게 사용할 수 있게 해주며, 목재의 결합부위나 모서리에 힘을 보강하는 금속 장석은 장식의 역할도 했지만 기능상 반드시 필요하거나 나무의 질감을 강조하려는 의도에서 사용되어, 조선 시대 목가구의 절제되고 간결한 특징을 잘 살리고 있다.

① 조선시대 목가구는 온도와 습도 변화에 따른 변형을 방지할 방법이 필요했다.
② 금속 장석은 장식의 역할도 했지만, 기능상 필요에 의해서도 사용되었다.
③ 나무의 곧은결을 기둥이나 쇠목으로 이용하고, 늘결을 판재로 사용하였다.
④ 접착제와 대나무 못을 사용하면 목재의 수축과 팽창이 발생하지 않게 된다.
⑤ 목재의 결합부위나 모서리에 힘을 보강하기 위해 금속 장석을 사용하였다.

04 다음 글의 주제로 가장 적절한 것은?

우리 사회는 타의 추종을 불허할 정도로 빠르게 변화하고 있다. 가족정책도 4인 가족 중심에서 1 ~ 2인 가구 중심으로 변해야 하며, 청년실업률과 비정규직화, 독거노인의 증가를 더 이상 개인의 문제가 아닌 사회문제로 다뤄야 하는 시기이다. 여러 유형의 가구와 생애주기 변화, 다양해지는 수요에 맞춘 공동체 주택이야말로 최고의 주거복지사업이다. 공동체 주택은 공동의 목표와 가치를 가진 사람들이 커뮤니티를 이뤄 사회문제에 공동으로 대처해 나가도록 돕고, 나아가 지역사회와도 연결시키는 작업을 진행하고 있다.

임대료 부담으로 작품활동이나 생계에 어려움을 겪는 예술인을 위한 공동주택, 1인 창업과 취업을 위해 골몰하는 청년을 위한 주택, 지속적인 의료서비스가 필요한 환자나 고령자를 위한 의료안심주택은 모두 시민의 삶의 질을 높이고 선별적 복지가 아닌 복지사회를 이루기 위한 노력의 일환이다. 혼자가 아닌 '함께 가는' 길에 더 나은 삶이 있기 때문에 오늘도 수요자 맞춤형 공공주택은 수요자에 맞게 진화하고 있다.

① 주거난에 대비하는 주거복지 정책
② 4차 산업혁명과 주거복지
③ 선별적 복지 정책의 긍정적 결과
④ 수요자 중심의 대출규제 완화
⑤ 다양성을 수용하는 주거복지 정책

05 다음 글에서 나타나는 경청의 방해요인은?

내 친한 친구는 한 번도 약속을 지킨 적이 없던 것 같다. 작년 크리스마스 때의 약속, 지난 주말에 했던 약속 모두 늦게 오거나 당일에 문자로 취소 통보를 했었다. 그 친구가 오늘 학교에서 나에게 다음 주말에 개봉하는 영화를 함께 보러 가자고 했고, 나는 당연히 다음 주에는 그 친구와 만날 수 없을 것이라고 생각했다.

① 판단하기   ② 조언하기
③ 언쟁하기   ④ 걸러내기
⑤ 비위 맞추기

06 다음 문단을 논리적 순서대로 바르게 나열한 것은?

(가) 동아시아의 문명 형성에 가장 큰 영향력을 끼친 책을 꼽을 때, 그중에 『논어』가 빠질 수 없다. 『논어』는 공자(B.C 551 ~ 479)가 제자와 정치인 등을 만나서 나눈 이야기를 담고 있다. 공자의 활동기간으로 따져보면 『논어』는 지금으로부터 대략 2,500년 전에 쓰인 것이다. 지금의 우리는 한나절에 지구 반대편으로 날아다니고, 여름에 겨울 과일을 먹는 그야말로 공자는 상상할 수도 없는 세상에 살고 있다.

(나) 2,500년 전의 공자와 그가 대화한 사람 역시 우리와 마찬가지로 '호모 사피엔스'이기 때문이다. 2,500년 전의 사람도 배고프면 먹고, 졸리면 자고, 좋은 일이 있으면 기뻐하고, 나쁜 일이 있으면 화를 내는 오늘날의 사람과 다름없었다. 불의를 보면 공분하고, 전쟁보다 평화가 지속되기를 바라고, 예술을 보고 들으며 즐거워했는데, 오늘날의 사람도 마찬가지이다.

(다) 물론 2,500년의 시간으로 인해 달라진 점도 많고 시대와 문화에 따라 '사람다움이 무엇인가?'에 대한 답은 다를 수 있지만, 사람은 돌도 아니고 개도 아니고 사자도 아니라 여전히 사람일 뿐인 것이다. 즉, 현재의 인간이 과거보다 자연의 힘에 두려워하지 않고 자연을 합리적으로 설명할 수는 있지만, 인간적 약점을 극복하고 신적인 존재가 될 수는 없는 그저 인간일 뿐인 것이다.

(라) 『논어』의 일부는 여성과 아동, 이민족에 대한 당시의 편견을 드러내고 있어 이처럼 달라진 시대의 흐름에 따라 폐기될 수밖에 없지만, 이를 제외한 부분은 '오래된 미래'로서 읽을 가치가 있는 것이다.

(마) 이론의 생명 주기가 짧은 학문의 경우, 2,500년 전의 책은 역사적 가치가 있을지언정 이론으로서는 폐기 처분이 당연시된다. 그런데 왜 21세기의 우리가 2,500년 전의 『논어』를 지금까지도 읽고, 또 읽어야 할 책으로 간주하고 있는 것일까?

① (가) – (마) – (나) – (다) – (라)
② (가) – (마) – (나) – (라) – (다)
③ (가) – (마) – (다) – (나) – (라)
④ (나) – (다) – (가) – (마) – (라)
⑤ (마) – (가) – (나) – (다) – (라)

07 다음 글의 빈칸에 들어갈 내용으로 가장 적절한 것은?

> 최근 경제・시사 분야에서 빈번하게 등장하는 단어인 탄소배출권(CER; Certified Emission Reduction)에 대한 개념을 이해하기 위해서는 교토메커니즘(Kyoto Mechanism)과 탄소배출권거래제(Emission Trading)를 알아둘 필요가 있다.
> 교토메커니즘은 지구 온난화의 규제 및 방지를 위한 국제 협약인 기후변화협약의 수정안인 교토 의정서에서, 온실가스를 보다 효과적이고 경제적으로 줄이기 위해 도입한 세 유연성체제인 '공동이행제도', '청정개발체제', '탄소배출권거래제'를 묶어 부르는 것이다.
> 이 중 탄소배출권거래제는 교토의정서 6대 온실가스인 이산화탄소, 메테인, 아산화질소, 과불화탄소, 수소불화탄소, 육불화황의 배출량을 줄여야 하는 감축의무국가가 의무감축량을 초과 달성하였을 경우에 그 초과분을 다른 국가와 거래할 수 있는 제도로, ＿＿＿＿＿＿＿＿＿＿＿＿＿＿＿＿＿＿＿＿＿＿
> 결국 탄소배출권이란 현금화가 가능한 일종의 자산이자 가시적인 자연보호성과인 셈이며, 이에 따라 많은 국가 및 기업에서 탄소배출을 줄임과 동시에 탄소감축활동을 통해 탄소배출권을 획득하기 위해 동분서주하고 있다. 특히 기업들은 탄소배출권을 확보하는 주요 수단인 청정개발체제 사업을 확대하는 추세인데, 청정개발체제 사업은 개발도상국에 기술과 자본을 투자해 탄소배출량을 줄였을 경우에 이를 탄소배출량 감축목표달성에 활용할 수 있도록 한 제도이다.

① 다른 국가를 도왔을 때 그로 인해 줄어든 탄소배출량을 감축목표량에 더할 수 있는 것이 특징이다.
② 교토메커니즘의 세 유연성체제 중에서도 가장 핵심이 되는 제도라고 할 수 있다.
③ 6대 온실가스 중에서도 특히 이산화탄소를 줄이기 위해 만들어진 제도이다.
④ 의무감축량을 준수하지 못한 경우에도 다른 국가로부터 감축량을 구입할 수 있는 것이 특징이다.
⑤ 다른 감축의무국가를 도움으로써 획득한 탄소배출권이 사용되는 배경이 되는 제도이다.

08 J사원의 상사가 J사원에게 다음과 같이 문서를 작성해 제출할 것을 요청하였다. 다음 중 J사원이 작성해야 할 문서의 종류는 무엇인가?

> 이번 문서를 토대로 J사원의 업무 결과가 평가되므로 이 점 유의하여 작성해 주시길 바랍니다. 최대한 핵심적인 내용으로 간결하게 작성하시고, 복잡한 내용은 도표나 그림을 활용하는 것이 좋겠죠? 그리고 참고한 자료가 있다면 모두 함께 제시해 주어야 합니다. 최종적으로 부장님께 제출하기 전에 제가 확인을 할 예정이지만, J사원도 제출하기 전에 잘못 작성된 부분은 없는지 점검해 주시기 바랍니다.

① 보도자료   ② 설명서
③ 보고서   ④ 제안서
⑤ 기획서

09 다음 중 밑줄 친 ㉠의 주장으로 가장 적절한 것은?

문화가 발전하려면 저작자의 권리 보호와 저작물의 공정 이용이 균형을 이루어야 한다. 저작물의 공정 이용이란 저작권자의 권리를 일부 제한하여 저작권자의 허락이 없어도 저작물을 자유롭게 이용하는 것을 말한다. 비영리적인 사적 복제를 허용하는 것이 그 예이다. 우리나라의 저작권법에서는 오래전부터 공정 이용으로 볼 수 있는 저작권 제한 규정을 두었다.

그런데 디지털 환경에서 저작물의 공정 이용은 여러 장애에 부딪혔다. 디지털 환경에서는 저작물을 원본과 동일하게 복제할 수 있고 용이하게 개작할 수 있다. 따라서 저작물이 개작되더라도 그것이 원래 창작물인지 이차적 저작물인지 알기 어렵다. 그 결과 디지털화된 저작물의 이용 행위가 공정 이용의 범주에 드는 것인지 가늠하기가 더 어려워졌고 그에 따른 처벌 위험도 커졌다.

이러한 문제를 해소하기 위한 시도의 하나로 포괄적으로 적용할 수 있는 '저작물의 정한 이용' 규정이 저작권법에 별도로 신설되었다. 그리하여 저작권자의 동의가 없어도 저작물을 공정하게 이용할 수 있는 영역이 확장되었다. 그러나 공정 이용 여부에 대한 시비가 자율적으로 해소되지 않으면 예나 지금이나 법적인 절차를 밟아 갈등을 해소해야 한다.

저작물 이용자들이 처벌에 대한 불안감을 여전히 느낀다는 점에서 저작물의 자유 이용 허락 제도와 같은 '저작물의 공유' 캠페인이 주목을 받고 있다. 이 캠페인은 저작권자들이 자신의 저작물에 일정한 이용 허락 조건을 표시해서 이용자들에게 무료로 개방하는 것을 말한다. 캠페인 참여자들은 저작권자와 이용자들의 자발적인 참여를 통해 자유롭게 활용할 수 있는 저작물의 양과 범위를 확대하려고 노력한다. 이들은 저작물의 공유가 확산되면 디지털 저작물의 이용이 활성화되고 그 결과 인터넷이 더욱 창의적이고 풍성한 정보 교류의 장이 될 것이라고 본다. 그러나 캠페인에 참여한 저작물을 이용할 때 허용된 범위를 벗어난 경우 법적 책임을 질 수 있다.

한편, ㉠다른 시각을 가진 사람들도 있다. 이들은 저작물의 공유 캠페인이 확산되면 저작물을 창조하려는 사람들의 동기가 크게 감소할 것이라고 우려한다. 이들은 결과적으로 활용 가능한 저작물이 줄어들게 되어 이용자들도 피해를 당하게 된다고 주장한다. 또 디지털 환경에서는 사용료 지불 절차 등이 간단해져서 '저작물의 공정한 이용' 규정을 별도로 신설할 필요가 없었다고 본다. 이들은 저작물의 공유 캠페인과 신설된 공정 이용 규정으로 인해 저작권자들의 정당한 권리가 침해받고 있으므로 이를 시정하는 것이 오히려 공익에 더 도움이 된다고 말한다.

① 이용 허락 조건을 저작물에 표시하면 창작 활동이 더욱 활성화된다.
② 저작권자의 정당한 권리 보호를 위해 저작물의 공유 캠페인이 확산되어야 한다.
③ 비영리적인 경우 저작권자의 동의가 없어도 복제가 허용되는 영역을 확대해야 한다.
④ 저작권자가 자신들의 노력에 상응하는 대가를 정당하게 받을수록 창작 의욕이 더 커진다.
⑤ 자신의 저작물을 자유롭게 이용하도록 양보하는 것은 다른 저작권자의 저작권 개방을 유도하여 공익을 확장시킨다.

10 다음 글에 대한 반박으로 가장 적절한 것은?

인간은 사회 속에서만 자신을 더 나은 존재로 느낄 수 있기 때문에 자신을 사회화하고자 한다. 인간은 사회 속에서만 자신의 자연적 소질을 실현할 수 있는 것이다. 그러나 인간은 자신을 개별화하거나 고립시키려는 성향도 강하다. 이는 자신의 의도에 따라서만 행동하려는 반사회적인 특성을 의미한다. 그리고 저항하려는 성향이 자신뿐만 아니라 다른 사람에게도 있다는 사실을 알기 때문에, 그 자신도 곳곳에서 저항에 부딪히게 되리라 예상한다.

이러한 저항을 통하여 인간은 모든 능력을 일깨우고, 나태해지려는 성향을 극복하며, 명예욕이나 지배욕, 소유욕 등에 따라 행동하게 된다. 그리하여 동시대인들 가운데에서 자신의 위치를 확보하게 된다. 이렇게 하여 인간은 야만의 상태에서 벗어나 문화를 이룩하기 위한 진정한 진보의 첫걸음을 내딛게 된다. 이때부터 모든 능력이 점차 계발되고 아름다움을 판정하는 능력도 형성된다. 나아가 자연적 소질에 의해 도덕성을 어렴풋하게 느끼기만 하던 상태에서 벗어나, 지속적인 계몽을 통하여 구체적인 실천 원리를 명료하게 인식할 수 있는 성숙한 단계로 접어든다. 그 결과 자연적인 감정을 기반으로 결합된 사회를 도덕적인 전체로 바꿀 수 있는 사유 방식이 확립된다.

인간에게 이러한 반사회성이 없다면, 인간의 모든 재능은 꽃피지 못하고 만족감과 사랑으로 가득 찬 목가적인 삶 속에서 영원히 묻혀 버리고 말 것이다. 그리고 양처럼 선량한 기질의 사람들은 가축 이상의 가치를 자신의 삶에 부여하기 힘들 것이다. 자연 상태에 머물지 않고 스스로의 목적을 성취하기 위해 자연적 소질을 계발하여 창조의 공백을 메울 때, 인간의 가치는 상승되기 때문이다.

① 사회성만으로도 충분히 목가적 삶을 영위할 수 있다.
② 반사회성만으로는 자신의 재능을 계발하기 어렵다.
③ 인간은 타인과의 갈등을 통해서도 사회성을 기를 수 있다.
④ 인간은 사회성만 가지고도 자신의 재능을 키워나갈 수 있다.
⑤ 인간의 자연적인 성질은 사회화를 방해한다.

11 다음 글의 빈칸에 들어갈 내용으로 가장 적절한 것은?

조선 시대의 금속활자는 제작 방법이나 비용의 문제로 민간에서 제작하기도 어려웠지만, 그 제작 및 소유를 금지하였다. 때문에 금속활자는 왕실의 위엄과 권위를 상징하는 것이었고 조선의 왕들은 금속활자 제작에 각별한 관심을 가졌다. 태종이 1403년 최초의 금속활자인 계미자(癸未字)를 주조한 것을 시작으로 조선은 왕의 주도하에 수십 차례에 걸쳐 활자를 제작하였고, 특히 정조는 금속활자 제작에 많은 공을 들였다. 세손 시절 영조에게 건의하여 임진자(壬辰字) 15만 자를 제작하였고, 즉위 후에도 정유자(丁酉字), 한구자(韓構字), 생생자(生生字) 등을 만들었으며, 이들 활자를 합하면 100만 자가 넘는다. 정조가 많은 활자를 만들고 관리하는 데 신경을 쓴 것 역시 권위와 관련이 있다. 정조가 만든 수많은 활자 중에서도 정리자(整理字)는 이러한 측면을 가장 잘 보여주는 활자라 할 수 있다. 정리(整理)는 조선 시대에 국왕이 바깥으로 행차할 때 호조에서 국왕이 머물 행궁을 정돈하고 수리해서 새롭게 만드는 일을 의미한다. 1795년 정조는 어머니인 혜경궁 홍씨의 회갑을 기념하기 위해 대대적인 화성 행차를 계획하였다. 행사를 마친 후 행사와 관련된 여러 사항을 기록한 의궤를 『원행을묘정리의궤(園幸乙卯整理儀軌)』라 이름하였고, 이를 인쇄하기 위해 제작한 활자가 바로 정리자이다. 왕실의 행사를 기록한 의궤를 금속활자로 간행했다는 것은 그만큼 이 책을 널리 보급하겠다는 뜻이며, 왕실의 위엄을 널리 알리겠다는 것으로 받아들여진다. 이후 정리자는 『화성성역의궤(華城城役儀軌)』, 『진작의궤(進爵儀軌)』, 『진찬의궤(進饌儀軌)』의 간행에 사용되어 왕실의 위엄과 권위를 널리 알리는 효과를 발휘하였다. 정리자가 주조된 이후에도 고종 이전에는 과거 합격자를 기록한 『사마방목(司馬榜目)』을 대부분 임진자로 간행하였는데, 화성 행차가 있었던 을묘년 식년시의 방목만은 유독 정리자로 간행하였다. 이 역시 화성 행차의 의미를 부각하고자 했던 것으로 생각된다. 정조가 세상을 떠난 후 출간된 그의 문집 『홍재전서(弘齋全書)』를 정리자로 간행한 것은 아마도 이 활자가 _____

① 정조를 가장 잘 나타내기 때문이 아닐까?
② 정조가 가장 중시하고 분신처럼 여겼던 활자이기 때문이 아닐까?
③ 문집 제작에 적절한 서체였기 때문이 아닐까?
④ 문집 제작에 널리 쓰였기 때문이 아닐까?
⑤ 희귀하였기 때문이 아닐까?

12 다음 글을 읽고 의사소통능력 개발 과정에서의 피드백에 대한 설명으로 적절하지 않은 것은?

> 피드백(Feedback)이란 상대방에게 그의 행동의 결과가 어떠한지에 대하여 정보를 제공해 주는 것을 말한다. 즉, 그의 행동이 나의 행동에 어떤 영향을 미치고 있는가에 대하여 상대방에게 솔직하게 알려주는 것이다. 말하는 사람 또는 전달자는 피드백을 이용하여 메시지의 내용이 실제로 어떻게 해석되고 있는가를 조사할 수 있다.

① 대인관계에 있어서의 행동을 개선할 수 있는 기회를 제공해 줄 수 있다.
② 의사소통의 왜곡에서 오는 오해와 부정확성을 줄일 수 있다.
③ 상대방의 긍정적인 면뿐만 아니라 부정적인 면도 솔직하게 전달해야 한다.
④ 말뿐만 아니라 얼굴 표정 등으로 정확한 반응을 얻을 수 있다.
⑤ 효과적인 개선을 위해서는 긍정적인 면보다 부정적인 면을 강조하여 전달해야 한다.

13 다음 글을 읽고 이어질 문단을 논리적 순서대로 바르게 나열한 것은?

> 낙수 이론(Trickle Down Theory)은 낙수 효과(Trickle Down Effect)에 의해서 경제 상황이 개선될 수 있다는 것을 골자로 하는 이론이다. 이 이론은 경제적 상위계층의 생산 혹은 소비 등의 전반적 경제활동에 따라 경제적 하위계층에게도 그 혜택이 돌아간다는 모델에 기반을 두고 있다.

> (가) 한국에서 이 낙수 이론에 의한 경제구조의 변화를 실증적으로 나타내는 것이 바로 1970년대 경제 발전기의 경제 발전 방식과 그 결과물이다. 한국은 대기업 중심의 경제 발전을 통해서 경제의 규모를 키웠고, 이는 기대 수명 증가 등 긍정적 결과로 나타났다.
> (나) 그러나 낙수 이론에 기댄 경제정책이 실증적인 효과를 낸 전력이 있음에도 불구하고, 낙수 이론에 의한 경제 발전 모델이 과연 전체의 효용을 바람직하게 증가시켰는지에 대해서는 비판들이 있다.
> (다) 사회적 측면에서는 계층 간 위화감 조성이라는 문제점 또한 제기된다. 결국 상류층이 돈을 푸는 것으로 인하여 하류층의 경제적 상황에 도움이 되는 것이므로, 상류층과 하류층의 소비력의 차이가 여실히 드러나며, 이는 사회적으로 위화감을 조성시킨다는 것이다.
> (라) 제일 많이 제기되는 비판은 경제적 상류계층이 경제활동을 할 때까지 기다려야 한다는 낙수 효과의 본질적인 문제점에서 연유한다. 결국 낙수 효과는 상류계층의 경제활동에 의해 이루어지는 것이므로, 당사자가 움직이지 않는다면 발생하지 않기 때문이다.

① (가) – (나) – (라) – (다)
② (가) – (다) – (라) – (나)
③ (가) – (라) – (나) – (다)
④ (다) – (가) – (라) – (나)
⑤ (다) – (나) – (가) – (라)

14 다음 글의 서술상 특징으로 가장 적절한 것은?

제2차 세계대전이 끝나고 나서 미국과 소련 및 그 동맹국들 사이에서 공공연하게 전개된 제한적 대결 상태를 냉전이라고 한다. 냉전의 기원에 관한 논의는 냉전이 시작된 직후부터 최근까지 계속 진행되었다. 이는 단순히 냉전의 발발 시기와 이유에 대한 논의만이 아니라, 그 책임 소재를 묻는 것이기도 하다. 그 연구의 결과를 편의상 세 가지로 나누어 볼 수 있다.

가장 먼저 나타난 전통주의는 냉전을 유발한 근본적 책임이 소련의 팽창주의에 있다고 보았다. 소련은 세계를 공산화하기 위한 계획을 수립했고, 이 계획을 실행하기 위해 특히 동유럽 지역을 시작으로 적극적인 팽창 정책을 수행하였다. 그리고 미국이 자유 민주주의 세계를 지켜야 한다는 도덕적 책임감에 기초하여 그에 대한 봉쇄 정책을 추구하는 와중에 냉전이 발생했다고 본다. 그리고 미국의 봉쇄 정책이 성공적으로 수행된 결과 냉전이 종식되었다는 것이 이들의 입장이다.

여기에 비판을 가한 수정주의는 기본적으로 냉전의 책임이 미국 쪽에 있고, 미국의 정책은 경제적 동기에서 비롯되었다고 주장했다. 즉, 미국은 전후 세계를 자신들이 주도해 나가야 한다고 생각했고, 전쟁 중에 급증한 생산력을 유지할 수 있는 시장을 얻기 위해 세계를 개방 경제 체제로 만들고자 했다. 그러므로 미국 정책 수립의 기저에 깔린 것은 이념이 아니라는 것이다. 무엇보다 소련은 미국에 비해 국력이 미약했으므로 적극적 팽창 정책을 수행할 능력이 없었다는 것이 수정주의의 기본적 입장이었다. 오히려 미국이 유럽에서 공격적인 정책을 수행했고, 소련은 이에 대응했다는 것이다.

냉전의 기원에 관한 또 다른 주장인 탈수정주의는 위의 두 가지 주장에 대한 절충적 시도로, 냉전의 책임을 일방적으로 어느 한 쪽에 부과해서는 안 된다고 보았다. 즉, 냉전은 양국이 추진한 정책의 '상호작용'에 의해 발생했다는 것이다. 또한, 경제를 중심으로만 냉전을 보아서는 안 되며 안보 문제 등도 같이 고려하여 파악해야 한다고 보았다. 소련의 목적은 주로 안보 면에서 제한적으로 추구되었는데, 미국은 소련의 행동에 과잉 반응했고, 이것이 상황을 악화시켰다는 것이다. 이로 인해 냉전 책임론은 크게 후퇴하고 구체적인 정책 형성에 대한 연구가 부각되었다.

① 하나의 현상에 대한 다양한 견해를 제시하고 있다.
② 여러 가지 의견을 비교하면서 그 우월성을 논하고 있다.
③ 기존의 견해를 비판하면서 새로운 견해를 제시하고 있다.
④ 현상의 원인을 분석하여 다양한 해결책을 제시하고 있다.
⑤ 충분한 사례를 들어 자신의 주장을 뒷받침하고 있다.

15 다음 기사의 제목으로 가장 적절한 것은?

정부는 '미세먼지 저감 및 관리에 관한 특별법(이하 미세먼지 특별법)' 제정·공포안이 의결돼 내년 2월부터 시행된다고 밝혔다. 미세먼지 특별법은 그동안 수도권 공공·행정기관을 대상으로 시범·시행한 '고농도 미세먼지 비상저감조치'의 법적 근거를 마련했다. 이로 인해 미세먼지 관련 정보와 통계의 신뢰도를 높이기 위해 국가미세먼지 정보센터를 설치하게 되고, 이에 따라 시·도지사는 미세먼지 농도가 비상저감조치 요건에 해당하면 자동차 운행을 제한하거나 대기오염물질 배출시설의 가동시간을 변경할 수 있다. 또한 비상저감조치를 시행할 때 관련 기관이나 사업자에 휴업, 탄력적 근무제도 등을 권고할 수 있게 되었다. 이와 함께 환경부 장관은 관계 중앙행정기관이나 지방자치단체의 장, 시설운영자에게 대기오염물질 배출시설의 가동률 조정을 요청할 수도 있다.

미세먼지 특별법으로 시·도지사, 시장, 군수, 구청장은 어린이나 노인 등이 이용하는 시설이 많은 지역을 '미세먼지 집중관리구역'으로 지정해 미세먼지 저감사업을 확대할 수 있게 되었다. 그리고 집중관리구역 내에서는 대기오염 상시측정망 설치, 어린이 통학차량의 친환경차 전환, 학교 공기정화시설 설치, 수목 식재, 공원 조성 등을 위한 지원이 우선적으로 이뤄지게 된다.

국무총리 소속의 '미세먼지 특별대책위원회'와 이를 지원하기 위한 '미세먼지 개선기획단'도 설치된다. 국무총리와 대통령이 지명한 민간위원장은 위원회의 공동위원장을 맡는다. 위원회와 기획단의 존속 기간은 5년으로 설정했으며, 연장하려면 만료되기 1년 전에 그 실적을 평가해 국회에 보고하게 된다.

아울러 정부는 5년마다 미세먼지 저감 및 관리를 위한 종합계획을 수립하고 시·도지사는 이에 따른 시행계획을 수립하고 추진실적을 매년 보고하도록 했다. 또한 미세먼지 특별법은 입자의 지름이 $10\mu m$ 이하인 먼지는 '미세먼지', $2.5\mu m$ 이하인 먼지는 '초미세먼지'로 구분하기로 확정했다.

① 미세먼지와 초미세먼지 구분 방법
② 미세먼지 특별대책위원회의 역할
③ 미세먼지 집중관리구역 지정 방안
④ 미세먼지 저감을 위한 대기오염 상시측정망의 효과
⑤ 미세먼지 특별법의 제정과 시행

16 사원 A ~ D가 성과급을 다음 〈조건〉과 같이 나눠 가졌을 때 총성과급은 얼마인가?

〈조건〉
- A는 총성과급의 3분의 1에 20만 원을 더 받았다.
- B는 그 나머지 성과급의 2분의 1에 10만 원을 더 받았다.
- C는 그 나머지 성과급의 3분의 1에 60만 원을 더 받았다.
- D는 그 나머지 성과급의 2분의 1에 70만 원을 더 받았다.

① 840만 원
② 900만 원
③ 960만 원
④ 1,020만 원
⑤ 1,080만 원

17 다음은 2020년부터 2024년 2분기까지 OECD 회원 6개국의 고용률을 조사한 자료이다. 이에 대한 설명으로 옳지 않은 것은?

〈OECD 회원 6개국의 고용률 추이〉

(단위 : %)

구분	2020년	2021년	2022년	2023년				2024년	
				1분기	2분기	3분기	4분기	1분기	2분기
OECD 전체	64.9	65.1	66.2	66.8	66.1	66.3	66.5	66.8	66.9
미국	67.1	67.4	68.7	68.5	68.7	68.7	68.9	69.3	69.2
일본	70.6	71.7	73.3	73.1	73.2	73.4	73.7	74.1	74.2
영국	70.0	70.5	72.7	72.5	72.5	72.7	73.2	73.3	73.6
독일	73.0	73.5	74.0	74.0	73.8	74.0	74.2	74.4	74.5
프랑스	64.0	64.1	63.8	63.8	63.8	63.8	64.0	64.2	64.2
한국	64.2	64.4	65.7	65.7	65.6	65.8	65.9	65.9	65.9

① 2020년부터 2024년 2분기까지 프랑스와 한국의 고용률은 OECD 전체 고용률을 넘은 적이 한 번도 없었다.
② 2020년부터 영국의 고용률은 계속 증가하고 있다.
③ 2024년 1분기 6개 국가의 고용률 중 가장 높은 국가와 가장 낮은 국가의 고용률 차이는 10.2%p이다.
④ 2024년 1분기와 2분기에서 2개 국가는 고용률이 변하지 않았다.
⑤ 2024년 2분기 OECD 전체 고용률은 작년 동기 대비 약 1.21% 증가하였으며, 직전 분기 대비 약 0.15% 증가하였다.

18 농도 5%의 소금물 600g을 1분 동안 가열하면 10g의 물이 증발한다. 이 소금물을 10분 동안 가열한 후, 다시 소금물 200g을 넣었더니 농도 10%의 소금물 700g이 되었다. 이때 더 넣은 소금물 200g의 농도는 얼마인가?(단, 용액의 농도와 관계없이 가열하는 시간과 증발하는 물의 양은 비례한다)

① 13%
② 15%
③ 17%
④ 20%
⑤ 23%

19 새로운 원유의 정제비율을 조사하기 위해 상압증류탑을 축소한 Pilot Plant에 새로운 원유를 투입해 사전분석 실험을 시행했다. 결과가 다음과 같을 때, 아스팔트는 최초 투입한 원유의 양 대비 몇 % 생산되는가?

〈사전분석 실험 결과〉	
생산제품	생산량
LPG	투입한 원유량의 5%
휘발유	LPG를 생산하고 남은 원유량의 20%
등유	휘발유를 생산하고 남은 원유량의 50%
경유	등유를 생산하고 남은 원유량의 10%
아스팔트	경유를 생산하고 남은 원유량의 4%

① 1.168%
② 1.368%
③ 1.568%
④ 1.768%
⑤ 1.968%

20 다음은 중학생의 주당 운동시간 현황을 조사한 자료이다. 이에 대한 설명으로 옳은 것을 〈보기〉에서 모두 고르면?

〈중학생의 주당 운동시간 현황〉

(단위 : %, 명)

구분		남학생			여학생		
		1학년	2학년	3학년	1학년	2학년	3학년
1시간 미만	비율	10.0	5.7	7.6	18.8	19.2	25.1
	인원수	118	66	87	221	217	281
1시간 이상 2시간 미만	비율	22.2	20.4	19.7	26.6	31.3	29.3
	인원수	261	235	224	312	353	328
2시간 이상 3시간 미만	비율	21.8	20.9	24.1	20.7	18.0	21.6
	인원수	256	241	274	243	203	242
3시간 이상 4시간 미만	비율	34.8	34.0	23.4	30.0	27.3	14.0
	인원수	409	392	266	353	308	157
4시간 이상	비율	11.2	19.0	25.2	3.9	4.2	10.0
	인원수	132	219	287	46	47	112
합계	비율	100.0	100.0	100.0	100.0	100.0	100.0
	인원수	1,176	1,153	1,138	1,175	1,128	1,120

〈보기〉

㉠ 1시간 미만 운동하는 3학년 남학생 수는 4시간 이상 운동하는 1학년 여학생 수보다 많다.

㉡ 동일 학년의 남학생과 여학생을 비교하면, 남학생 중 1시간 미만 운동하는 남학생의 비율이 여학생 중 1시간 미만 운동하는 여학생의 비율보다 각 학년에서 모두 낮다.

㉢ 남학생과 여학생 각각 학년이 높아질수록 3시간 이상 운동하는 학생의 비율이 낮아진다.

㉣ 모든 학년별 남학생과 여학생 각각에서 3시간 이상 4시간 미만 운동하는 학생의 비율이 4시간 이상 운동하는 학생의 비율보다 높다.

① ㉠, ㉡   ② ㉠, ㉣
③ ㉡, ㉢   ④ ㉢, ㉣
⑤ ㉠, ㉡, ㉢

※ 다음은 외국인 직접투자의 투자건수 비율과 투자금액 비율을 투자규모별로 나타낸 자료이다. 이어지는 질문에 답하시오. [21~22]

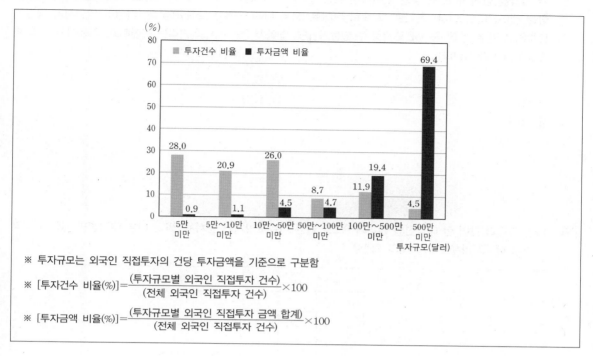

※ 투자규모는 외국인 직접투자의 건당 투자금액을 기준으로 구분함

※ [투자건수 비율(%)] = $\dfrac{\text{(투자규모별 외국인 직접투자 건수)}}{\text{(전체 외국인 직접투자 건수)}} \times 100$

※ [투자금액 비율(%)] = $\dfrac{\text{(투자규모별 외국인 직접투자 금액 합계)}}{\text{(전체 외국인 직접투자 건수)}} \times 100$

21 다음 중 투자규모가 50만 달러 미만인 투자건수 비율은?

① 55.3%

② 62.8%

③ 68.6%

④ 74.9%

⑤ 83.3%

22 다음 중 100만 달러 이상의 투자건수 비율은?

① 16.4%

② 19.6%

③ 23.5%

④ 26.1%

⑤ 30.7%

23 나영이와 현지가 집에서 공원을 향해 분당 150m의 속력으로 걸어가고 있다. 30분 정도 걸었을 때, 나영이가 지갑을 집에 두고 온 것을 기억하여 분당 300m의 속력으로 집에 갔다가 같은 속력으로 다시 공원을 향해 걸어간다고 한다. 현지는 그 속력 그대로 20분 뒤에 공원에 도착했을 때, 나영이는 현지가 공원에 도착하고 몇 분 후에 공원에 도착할 수 있는가?(단, 집에서 공원까지의 거리는 직선이고, 이동시간 외 다른 소요시간은 무시한다)

① 20분   ② 25분

③ 30분   ④ 35분

⑤ 40분

24 다음 그림과 같이 한 대각선의 길이가 6으로 같은 마름모 2개가 겹쳐져 있다. 다른 대각선의 길이가 각각 4, 9일 때 두 마름모의 넓이의 차는?

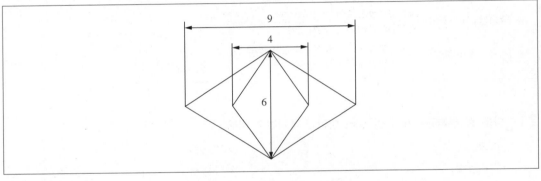

① 9   ② 12

③ 15   ④ 24

⑤ 30

25 J기업에서는 사회 나눔 사업의 일환으로 마케팅부에서 5팀, 총무부에서 2팀을 구성해 어느 요양 시설에서 7팀 모두가 하루에 한 팀씩 7일 동안 봉사활동을 하려고 한다. 7팀의 봉사활동 순번을 임의로 정할 때, 첫 번째 날 또는 일곱 번째 날에 총무부 소속 팀이 봉사활동을 하게 될 확률은 $\dfrac{b}{a}$ 이다. 다음 중 $a-b$의 값은?(단, a와 b는 서로소이다)

① 4   ② 6

③ 8   ④ 10

⑤ 12

26 다음은 세계 총에너지 소비실적 및 수요 전망에 대한 자료이다. 이에 대한 설명으로 옳지 않은 것은?

〈세계 총에너지 소비실적 및 수요 전망〉

(단위 : Moe)

구분	소비실적		수요 전망					2023 ~ 2045년 연평균 증감률(%)
	2000년	2023년	2025년	2030년	2035년	2040년	2045년	
OECD	4,522	5,251	5,436	5,423	5,392	5,399	5,413	0.1
미국	1,915	2,136	2,256	2,233	2,197	2,192	2,190	0.1
유럽	1,630	1,769	1,762	1,738	1,717	1,704	1,697	−0.1
일본	439	452	447	440	434	429	422	−0.2
Non − OECD	4,059	7,760	9,151	10,031	10,883	11,656	12,371	1.7
러시아	880	741	730	748	770	798	819	0.4
아시아	1,588	4,551	5,551	6,115	6,653	7,118	7,527	1.8
중국	879	2,909	3,512	3,802	4,019	4,145	4,185	1.3
인도	317	788	1,004	1,170	1,364	1,559	1,757	2.9
중동	211	680	800	899	992	1,070	1,153	1.9
아프리카	391	739	897	994	1,095	1,203	1,322	2.1
중남미	331	611	709	784	857	926	985	1.7
합계	8,782	13,361	14,978	15,871	16,720	17,529	18,293	1.1

① 2023년 아시아 에너지 소비실적은 2000년의 3배 이상이다.

② Non − OECD 국가의 에너지 수요 전망은 2023 ~ 2045년 연평균 1.7%씩 증가한다.

③ 2000년 전체 소비실적에서 중국과 인도의 에너지 소비실적 합의 비중은 13% 이상이다.

④ 중남미의 소비실적과 수요 전망은 모두 증가하고 있다.

⑤ OECD 국가의 수요 전망은 2040년부터 증가 추세로 돌아선다.

27 숫자 0, 1, 2, 3, 4가 적힌 5장의 카드에서 2장을 뽑아 두 자리 정수를 만들 때 그 수가 짝수일 확률은?

① $\frac{3}{8}$

② $\frac{1}{2}$

③ $\frac{5}{8}$

④ $\frac{3}{4}$

⑤ $\frac{7}{8}$

28 다음은 데이트 폭력 신고건수에 대한 그래프이다. 이에 대한 설명으로 옳지 않은 것은?(단, 비율은 소수점 둘째 자리에서 반올림한다)

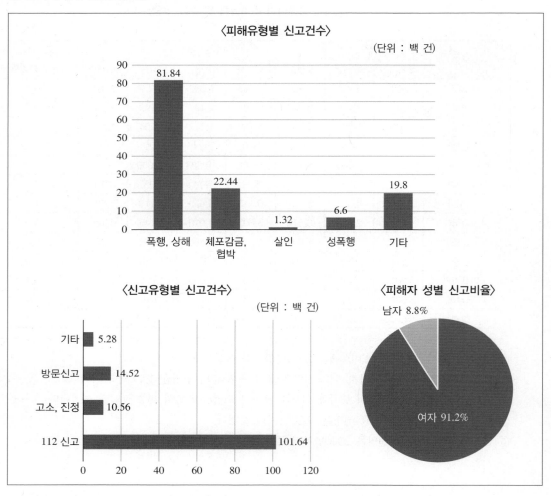

① 데이트 폭력 신고건수는 총 13,200건이다.
② 112 신고로 접수된 건수는 체포감금, 협박 피해자로 신고한 건수의 4배 이상이다.
③ 남성 피해자의 50%가 폭행, 상해로 신고했을 때, 폭행, 상해 전체 신고건수에서 남성의 비율은 약 7.1%이다.
④ 방문신고의 25%가 성폭행 피해자일 때, 이들은 전체 신고건수에서 약 2.8%를 차지한다.
⑤ 살인 신고건수에서 여성 피해자가 남성 피해자의 2배일 때, 전체 남성 피해자 신고건수 중 살인 신고건수는 3% 미만이다.

29 다음은 J사의 피자 1판 주문 시 구매 방식별 할인 혜택과 비용을 나타낸 자료이다. 이를 참고할 때, 정가가 12,500원인 J사 피자 1판을 가장 싸게 살 수 있는 구매 방식은?

<구매 방식별 할인 혜택과 비용>

구매 방식	할인 혜택과 비용
스마트폰앱	정가의 25% 할인
전화	정가에서 1,000원 할인 후, 할인된 가격의 10% 추가 할인
회원카드와 쿠폰	회원카드로 정가의 10% 할인 후, 할인된 가격의 15%를 쿠폰으로 추가 할인
직접 방문	정가의 30% 할인. 교통비용 1,000원 발생
교환권	J사 피자 1판 교환권 구매비용 10,000원 발생

※ 구매 방식은 한 가지만 선택함

① 스마트폰앱
② 전화
③ 회원카드와 쿠폰
④ 직접 방문
⑤ 교환권

30 다음은 J공사의 연도별 재무자료이다. 이를 바르게 이해하지 못한 사람은?

<연도별 재무자료>

(단위 : 억 원, %)

구분	자산	부채	자본	부채 비율
2014년	41,298	15,738	25,560	61.6
2015년	46,852	23,467	23,385	100.4
2016년	46,787	21,701	25,086	86.5
2017년	50,096	23,818	26,278	80.6
2018년	60,388	26,828	33,560	79.9
2019년	64,416	30,385	34,031	89.3
2020년	73,602	39,063	34,539	113.1
2021년	87,033	52,299	34,734	150.6
2022년	92,161	55,259	36,902	149.7
2023년	98,065	56,381	41,684	135.3

① A : J공사의 자본금은 2018년에 전년 대비 7,000억 원 이상 증가했는데, 이는 10년간 자본금 추이를 볼 때 두드러진 변화야.
② B : 부채 비율이 전년 대비 가장 많이 증가한 해는 2015년이네.
③ C : 10년간 평균 부채 비율은 90% 미만이야.
④ D : 2023년의 자산과 자본은 10년 중 가장 많았지만, 그만큼 부채도 가장 많았네.
⑤ E : J공사의 자산과 부채는 2016년부터 8년간 꾸준히 증가했어.

31 J회사의 마케팅 부서 직원 A ~ H가 〈조건〉에 따라 원탁에 앉아서 회의를 하려고 한다. 다음 중 항상 참인 것은?(단, 서로 이웃해 있는 직원 간의 사이는 모두 동일하다)

〈조건〉

- A와 C는 가장 멀리 떨어져 있다.
- A 옆에는 G가 앉는다.
- B와 F는 서로 마주보고 있다.
- D는 E 옆에 앉는다.
- H는 B 옆에 앉지 않는다.
---

① 가능한 모든 경우의 수는 4가지이다.
② A와 B 사이에는 항상 누군가 앉아 있다.
③ C 옆에는 항상 E가 있다.
④ E와 G는 항상 마주 본다.
⑤ G의 오른쪽 옆에는 항상 H가 있다.

32 다음 문장이 모두 참이라고 가정할 때, 〈보기〉에서 반드시 참인 것을 모두 고르면?

- A, B, C, D 중 한 명의 근무지는 서울이다.
- A, B, C, D는 각기 다른 한 도시에서 근무한다.
- 갑, 을, 병 각각의 두 진술 중 하나는 참이고 다른 하나는 거짓이다.
- 갑은 "A의 근무지는 광주이다."와 "D의 근무지는 서울이다."라고 진술했다.
- 을은 "B의 근무지는 광주이다."와 "C의 근무지는 세종이다."라고 진술했다.
- 병은 "C의 근무지는 광주이다."와 "D의 근무지는 부산이다."라고 진술했다.

〈보기〉

ㄱ. A의 근무지는 광주이다.
ㄴ. B의 근무지는 서울이다.
ㄷ. C의 근무지는 세종이다.
---

① ㄱ
② ㄷ
③ ㄱ, ㄴ
④ ㄴ, ㄷ
⑤ ㄱ, ㄴ, ㄷ

33 A대리는 J도시의 해안지역에 설치할 발전기를 검토 중이다. 설치 환경 및 요건에 대한 정보가 다음과 같을 때, 후보 발전기 중 설치될 발전기로 옳은 것은?

〈발전기 설치 환경 및 요건〉

• 발전기는 동일한 종류를 2기 설치한다.
• 발전기를 설치할 대지는 $1,500m^2$이다.
• 에너지 발전단가가 1,000kWh당 97,500원을 초과하지 않도록 한다.
• 후보 발전기 중 탄소배출량이 가장 많은 발전기는 제외한다.
• 운송수단 및 운송비를 고려하여, 개당 중량은 3톤을 초과하지 않도록 한다.

〈후보 발전기〉

발전기 종류	발전방식	발전단가	탄소배출량	필요면적	중량
A	수력	92원/kWh	45g/kWh	$690m^2$	3,600kg
B	화력	75원/kWh	91g/kWh	$580m^2$	1,250kg
C	화력	105원/kWh	88g/kWh	$450m^2$	1,600kg
D	풍력	95원/kWh	14g/kWh	$800m^2$	2,800kg
E	풍력	80원/kWh	22g/kWh	$720m^2$	2,140kg

① A발전기
② B발전기
③ C발전기
④ D발전기
⑤ E발전기

34 경영학과에 재학 중인 A ~ E는 계절학기 시간표에 따라 요일별로 하나의 강의만 수강한다. 전공 수업을 신청한 C는 D보다 앞선 요일에 수강하고, E는 교양 수업을 신청한 A보다 나중에 수강한다고 할 때, 다음 중 항상 참이 되는 것은?

월	화	수	목	금
전공1	전공2	교양1	교양2	교양3

① A가 수요일에 강의를 듣는다면 E는 교양2 강의를 듣는다.
② B가 전공 수업을 듣는다면 C는 화요일에 강의를 듣는다.
③ C가 화요일에 강의를 듣는다면 E는 교양3 강의를 듣는다.
④ D는 반드시 전공 수업을 듣는다.
⑤ E는 반드시 교양 수업을 듣는다.

※ 다음 글을 읽고 이어지는 질문에 답하시오. [35~36]

발산적 사고는 창의적 사고를 위해 필요한 것으로서 자유연상법, 강제연상법, 비교발상법 등을 통해 개발할 수 있다. 그중 '자유연상'은 목적과 의도 없이 자연스럽게 표현되는 것이다. 꿈이나 공상 등 정신치료나 정신분석에서 흔히 볼 수 있는 현상이다. 자유연상은 접근 연상, 유사 연상, 대비 연상 등의 유형으로 구분될 수 있다.
ⓐ 접근 연상은 주제와 관련이 있는 대상이나 과거의 경험을 떠올려 보는 활동이다. 유사 연상은 제시된 주제를 보고 유사한 대상이나 경험을 떠올려 보는 활동이다. 대비 연상은 주제와 반대가 되는 대상이나 과거의 경험 등 대비되는 관념을 생각해 보는 활동이다.
자유연상법의 예시로는 브레인스토밍이 있다. 브레인스토밍은 집단구성원들의 상호작용을 통하여 많은 수의 아이디어를 발상하게 한다. 미국의 대표학자인 알렉스 오스본씨는 창의적인 문제해결 과정에서 아이디어 발상 및 전개과정을 무엇보다 중요시하였고, 아이디어 발상을 증대시키기 위해 '판단 보류'와 '가능한 많은 숫자의 발상을 이끌어 낼 것'을 주장하였다. 여기서 판단 보류라는 것은 비판하지 않는다는 것을 가정하며, 초기에 아이디어에 대한 평가를 적게 하면 할수록 독창적이고, 비범하고, 흥미로운 아이디어가 더 많이 도출될 것이라고 하였다. 또한 다른 문제해결 방법과 차이를 갖는 특징으로 다음의 '4가지 규칙'을 제안하였다.
• 비판엄금(Support) : 평가 단계 이전에 결코 비판이나 판단을 해서는 안 되며 평가는 나중까지 유보한다.
• 자유분방(Silly) : 무엇이든 자유롭게 말한다.
• 질보다 양(Speed) : 질에는 관계없이 가능한 많은 아이디어를 생성하도록 격려한다.
• 결합과 개선(Synergy) : 다른 사람의 아이디어에 자극되어 보다 좋은 생각이 떠오르고, 서로 조합하면 재미있는 아이디어가 될 것 같은 생각이 들면 즉시 조합시킨다.

35 다음 중 밑줄 친 ⓐ에 대한 생각으로 적절하지 않은 것은?

① 한 가지 사물로부터 그와 근접한 여러 가지 사물을 생각해야지!
② 주제와 반대되는 대상도 생각해 봐야지.
③ 생각하고 비교·선택하여 합리적인 판단이 필요해.
④ 예전에 있었던 일을 생각해 보는 것도 좋을 것 같아.
⑤ 폐수방류하면 물고기 떼죽음이 생각나.

36 다음 중 윗글에서 강조하고 있는 '4가지 규칙'을 어긴 사람은?

① 모든 아이디어에 대해 비판하지 않는 지수
② 다른 사람의 생각을 참고하여 아이디어를 내는 혜성
③ 보다 좋은 의견을 내기 위하여 오래 생각하는 수미
④ 다른 사람의 생각에 상관없이 떠오르는 모든 아이디어를 말하는 성태
⑤ 다른 사람의 부족한 아이디어에 결점을 해결할 수 있는 본인의 생각을 덧붙여 더 좋은 안을 제시하는 효연

37 A~E 5명이 순서대로 퀴즈게임을 해서 벌칙 받을 사람 1명을 선정하고자 한다. 게임 규칙과 결과에 근거할 때, 항상 옳은 것을 〈보기〉에서 모두 고르면?

- 규칙
  - A→B→C→D→E 순서대로 퀴즈를 1개씩 풀고, 모두 한 번씩 퀴즈를 풀고 나면 한 라운드가 끝난다.
  - 퀴즈 2개를 맞힌 사람은 벌칙에서 제외되고, 다음 라운드부터는 게임에 참여하지 않는다.
  - 라운드를 반복하여 맨 마지막까지 남는 한 사람이 벌칙을 받는다.
  - 벌칙에서 제외되는 4명이 확정되면 라운드 중이라도 더 이상 퀴즈를 출제하지 않는다. 이 외에는 라운드 끝까지 퀴즈를 출제한다.
  - 게임 중 동일한 문제는 출제하지 않는다.
- 결과

  3라운드에서 A는 참가자 중 처음으로 벌칙에서 제외되었고, 4라운드에서는 오직 B만 벌칙에서 제외되었으며, 벌칙을 받을 사람은 5라운드에서 결정되었다.

〈보기〉

ㄱ. 5라운드까지 참가자들이 정답을 맞힌 퀴즈는 총 9개이다.

ㄴ. 게임이 종료될 때까지 총 22개의 퀴즈가 출제되었다면, E는 5라운드에서 퀴즈의 정답을 맞혔다.

ㄷ. 게임이 종료될 때까지 총 21개의 퀴즈가 출제되었다면, 퀴즈를 푸는 순서가 벌칙을 받을 사람 선정에 영향을 미친 것으로 볼 수 있다.

---

① ㄱ   ② ㄴ

③ ㄱ, ㄷ   ④ ㄴ, ㄷ

⑤ ㄱ, ㄴ, ㄷ

※ 다음은 자동차에 번호판을 부여하는 규칙이다. 이어지는 질문에 답하시오. **[38~39]**

〈자동차 번호판 부여 규칙〉

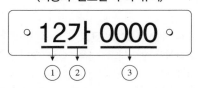

각 숫자는 다음의 사항을 나타낸다.
① 자동차의 종류
② 자동차의 용도
③ 자동차의 등록번호

▶ 자동차의 종류

구분	숫자 기호
승용차	01 ~ 69
승합차	70 ~ 79
화물차	80 ~ 97
특수차	98 ~ 99

▶ 자동차의 용도

구분		문자 기호
비사업용		가, 나, 다, 라, 마, 거, 너, 더, 러, 머, 서, 어, 저, 고, 노, 도, 로, 모, 보, 소, 오, 조, 구, 누, 두, 루, 무, 부, 수, 우, 주
사업용	택시	아, 바, 사, 자
	택배	배
	렌터카	하, 허, 호

▶ 자동차의 등록번호
차량의 고유번호로 임의로 부여함

38 J씨는 이사를 하면서 회사와 거리가 멀어져 출퇴근을 위해 새 승용차를 구입하였다. 다음 중 J씨가 부여받을 수 있는 자동차 번호판으로 옳지 않은 것은?

① 23겨 4839
② 67거 3277
③ 42서 9961
④ 31주 5443
⑤ 12모 4839

39 다음 중 나머지와 성격이 다른 자동차 번호판은?

① 80가 8425

② 84배 7895

③ 92보 1188

④ 81오 9845

⑤ 97주 4763

40 다음 (가) ~ (다)의 문제해결 방법을 바르게 연결한 것은?

> (가) 상이한 문화적 토양을 가지고 있는 구성원을 가정하고, 서로의 생각을 직설적으로 주장하고 논쟁이나 협상을 통해 서로의 의견을 조정해 가는 방법이다. 이때 논리, 즉 사실과 원칙에 근거한 토론이 중심적 역할을 한다.
>
> (나) 깊이 있는 커뮤니케이션을 통해 서로의 문제점을 이해하고 공감함으로써 창조적인 문제해결을 도모한다. 초기에 생각하지 못했던 창조적인 해결 방법이 도출되고, 동시에 구성원의 동기와 팀워크가 강화된다.
>
> (다) 조직구성원들을 같은 문화적 토양을 가지고 이심전심으로 서로를 이해하는 상황으로 가정한다. 무언가를 시사하거나 암시를 통하여 의사를 전달하고 기분을 서로 통하게 함으로써 문제해결을 도모하려고 한다.

	(가)	(나)	(다)
①	퍼실리테이션	하드 어프로치	소프트 어프로치
②	소프트 어프로치	하드 어프로치	퍼실리테이션
③	소프트 어프로치	퍼실리테이션	하드 어프로치
④	하드 어프로치	퍼실리테이션	소프트 어프로치
⑤	하드 어프로치	소프트 어프로치	퍼실리테이션

41 J대리는 사내 체육대회의 추첨에서 당첨된 직원들에게 나누어줄 경품을 선정하고 있다. 〈조건〉이 모두 참일 때, 다음 중 반드시 참인 것은?

─〈조건〉─

- J대리는 펜, 노트, 가습기, 머그컵, 태블릿PC, 컵받침 중 3종류의 경품을 선정한다.
- 머그컵을 선정하면 노트는 경품에 포함하지 않는다.
- 노트는 반드시 경품에 포함된다.
- 태블릿PC를 선정하면, 머그컵을 선정한다.
- 태블릿PC를 선정하지 않으면, 가습기는 선정되고 컵받침은 선정되지 않는다.

① 가습기는 경품으로 선정되지 않는다.
② 머그컵과 가습기 모두 경품으로 선정된다.
③ 컵받침은 경품으로 선정된다.
④ 태블릿PC는 경품으로 선정된다.
⑤ 펜은 경품으로 선정된다.

42 다음 글이 참일 때 항상 거짓인 것은?

갑 ~ 무는 J부서에 근무하고 있다. 이 부서에서는 K공사와의 업무 협조를 위해 지방의 네 지역으로 직원을 출장 보낼 계획을 수립하였다. 원활한 업무 수행을 위해 모든 출장은 갑 ~ 무 중 두 명 또는 세 명으로 구성된 팀 단위로 이루어진다. 네 팀이 구성되어 네 지역에 각각 한 팀씩 출장이 배정되며, 네 지역 출장 날짜는 모두 다르다. 또한, 모든 직원은 최소한 한 번 출장에 참가한다. 이번 출장 업무를 총괄하는 직원은 단 한 명밖에 없으며, 그는 네 지역 모두의 출장에 참가한다. 더불어 업무 경력을 고려하여, 단 한 지역의 출장에만 참가하는 것은 신입사원으로 제한한다. J부서에 근무하는 신입사원은 한 명밖에 없다. 다음 기준을 토대로 출장 계획을 수립한 결과, 을은 갑과 단둘이 가는 한 번의 출장 이외에 다른 어떤 출장도 가지 않으며, 병과 정이 함께 출장을 가는 경우는 단 한 번밖에 없다. 그리고 네 지역 가운데 광역시가 두 곳인데, 단 두 명의 직원만 이 두 광역시 모두에 출장을 간다.

① 갑은 이번 출장 업무를 총괄하는 직원이다.
② 을은 광역시에 출장을 가지 않는다.
③ 병이 갑, 무와 함께 출장을 가는 지역이 있다.
④ 정은 총 세 곳에 출장을 간다.
⑤ 무가 출장을 가는 지역은 두 곳이고, 그중 한 곳은 정과 함께 간다.

※ J씨는 다음 규칙에 따라 자신의 금고 암호를 요일별로 바꾸어 사용하려 한다. 이어지는 질문에 답하시오.
[43~44]

〈규칙〉

1. 한글 자음은 알파벳 a ~ n으로 치환하여 입력한다.
   예 ㄱ, ㄴ, ㄷ = a, b, c
   – 된소리 ㄲ, ㄸ, ㅃ, ㅆ, ㅉ는 치환하지 않고 그대로 입력한다.
2. 한글 모음 ㅏ, ㅑ, ㅓ, ㅕ, ㅗ, ㅛ, ㅜ, ㅠ, ㅡ, ㅣ는 알파벳 대문자 A ~ J로 치환하여 입력한다.
   예 ㅏ, ㅑ, ㅓ = A, B, C
   – 위에 해당하지 않는 모음은 치환하지 않고 그대로 입력한다.
3. 띄어쓰기는 반영하지 않는다.
4. 숫자 1 ~ 7을 요일별로 요일 순서에 따라 암호 첫째 자리에 입력한다.
   예 월요일 – 1, 화요일 – 2, …, 일요일 – 7

---

43 J씨가 다음과 같은 암호를 입력하여 금고를 열었다고 할 때, 암호로 치환하기 전의 문구로 옳은 것은?

6hJdㅐcEaAenJaIeaEdIdhDdgGhJㅆcAaE

---

① 이래도 그래 금고를 열 수 있을까
② 그래도 어쭈 금고를 열 수 없다고
③ 이래도 감히 금고를 열 수 있다고
④ 이래서 오잉 금고를 열 수 있다고
⑤ 이제야 겨우 금고를 열 수 없다고

44 다음 중 암호에 대한 설명으로 옳은 것은?

① 7hEeFnAcA → 일요일의 암호 '조묘하다'
② 3iJfhㅔaAbcA → 수요일의 암호 '집에가다'
③ 2bAaAbEdcA → 화요일의 암호 '나가돌다'
④ 6cEbhIdeCahIe → 토요일의 암호 '돈을먹음'
⑤ 1kAbjEgGiCh → 월요일의 암호 '칸트수정'

45 다음 수제 초콜릿에 대한 분석 기사를 읽고 〈보기〉에서 설명하는 SWOT 분석에 의한 마케팅 전략을 진행하고자 할 때, 마케팅 전략으로 적절하지 않은 것은?

> 오늘날 식품 시장을 보면 원산지와 성분이 의심스러운 제품들로 넘쳐 납니다. 이로 인해 소비자들은 고급스럽고 안전한 먹거리를 찾고 있습니다. 우리의 수제 초콜릿은 이러한 요구를 완벽하게 충족시켜주고 있습니다. 풍부한 맛, 고급 포장, 모양, 건강상의 혜택, 강력한 스토리텔링 모두 높은 품질을 원하는 소비자들의 요구를 충족시키는 것입니다. 사실 수제 초콜릿을 만드는 데는 비용이 많이 듭니다. 각종 장비 및 유지 보수에서부터 값비싼 포장과 유통 업체의 높은 수익을 보장해 주다 보면 초콜릿을 생산하는 업체에게 남는 이익은 많지 않습니다. 또한, 수제 초콜릿의 존재 자체를 많은 사람들이 알지 못하는 상황입니다. 하지만 보다 좋은 식품에 대한 인기가 높아짐에 따라 더 많은 업체들이 수제 초콜릿을 취급하기를 원하고 있습니다. 따라서 수제 초콜릿은 일반 초콜릿보다 더 높은 가격으로 판매될 수 있을 것입니다. 현재 초콜릿을 대량으로 생산하는 대형 기업들은 자신들의 일반 초콜릿과 수제 초콜릿의 차이를 줄이는 데 최선을 다하고 있습니다. 그리고 직접 맛을 보기 전에는 일반 초콜릿과 수제 초콜릿의 차이를 알 수 없기 때문에 소비자들은 굳이 초콜릿에 더 많은 돈을 지불해야 하는 이유를 알지 못할 수 있습니다. 따라서 수제 초콜릿의 효과적인 마케팅 전략이 필요한 시점입니다.

〈보기〉

- SO전략 : 강점을 살려 기회를 포착한다.
- ST전략 : 강점을 살려 위협을 회피한다.
- WO전략 : 약점을 보완하여 기회를 포착한다.
- WT전략 : 약점을 보완하여 위협을 회피한다.

① 전문가의 의견을 통해 수제 초콜릿의 풍부한 맛을 알리는 동시에 일반 초콜릿과 맛의 차이도 알려야겠어.
② 수제 초콜릿을 고급 포장하여 수제 초콜릿의 스토리텔링을 더 살려보는 것은 어떨까.
③ 수제 초콜릿의 스토리텔링을 포장에 명시한다면 소비자들이 믿고 구매할 수 있을 거야.
④ 수제 초콜릿의 마케팅을 강화하는 방법으로 수제 초콜릿의 차이를 알려 대기업과의 경쟁에서 이겨야겠어.
⑤ 수제 초콜릿의 값비싸고 과장된 포장을 바꾸고, 그 비용으로 안전하고 맛있는 수제 초콜릿을 홍보하면 어떨까.

46 다음은 J공사의 국외 출장 현황과 출장국가별 여비 기준을 나타낸 자료이다. 〈조건〉을 토대로 출장여비를 지급받을 때, 출장여비를 많이 지급받는 출장자부터 순서대로 바르게 나열한 것은?

〈J공사 국외 출장 현황〉

출장자	출장국가	출장기간	숙박비 지급 유형	1박 실지출 비용($/박)	출장 시 개인 마일리지 사용 여부
갑	A	3박 4일	실비 지급	145	미사용
을	A	3박 4일	정액 지급	130	사용
병	B	3박 5일	실비 지급	110	사용
정	C	4박 6일	정액 지급	75	미사용
무	D	5박 6일	실비 지급	75	사용

※ 각 출장자의 출장기간 중 매박 실지출 비용은 변동 없음

〈출장국가별 1인당 여비 지급 기준액〉

출장국가	1일 숙박비 상한액($/박)	1일 식비($/일)
A	170	72
B	140	60
C	100	45
D	85	35

─── 〈조건〉 ───

- (출장여비)=(숙박비)+(식비)
- 숙박비는 숙박 실지출 비용을 지급하는 실비 지급 유형과 출장국가 숙박비 상한액의 80%를 지급하는 정액 지급 유형으로 구분
  - (실비 지급 숙박비)=(1박 실지출 비용)×(숙박일수)
  - (정액 지급 숙박비)=(출장국가 1일 숙박비 상한액)×(숙박일수)×0.8
- 식비는 출장 시 개인 마일리지 사용 여부에 따라 출장 중 식비의 20% 추가지급
  - (개인 마일리지 미사용 시 지급 식비)=(출장국가 1일 식비)×(출장일수)
  - (개인 마일리지 사용 시 지급 식비)=(출장국가 1일 식비)×(출장일수)×1.2

① 갑－을－병－정－무
② 갑－을－병－무－정
③ 을－갑－병－무－정
④ 을－갑－정－병－무
⑤ 을－갑－무－병－정

47 A사원은 J호텔에서 연회장 예약 일정을 관리하고 있다. 다음과 같은 고객의 전화를 받았을 때, A사원의 판단으로 옳지 않은 것은?

〈12월 연회장 예약 일정〉

*예약 : 연회장 이름(시작 시각)

일	월	화	수	목	금	토
1 라벤더(13) 팬지(17)	2 팬지(15)	3 민트(14) 세이지(16)	4 세이지(14)	5 라벤더(11) 세이지(16)	6 민트(13) 세이지(18)	7 민트(11) 세이지(16)
8 민트(12) 라벤더(17)	9 민트(17)	10 세이지(15)	11 라벤더(13) 팬지(16)	12 라벤더(15) 세이지(16)	13 세이지(14) 팬지(15)	14 민트(11) 팬지(16)

〈호텔 연회장 현황〉

구분	수용 가능 인원	최소 투입인력	이용시간
민트	300명	35명	3시간
라벤더	300명	30명	2시간
팬지	250명	25명	3시간
세이지	200명	20명	2시간

※ 오전 10시부터 시작하여 오후 9시에 모든 업무를 종료함
※ 연회부의 동 시간대 투입인력은 총 50명을 넘을 수 없음
※ 연회시작 전, 후 1시간씩 연회장을 세팅 및 정리함

〈고객〉
저희 회사에서 연말을 맞이하여 12월 초에 송년회를 개최하려고 합니다. 그래서 연회장을 예약하려고 하는데, 가능한지 확인 부탁드립니다. 인원은 총 250명이고, 월~수요일은 피하고 싶습니다. 그리고 행사는 정오에서 오후 7시 사이에 진행할 수 있도록 알아봐 주십시오.

① 12월 초에 행사를 진행하길 원하니까 최대한 첫 번째 주에 예약이 될 수 있도록 검토해야겠군.
② 송년회 참석인원을 고려했을 때, 세이지를 제외한 나머지 연회장은 모두 가능하겠군.
③ 오후 7시 이전에 마칠 수 있는 시간대를 고려하여 일자를 확인해야 해.
④ 목요일부터 일요일까지 일정을 검토했을 때, 주말은 예약이 불가능해.
⑤ 만약 팬지가 가능하다면 최소 투입인력은 25명이 되어야겠어.

※ J공사는 1년에 15일의 연차를 제공하고, 한 달에 3일까지 연차를 쓸 수 있다. A ~ E사원의 연차 사용 내역을 보고 이어지는 질문에 답하시오. **[48~49]**

<A ~ E사원의 연차 사용 내역(1 ~ 9월)>

1 ~ 2월	3 ~ 4월	5 ~ 6월	7 ~ 9월
• 1월 9일 : D, E사원	• 3월 3 ~ 4일 : A사원	• 5월 6 ~ 8일 : E사원	• 7월 7일 : A사원
• 1월 18일 : C사원	• 3월 10 ~ 12일 : B, D사원	• 5월 12 ~ 14일 : B, C사원	• 7월 18 ~ 20일 : C, D사원
• 1월 20 ~ 22일 : B사원	• 3월 23일 : C사원	• 5월 18 ~ 20일 : A사원	• 7월 25 ~ 26일 : E사원
• 1월 25일 : D사원	• 3월 25 ~ 26일 : E사원		• 9월 9일 : A, B사원
			• 9월 28일 : D사원

48 다음 중 연차를 가장 적게 쓴 사원은 누구인가?

① A사원
② B사원
③ C사원
④ D사원
⑤ E사원

49 J공사에서는 11월을 집중 근무 기간으로 정하여 연차를 포함한 휴가를 전면 금지할 것이라고 9월 30일 발표하였다. 이런 상황에서 휴가에 대해 손해를 보지 않는 사원을 모두 고르면?

① A, C사원
② B, C사원
③ B, D사원
④ C, D사원
⑤ D, E사원

50 다음 사례에서 고려해야 할 인적 배치 방법으로 가장 적절한 것은?

> 갑은 사람들과 어울리기 좋아하는 외향적인 성격에 매사 긍정적인 사람이다. 이전 직장에서 회계부서에서 일한 결과, 자신의 성격이 가만히 사무실에 앉아서 일하는 것을 답답하고 힘들어한다는 것을 알고, 이번에는 영업부서로 지원하였다. 하지만 회사에서는 갑을 인사부서로 배정하였다. 이에 갑은 실망했지만 부서에 적응하기 위해 노력했다. 하지만 인사부서는 다른 직원들의 긍정적인 면은 물론 부정적인 면을 평가해야 했고, 이렇게 평가된 내용으로 직원들의 보상과 불이익이 결정되어 다른 부서 직원들은 갑과 가깝게 지내기 꺼려했다. 이에 갑은 회사에 다니기가 점점 더 싫어졌다.

① 적재적소 배치
② 능력 배치
③ 균형 배치
④ 양적 배치
⑤ 적성 배치

51 다음 글을 읽고 성격이 다른 비용은 무엇인가?

> 예산관리란 활동이나 사업에 소요되는 비용을 산정하고 예산을 편성하는 것뿐만 아니라 예산을 통제하는 것 또한 포함되는데, 이러한 예산은 대부분 개인 또는 기업에서 한정되어 있기 때문에, 정해진 예산을 얼마나 효율적으로 사용하는지는 매우 중요한 문제이다. 하지만 어떤 활동이나 사업의 비용을 추정하거나 예산을 잡는 작업은 결코 생각하는 것만큼 쉽지 않다. 무엇보다 추정해야 할 매우 많은 유형의 비용이 존재하기 때문이다. 이러한 비용은 크게 제품 생산 또는 서비스를 창출하기 위해 직접 소비되는 비용인 직접비용과 제품 생산 또는 서비스를 창출하기 위해 소비된 비용 중에서 직접비용을 제외한 비용으로, 제품 생산에 직접 관련되지 않은 비용인 간접비용으로 나눌 수 있다.

① 보험료　　　　　　　　　② 건물관리비
③ 잡비　　　　　　　　　　④ 통신비
⑤ 광고비

52 해외로 출장을 가는 김대리는 다음 〈조건〉과 같이 이동하려고 계획하고 있다. 연착 없이 계획대로 출장지에 도착했다면, 도착했을 때의 현지 시각은?

─〈조건〉─
- 서울 시각으로 5일 오후 1시 35분에 출발하는 비행기를 타고, 경유지 한 곳을 거쳐 도착한다.
- 경유지는 서울보다 1시간 빠르고, 출장지는 경유지보다 2시간 느리다.
- 첫 번째 비행은 3시간 45분이 소요된다.
- 경유지에서 3시간 50분을 대기하고 출발한다.
- 두 번째 비행은 9시간 25분이 소요된다.

① 오전 5시 35분
② 오전 6시
③ 오후 5시 35분
④ 오후 6시
⑤ 오전 7시

53 산업통상자원부에서 다음과 같은 전력수급계획을 발표하였다. 〈조건〉을 고려했을 때, 산업통상자원부가 채택하기에 적절하지 않은 정책 대안은?

─〈전력수급계획〉─
올해의 전력수급현황은 다음과 같다.
- 총공급전력량 : 8,600만kW
- 최대전력수요 : 7,300만kW

이에 따라 산업통상자원부는 내년도 전력수급기본계획을 마련하고, 정책목표를 다음과 같이 설정하였다.
- 정책목표 : 내년도 전력예비율을 30% 이상으로 유지한다.

※ (전력예비율)$=\dfrac{(총공급전력량)-(최대전력수요)}{(최대전력수요)}\times100$(단, 소수점 셋째 자리에서 반올림함)

─〈조건〉─
- 발전소를 하나 더 건설하면 총공급전력량이 150만kW만큼 증가한다.
- 전기요금을 a% 인상하면 최대전력수요는 a% 감소한다.
※ 발전소는 즉시 건설·운영되는 것으로 가정하고 이외의 다른 변수는 고려하지 않음

① 발전소를 1개 더 건설하고, 전기요금을 10% 인상한다.
② 발전소를 3개 더 건설하고, 전기요금을 3% 인상한다.
③ 발전소를 6개 더 건설하고, 전기요금을 1% 인상한다.
④ 발전소를 8개 더 건설하고, 전기요금을 동결한다.
⑤ 발전소를 더는 건설하지 않고, 전기요금을 12% 인상한다.

※ 다음 자료를 보고 이어지는 질문에 답하시오. [54~55]

〈비품 가격표〉

품명	수량(개)	단가(원)
라벨지 50mm(SET)	1	18,000
1단 받침대	1	24,000
블루투스 마우스	1	27,000
★특가★ 탁상용 문서수동세단기	1	36,000
AAA건전지(SET)	1	4,000

※ 3단 받침대는 개당 2,000원 추가
※ 라벨지 91mm 사이즈 변경 구매 시 SET당 5% 금액 추가
※ 블루투스 마우스 3개 이상 구매 시 건전지 3SET 무료 증정

54 J공사에서는 2분기 비품 구매를 하려고 한다. 다음 주문서를 토대로 주문할 때, 총 주문 금액은?

주문서			
라벨지 50mm	2SET	1단 받침대	1개
블루투스 마우스	5개	AAA건전지	5SET

① 148,000원
② 183,000원
③ 200,000원
④ 203,000원
⑤ 205,000원

55 비품 구매를 담당하는 A사원은 주문 수량을 잘못 기재해서 주문 내역을 수정하였다. 수정된 주문 내역대로 비품을 주문했을 때, 총 주문 금액은?

주문서			
라벨지 91mm	4SET	3단 받침대	2개
블루투스 마우스	3개	AAA건전지	3SET
탁상용 문서수동세단기	1개	-	-

① 151,000원
② 244,600원
③ 252,600원
④ 256,600원
⑤ 262,600원

56 J공사의 사원 월급과 사원수를 알아보기 위해 조사하여 다음과 같은 정보를 얻었다. 이를 참고할 때 J공사의 사원수와 사원 월급 총액을 바르게 나열한 것은?(단, 월급 총액은 J공사가 사원 모두에게 주는 한 달 월급의 합을 말한다)

〈정보〉
- 사원은 모두 동일한 월급을 받는다.
- 사원이 10명 더 늘어나면 기존 월급보다 100만 원 적어지고, 월급 총액은 기존의 80%이다.
- 사원이 20명 줄어들면 월급은 기존과 동일하고, 월급 총액은 기존의 60%가 된다.

	사원수	월급 총액
①	45명	1억 원
②	45명	1억 2천만 원
③	50명	1억 2천만 원
④	50명	1억 5천만 원
⑤	55명	1억 5천만 원

57 J회사는 해외지사와 화상 회의를 1시간 동안 하기로 하였다. 모든 지사의 업무시간은 오전 9시부터 오후 6시까지이며, 점심시간은 낮 12시부터 오후 1시까지이다. 〈조건〉이 다음과 같을 때, 회의가 가능한 시간은 언제인가?(단, 회의가 가능한 시간은 서울 기준이다)

〈조건〉
- 헝가리는 서울보다 7시간 느리고, 현지시각으로 오전 10시부터 2시간 동안 외부 출장이 있다.
- 호주는 서울보다 1시간 빠르고, 현지시각으로 오후 2시부터 3시간 동안 회의가 있다.
- 베이징은 서울보다 1시간 느리다.
- 헝가리와 호주는 서머타임 +1시간을 적용한다.

① 오전 10시 ~ 오전 11시
② 오전 11시 ~ 낮 12시
③ 오후 1시 ~ 오후 2시
④ 오후 2시 ~ 오후 3시
⑤ 오후 3시 ~ 오후 4시

58 다음 중 물적자원관리의 과정에 대한 설명으로 옳지 않은 것은?

① 물품의 정리 및 보관 시 물품을 앞으로 계속 사용할 것인지 그렇지 않을지를 구분해야 한다.

② 유사성의 원칙은 유사품을 같은 장소에 보관하는 것을 말하며, 이는 보관한 물품을 보다 쉽고 빠르게 찾을 수 있도록 하기 위해서 필요하다.

③ 물품의 특성에 맞는 보관장소를 선정해야 하므로, 종이류와 유리 등은 그 재질의 차이를 고려하여 보관장소에 차이를 두는 것이 바람직하다.

④ 물품의 정리 시 회전대응 보관의 원칙은 입출하의 빈도가 높은 품목을 출입구 가까운 곳에 보관하는 것을 말한다.

⑤ 물품의 무게와 부피에 따라서 보관 장소를 달리해야 한다. 무게가 무겁거나 부피가 큰 것은 별도로 취급하여 개별 물품의 훼손이 생기지 않게 보관한다.

59 다음은 시간계획의 기본원리에 대한 설명이다. 빈칸에 들어갈 행동을 순서대로 바르게 나열한 것은?

> 시간은 무형의 자원으로, 다른 자원과는 다른 관리방식을 요하는 자원이다. 또한, 가용한 모든 시간을 관리한다는 것은 불가능에 가까운 일이므로 시간을 계획하는 것은 시간관리에 있어서 매우 중요한 것이다. 이에 대해 로타 J. 자이베르트(Lother J. Seiwert)는 시간계획의 기본원칙으로 '60 : 40의 원칙'을 제시하고 있다. 이 원칙은 총 가용시간의 60%를 계획하고, 나머지 40%는 예측하지 못한 사태 및 일의 중단요인, 개인의 창의적 계발 시간으로 남겨 둔다는 것이다. 보다 구체적으로 시간을 계획할 때, 60%의 시간은 ___㉠___ 에 할애하고, 20%는 ___㉡___ 에 할애하고, 마지막 20%를 ___㉢___ 에 할애한다는 것이다.

	㉠	㉡	㉢
①	비자발적 행동	자발적 행동	계획 행동
②	계획 행동	계획 외 행동	자발적 행동
③	자발적 행동	계획 행동	계획 외 행동
④	계획 외 행동	계획 행동	자발적 행동
⑤	계획 행동	비자발적 행동	계획 외 행동

60 다음은 J기업의 재고 관리에 대한 자료이다. 금요일까지 부품 재고 수량이 남지 않게 완성품을 만들 수 있도록 월요일에 주문해야 할 A ~ C부품 개수로 옳은 것은?(단, 주어진 조건 이외에는 고려하지 않는다)

〈부품 재고 수량과 완성품 1개당 소요량〉

부품명	부품 재고 수량(개)	완성품 1개당 소요량(개)
A	500	10
B	120	3
C	250	5

〈완성품 납품 수량〉

항목 ＼ 요일	월	화	수	목	금
완성품 납품 개수(개)	없음	30	20	30	20

※ 부품 주문은 월요일에 한 번 신청하며, 화요일 작업 시작 전에 입고됨
※ 완성품은 부품 A, B, C를 모두 조립해야 함

	A	B	C
①	100	100	100
②	100	180	200
③	500	100	100
④	500	150	200
⑤	500	180	250

61 J회사는 새롭게 개발한 립스틱을 대대적으로 홍보하고 있다. 다음 중 J회사의 사례에 대한 대안으로 가장 적절한 것은?

> J회사 립스틱의 특징은 지속력과 선명한 색상, 그리고 20대 여성을 타깃으로 한 아기자기한 디자인이다. 하지만 립스틱의 홍보가 안 되고 있어 매출이 좋지 않다. 조사결과 저가 화장품이라는 브랜드 이미지 때문인 것으로 드러났다.

① 블라인드 테스트를 통해 제품의 질을 인정받는다.
② 홍보비를 두 배로 늘려 더 많이 광고한다.
③ 브랜드 이름을 최대한 감추고 홍보한다.
④ 무료 증정 이벤트를 연다.
⑤ 타깃을 30대 여성으로 바꾼다.

62 경영활동을 이루는 구성요소를 감안할 때, 다음 〈보기〉 중 경영활동을 수행하고 있다고 볼 수 없는 것은?

───────〈보기〉───────

(가) 다음 시즌 우승을 목표로 해외 전지훈련에 참여하여 열심히 구슬땀을 흘리고 있는 선수단과 이를 운영하는 구단 직원들
(나) 자발적인 참여로 뜻을 같이한 동료들과 함께 매주 어려운 이웃을 찾아다니며 봉사활동을 펼치고 있는 S씨
(다) 교육지원대대장으로서 사병들의 교육이 원활하게 진행될 수 있도록 훈련장 관리와 유지에 최선을 다하고 있는 원대령과 참모진
(라) 영화 촬영을 앞두고 시나리오와 제작 콘셉트를 회의하기 위해 모인 감독 및 스태프와 출연 배우들
(마) 대기업을 그만두고 가족들과 함께 조그만 무역회사를 차려 손수 제작한 밀짚 가방을 동남아로 수출하고 있는 B씨

① (가) ② (나)
③ (다) ④ (라)
⑤ (마)

63 다음 중 J사가 해외 시장 개척을 앞두고 기존의 조직구조를 개편할 경우, 추가해야 할 조직으로 적절하지 않은 것은?

J사는 몇 년 전부터 자체 기술로 개발한 제품의 판매 호조로 인해 기대 이상의 수익을 창출하게 되었다. 경쟁 업체들이 모방할 수 없는 독보적인 기술력을 앞세워 국내 시장을 공략한 결과, 이미 더 이상의 국내 시장 경쟁자들은 없다고 할 만큼 탄탄한 시장 점유율을 확보하였다. 이러한 J사의 사장은 올 초부터 해외 시장 진출의 꿈을 갖고 필요한 자료를 수집하기 시작하였다. 충분한 자금력을 확보한 J사는 우선 해외 부품 공장을 인수한 후 현지에 생산 기지를 건설하여 국내에서 생산되는 물량의 절반 정도를 현지로 이전하여 생산하고, 이를 통한 물류비 절감으로 주변국들부터 시장을 넓혀가겠다는 야심찬 계획을 가지고 있다. 한국 본사에서는 내년까지 4 ~ 5곳의 해외 거래처를 더 확보하여 지속적인 해외 시장 개척에 매진한다는 중장기 목표를 대내외에 천명해 둔 상태이다.

---

① 해외관리팀   ② 기업회계팀
③ 외환업무팀   ④ 국제법무팀
⑤ 통관물류팀

64 다음 중 밑줄 친 마케팅 기법에 대한 설명으로 옳은 것을 〈보기〉에서 모두 고르면?

기업들이 신제품을 출시하면서 한정된 수량만 제작 판매하는 한정판 제품을 잇따라 내놓고 있다. 이번 기회가 아니면 더 이상 구입할 수 없다는 메시지를 끊임없이 던지며 소비자의 호기심을 자극하는 <u>한정 판매 마케팅 기법</u>이다. J자동차 회사는 가죽 시트와 일부 외형이 기존 제품과 다른 모델을 8,000대 한정 판매하였는데, 단기간에 매진을 기록하였다.

〈보기〉

㉠ 소비자의 충동 구매를 유발하기 쉽다.
㉡ 이윤 증대를 위한 경영 혁신의 한 사례이다.
㉢ 의도적으로 공급의 가격탄력성을 크게 하는 방법이다.
㉣ 소장 가치가 높은 상품을 대상으로 하면 더 효과적이다.

---

① ㉠, ㉡   ② ㉠, ㉢
③ ㉡, ㉣   ④ ㉠, ㉡, ㉣
⑤ ㉡, ㉢, ㉣

65 다음은 J전자 직무전결표의 일부분이다. 이에 따라 문서를 처리한 내용 중 옳지 않은 것을 〈보기〉에서 모두 고르면?

직무내용	대표이사	위임전결권자		
		전무	이사	부서장
직원 채용 승인	○			
직원 채용 결과 통보				○
교육훈련 대상자 선정			○	
교육훈련 프로그램 승인		○		
직원 국내 출장 승인			○	
직원 해외 출장 승인		○		
임원 국내 출장 승인		○		
임원 해외 출장 승인	○			

─〈보기〉─

㉠ 전무가 출장 중이어서 교육훈련 프로그램 승인을 위해서 일단 이사 전결로 처리하였다.
㉡ 인사부장 명의로 영업부 직원 채용 결과서를 통보하였다.
㉢ 영업부 대리의 국내 출장을 승인받기 위해서 이사의 결재를 받았다.
㉣ 기획부의 교육 대상자를 선정하기 위해서 기획부장의 결재를 받아 처리하였다.

① ㉠, ㉡
② ㉠, ㉡, ㉢
③ ㉠, ㉡, ㉣
④ ㉠, ㉢, ㉣
⑤ ㉠, ㉡, ㉢, ㉣

66 다음 중 밑줄 친 법칙에 부합하는 사례로 옳은 것은?

돈이 되는 20%의 고객이나 상품만 있으면 80%의 수익이 보장된다는 파레토 법칙이 그간 진리로 여겨졌다. 그런데 최근 롱테일(Long Tail) 법칙이라는 새로운 개념이 자리를 잡고 있다. 이는 하위 80%가 상위 20%보다 더 많은 수익을 낸다는 법칙이다. 한마디로 '티끌 모아 태산'이 가능하다는 것이다.

① A은행은 VIP전용 창구를 확대하였다.
② B기업은 생산량을 늘려 단위당 생산비를 낮추었다.
③ C인터넷 서점은 극소량만 팔리는 책이라도 진열한다.
④ D극장은 주말 요금을 평일 요금보다 20% 인상하였다.
⑤ E학원은 인기가 없는 과목은 더는 강의를 열지 않도록 했다.

※ 다음은 J기업의 회의록이다. 이어지는 질문에 답하시오. **[67~68]**

<table>
<tr><td colspan="6" align="center">〈회의록〉</td></tr>
<tr><td>회의일시</td><td>2025년 3월 12일</td><td>부서</td><td>생산팀, 연구팀, 마케팅팀</td><td>작성자</td><td>이○○</td></tr>
<tr><td>참석자</td><td colspan="5">생산팀 팀장·차장, 연구팀 팀장·차장, 마케팅팀 팀장·차장</td></tr>
<tr><td>회의안건</td><td colspan="5">제품에서 악취가 난다는 고객 불만에 따른 원인 조사 및 대책방안</td></tr>
<tr><td>회의내용</td><td colspan="5">주문폭주로 인한 물량증가로 잉크가 덜 마른 포장상자를 사용해 냄새가 제품에 스며든 것으로 추측</td></tr>
<tr><td>결정사항</td><td colspan="5">[생산팀]
내부 비닐 포장, 외부 종이상자 포장이었던 기존방식에서 내부 2중 비닐 포장, 외부 종이상자 포장으로 교체

[마케팅팀]
1. 주문량이 급격히 증가했던 일주일 동안 생산된 제품 전격 회수
2. 제품을 공급한 매장에 사과문 발송 및 100% 환불·보상 공지

[연구팀]
포장 재질 및 인쇄된 잉크의 유해성분 조사</td></tr>
</table>

67 다음 중 회의록을 통해 알 수 있는 내용으로 가장 적절한 것은?

① 이 조직은 6명으로 이루어져 있다.

② 회의 참석자는 총 3명이다.

③ 연구팀에서 제품을 전격 회수해 포장 재질 및 인쇄된 잉크의 유해성분을 조사하기로 했다.

④ 주문량이 많아 잉크가 덜 마른 포장상자를 사용한 것이 문제 발생의 원인으로 추측된다.

⑤ 포장 재질 및 인쇄된 잉크 유해성분을 조사한 결과 인체에는 무해한 것으로 밝혀졌다.

68 다음 중 회의록을 참고할 때, 회의 후 가장 먼저 해야 할 일로 가장 적절한 것은?

① 해당 브랜드의 전 제품 회수

② 포장 재질 및 인쇄된 잉크 유해성분 조사

③ 새로 도입하는 포장방식 홍보

④ 주문량이 급격히 증가한 일주일 동안 생산된 제품 파악

⑤ 제품을 공급한 매장에 사과문 발송

69 A부장은 직원들의 업무 효율성이 많이 떨어졌다는 생각이 들어 각자의 의견을 들어 보고자 회의를 열었다. 다음 중 회의에서 나온 의견으로 옳지 않은 것은?

① B대리 : 요즘 업무 외적인 통화에 시간을 낭비하는 경우가 많은 것 같습니다. 확실한 목표업무량을 세우고 목표량 달성 후 퇴근을 하는 시스템을 운영하면 개인 활동으로 낭비되는 시간이 줄어 생산성이 높아지지 않을까요?

② C주임 : 여유로운 일정이 주원인이라고 생각합니다. 1인당 최대 작업량을 잡아 업무를 진행하면 업무 효율성이 극대화될 것입니다.

③ D대리 : 계획을 짜면 업무를 체계적으로 진행할 수 있다는 의미에서 C주임의 말에 동의하지만, 갑자기 발생할 수 있는 일에 대해 대비해야 한다고 생각합니다. 어느 정도 여유 있게 계획을 짜는 게 좋지 않을까요?

④ E사원 : 목표량 설정 이외에도 업무 진행과정에서 체크리스트를 사용해 기록하고 전체적인 상황을 파악할 수 있게 하면 효율이 높아질 것입니다.

⑤ F사원 : 업무시간 내에 끝내지 못한 일이 있다면 무리해서 하는 것보다 다음날 예정사항에 적어 놓고 차후에 적절히 시간을 분배해 마무리하면 작업 능률이 더 오를 것입니다.

70 J씨는 취업스터디에서 마이클 포터의 본원적 경쟁전략을 토대로 기업의 경영전략을 정리하고자 한다. 다음 중 〈보기〉의 내용이 바르게 분류된 것은?

- 차별화 전략 : 가격 이상의 가치로 브랜드 충성심을 이끌어 내는 전략
- 원가우위 전략 : 업계에서 가장 낮은 원가로 우위를 확보하는 전략
- 집중화 전략 : 특정 세분시장만 집중공략하는 전략

〈보기〉

㉠ K기업은 S/W에 집중하기 위해 H/W의 한글 전용 PC분야를 한국계 기업과 전략적으로 제휴하고 회사를 설립해 조직체에 위양하였으며 이후 고유분야였던 S/W에 자원을 집중하였다.

㉡ B마트는 재고 네트워크를 전산화하여 원가를 절감하고 양질의 제품을 최저가격에 판매하고 있다.

㉢ A호텔은 5성급 호텔로 하루 숙박비용이 상당히 비싸지만, 환상적인 풍경과 더불어 친절한 서비스를 제공하고 객실 내 제품이 모두 최고급으로 비치되어 있어 이용객들에게 높은 만족도를 준다.

	차별화 전략	원가우위 전략	집중화 전략
①	㉠	㉡	㉢
②	㉠	㉢	㉡
③	㉡	㉠	㉢
④	㉢	㉡	㉠
⑤	㉢	㉠	㉡

71 다음 사례를 통해 J전자가 TV 시장에서 경쟁력을 잃게 된 주요 원인으로 가장 적절한 것은?

> 평판 TV 시장에서 PDP TV가 주력이 되리라 판단한 J전자는 2018년에 세계 최대 규모의 PDP 생산설비를 건설하기 위해 3조 원 수준의 막대한 투자를 결정하였다. 당시 P전자와 S전자는 LCD와 PDP 사업을 동시에 수행하면서도 성장성이 높은 LCD TV로 전략을 수정하는 상황이었지만, J전자는 익숙한 PDP 사업에 더욱 몰입한 것이다. 하지만 주요 기업들의 투자가 LCD에 집중되면서, 새로운 PDP 공장이 본격 가동될 시점에 PDP의 경쟁력은 이미 LCD에 뒤처지게 됐다.
> 결국 활용가치가 현저하게 떨어진 PDP 생산설비는 조기에 상각함을 고민할 정도의 골칫거리로 전락했다. J전자는 2022년에만 11조 원의 적자를 기록했으며, 2023년에도 10조 원 수준의 적자가 발생되었다. 연이은 적자는 J전자의 신용등급을 투기 등급으로 급락시켰고, J전자의 CEO는 '디지털 가전에서 패배자가 되었음'을 인정하며 고개를 숙였다. TV를 포함한 가전제품 사업에서 J전자가 경쟁력을 회복하기 어려워졌음은 말할 것도 없다.

① 사업 환경의 변화 속도가 너무나 빨라졌고, 변화의 속성도 예측이 어려워져 따라가지 못하였다.
② 차별성을 지닌 새로운 제품을 기획하고 개발하는 것에 대한 성공 가능성이 낮아져 주저했다.
③ 기존 사업영역에 대한 강한 애착으로 신사업이나 신제품에 대해 낮은 몰입도를 보였다.
④ 실패가 두려워 새로운 도전보다 안정적이며 실패 확률이 낮은 제품을 위주로 미래를 준비하였다.
⑤ 외부 환경이 어려워짐에 따라 잠재적 실패를 감내할 수 있는 자금을 확보하지 못하였다.

72 다음 사례의 쟁점과 협상전략을 바르게 연결한 것은?

> 대기업 영업부장인 K씨는 기존 재고를 처리할 목적으로 J사와 협상 중이다. 그러나 J사는 자금 부족을 이유로 이를 거절하고 있다. K씨는 자신의 회사에서 물품을 제공하지 않으면 J사가 매우 곤란한 지경에 빠진다는 사실을 알고 있다. 그래서 K씨는 앞으로 J사와 거래하지 않을 것이라는 엄포를 놓았다.

① 자금 부족 – 협력전략
② 재고 처리 – 갈등전략
③ 재고 처리 – 경쟁전략(강압전략)
④ 정보 부족 – 양보전략(유화전략)
⑤ 정보 부족 – 경쟁전략(강압전략)

김본부장 : 이팀장, 오늘 대표이사님께 보고드릴 매출자료 좀 같이 봅시다.

이팀장 : 네, 본부장님. 바로 출력해서 회의실로 가겠습니다.

김본부장 : (매출보고서를 살펴보며) J고객사는 이번 분기 매출이 안 늘었네요? 지난번에 단가를 내려달라는 요청
이 와서 결재한 기억이 있는데 이러면 역마진이 날 텐데요.

이팀장 : 다음 분기에는 나아지겠죠. 기억하시는 것처럼 J사에서 갑자기 거래처를 바꾸겠다고 해서 저희가 급히
요구하는 수준으로 단가를 낮췄는데 생각만큼 주문 물량이 늘어나지 않아서요.

김본부장 : 그럼 이번 대표이사님 보고서에서 이 부분은 빼고 갑시다.

이팀장 : 사실대로 보고드리는 게 낫지 않을까요? 다음 분기도 저희 예상만큼 물량이 늘어난다는 보장도 없고
그때도 본부장님이 전결하신 건이라 대표이사님께는 보고가 되지 않았습니다.

김본부장 : 요즘 같은 때 뭐 좋은 일도 아닌데 굳이 이런 걸 보고하겠어요. 이번에는 그냥 넘어갑시다.

이팀장 : 그래도 나중에 문제가 커지는 것보다는 낫지 않을까요?

김본부장 : 나나 이팀장 둘 다 책임질 수 있는 것도 아닌데 다음 분기에 나아지면 그때 보고합시다.

이팀장 : 매도 먼저 맞는 게 낫다고 그래도 이번에 말씀드리는 게 낫지 않을까요?

73 다음 중 이팀장이 조직생활 과정에서 겪고 있는 상황으로 가장 적절한 것은?

① 집단 이기주의 ② 공동행동의 룰

③ 윤리적 가치 ④ 윤리적 갈등

⑤ 공동체의식 결여

74 다음 중 이팀장이 조직생활에서 고민하게 되는 요인으로 가장 적절한 것은?

① 진실 대 충성 : 진실을 말할 것인가? 상사에게 충성할 것인가?

② 단기 대 장기 : 자신의 결정이 단기적인 결과를 가져오는가? 장기적인 결과에 영향을 미치는가?

③ 개인 대 집단 : 자신의 결정이 개인에게 영향을 미치는가? 집단에 영향을 미치는가?

④ 위 세 가지 요인 모두를 고민하고 있다.

⑤ 위 세 가지 요인 중 '단기 대 장기', '개인 대 집단'의 두 가지를 고민하고 있다.

75 다음 상황에서 J주임이 처리해야 할 업무 순서로 가장 적절한 것은?

안녕하세요, J주임님. 언론홍보팀 S대리입니다. 다름이 아니라 이번에 공사에서 진행하는 '소셜벤처 성장지원사업'에 관한 보도 자료를 작성하려고 하는데, 디지털소통팀의 업무 협조가 필요하여 연락드렸습니다. 디지털소통팀 P팀장님께 J주임님이 협조해 주신다는 이야기를 전해 들었습니다. 자세한 요청 사항은 회의를 통해서 말씀드리도록 하겠습니다. 혹시 내일 오전 10시에 회의를 진행해도 괜찮을까요? 일정 확인하시고 오늘 내로 답변 주시면 감사하겠습니다. 일단 회의 전에 알아두시면 좋을 것 같은 자료는 메일로 발송하였습니다. 회의 전에 미리 확인하셔서 관련 사항 숙지하시고 회의에 참석해 주시면 좋을 것 같습니다. 아! 그리고 오늘 오후 2시에 홍보실 각 팀 팀장 회의가 있다고 하니, P팀장님께 꼭 전해 주세요.

① 팀장 회의 참석 – 익일 업무 일정 확인 – 메일 확인 – 회의 일정 답변 전달
② 팀장 회의 참석 – 메일 확인 – 익일 업무 일정 확인 – 회의 일정 답변 전달
③ 팀장 회의 일정 전달 – 메일 확인 – 회의 일정 답변 전달 – 익일 업무 일정 확인
④ 팀장 회의 일정 전달 – 익일 업무 일정 확인 – 회의 일정 답변 전달 – 메일 확인
⑤ 팀장 회의 일정 전달 – 익일 업무 일정 확인 – 메일 확인 – 회의 일정 답변 전달

76 다음 중 승진을 하면 할수록 무능력하게 되는 현상은?

① 피터의 법칙   ② 샐리의 법칙
③ 무어의 법칙   ④ 머피의 법칙
⑤ 파킨스의 법칙

77 다음 중 맥킨지의 3S 기법의 Situation에 해당하는 발언은?

① 죄송하지만 저도 현재 업무가 많아 그 부탁은 들어드리기 힘들 것 같습니다.
② 그 일을 도와드릴 수 있는 다른 사람을 추천해 드리겠습니다.
③ 다음 달에는 가능할 것 같은데 괜찮으신가요?
④ 힘드시지 않으세요? 저도 겪어봐서 그 마음 잘 알고 있습니다.
⑤ 제 능력 밖의 일이라… 도와드리지 못해서 죄송합니다.

78 김부장과 박대리는 J공사의 고객지원실에서 근무하고 있다. 다음 상황에서 김부장이 박대리에게 지시할 사항으로 가장 적절한 것은?

• 부서별 업무분장
 - 인사혁신실 : 신규 채용, 부서/직무별 교육계획 수립/시행, 인사고과 등
 - 기획조정실 : 조직문화 개선, 예산사용계획 수립/시행, 대외협력, 법률지원 등
 - 총무지원실 : 사무실, 사무기기, 차량 등 업무지원 등

〈상황〉

박대리 : 고객지원실에서 사용하는 A4 용지와 볼펜이 부족해서 비품을 신청해야 할 것 같습니다. 그리고 지난번에 말씀하셨던 고객 상담 관련 사내 교육 일정이 이번에 확정되었다고 합니다. 고객지원실 직원들에게 관련 사항을 전달하려면 교육 일정 확인이 필요할 것 같습니다.

---

① 박대리, 인사혁신실에 전화해서 비품 신청하고, 전화한 김에 교육 일정도 확인해서 나한테 알려 줘요.
② 박대리, 총무지원실에 가서 교육 일정 확인하고, 간 김에 비품 신청도 하고 오세요.
③ 박대리, 기획조정실에 가서 교육 일정 확인하고, 인사혁신실에 가서 비품 신청하고 오도록 해요.
④ 박대리, 총무지원실에 전화해서 비품 신청하고, 기획조정실에서 교육 일정 확인해서 나한테 알려 줘요.
⑤ 박대리, 총무지원실에 전화해서 비품 신청하고, 인사혁신실에서 교육 일정 확인해서 나한테 알려 줘요.

79 다음 글에서 설명하는 의사결정 방법은?

조직에서 의사결정을 하는 대표적인 방법으로, 여러 명이 한 가지 문제를 놓고 아이디어를 비판 없이 제시하여 그중에서 최선책을 찾아내는 방법이다. 다른 사람이 아이디어를 제시할 때 비판하지 않고, 아이디어를 최대한 많이 공유하고 이를 결합하여 해결책을 마련하게 된다.

---

① 만장일치   ② 다수결
③ 브레인스토밍   ④ 의사결정나무
⑤ 델파이 기법

80 다음 글을 참고할 때 개인화 마케팅에 대한 사례로 적절하지 않은 것은?

> 소비자들의 요구가 점차 다양해지고, 복잡해짐에 따라 개인별로 맞춤형 제품과 서비스를 제공하며 '개인화 마케팅'을 펼치는 기업이 늘어나고 있다. 개인화 마케팅이란 각 소비자의 이름, 관심사, 구매이력 등의 데이터를 기반으로 특정 고객에 대한 개인화 서비스를 제공하는 활동을 의미한다. 이러한 개인화 마케팅은 개별적 커뮤니케이션 실현을 통한 효율성 증대 및 기업 이윤 창출을 목적으로 하고 있다.
> 이러한 개인화 마케팅은 기업들의 지속적인 투자를 통해 다양한 방식으로 계속되고 있다. 빠르게 변화하고 있는 마케팅 시장에서 개인화된 서비스 제공을 통해 소비자 만족도를 끌어낼 수 있다는 점은 충분히 매력적일 수 있기 때문이다.

① 고객들의 사연을 받아 지하철역 에스컬레이터 벽면에 광고판을 만든 A배달업체는 고객들로 하여금 자신의 사연이 뽑히지 않았는지 관심을 두게 함으로써 광고 효과를 톡톡히 보고 있다.

② 최근 B전시관은 시각적으로 보기 시원한 민트색 벽지와 그에 어울리는 시원한 음향, 상쾌한 민트 향기, 민트맛 사탕을 나눠주며 민트에 대한 다섯 가지 감각을 이용한 미술관 전시로 화제가 되었다.

③ C위생용품회사는 자사의 인기 상품 단종에 대한 사과의 뜻을 담은 뮤직비디오를 제작했다. 고객들은 뮤직비디오를 보기 전에 자신의 이름을 입력하면, 뮤직비디오에 자신의 이름이 노출되어 자신이 직접 사과를 받는 듯한 효과를 느낄 수 있다.

④ 참치캔을 생산하는 D사는 최근 소외계층에게 힘이 되는 응원 메시지를 댓글로 받아 77명을 추첨하여 댓글 작성자의 이름으로 소외계층들에게 참치캔을 전달하는 이벤트를 진행하였다.

⑤ 커피전문점 E사는 고객이 자사 홈페이지에서 회원 가입 후 이름을 등록한 경우, 음료 주문 시 "○○○ 고객님, 주문하신 아메리카노 나왔습니다."와 같이 고객의 이름을 불러주는 서비스를 제공하고 있다.

※ J공사에서는 화장실의 청결을 위해 비데를 구매하고 귀하에게 비데를 설치하도록 지시하였다. 다음은 비데를 설치하기 위해 참고할 제품설명서의 일부이다. 이어지는 질문에 답하시오. **[61~62]**

〈설치방법〉

1) 비데 본체의 변좌와 변기의 앞면이 일치되도록 전후로 고정하십시오.
2) 비데용 급수호스를 정수필터와 비데 본체에 연결한 후 급수밸브를 열어 주십시오.
3) 전원을 연결하십시오(반드시 전용 콘센트를 사용하십시오).
4) 비데가 작동하는 소리가 들린다면 설치가 완료된 것입니다.

〈주의사항〉

• 전원은 반드시 AC220V에 연결하십시오(반드시 전용 콘센트를 사용하십시오).
• 변좌에 걸터앉지 말고 항상 중앙에 앉고, 변좌 위에 어떠한 것도 놓지 마십시오(착좌센서가 동작하지 않을 수도 있습니다).
• 정기적으로 수도필터와 정수필터를 청소 또는 교환해 주십시오.
• 급수밸브를 꼭 열어 주십시오.

〈A/S 신청 전 확인 사항〉

현상	원인	조치방법
물이 나오지 않을 경우	급수 밸브가 잠김	매뉴얼을 참고하여 급수밸브를 열어 주세요.
	정수필터가 막힘	매뉴얼을 참고하여 정수필터를 교체해 주세요(A/S상담실로 문의하세요).
	본체 급수호스 등이 동결	더운물에 적신 천으로 급수호스 등의 동결부위를 녹여 주세요.
기능 작동이 되지 않을 경우	수도필터가 막힘	흐르는 물에 수도필터를 닦아 주세요.
	착좌센서 오류	착좌센서에서 의류, 물방울, 이물질 등을 치워 주세요.
수압이 약할 경우	수도필터에 이물질이 낌	흐르는 물에 수도필터를 닦아 주세요.
	본체의 호스가 꺾임	호스의 꺾인 부분을 펴 주세요.
노즐이 나오지 않을 경우	착좌센서 오류	착좌센서에서 의류, 물방울, 이물질 등을 치워 주세요.
본체가 흔들릴 경우	고정 볼트가 느슨해짐	고정 볼트를 다시 조여 주세요.
비데가 작동하지 않을 경우	급수밸브가 잠김	매뉴얼을 참고하여 급수밸브를 열어 주세요.
	급수호스의 연결문제	급수호스의 연결상태를 확인해 주세요. 계속 작동하지 않는다면 A/S상담실로 문의하세요.
변기의 물이 샐 경우	급수호스가 느슨해짐	급수호스 연결부분을 조여 주세요. 계속 샐 경우 급수 밸브를 잠근 후 A/S상담실로 문의하세요.

61 귀하는 지시에 따라 비데를 설치하였으나 일주일이 지난 뒤, 동료 K사원으로부터 비데의 기능이 작동하지 않는다는 사실을 전해 들었다. 다음 중 해당 문제점에 대한 원인을 파악하기 위해 확인해야 할 사항으로 가장 적절한 것은?

① 급수밸브의 잠김 여부
② 급수밸브의 연결 상태
③ 정수필터의 청결 상태
④ 수도필터의 청결 상태
⑤ 비데의 고정 여부

62 61번 문제에서 확인한 사항이 추가로 다른 문제를 일으킬 수 있는지 미리 점검하고자 할 때 가장 적절한 행동은 무엇인가?

① 본체가 흔들리는지 확인한다.
② 물이 나오지 않는지 확인한다.
③ 수압이 약해졌는지 확인한다.
④ 노즐이 나오지 않는지 확인한다.
⑤ 변기의 물이 새는지 확인한다.

※ 다음은 J공사에서 발표한 전력수급 비상단계 발생 시 행동요령이다. 이어지는 질문에 답하시오. **[63~64]**

〈전력수급 비상단계 발생 시 행동요령〉

• 가정
 1. 전기 냉난방기기의 사용을 중지합니다.
 2. 다리미, 청소기, 세탁기 등 긴급하지 않은 모든 가전기기의 사용을 중지합니다.
 3. TV, 라디오 등을 통해 신속하게 재난상황을 파악하여 대처합니다.
 4. 안전, 보안 등을 위한 최소한의 조명을 제외한 실내외 조명은 모두 소등합니다.

• 사무실
 1. 건물관리자는 중앙조절식 냉난방설비의 가동을 중지하거나 온도를 낮춥니다.
 2. 사무실 내 냉난방설비의 가동을 중지합니다.
 3. 컴퓨터, 프린터, 복사기, 냉온수기 등 긴급하지 않은 모든 사무기기 및 설비의 전원을 차단합니다.
 4. 안전, 보안 등을 위한 최소한의 조명을 제외한 실내외 조명은 모두 소등합니다.

• 공장
 1. 사무실 및 공장 내 냉난방기의 사용을 중지합니다.
 2. 컴퓨터, 복사기 등 각종 사무기기의 전원을 일시적으로 차단합니다.
 3. 꼭 필요한 경우를 제외한 사무실 조명은 모두 소등하고 공장 내부의 조명도 최소화합니다.
 4. 비상발전기의 가동을 점검하고 운전 상태를 확인합니다.

• 상가
 1. 냉난방설비의 가동을 중지합니다.
 2. 안전·보안용을 제외한 모든 실내 조명등과 간판 등을 일시 소등합니다.
 3. 식기건조기, 냉온수기 등 식재료의 부패와 관련 없는 가전제품의 가동을 중지하거나 조정합니다.
 4. 자동문, 에어커튼의 사용을 중지하고 환기팬 가동을 일시 정지합니다.

---

63 다음 중 전력수급 비상단계 발생 시 행동요령에 대한 설명으로 적절하지 않은 것은?

① 가정에 있을 경우 대중매체를 통해 재난상황에 대한 정보를 파악할 수 있다.

② 사무실에 있을 경우 즉시 사용이 필요하지 않은 복사기, 컴퓨터 등의 전원을 차단하여야 한다.

③ 가정에 있을 경우 모든 실내외 조명을 소등하여야 한다.

④ 공장에 있을 경우 비상발전기 가동을 준비해야 한다.

⑤ 전력 회복을 위해 한동안 사무실의 업무가 중단될 수 있다.

64 다음 〈보기〉 중 전력수급 비상단계 발생 시 행동요령에 따른 행동으로 적절하지 않은 것을 모두 고르면?

―――――――――――〈보기〉―――――――――――
⊙ 집에 있던 김사원은 세탁기 사용을 중지하고 실내조명을 최소화하였다.
ⓒ 본사 전력관리실에 있던 이주임은 사내 중앙보안시스템의 전원을 즉시 차단하였다.
ⓒ 공장에 있던 박주임은 즉시 공장 내부 조명 밝기를 최소화하였다.
ⓔ 상가에서 횟집을 운영하는 최사장은 모든 냉동고의 전원을 차단하였다.

① ⊙, ⓒ   ② ⊙, ⓒ
③ ⓒ, ⓒ   ④ ⓒ, ⓔ
⑤ ⓒ, ⓔ

※ 실내 공기 관리에 대한 필요성을 느낀 J공사는 사무실에 공기청정기를 구비하기로 결정하였다. 다음 제품설명서를 보고 이어지는 질문에 답하시오. [65~67]

〈제품설명서〉

■ 설치 확인하기

 – 직사광선이 닿지 않는 실내공간에 두십시오(제품 오작동 및 고장의 원인이 될 수 있습니다).
 – TV, 라디오, 전자제품 등과 간격을 두고 설치하십시오(전자파 장애로 오작동의 원인이 됩니다).
 – 단단하고 평평한 바닥에 두십시오(약하고 기울어진 바닥에 설치하면 이상 소음 및 진동이 생길 수 있습니다).
 – 벽면과 10cm 이상 간격을 두고 설치하십시오(공기청정 기능을 위해 벽면과 간격을 두고 설치하는 것이 좋습니다).
 – 습기가 적고 통풍이 잘되는 장소에 두십시오(감전되거나 제품에 녹이 발생할 수 있고, 제품 성능이 저하될 수 있습니다).

■ 필터 교체하기

종류	표시등	청소주기	교체주기
프리필터	–	2회/월	반영구
탈취필터	필터 교체 표시등 켜짐	–	6개월 ~ 1년
헤파필터			

 – 실내의 청정한 공기 관리를 위해 교체주기에 맞게 필터를 교체해 주세요.
 – 필터 교체주기는 사용 환경에 따라 차이가 날 수 있습니다.
 – 냄새가 심하게 날 경우 탈취필터를 확인 및 교체해 주세요.

■ 스마트에어 서비스 등록하기

 1) 앱스토어에서 '스마트에어'를 검색하여 앱을 설치합니다(안드로이드 8.0 오레오 이상 / iOS 9.0 이상의 사양에 최적화되어 있으며, 사용자의 스마트폰에 따라 일부 기능은 지원하지 않을 수 있습니다).
 2) 스마트에어 서비스 앱을 실행하여 회원가입 완료 후 로그인합니다.
 3) 새 기기 추가 선택 후 제품을 선택합니다.
 4) 공기청정기 기기의 페어링 모드를 작동시켜 주세요(기기의 Wi-Fi 버튼과 수면모드 버튼을 동시에 눌러 주세요).
 5) 기기명이 나타나면 기기를 선택해 주세요.
 6) 완료 버튼을 눌러 기기등록을 완료합니다.

 – 지원가능 Wi-Fi 무선공유기 사양(802.11b/f/n 2.4GHz)을 확인하세요.
 – 자동 Wi-Fi 연결상태 관리 모드를 해제해 주세요.
 – 스마트폰의 Wi-Fi 고급설정 모드에서 '신호 약한 Wi-Fi 끊기 항목'과 관련된 기능이 있다면 해제해 주세요.
 – 스마트폰의 Wi-Fi 고급설정 모드에서 '신호 세기'와 관련된 기능이 있다면 '전체'를 체크해 주세요.
 – Wi-Fi가 듀얼 밴드 공유기인 경우 〈Wi-Fi 5GHz〉가 아닌 일반 〈Wi-Fi〉를 선택해 주세요.

■ 스마트에어 서비스 이용하기

 스마트에어 서비스는 스마트기기를 통해 공기청정기를 페어링하여 언제 어디서나 원하는 대로 공기를 정화할 수 있는 똑똑한 서비스입니다.

65 제품설명서를 참고하여 공기청정기를 적절한 장소에 설치하고자 한다. 다음 중 공기청정기 설치 장소로 적절하지 않은 곳은?

① 직사광선이 닿지 않는 실내
② 부드러운 매트 위
③ 벽면과 10cm 이상 간격을 확보할 수 있는 곳
④ 습기가 적고 통풍이 잘되는 곳
⑤ 사내방송용 TV와 거리가 먼 곳

66 다음 중 필터 교체와 관련하여 숙지해야 할 사항으로 가장 적절한 것은?

① 프리필터는 1개월에 2회 이상 청소해야 한다.
② 탈취필터는 6개월 주기로 교체해야 한다.
③ 헤파필터는 6개월 주기로 교체해야 한다.
④ 프리필터는 1년 주기로 교체해야 한다.
⑤ 냄새가 심하게 날 경우 탈취필터를 청소해야 한다.

67 A씨는 외근이나 퇴근 후에도 공기청정기를 사용할 수 있도록 스마트폰을 통해 스마트에어 서비스 등록을 시도하였으나, 기기 등록에 계속 실패하였다. 다음 중 기기등록을 위해 확인해야 할 사항으로 적절하지 않은 것은?

① 스마트폰이 지원 가능한 사양인지 OS 버전을 확인한다.
② 공기청정기에서 페어링 모드가 작동하고 있는지 확인한다.
③ 무선공유기가 지원 가능한 사양인지 확인한다.
④ 스마트폰의 자동 Wi-Fi 연결상태 관리 모드를 확인한다.
⑤ 스마트폰의 Wi-Fi 고급설정 모드에서 '개방형 Wi-Fi' 관련 항목을 확인한다.

68 다음 〈보기〉 중 지속가능한 기술의 사례로 적절한 것을 모두 고르면?

---〈보기〉---

㉠ A사는 카메라를 들고 다니지 않으면서도 사진을 찍고 싶어 하는 소비자들을 위해 일회용 카메라 대신 재활용이 쉽고, 재사용도 가능한 카메라를 만들어내는 데 성공했다.

㉡ 잉크, 도료, 코팅에 쓰이던 유기 용제 대신에 물로 대체한 수용성 수지를 개발한 B사는 휘발성 유기화합물의 배출이 줄어듦과 동시에 대기오염 물질을 줄임으로써 소비자들로부터 찬사를 받고 있다.

㉢ C사는 가구처럼 맞춤 제작하는 냉장고를 선보였다. 맞춤 양복처럼 가족수와 식습관, 라이프스타일, 주방 형태 등을 고려해 1도어부터 4도어까지 여덟 가지 타입의 모듈을 자유롭게 조합하고, 세 가지 소재와 아홉 가지 색상을 매치해 공간에 어울리는 나만의 냉장고를 꾸밀 수 있게 된 것이다.

㉣ D사는 기존에 소각처리해야 했던 석유화학 옥탄올 공정을 변경하여 폐수처리로 전환하고, 공정 최적화를 통해 화약 제조 공정에 발생하는 총 질소의 양을 원천적으로 감소시키는 공정 혁신을 이루었다. 이로 인해 연간 4천 톤의 오염 물질 발생량을 줄였으며, 약 60억 원의 원가도 절감했다.

㉤ 등산 중 갑작스러운 산사태를 만나거나 길을 잃어서 조난 상황이 발생한 경우 골든타임 확보가 무척 중요하다. 이를 위해 E사는 조난객의 상황 파악을 위한 5G 통신 모듈이 장착된 비행선을 선보였다. 이 비행선은 현재 비행거리와 시간이 짧은 드론과 비용과 인력 소모가 많이 드는 헬기에 비해 매우 효과적일 것으로 기대하고 있다.

① ㉠, ㉡, ㉢
② ㉠, ㉡, ㉣
③ ㉠, ㉢, ㉣
④ ㉡, ㉢, ㉣
⑤ ㉡, ㉢, ㉤

69 다음 글을 읽고 이해한 내용으로 가장 적절한 것은?

> 최근 환경오염의 주범이었던 화학회사들이 환경 보호 정책을 표방하고 나섰다. 기업의 분위기가 변하면서 대학의 엔지니어뿐만 아니라 기업에 고용된 엔지니어들도 점차 대체기술, 환경기술, 녹색 디자인 등을 추구하는 방향으로 전환해 가고 있는 것이다.
> 또한, 최근 각광받고 있는 3R의 구호[줄이고(Reduce), 재사용하고(Reuse), 재처리하자(Recycle)]는 엔지니어들로 하여금 미래 사회를 위한 자신들의 역할에 대해 방향을 제시해 주고 있다.

① 개발이라는 이름으로 행해지는 개발독재의 사례로 볼 수 있다.
② 자연과학기술에 대한 연구개발의 사례로 적절하다.
③ 균형과 조화를 위한 지속가능한 개발의 사례로 볼 수 있다.
④ 기술이나 자금을 위한 개발수입의 사례이다.
⑤ 기업의 생산능률을 위한 조직개발의 사례로 볼 수 있다.

70 다음 글을 읽고 이해한 내용으로 적절하지 않은 것은?

> 기술선택이란 기업이 어떤 기술에 대하여 외부로부터 도입하거나 그 기술을 자체 개발하여 활용할 것인가를 결정하는 것이다. 기술을 선택하는 데 대한 의사결정은 크게 다음과 같이 두 가지 방법으로 볼 수 있다.
> 먼저 상향식 기술선택(Bottom Up Approach)은 기업 전체 차원에서 필요한 기술에 대한 체계적인 분석이나 검토 없이 연구자나 엔지니어들이 자율적으로 기술을 선택하도록 하는 것이다.
> 다음으로 하향식 기술선택(Top Down Approach)은 기술경영진과 기술기획담당자들에 의한 체계적인 분석을 통해 기업이 획득해야 하는 대상기술과 목표기술수준을 결정하는 것이다.

① 상향식 기술선택은 기술자들의 창의적인 아이디어를 얻기 어려운 단점을 볼 수 있다.
② 상향식 기술선택은 경쟁기업과의 경쟁에서 승리할 수 없는 기술이 선택될 수 있다.
③ 상향식 기술선택은 시장의 고객들이 요구하는 제품이나 서비스를 개발하는 데 부적합한 기술이 선택될 수 있다.
④ 하향식 기술선택은 사업전략의 성공적인 수행을 위해 필요한 기술들을 열거하고, 각각의 기술에 대한 획득의 우선순위를 결정하는 것이다.
⑤ 하향식 기술선택은 먼저 기업이 직면하고 있는 외부환경과 보유 자원에 대한 분석을 통해 중·장기적인 사업목표를 설정하는 것이다.

71 J회사에 입사한 귀하는 시스템 모니터링 및 관리 업무를 담당하게 되었다. 다음을 참고할 때 〈보기〉의 빈칸에 들어갈 코드로 옳은 것은?

다음 모니터에 나타나는 정보를 이해하고 시스템 상태를 판독하여 적절한 코드를 입력하는 방식을 파악하시오.

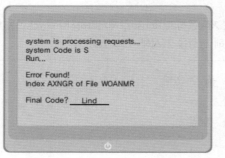

항목	세부사항
Index ◇◇◇ of File ◇◇◇	• 오류 문자 : Index 뒤에 나타나는 문자 • 오류 발생 위치 : File 뒤에 나타나는 문자
Error Value	• 오류 문자와 오류 발생 위치를 의미하는 문자에 사용된 알파벳을 비교하여 일치하는 알파벳의 개수를 확인
Final Code	• Error Value를 통하여 시스템 상태 판단

판단 기준	Final Code
일치하는 알파벳의 개수＝0	Svem
0＜일치하는 알파벳의 개수≤1	Atur
1＜일치하는 알파벳의 개수≤3	Lind
3＜일치하는 알파벳의 개수≤5	Nugre
일치하는 알파벳의 개수＞5	Qutom

〈보기〉

```
system is processing requests...
system Code is S
Run...

Error Found!
Index SOPENTY of File ATONEMP

Final Code?_____
```

① Svem
② Atur
③ Lind
④ Nugre
⑤ Qutom

IT기술을 개발하는 회사의 글로벌 전략부 이과장은 새로운 기술을 도입하기 위해 기술선택을 하려고 한다. 이과장은 ㉠ 기술경영진과 기술기획담당자들에 의한 체계적인 분석을 통해 기업이 획득해야 하는 대상기술과 목표기술수준을 결정한다. 이과장의 기술선택 과정에서의 진행상황은 다음과 같다. 먼저 수요 변화 및 경쟁자 변화, 기술 변화 등을 분석하고 기업의 장기 비전, 중장기 매출목표 및 이익목표를 설정했다. 다음으로 기술능력, 생산능력, 마케팅 및 영업능력, 재무능력 등을 분석하였다. 그리고 최근에 사업 영역을 결정하고 경쟁우위 확보 방안을 수립했다.

72 다음 중 밑줄 친 ㉠이 설명하는 기술선택 방식은?

① 확장적 기술선택   ② 상향식 기술선택
③ 하향식 기술선택   ④ 복합적 기술선택
⑤ 통합적 기술선택

73 다음 중 윗글에 제시된 이과장의 기술선택 과정 다음으로 진행해야 할 절차가 아닌 것은?

① 핵심기술 선택   ② 기술전략 수립
③ 제품 생산공정 분석   ④ 내부역량 분석
⑤ 기술 획득 방법 결정

※ 다음은 전열 난방기구의 설명서이다. 이어지는 질문에 답하시오. [74~76]

■ **설치방법**
[스탠드형]
1) 제품 밑 부분이 위를 향하게 하고, 스탠드와 히터의 나사 구멍이 일치하도록 맞추세요.
2) 십자드라이버를 사용해 스탠드 조립용 나사를 단단히 고정시켜 주세요.
3) 스탠드 2개를 모두 조립한 후 제품을 똑바로 놓고 흔들리지 않는지 확인합니다.
[벽걸이형]
1) 벽걸이용 거치대를 본체에서 분리해 주세요.
2) 벽걸이용 거치대 양쪽 구멍의 거리에 맞춰 벽에 작은 구멍을 냅니다(단단한 콘크리트나 타일이 있을 경우 전동드릴로 구멍을 내면 좋습니다).
3) 제공되는 나사를 이용해 거치대를 벽에 고정시켜 줍니다.
4) 양손으로 본체를 들어서 평행을 맞춰 거치대에 제품을 고정합니다.
5) 거치대의 고정 나사를 단단히 조여 흔들리지 않도록 고정시킵니다.

■ **사용방법**
1) 전원선을 콘센트에 연결합니다.
2) 전원버튼을 누르면 작동을 시작합니다.
3) 1단(750W), 2단(1500W)의 출력 조절버튼을 터치해 출력을 조절할 수 있습니다.
4) 온도 조절버튼을 터치하여 온도를 조절할 수 있습니다.
   - 설정 가능한 온도 범위는 15 ~ 40℃입니다.
   - 에너지 절약을 위해 실내온도가 설정온도에 도달하면 자동으로 전원이 차단됩니다.
   - 실내온도가 설정온도보다 약 2 ~ 3℃ 내려가면 다시 작동합니다.
5) 타이머 버튼을 터치하여 작동 시간을 설정할 수 있습니다.
6) 출력 조절버튼을 5초 이상 길게 누르면 잠금 기능이 활성화됩니다.

■ **주의사항**
   - 제품을 사용하지 않을 때나 제품을 점검할 때는 전원코드를 반드시 콘센트에서 분리하세요.
   - 사용자가 볼 수 있는 위치에서만 사용하세요.
   - 사용 시에 화상을 입을 수 있으니 손을 대지 마세요.
   - 바닥이 고르지 않은 곳에서는 사용하지 마세요.
   - 젖은 수건, 의류 등을 히터 위에 올려놓지 마세요.
   - 장난감, 철사, 칼, 도구 등을 넣지 마세요.
   - 제품 사용 중 이상이 발생한 경우 분해하지 마시고, A/S센터에 문의해 주세요.
   - 본체 가까이에서 스프레이 캔이나 인화성 위험물을 사용하지 마세요.
   - 휘발유, 신나, 벤젠, 등유, 알칼리성 비눗물, 살충제 등을 이용하여 청소하지 마세요.
   - 제품을 물에 담그지 마세요.
   - 젖은 손으로 전원코드, 본체, 콘센트 등을 만지지 마세요.
   - 전원 케이블이 과도하게 꺾이거나 피복이 벗겨진 경우에는 전원을 연결하지 마시고, A/S센터로 문의하기 바랍니다.
   ※ 주의사항을 지키지 않을 경우 고장 및 감전, 화재의 원인이 될 수 있음

74 작업장에 벽걸이형 난방기구를 설치하고자 한다. 다음 중 벽걸이형 난방기구의 설치방법으로 가장 적절한 것은?

① 벽걸이용 거치대의 양쪽 구멍과 상단 구멍의 위치에 맞게 벽에 작은 구멍을 낸다.

② 스탠드 2개를 조립한 후 벽걸이형 거치대를 본체에서 분리한다.

③ 벽이 단단한 콘크리트로 되어 있을 경우 거치대를 따로 고정하지 않아도 된다.

④ 거치대를 벽에 고정시킨 뒤 평행을 맞추어 거치대에 제품을 고정시킨다.

⑤ 스탠드의 고정 나사를 조여 제품이 흔들리지 않는지 확인한다.

75 다음 중 난방기 사용방법으로 적절하지 않은 것은?

① 전원선을 콘센트에 연결한 후 전원버튼을 누른다.

② 출력 조절버튼을 터치하여 출력을 1단으로 낮춘다.

③ 히터를 작동시키기 위해 설정온도를 현재 실내온도인 20℃로 조절하였다.

④ 전기료 절감을 위해 타이머를 1시간으로 맞추어 놓고 사용하였다.

⑤ 잠금 기능을 활성화하기 위해 출력 조절버튼을 5초 이상 길게 눌렀다.

76 난방기가 사용 도중 갑자기 작동하지 않았다. 다음 중 난방기 고장 원인이 될 수 없는 것은?

① 바닥 면이 고르지 않은 곳에 두었다.

② 젖은 수건을 히터 위에 두었다.

③ 열원이 방출되는 구멍에 연필이 들어갔다.

④ 전원케이블의 피복이 벗겨져 있었다.

⑤ 작동하고 있는 히터를 손으로 만졌다.

- 인쇄기기 제조업체 A사는 타 업체에 시장점유율이 밀리자 해당 업체의 프린터기를 구입하여 분해한 뒤 분석하여, 성공요인을 도출하였다. 이러한 성공요인을 신제품 개발에 활용하거나 기존 제품에 적용함으로써 자사의 제품 경쟁력을 향상시켰다.
- 대형 유통판매업체 B사는 해외 대형 할인점을 따라 다수의 패션브랜드를 매장 안에 입점시킴으로써 매장의 분위기를 전환하였다. B사의 관계자는 해외 대형 할인점을 참고한 것은 맞으나, 구체적인 방법은 국내 현실 및 소비자 성향에 맞게 조정하였다고 밝혔다.
- 국내 금융업체인 C금융사의 본사에는 대형 디스플레이가 설치되어 있다. 이 디스플레이에는 C금융사 고객이 남긴 불만사항이 실시간으로 업데이트되고 있다. 이러한 방식은 뉴욕의 한 신문사에서 본사에 설치된 모니터에 독자의 댓글들이 실시간으로 나타나는 것을 보게 된 경영진이 C금융사에도 도입하게 된 것이다. 그러나 디스플레이 도입 후, 직원들은 디스플레이가 부담스럽고 심리적 압박감을 유발한다고 불만사항을 제기하였다. 예상치 못한 결과에 C금융사의 경영진들은 직원들의 불만을 잠재우면서도 디스플레이의 설치 목적은 그대로 유지할 수 있는 방안을 마련하고자 한다.

77 다음 중 A ~ C사가 수행한 기술선택 방법에 대한 설명으로 옳지 않은 것은?

① 우수 기업이나 성공 사례의 장점을 자사에 그대로 적용하는 방법이다.
② 특정 분야에서 뛰어난 업체나 상품, 기술, 경영 방식 등을 배워 합법적으로 응용하는 것이다.
③ 계획 단계, 자료 수집 단계, 분석 단계, 개선 단계로 진행될 수 있다.
④ 비교대상에 따른 분류와 수행방식에 따른 분류로 그 종류를 나눌 수 있다.
⑤ 수행방식에 따른 분류에는 직·간접적 방법이 있다.

78 다음 중 C금융사가 수행한 기술선택 방법에 대한 설명으로 옳은 것을 〈보기〉에서 모두 고르면?

─〈보기〉─
㉠ 같은 기업 내의 다른 지역, 타 부서, 국가 간의 유사한 활용을 대상으로 하는 기술선택 방법이다.
㉡ 동일 업종에서 고객을 직접적으로 공유하는 경쟁기업을 대상으로 하는 기술선택 방법이다.
㉢ 제품, 서비스 및 프로세스의 단위 분야에 있어 가장 우수한 실무를 보이는 비경쟁적 기업 내의 유사 분야를 대상으로 하는 기술선택 방법이다.
㉣ 대상을 직접 방문하여 수행하는 기술선택 방법이다.
㉤ 인터넷 및 문서 형태의 자료를 통해서 수행하는 기술선택 방법이다.

① ㉠, ㉡
② ㉠, ㉤
③ ㉡, ㉢
④ ㉢, ㉣
⑤ ㉣, ㉤

79 다음은 최근 이슈가 되고 있는 산업재해에 대한 뉴스 기사의 일부이다. 기사에 제시된 산업재해의 원인으로 가장 적절한 것은?

〈◇◇의 등대, 잠들지 못하는 ○○업 종사자들〉

◇◇지역에 위치한 ○○업의 대표적인 기업에서 올해 들어 직원 3명의 사망사고가 발생하였다. ◇◇의 등대라는 단어는 잦은 야근으로 인해 자정에 가까운 시간에도 사무실에 불빛이 환하게 밝혀져 있는 모습에서 나온 지금은 공공연해진 은어이다. 이처럼 계속된 과로사의 문제로 인해 작년 12월 고용노동부의 근로 감독이 이루어졌으나, 시정되지 못하고 있는 실정이다.

… 하략 …

---

① 교육적 원인 : 충분하지 못한 OJT
② 기술적 원인 : 노후화된 기기의 오작동으로 인한 작업 속도 저하
③ 작업 관리상 원인 : 초과 근무를 장려하는 관리 운영 지침
④ 불안전한 행동 : 작업 내용 미저장 / 하드웨어 미점검
⑤ 불안전한 상태 : 시설물 자체 결함 / 복장·보호구의 결함

80 다음 글에서 설명하는 것은 무엇인가?

기술혁신은 신기술이 발생, 발전, 채택되고, 다른 기술에 의해 사라질 때까지의 일정한 패턴을 가지고 있다. 기술의 발달은 처음에는 서서히 시작되다가 성과를 낼 수 있는 힘이 축적되면 급속한 진전을 보인다. 그리고 기술의 한계가 오면 성과는 점차 줄어들게 되고, 한계가 온 기술은 다시 성과를 내는 단계로 상승할 수 없으며, 여기에 혁신적인 새로운 기술이 출현하게 된다. 혁신적인 새로운 기술은 기존의 기술이 한계에 도달하기 전에 출현하는 경우가 많으며, 기존에 존재하는 시장의 요구를 만족시키면서 전혀 새로운 지식을 기반으로 한다. 이러한 기술의 예로 필름 카메라에서 디지털카메라로, 콤팩트디스크(Compact Disk)에서 엠피쓰리플레이어(MP3 Player)로의 전환 등을 들 수 있다.

---

① 바그너 법칙   ② 기술의 S곡선
③ 빅3 법칙   ④ 생산비의 법칙
⑤ 기술경영

2일 차
기출응용 모의고사

〈문항 및 시험시간〉

평가영역	문항 수	시험시간	모바일 OMR 답안분석	
[공통] 의사소통능력＋수리능력＋ 　　　 문제해결능력＋자원관리능력 [사무] 조직이해능력 [전기·기계] 기술능력	80문항	90분	사무	전기·기계

2일 차 기출응용 모의고사

문항 수 : 80문항
시험시간 : 90분

| 01 | 공통

01 다음 빈칸에 들어갈 내용으로 가장 적절한 것은?

> 무엇보다도 전통은 문화적 개념이다. 문화는 복합 생성을 그 본질로 한다. 그 복합은 질적으로 유사한 것끼리는 짧은 시간에 무리 없이 융합되지만, 이질적일수록 그 혼용의 역사적 기간과 길항이 오래 걸리는 것은 사실이다. 그러나 이질적인 전통이 그 주류에 있어서 교체가 더디다 해서 전통 자체를 단절된 것으로 볼 수는 없다. 오늘날 이미 하나의 문화적 전통을 이룬 서구의 전통도 희랍·로마 이래 장구한 역사로써 헬레니즘과 히브리즘의 이질적 전통이 융합된 것임은 이미 다 아는 상식 아닌가.
> 지금은 끊어졌다는 우리의 고대 이래의 전통도 알고 보면 샤머니즘에, 선교에, 불교에, 도교에, 유교에 실학파를 통해 받아들인 천주교적 전통까지 혼합된 것이고, 그것들 사이에는 유사한 것도 있었지만 상당히 이질적인 것이 교차하여 겯고 튼 끝에 이루어진 전통이며, 그것은 어느 것이나 '우리화'시켜 받아들임으로써 우리의 전통이 되었던 것이다. 이런 의미에서 보자면 오늘날 일시적 전통의 혼미를 전통의 단절로 속단하고 이를 전통 부정의 논거로 삼는 것은 허망된 논리이다. _____
> 그러므로 전통의 혼미란 곧 주체 의식의 혼미란 뜻에 지나지 않는다. 전통 탐구의 현대적 의의는 바로 문화의 기본적 주체 의식의 각성과 시대적 가치관의 검토, 이 양자의 관계에 대한 탐구의 요구이다.

① 끊어지고 바뀌고 붙고 녹는 것을 계속하면서도 그것을 일관하는 것이 전통이다.
② 전통은 물론 과거로부터 이어 온 것을 말한다.
③ 전통은 대체로 그 사회 및 사회의 구성원인 개인의 몸에 배어 있는 것이다.
④ 우리 민족 문화의 전통은 부단한 창조 활동 속에서 이어 온 것이다.
⑤ 전통은 우리의 현실에 작용하는 경우가 있다.

02 다음 글의 주제로 가장 적절한 것은?

정부는 탈원전·탈석탄 공약에 발맞춰 2030년까지 전체 국가 발전량의 20%를 신재생에너지로 채운다는 정책 목표를 수립하였다. 목표를 달성하기 위해 신재생에너지에 대한 송·변전 계획을 제8차 전력수급기본계획에 처음으로 수립하겠다는 게 정부의 방침이다.

정부는 기존의 수급계획이 수급안정과 경제성을 중점적으로 수립된 것에 반해, 8차 계획은 환경성과 안전성을 중점으로 하였다고 밝히고 있으며, 신규 발전설비는 원전, 석탄화력발전에서 친환경, 분산형 재생에너지와 LNG 발전을 우선시하는 방향으로 수요관리를 통합 합리적 목표수용 결정에 주안점을 두었다고 밝혔다. 그동안 많은 NGO 단체에서 에너지 분산에 관한 다양한 제안을 해왔지만 정부 차원에서 고려하거나 논의가 활발히 진행된 적은 거의 없었으며 명목상으로 포함하는 수준이었다. 그러나 이번 정부에서는 탈원전·탈석탄 공약을 제시하는 등 중앙집중형 에너지 생산시스템에서 분산형 에너지 생산시스템으로 정책의 방향을 전환하고자 한다. 이 기조에 발맞춰 분산형 에너지 생산시스템은 지방선거에서도 해당 지역에 대한 다양한 선거공약으로 제시될 가능성이 높다.

중앙집중형 에너지 생산시스템은 환경오염, 송전선 문제, 지역 에너지 불균형 문제 등 다양한 사회적인 문제를 야기하였다. 하지만 그동안은 값싼 전기인 기저전력을 편리하게 사용할 수 있는 환경을 조성하고자 하는 기존 에너지계획과 전력수급계획에 밀려 중앙집중형 발전원 확대가 꾸준히 진행되었다. 그러나 현재 대통령은 중앙집중형 에너지 정책에서 분산형 에너지정책으로 전환되어야 한다는 것을 대선 공약사항으로 밝혀 왔으며, 현재 분산형 에너지정책으로 전환을 모색하기 위한 다각도의 노력을 하고 있다. 이러한 정부의 정책변화와 아울러 석탄화력발전소가 국내 미세먼지에 주는 영향과 일본 후쿠시마 원자력 발전소 문제, 국내 경주 대지진 및 최근 포항 지진 문제 등으로 인한 원자력에 대한 의구심 또한 커지고 있다.

제8차 전력수급계획(안)에 의하면, 우리나라의 에너지 정책은 격변기를 맞고 있다. 우리나라는 현재 중앙집중형 에너지 생산시스템이 대부분이며, 분산형 전원 시스템은 그 설비용량이 극히 적은 상태이다. 또한, 우리나라의 발전설비는 2016년 말 105GW이며, 2014년도 최대 전력치를 보면 80GW 수준이므로, 25GW 정도의 여유가 있는 상태이다. 25GW라는 여유는 원자력발전소 약 25기 정도의 전력생산 설비가 여유가 있는 상황이라고 볼 수 있다. 또한, 제7차 전력수급기본계획의 2015 ~ 2016년 전기수요 증가율을 4.3 ~ 4.7%라고 예상하였으나, 실제 증가율은 1.3 ~ 2.8% 수준에 그쳤다는 점은 우리나라의 전력 소비량 증가량이 둔화하고 있는 상태라는 것을 나타내고 있다.

① 중앙집중형 에너지 생산시스템의 발전 과정
② 에너지 분권의 필요성과 방향
③ 전력 소비량과 에너지 공급량의 문제점
④ 중앙집중형 에너지 정책의 한계점
⑤ 전력수급기본계획의 내용과 수정 방안 모색

03 다음 문단을 논리적 순서대로 바르게 나열한 것은?

> (가) 하지만 막상 앱을 개발하려 할 때 부딪히는 여러 난관이 있다. 여행지나 주차장에 한 정보를 모으는 것도 문제이고, 정보를 지속적으로 갱신하는 것도 문제이다. 이런 문제 때문에 결국 아이디어를 포기하는 경우가 많다.
>
> (나) 그러나 이제는 아이디어를 포기하지 않아도 된다. 바로 공공 데이터가 있기 때문이다. 공공 데이터는 공공 기관에서 생성, 취득하여 관리하고 있는 정보 중 전자적 방식으로 처리되어 누구나 이용할 수 있도록 국민들에게 제공된 것을 말한다.
>
> (다) 현재 정부에서는 공공 데이터 포털 사이트를 개설하여 국민들이 쉽게 이용할 수 있도록 하고 있다. 공공 데이터 포털 사이트에서는 800여 개 공공 기관에서 생성한 15,000여 건의 공공 데이터를 제공하고 있으며, 제공하는 공공 데이터의 양을 꾸준히 늘리고 있다.
>
> (라) 앱을 개발하려는 사람들은 아이디어가 넘친다. 사람들이 여행 준비를 위해 많은 시간을 허비하는 것을 보면 한 번에 여행 코스를 짜 주는 앱을 만들어 보고 싶어 하고, 도심에 주차장을 못 찾아 헤매는 사람들을 보면 주차장을 쉽게 찾아 주는 앱을 만들어 보고 싶어 한다.

① (가) – (나) – (다) – (라)   　② (다) – (나) – (가) – (라)

③ (다) – (라) – (나) – (가)   　④ (라) – (가) – (나) – (다)

⑤ (라) – (나) – (다) – (가)

04 다음 대화에서 B사원의 문제점으로 가장 적절한 것은?

> A사원 : 배송 지연으로 인한 고객의 클레임을 해결하기 위해서는 일단 입고된 상품을 먼저 배송하고, 추가 배송료를 부담하더라도 나머지 상품은 입고되는 대로 다시 배송하는 방법이 나을 것 같습니다.
>
> B사원 : 글쎄요. A사원의 그간 업무 스타일로 보았을 때, 방금 제시한 그 처리 방법이 효율적일지 의문이 듭니다.

① 짐작하기   　② 판단하기

③ 조언하기   　④ 비위 맞추기

⑤ 대답할 말 준비하기

05 다음 글을 읽고 알 수 있는 자원의 특징으로 가장 적절한 것은?

1492년 10월 12일은 크리스토퍼 콜럼버스가 서쪽으로 가는 인도 항로를 개척하러 떠난 여정 중 신대륙, 정확히는 산살바도르섬을 발견한 날이다. 구대륙에 국한됐던 유럽인의 시야가 신대륙 아메리카로 확장된 결정적인 순간이다.

그러나 콜럼버스는 아메리카 대륙에 첫발을 내디딘 유럽인이 아닌 데다 1506년 죽을 때까지 자신이 발견한 땅을 인도로 알았다. 아메리고 베스푸치가 1507년 두 차례 항해한 끝에 그 땅이 유럽인들이 몰랐던 신대륙이라는 것을 확인했다. 그래서 신대륙은 아메리고의 이름을 따 아메리카로 불리게 됐다. 하지만 콜럼버스가 남긴 업적 하나는 분명하다. 콜럼버스의 발견 이후 유럽인의 세계관이 이전과는 완전히 달라졌다는 것이다. 동떨어져 살던 문명 간의 접촉은 다양한 교류와 교환으로 이어진다. 콜럼버스의 신대륙 발견 이후 일어난 생물과 인구의 급격한 이동을 '콜럼버스의 교환'이라고 부른다.

신대륙에서만 자라던 옥수수, 감자, 고구마, 강낭콩, 땅콩, 고추 등이 유럽으로 전해진 것을 예로 들 수 있다. 특히 감자는 유럽인의 주식 중 하나가 됐다. 감자가 유럽인의 식탁에 올라오면서 감자 의존도가 높아져 생긴 비극이 아일랜드의 '감자 대기근'이다. 1845~1852년 감자가 말라죽는 역병이 돌아 수확을 망치자 아일랜드에서 약 100만 명이 굶어 죽게 된 것이다.

구대륙에서 신대륙으로 전해진 것도 많다. 밀, 쌀, 보리, 양파, 당근, 올리브, 후추, 계피, 사과, 복숭아, 배, 그리고 바나나, 오렌지, 레몬, 키위, 커피 등은 신대륙에 없었다. '콜럼버스의 교환'이 가져온 최대 이점은 인류를 기아에서 구한 것이다.

낙타과 동물인 알파카 외에는 이렇다 할 가축이 없었던 신대륙은 콜럼버스 이후에 천혜의 가축 사육지로 떠올랐다. 구대륙의 소, 말, 돼지, 염소, 양, 닭, 토끼, 낙타 등이 신대륙으로 전파됐다. 이를 통해 원주민들은 동물 고기를 먹을 수 있을 뿐만 아니라 운송 및 이동수단으로 활용하게 됐다.

① 자원의 가치는 지역과 문화에 따라 달라진다.
② 대부분의 자원은 매장량이 한정되어 있어 사용할 수 있는 양에 한계가 있다.
③ 자원의 가치는 고정된 것이 아니라 과학 기술의 발달에 따라 달라진다.
④ 대부분의 자원은 재생 불가능한 고갈 자원으로, 가채 연수가 짧다.
⑤ 자원을 이용하는 속도에 비해 자원이 생성되어 보충되는 속도가 느리다.

신문이나 잡지는 대부분 유료로 판매된다. 반면에 인터넷 뉴스 사이트는 신문이나 잡지의 기사와 같거나 비슷한 내용을 무료로 제공한다. 왜 이런 현상이 발생하는 것일까?

이 현상 속에는 경제학적 배경이 숨어 있다. 대체로 상품의 가격은 그 상품을 생산하는 데 드는 비용의 언저리에서 결정된다. 생산 비용이 많이 들수록 상품의 가격이 상승하는 것이다. 그런데 인터넷에 게재되는 기사를 생산하는 데 드는 비용은 0원에 가깝다. 기자가 컴퓨터로 작성한 기사를 신문사 편집실로 보내 종이 신문에 게재하고, 그 기사를 그대로 재활용하여 인터넷 뉴스 사이트에 올리기 때문이다. 또한, 인터넷 뉴스 사이트 방문자 수가 증가하면 사이트에 걸어 놓은 광고에 대한 수입도 증가하게 된다. 이러한 이유로 신문사들은 경쟁적으로 인터넷 뉴스 사이트를 개설하여 무료로 운영했던 것이다.

그런데 이렇게 무료로 인터넷 뉴스 사이트를 이용하는 사람들이 폭발적으로 늘어나면서 돈을 지불하고 신문이나 잡지를 구독하는 사람들이 점점 줄어들기 시작했다. 그 결과 언론사들의 수익률이 감소하여 재정이 악화되었다. 문제는 여기서 그치지 않는다. 언론사들의 재정적 악화는 깊이 있고 정확한 뉴스를 생산하는 그들의 능력을 저하시키거나 사라지게 할 수도 있다. 결국 그로 인한 피해는 뉴스를 이용하는 소비자에게로 되돌아올 것이다.

그래서 점차 언론사들, 특히 신문사들의 재정악화 개선을 위해 인터넷 뉴스를 유료화해야 한다는 의견이 나타나고 있다. 하지만 그러한 주장을 현실화하는 것은 그리 간단하지 않다. 소비자들은 어떤 상품을 구매할 때 그 상품의 가격이 얼마 정도면 구입할 것이고, 얼마 이상이면 구입하지 않겠다는 마음의 선을 긋는다. 이 선의 최대치가 바로 최대 지불의사(Willingness to Pay)이다. 소비자들의 머릿속에 한번 각인된 최대 지불의사는 좀처럼 변하지 않는 특성이 있다. 인터넷 뉴스의 경우 오랫동안 소비자에게 무료로 제공되었고, 그러는 사이 인터넷 뉴스에 대한 소비자들의 최대 지불의사도 0원으로 굳어진 것이다. 그런데 이제 와서 무료로 이용하던 정보를 유료화한다면 소비자들은 여러 이유를 들어 불만을 토로할 것이다.

해외 신문 중 일부 경제 전문지는 이러한 문제를 성공적으로 해결했다. 그들은 매우 전문화되고 깊이 있는 기사를 작성하여 소비자에게 제공하는 대신 인터넷 뉴스 사이트를 유료화했다. 그럼에도 불구하고 많은 소비자들이 기꺼이 돈을 지불하고 이들 사이트의 기사를 이용하고 있다. 전문화되고 맞춤화된 뉴스일수록 유료화 잠재력이 높은 것이다. 이처럼 제대로 된 뉴스를 만드는 공급자와 정당한 값을 내고 제대로 된 뉴스를 소비하는 수요자가 만나는 순간 문제해결의 실마리를 찾을 수 있을 것이다.

06 다음 중 윗글의 바탕이 되는 경제관으로 적절하지 않은 것은?

① 경제적 이해관계는 사회현상의 변화를 초래한다.

② 상품의 가격이 상승할수록 소비자의 수요가 증가한다.

③ 소비자들의 최대 지불의사는 상품의 구매 결정과 밀접한 관련이 있다.

④ 일반적으로 상품의 가격은 상품 생산의 비용과 가까운 수준에서 결정된다.

⑤ 적정 수준의 상품가격이 형성될 때 소비자의 권익과 생산자의 이익이 보장된다.

07 다음 중 윗글을 읽은 사람들의 반응으로 적절하지 않은 것은?

① 정보를 이용할 때 정보의 가치에 상응하는 이용료를 지불하는 것은 당연한 거라고 생각해.

② 현재 무료인 인터넷 뉴스 사이트를 유료화하려면 먼저 전문적이고 깊이 있는 기사를 제공해야만 해.

③ 인터넷 뉴스가 광고를 통해 수익을 내는 경우도 있으니, 신문사의 재정을 악화시키는 것만은 아니야.

④ 인터넷 뉴스 사이트 유료화가 정확하고 공정한 기사를 양산하는 결과에 직결되는 것은 아니라고 생각해.

⑤ 인터넷 뉴스만 보는 독자들의 행위가 품질이 나쁜 뉴스를 생산하게 만드는 근본적인 원인이므로 종이 신문을 많이 구독해야겠어.

08 다음 글의 중심 내용으로 가장 적절한 것은?

쇼펜하우어에 따르면 우리가 살고 있는 세계의 진정한 본질은 의지이며 그 속에 있는 모든 존재는 맹목적인 삶에의 의지에 의해서 지배당하고 있다. 쇼펜하우어는 우리가 일상적으로 또는 학문적으로 접근하는 세계는 단지 표상의 세계일뿐이라고 주장하는데, 인간의 이성은 단지 이러한 표상의 세계만을 파악할 수 있을 뿐이다. 그에 따르면 존재하는 세계의 모든 사물들은 우선적으로 표상으로서 드러나게 된다. 시간과 공간 그리고 인과율에 의해서 파악되는 세계가 나의 표상인데, 이러한 표상의 세계는 오직 나에 의해서, 즉 인식하는 주관에 의해서만 파악되는 세계이다. 쇼펜하우어에 따르면 이러한 주관은 모든 현상의 세계, 즉 표상의 세계에서 주인의 역할을 하는 '나'이다.

이러한 주관을 이성이라고 부를 수도 있는데, 이성은 표상의 세계를 이끌어 가는 주인공의 역할을 하는 것이다. 그러나 쇼펜하우어는 여기서 한발 더 나아가 표상의 세계에서 주인의 역할을 하는 주관 또는 이성은 의지의 지배를 받는다고 주장한다. 즉, 쇼펜하우어는 이성에 의해서 파악되는 세계의 뒤편에는 참된 본질적 세계인 의지의 세계가 있으므로 표상의 세계는 제한적이며 표면적인 세계일 뿐, 이성에 의해서 또는 주관에 의해서 결코 파악될 수 없다고 주장한다. 오히려 그는 그동안 인간이 진리를 파악하는 데 최고의 도구로 칭송받던 이성이나 주관을 의지에 끌려 다니는 피지배자일 뿐이라고 비판한다.

① 세계의 본질로서 의지의 세계

② 표상 세계의 극복과 그 해결 방안

③ 의지의 세계와 표상의 세계 간의 차이

④ 세계의 주인으로서 주관의 표상 능력

⑤ 표상 세계 안에서의 이성의 역할과 한계

09 다음 A ~ C의 주장에 대한 평가로 적절한 것을 〈보기〉에서 모두 고르면?

> A : 정당에 대한 충성도와 공헌도를 공직자 임용 기준으로 삼아야 한다. 이는 전쟁에서 전리품은 승자에게 속한다는 국제법의 규정에 비유할 수 있다. 즉, 주기적으로 실시되는 대통령 선거에서 승리한 정당이 공직자 임용의 권한을 가져야 한다는 것이다. 이러한 임용 방식은 공무원에 대한 정치 지도자의 지배력을 강화해 지도자가 구상한 정책 실현을 용이하게 할 수 있다.
>
> B : 공직자 임용 기준은 개인의 능력・자격・적성에 두어야 하며 공개경쟁 시험을 통해서 공무원을 선발하는 것이 좋다. 그러면 신규 채용 과정에서 공개와 경쟁의 원칙이 준수되기 때문에 정실 개입의 여지가 줄어든다. 공개경쟁 시험은 무엇보다 공직자 임용에서 기회균등을 보장하여 우수한 인재를 임용함으로써 행정의 능률을 높일 수 있고 공무원의 정치적 중립을 통하여 행정의 공정성이 확보될 수 있다는 장점이 있다. 또한, 공무원의 신분보장으로 행정의 연속성과 직업적 안정성도 강화될 수 있다.
>
> C : 사회를 구성하는 모든 지역 및 계층으로부터 인구 비례에 따라 공무원을 선발하고, 그들을 정부 조직 내의 각 직급에 비례적으로 배치함으로써 정부 조직이 사회의 모든 지역과 계층에 가능한 한 공평하게 대응하도록 구성되어야 한다. 공무원들은 가치중립적인 존재가 아니다. 그들은 자신의 출신 집단의 영향을 받은 가치관과 신념을 가지고 정책 결정과 집행에 깊숙이 개입하고 있으며, 이 과정에서 자신의 견해나 가치를 반영하고자 노력한다.

─────────〈보기〉─────────
ㄱ. 공직자 임용의 정치적 중립성을 보장할 필요성이 대두된다면, A의 주장은 설득력을 얻는다.
ㄴ. 공직자 임용과정의 공정성을 높일 필요성이 부각된다면, B의 주장은 설득력을 얻는다.
ㄷ. 인구의 절반을 차지하는 비수도권 출신 공무원의 비율이 1/4에 그쳐 지역 편향성을 완화할 필요성이 제기된다면, C의 주장은 설득력을 얻는다.

① ㄱ   ② ㄴ
③ ㄷ   ④ ㄱ, ㄷ
⑤ ㄴ, ㄷ

10 다음 중 문서 작성의 의미와 중요성에 대한 설명으로 적절하지 않은 것은?

① 문서란 제안서, 보고서, 기획서, 편지, 메모, 공지사항 등이 문자로 구성된 것을 말한다.
② 직장인에게 있어 기획서나 보고서, 공문서 등의 문서를 작성할 수 있는 능력은 중요하다.
③ 문서 내용에는 대상・목적・시기가 포함되어야 하며, 제안서는 경우에 따라 기대효과가 포함되어야 한다.
④ 문서는 한 사안을 한 장의 용지에 작성해야 한다.
⑤ 문서를 작성할 때는 주로 한자를 사용하여 상대방이 쉽게 이해할 수 있도록 한다.

11 다음 글의 내용으로 가장 적절한 것은?

> 인류가 남긴 수많은 미술 작품을 살펴보다 보면 다양한 동물들이 등장하고 있음을 알 수 있다. 미술 작품 속에 등장하는 동물에는 일상에서 흔히 접할 수 있는 개나 고양이, 꾀꼬리 등도 있지만 해태나 봉황 등 인간의 상상에서 나온 동물도 적지 않다.
>
> 미술 작품에 등장하는 동물은 그 성격에 따라 나누어 보면 종교적·주술적인 동물, 신을 위한 동물, 인간을 위한 동물로 구분할 수 있다. 물론 이 구분은 엄격한 것이 아니므로 서로의 개념을 넘나들기도 하며, 여러 뜻을 동시에 갖기도 한다.
>
> 종교적·주술적인 성격의 동물은 가장 오랜 연원을 가진 것으로, 사냥 미술가들의 미술에 등장하거나 신앙을 목적으로 형성된 토템 등에서 확인할 수 있다. 여기에 등장하는 동물들은 대개 초자연적인 강대한 힘을 가지고 인간 세계를 지배하거나 수호하는 신적인 존재이다. 인간의 이지가 발달함에 따라 이들의 신적인 기능은 점차 감소하여, 결국 이들은 인간에게 봉사하는 존재로 전락하고 만다.
>
> 동물은 절대적인 힘을 가진 신의 위엄을 뒷받침하고 신을 도와 치세(治世)의 일부를 분담하기 위해 이용되기도 한다. 이 동물들 역시 현실 이상의 힘을 가지며 신성시되는 것이 보통이지만, 이는 어디까지나 신의 권위를 강조하기 위한 것에 지나지 않는다. 이들은 신에게 봉사하기 위해서 많은 동물 중에서 특별히 선택된 것들이다. 그리하여 그 신분에 알맞은 모습으로 조형화되었다.

① 미술 작품 속에는 일상에서 흔히 접할 수 있는 개나 고양이, 꾀꼬리 등이 주로 등장하고, 해태나 봉황 등은 찾아보기 어렵다.

② 미술 작품에 등장하는 동물은 성격에 따라 종교적·주술적인 동물, 신을 위한 동물, 인간을 위한 동물로 엄격하게 구분한다.

③ 종교적·주술적 성격의 동물은 초자연적인 강대한 힘으로 인간 세계를 지배하거나 수호하는 신적인 존재로 나타난다.

④ 인간의 이지가 발달함에 따라 신적인 기능이 감소한 종교적·주술적 동물은 신에게 봉사하는 존재로 전락한다.

⑤ 신의 위엄을 뒷받침하고 신을 도와 치세의 일부를 분담하기 위해 이용되는 동물은 별다른 힘을 지니지 않는다.

12 다음은 대화 과정에서 지켜야 할 협력의 원리에 대한 설명이다. 이를 참고할 때, 〈보기〉의 사례에 대한 설명으로 옳은 것은?

> 협력의 원리란 대화 참여자가 대화의 목적에 최대한 기여할 수 있도록 서로 협력해야 한다는 것으로, 듣는 사람이 요구하지 않은 정보를 불필요하게 많이 제공하거나 대화의 목적이나 주제에 맞지 않는 내용을 말하는 것은 바람직하지 않다. 협력의 원리를 지키기 위해서는 다음과 같은 사항을 고려해야 한다.
> • 양의 격률 : 필요한 만큼만 정보를 제공해야 한다.
> • 질의 격률 : 타당한 근거를 들어 진실한 정보를 제공해야 한다.
> • 관련성의 격률 : 대화의 목적이나 주제와 관련된 것을 말해야 한다.
> • 태도의 격률 : 모호하거나 중의적인 표현을 피하고, 간결하고 조리 있게 말해야 한다.

〈보기〉

> A사원 : 오늘 점심은 어디로 갈까요?
> B대리 : 아무거나 먹읍시다. 오전에 간식을 먹었더니 배가 별로 고프진 않은데, 아무 데나 괜찮습니다.

① B대리는 불필요한 정보를 제공하고 있으므로 양의 격률을 지키지 않았다.
② B대리는 거짓된 정보를 제공하고 있으므로 질의 격률을 지키지 않았다.
③ B대리는 질문에 적합하지 않은 대답을 하고 있으므로 관련성의 격률을 지키지 않았다.
④ B대리는 대답을 명료하게 하지 않고 있으므로 태도의 격률을 지키지 않았다.
⑤ A대리와 B대리는 서로 협력하여 의미 전달을 하고 있으므로 협력의 원리를 따르고 있다.

13 다음 글의 논지를 약화시킬 수 있는 내용으로 가장 적절한 것은?

온갖 사물이 뒤섞여 등장하는 사진들에서 고양이를 틀림없이 알아보는 인공지능이 있다고 해 보자. 그러한 식별 능력은 고양이 개념을 이해하는 능력과 어떤 관계가 있을까? 고양이를 실수 없이 가려내는 능력이 고양이 개념을 이해하는 능력의 필요충분조건이라고 할 수 있을까?

먼저, 인공지능이든 사람이든 고양이 개념에 대해 이해하면서도 영상 속의 짐승이나 사물이 고양이인지 정확히 판단하지 못하는 경우는 있을 수 있다. 예를 들어, 누군가가 전형적인 고양이와 거리가 먼 희귀한 외양의 고양이를 보고 "좀 이상하게 생긴 족제비로군요."라고 말했다고 해 보자. 이것은 틀린 판단이지만, 그렇다고 그가 고양이 개념을 이해하지 못하고 있다고 평가하는 것은 부적절할 것이다.

이번에는 다른 예로 누군가가 영상자료에서 가을에 해당하는 장면들을 실수 없이 가려낸다고 해 보자. 그는 가을 개념을 이해하고 있다고 보아야 할까? 그 장면들을 실수 없이 가려낸다고 해도 그가 가을이 적잖은 사람들을 왠지 쓸쓸하게 하는 계절이라든가, 농경문화의 전통에서 수확의 결실이 있는 계절이라는 것, 혹은 가을이 지구 자전축의 기울기와 유관하다는 것 등을 반드시 알고 있는 것은 아니다. 심지어 가을이 지구의 1년을 넷으로 나눈 시간 중 하나를 가리킨다는 사실을 모르고 있을 수도 있다. 만일 가을이 여름과 겨울 사이에 오는 계절이라는 사실조차 모르는 사람이 있다면 우리는 그가 가을 개념을 이해하고 있다고 인정할 수 있을까? 그것은 불합리할 것이다.

가을이든 고양이든 인공지능이 그런 개념들을 충분히 이해하는 것은 영원히 불가능하다고 단언할 이유는 없다. 하지만 우리가 여기서 확인한 점은 개념의 사례를 식별하는 능력이 개념을 이해하는 능력을 함축하는 것은 아니고, 그 역도 마찬가지라는 것이다.

① 인간 개념과 관련된 모든 지식을 가진 사람은 아무도 없겠지만 우리는 대개 인간과 인간 아닌 존재를 어렵지 않게 구별할 줄 안다.

② 어느 정도의 훈련을 받은 사람은 병아리의 암수를 정확히 감별하지만 그렇다고 암컷과 수컷 개념을 이해하고 있다고 볼 이유는 없다.

③ 자율주행 자동차에 탑재된 인공지능이 인간 개념을 이해하고 있지 않다면 동물 복장을 하고 횡단보도를 건너는 인간 보행자를 인간으로 식별하지 못한다.

④ 정육면체 개념을 이해할 리가 없는 침팬지도 다양한 형태의 크고 작은 상자들 가운데 정육면체 모양의 상자에만 숨겨둔 과자를 족집게같이 찾아낸다.

⑤ 10월 어느 날 남반구에서 북반구로 여행을 간 사람이 그곳의 계절을 봄으로 오인한다고 해서 그가 봄과 가을의 개념을 잘못 이해하고 있다고 할 수는 없다.

14 다음 문단을 논리적 순서대로 바르게 나열한 것은?

(가) 매년 수백만 톤의 황산이 애팔래치아 산맥에서 오하이오 강으로 흘러들어 간다. 이 황산은 강을 붉게 물들이고 산성으로 변화시킨다. 이렇게 강이 붉게 물드는 것은 티오바실러스라는 세균으로 인해 생성된 침전물 때문이다. 철2가 이온(Fe^{2+})과 철3가 이온(Fe^{3+})의 용해도가 이러한 침전물의 생성에 중요한 역할을 한다.

(나) 애팔래치아 산맥의 석탄 광산에 있는 황철광에는 이황화철(FeS_2)이 함유되어 있다. 티오바실러스는 이 황철광에 포함된 이황화철(FeS_2)을 산화시켜 철2가 이온(Fe^{2+})과 강한 산인 황산을 만든다. 이 과정에서 티오바실러스는 일차적으로 에너지를 얻는다. 일단 만들어진 철2가 이온(Fe^{2+})은 티오바실러스에 의해 다시 철3가 이온(Fe^{3+})으로 산화되는데, 이 과정에서 또 다시 티오바실러스는 에너지를 이차적으로 얻는다.

(다) 이황화철(FeS_2)의 산화는 다음과 같이 가속된다. 티오바실러스에 의해 생성된 황산은 황철광을 녹이게 된다. 황철광이 녹으면 황철광 안에 들어 있던 이황화철(FeS_2)은 티오바실러스와 공기 중의 산소에 더 노출되어 화학반응이 폭발적으로 증가하게 된다. 티오바실러스의 생장과 번식에는 이와 같이 에너지의 원료가 되는 이황화철(FeS_2)과 산소 그리고 세포 구성에 필요한 무기질이 꼭 필요하다. 이러한 환경조건이 자연적으로 완비된 광산 지역에서는 일반적인 방법으로 티오바실러스의 생장을 억제하기가 힘들다. 이황화철(FeS_2)과 무기질이 다량으로 광산에 있으므로 이 경우 오하이오 강의 오염을 막기 위한 방법은 광산을 밀폐시켜 산소의 공급을 차단하는 것뿐이다.

(라) 철2가 이온(Fe^{2+})은 강한 산(pH 3.0 이하)에서 물에 녹은 상태를 유지한다. 이러한 철2가 이온(Fe^{2+})은 자연 상태에서 pH 4.0 ～ 5.0 사이가 되어야 철3가 이온(Fe^{3+})으로 산화된다. 놀랍게도 티오바실러스는 강한 산에서 잘 자라고, 강한 산에 있는 철2가 이온(Fe^{2+})을 적극적으로 산화시켜 철3가 이온(Fe^{3+})을 만든다. 그리고 물에 녹지 않는 철3가 이온(Fe^{3+})은 다른 무기 이온과 결합하여 붉은 침전물을 만든다. 환경에 영향을 미칠 정도로 다량의 붉은 침전물을 만들기 위해서는 엄청난 양의 철2가 이온(Fe^{2+})과 강한 산이 있어야 한다. 그렇다면 이것들은 어떻게 만들어지는 것일까?

① (가) – (나) – (라) – (다)
② (가) – (라) – (나) – (다)
③ (라) – (가) – (다) – (나)
④ (라) – (나) – (가) – (다)
⑤ (라) – (나) – (다) – (가)

15 다음은 문서를 기준에 따라 구분한 자료이다. 빈칸에 들어갈 기준을 바르게 연결한 것은?

기준	종류
㉠	공문서
	사문서
㉡	내부결재문서
	대내문서, 대외문서, 발신자와 수신자 명의가 같은 문서
㉢	법규문서
	지시문서
	공고문서
	비치문서
	민원문서
	일반문서

	㉠	㉡	㉢
①	작성 주체	문서의 성질	유통 대상
②	작성 주체	유통 대상	문서의 성질
③	유통 대상	문서의 성질	작성 주체
④	유통 대상	작성 주체	문서의 성질
⑤	문서의 성질	작성 주체	유통 대상

16 다음은 지식경제부에서 발표한 산업경제지표 추이이다. 이에 대한 설명으로 옳지 않은 것은?

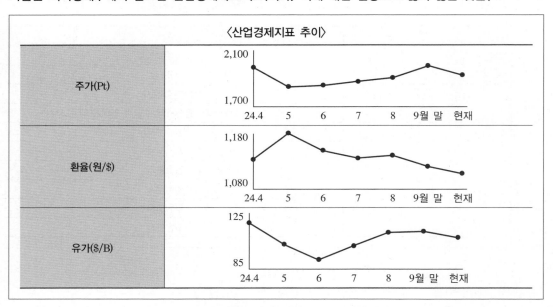

① 2024년 8월을 기점으로 세 가지 지표가 모두 하락세를 보이고 있다.

② 환율은 5월 이후 하락세에 있으므로 원화가치는 높아질 것이다.

③ 유가는 6월까지는 큰 폭으로 하락했으나, 그 이후 9월까지 서서히 상승세를 보이고 있다.

④ 숫자상의 변동 폭이 가장 작은 지표는 유가이다.

⑤ 주가는 5월에 급락했다가 9월 말까지 서서히 회복세를 보였으나, 현재는 다시 하락해서 2024년 4월선을 회복하지 못하고 있다.

17 다음은 청소년의 경제의식에 대한 설문조사 결과이다. 이에 대한 설명으로 옳은 것은?

〈경제의식에 대한 설문조사 결과〉

(단위 : %)

설문 내용	구분	전체	성별		학교별	
			남	여	중학교	고등학교
용돈을 받는지 여부	예	84.2	82.9	85.4	87.6	80.8
	아니오	15.8	17.1	14.6	12.4	19.2
월간 용돈 금액	5만 원 미만	75.2	73.9	76.5	89.4	60
	5만 원 이상	24.8	26.1	23.5	10.6	40
금전출납부 기록 여부	기록한다.	30	22.8	35.8	31	27.5
	기록 안 한다.	70	77.2	64.2	69.0	72.5

① 용돈을 받는 남학생의 비율이 용돈을 받는 여학생의 비율보다 높다.
② 월간 용돈을 5만 원 미만으로 받는 비율은 중학생이 고등학생보다 높다.
③ 고등학생 전체 인원을 100명이라 한다면, 월간 용돈을 5만 원 이상 받는 학생은 40명이다.
④ 금전출납부를 기록하는 비율이 기록 안 하는 비율보다 높다.
⑤ 용돈을 받지 않는 중학생 비율이 용돈을 받지 않는 고등학생 비율보다 높다.

18 J사원은 각 생산부서의 사업평가 자료를 취합하였는데 커피를 흘려 자료의 일부가 훼손되었다. 다음 중 빈칸 (가) ~ (라)에 들어갈 수치로 옳은 것은?(단, 인건비와 재료비 이외의 투입요소는 없다)

〈사업평가 자료〉

구분	목표량	인건비	재료비	산출량	효과성 순위	효율성 순위
A부서	(가)	200	50	500	3	2
B부서	1,000	(나)	200	1,500	2	1
C부서	1,500	1,200	(다)	3,000	1	3
D부서	1,000	300	500	(라)	4	4

※ (효과성)＝(산출량)÷(목표량)
※ (효율성)＝(산출량)÷(투입량)

	(가)	(나)	(다)	(라)
①	300	500	800	800
②	500	800	300	800
③	800	500	300	300
④	500	300	800	800
⑤	800	800	300	500

19 어느 한 사람이 5지선다형 문제 2개를 풀고자 한다. 첫 번째 문제의 정답은 선택지 중 1개이지만, 두 번째 문제의 정답은 선택지 중 2개이며, 모두 맞혀야 정답으로 인정된다. 두 문제 중 하나만 맞힐 확률은?

① 18%   ② 20%

③ 26%   ④ 30%

⑤ 44%

20 다음은 2024년 우리나라의 LPCD(Liter Per Capital Day)에 대한 자료이다. 1인 1일 사용량에서 영업용 사용량이 차지하는 비중과 1인 1일 가정용 사용량의 하위 두 항목이 차지하는 비중을 순서대로 바르게 나열한 것은?(단, 소수점 셋째 자리에서 반올림한다)

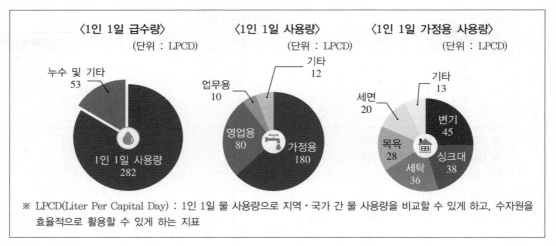

※ LPCD(Liter Per Capital Day) : 1인 1일 물 사용량으로 지역·국가 간 물 사용량을 비교할 수 있게 하고, 수자원을 효율적으로 활용할 수 있게 하는 지표

① 27.57%, 16.25%   ② 27.57%, 19.24%

③ 28.37%, 18.33%   ④ 28.37%, 19.24%

⑤ 30.56%, 20.78%

21 다음은 지역별 전력 최종에너지 소비량 변화에 대한 자료이다. 이에 대한 설명으로 옳지 않은 것을 〈보기〉에서 고르면?

〈지역별 전력 최종에너지 소비량 변화〉

구분	2014년		2024년		연평균 증가율(%)
	소비량(천 TOE)	비중(%)	소비량(천 TOE)	비중(%)	
전국	28,588	100.0	41,594	100.0	3.8
서울	3,485	12.2	3,903	9.4	1.1
부산	1,427	5.0	1,720	4.1	1.9
대구	1,063	3.7	1,286	3.1	1.9
인천	1,562	5.5	1,996	4.8	2.5
광주	534	1.9	717	1.7	3.0
대전	624	2.2	790	1.9	2.4
울산	1,793	6.3	2,605	6.3	3.8
세종	–	–	227	0.5	–
경기	5,913	20.7	9,034	21.7	4.3
강원	1,065	3.7	1,394	3.4	2.7
충북	1,244	4.4	1,974	4.7	4.7
충남	1,931	6.8	4,067	9.8	7.7
전북	1,169	4.1	1,899	4.6	5.0
전남	1,617	5.7	2,807	6.7	5.7
경북	2,852	10.0	3,866	9.3	3.1
경남	2,072	7.2	2,913	7.0	3.5
제주	238	0.8	381	0.9	4.8

─〈보기〉─

전력은 모든 지역에서 소비가 증가하였다. 특히 ㉠ 충청남도가 7.7%로 가장 높은 상승세를 나타냈으며, 이어서 ㉡ 전라도가 5%대의 연평균 증가율을 보이며 뒤를 이었다. 또한 ㉢ 서울과 달리 부산 및 인천 지역은 그에 비해 증가율이 상대적으로 낮은 편인 것으로 나타났다.

인구가 가장 많은 경기도는 20%대의 비중을 유지하면서 가장 높은 수준의 전력을 소비하는 지역으로 나타났으며, ㉣ 2014년에 두 번째로 많은 전력을 소비했던 서울은 충청남도에 밀려 2024년에는 세 번째가 되었다. 한편, ㉤ 전국 에너지 소비량은 10년 사이 10,000천 TOE 이상의 증가를 나타냈다.

① ㉠
② ㉡
③ ㉢
④ ㉣
⑤ ㉤

22 다음은 지역별 마약류 단속에 대한 자료이다. 이에 대한 설명으로 옳은 것은?

〈지역별 마약류 단속 건수〉

(단위 : 건, %)

구분	대마	코카인	향정신성의약품	합계	비중
서울	49	18	323	390	22.1
인천·경기	55	24	552	631	35.8
부산	6	6	166	178	10.1
울산·경남	13	4	129	146	8.3
대구·경북	8	1	138	147	8.3
대전·충남	20	4	101	125	7.1
강원	13	0	35	48	2.7
전북	1	4	25	30	1.7
광주·전남	2	4	38	44	2.5
충북	0	0	21	21	1.2
제주	0	0	4	4	0.2
전체	167	65	1,532	1,764	100.0

※ 수도권은 서울과 인천·경기를 합한 지역임
※ 마약류는 대마, 코카인, 향정신성의약품으로만 구성됨

① 대마 단속 전체 건수는 코카인 단속 전체 건수의 3배 이상이다.
② 수도권의 마약류 단속 건수는 마약류 단속 전체 건수의 50% 이상이다.
③ 코카인 단속 건수가 없는 지역은 5곳이다.
④ 향정신성의약품 단속 건수는 대구·경북 지역이 광주·전남 지역의 4배 이상이다.
⑤ 강원 지역은 향정신성의약품 단속 건수가 대마 단속 건수의 3배 이상이다.

23 A와 B는 휴일을 맞아 B의 집에서 49km 떨어진 전시회에 가기 위해 각자 집에서 출발하여 전시회 주차장에서 만나려고 한다. B는 항상 70km/h의 속력으로 운전하고, A는 항상 55km/h의 속력으로 운전한다. 전시회장에서 B의 집이 A의 집보다 더 멀어 30분 먼저 출발해야 같은 시간에 전시회 주차장에 도착할 수 있을 때, A와 B의 집 사이의 거리는 몇 km인가?(단, A와 B의 운전 방향은 같다)

① 37km
② 38km
③ 39km
④ 40km
⑤ 41km

24 다음은 2024년 J시 5개 구 주민의 돼지고기 소비량에 대한 자료이다. 〈조건〉을 바탕으로 변동계수가 세 번째로 큰 곳은?

<table>
<tr><th colspan="3">〈5개 구 주민의 돼지고기 소비량 통계〉</th></tr>
<tr><td colspan="3" align="right">(단위 : kg)</td></tr>
<tr><th>구분</th><th>평균(1인당 소비량)</th><th>표준편차</th></tr>
<tr><td>A</td><td>(   )</td><td>5.0</td></tr>
<tr><td>B</td><td>(   )</td><td>4.0</td></tr>
<tr><td>C</td><td>30</td><td>6.0</td></tr>
<tr><td>D</td><td>12</td><td>4.0</td></tr>
<tr><td>E</td><td>(   )</td><td>8.0</td></tr>
</table>

※ (변동계수) $= \dfrac{(표준편차)}{(평균)} \times 100$

───〈조건〉───
- A구의 1인당 소비량과 B구의 1인당 소비량을 합하면 C구의 1인당 소비량과 같다.
- A구의 1인당 소비량과 D구의 1인당 소비량을 합하면 E구 1인당 소비량의 2배와 같다.
- E구의 1인당 소비량은 B구의 1인당 소비량보다 6.0kg 더 많다.

① A구
② B구
③ C구
④ D구
⑤ E구

25 수효는 규칙을 정해서 100쪽짜리 소설책을 읽기로 계획하였다. 모든 화요일에는 6쪽씩, 화요일이 아닌 다른 요일에는 4쪽씩 읽거나 전혀 읽지 않는다. 또한 3쪽 이하로 읽거나 읽다가 그만두는 일은 없다고 했을 때, 수효가 9월 1일부터 소설책을 읽기 시작하여 최대한 빨리 읽어서 9월의 어느 월요일에 끝마쳤다고 한다. 수효가 소설책을 다 읽은 날짜는?(단, 9월 1일은 화요일이다)

① 9월 22일
② 9월 24일
③ 9월 26일
④ 9월 28일
⑤ 9월 30일

26 세 명의 친구가 다 함께 가위바위보를 할 때, 세 번 안에 승자와 패자가 가려질 확률은?

① $\dfrac{1}{2}$　　　　　　　　　　　② $\dfrac{1}{3}$

③ $\dfrac{1}{21}$　　　　　　　　　　④ $\dfrac{25}{27}$

⑤ $\dfrac{26}{27}$

27 다음은 4개 지역 국제선에 대한 통계이다. 이에 대한 설명으로 옳은 것은?

〈지역별 여객 및 화물 현황〉

(단위 : 명, 톤)

지역	여객			화물		
	도착	출발	합계	도착	출발	합계
일본	3,661,457	3,683,674	7,345,131	49,302.60	49,812.30	99,114.90
미주	222	107	329	106.7	18.4	125.1
동남아	2,785,258	2,757,248	5,542,506	36,265.70	40,503.50	76,769.20
중국	1,884,697	1,834,699	3,719,396	25,217.60	31,315.80	56,533.40

〈지역별 운항 현황〉

(단위 : 편)

지역	운항편수		
	도착	출발	합계
일본	21,425	21,433	42,858
미주	5	1	6
동남아	16,713	16,705	33,418
중국	12,427	12,446	24,873

① 중국 국제선의 출발 여객 1명당 출발 화물량은 도착 여객 1명당 도착 화물량보다 적다.
② 미주 국제선의 전체 화물 중 도착 화물이 차지하는 비중은 90%를 초과한다.
③ 동남아 국제선의 도착 운항 1편당 도착 화물량은 2톤 이상이다.
④ 중국 국제선의 도착 운항편수는 일본 국제선의 도착 운항편수의 70% 이상이다.
⑤ 각 국가의 전체 화물 중 도착 화물이 차지하는 비중은 동남아 국제선이 일본 국제선보다 높다.

28 다음은 우리나라 국민들의 환경오염 방지 기여도에 대한 자료이다. 이에 대한 설명으로 옳은 것은?

〈환경오염 방지 기여도〉

(단위 : %)

구분		합계	매우 노력함	약간 노력함	별로 노력하지 않음	전혀 노력하지 않음
성별	남성	100	13.6	43.6	37.8	5.0
	여성	100	23.9	50.1	23.6	2.4
연령	10 ~ 19세	100	13.2	41.2	39.4	6.2
	20 ~ 29세	100	10.8	39.9	42.9	6.4
	30 ~ 39세	100	13.1	46.7	36.0	4.2
	40 ~ 49세	100	15.5	52.4	29.4	2.7
	50 ~ 59세	100	21.8	50.4	25.3	2.5
	60 ~ 69세	100	29.7	46.0	21.6	2.7
	70세 이상	100	31.3	44.8	20.9	3.0
경제활동	취업	100	16.5	47.0	32.7	3.8
	실업 및 비경제활동	100	22.0	46.6	27.7	3.7

① 10세 이상 국민들 중 환경오염 방지를 위해 별로 노력하지 않는 사람 비율의 합이 가장 높다.

② 10 ~ 69세까지 각 연령층에서 약간 노력하는 사람의 비중이 제일 높다.

③ 매우 노력함과 약간 노력함의 비율 합은 남성보다 여성이, 취업자보다 실업 및 비경제활동자가 더 높다.

④ 10세 이상 국민들 중 환경오염 방지를 위해 매우 노력하는 사람의 비율이 가장 높은 연령층은 60 ~ 69세이다.

⑤ 우리나라 국민들 중 환경오염 방지를 위해 전혀 노력하지 않는 사람의 비율이 가장 높은 연령층은 10 ~ 19세이다.

29 다음은 기술개발 투자 현황 자료이다. 이를 토대로 일본의 GDP 총액을 구하면 얼마인가?(단, 소수점 이하는 버림한다)

〈기술개발 투자 및 성과〉

구분	한국	미국	일본
R&D 투자 총액(억 달러)	313	3,688	1,508
매율	1.0	11.78	4.82
GDP 대비(%)	3.37	2.68	3.44
(기술수출액)÷(기술도입액)	0.45	1.70	3.71

※ GDP 대비 : GDP 총액 대비 R&D 투자 총액의 비율

① 26,906억 달러
② 31,047억 달러
③ 37,208억 달러
④ 43,837억 달러
⑤ 45,326억 달러

30 J회사는 신입사원들을 대상으로 3개월 동안 의무적으로 강연을 듣게 하였다. 강연은 월요일과 수요일에 1회씩 열리고 금요일에는 격주로 1회씩 열린다고 할 때, 8월 1일 월요일에 처음 강연을 들은 신입사원이 13번째 강연을 듣는 날은 언제인가?(단, 첫번째 주 금요일 강연은 열리지 않았다)

① 8월 31일
② 9월 2일
③ 9월 5일
④ 9월 7일
⑤ 9월 9일

31 다음은 농수산물에 대한 식품수거검사에 대한 자료이다. 〈보기〉 중 옳지 않은 것을 모두 고르면?

〈식품수거검사〉

- 검사
  - 월별 정기 및 수시 수거검사
- 대상
  - 다년간 부적합 비율 및 유통점유율이 높은 품목대상
  - 신규 생산품목 및 문제식품의 신속 수거 및 검사 실시
  - 언론이나 소비자단체 등 사회문제화된 식품
  - 재래시장, 연쇄점, 소형슈퍼마켓 주변의 유통식품
  - 학교주변 어린이 기호식품류
  - 김밥, 도시락, 햄버거 등 유통식품
  - 유통 중인 농·수·축산물(엽경채류, 콩나물, 어류, 패류, 돼지고기, 닭고기 등)
- 식품종류별 주요 검사항목
  - 농산물 : 잔류농약
  - 수산물 : 총수은, 납, 항생물질, 장염비브리오 등 식중독균 오염여부
  - 축산물 : 항생물질, 합성항균제, 성장호르몬제, 대장균 O-157:H7, 리스테리아균, 살모넬라균, 클로스트리디움균
  - 식품제조·가공품 : 과산화물가, 대장균, 대장균군, 보존료, 타르색소 등
- 부적합에 따른 조치
  - 제조업체 해당 시·군에 통보(시정명령, 영업정지, 품목정지, 폐기처분 등 행정조치)
  - 식품의약안전청 홈페이지 식품긴급회수창에 위해 정보 공개
  - 부적합 유통식품 수거검사 및 폐기

─── 〈보기〉 ───

ㄱ. 유통 중에 있는 식품은 식품수거검사 대상에 해당되지 않는다.
ㄴ. 항생물질 함유 여부를 검사하는 항목은 축산물뿐이다.
ㄷ. 식품수거검사는 정기와 수시가 모두 진행된다.
ㄹ. 식품수거검사 결과 적발한 위해 정보는 제조업체 해당 시·군 홈페이지에서 확인할 수 있다.

① ㄱ, ㄷ
② ㄴ, ㄹ
③ ㄱ, ㄴ, ㄹ
④ ㄱ, ㄷ, ㄹ
⑤ ㄴ, ㄷ, ㄹ

※ 다음은 J마트의 배송이용약관이다. 이어지는 질문에 답하시오. **[32~33]**

〈배송이용약관〉

▲ 배송기간
① 당일배송상품은 오전 주문 시 상품 당일 오후 배송(단, 당일 배송 주문마감 시간은 지점마다 상이함)
② 일반배송상품은 전국 택배점 상품은 상품 결제 완료 후 평균 2 ~ 4일 이내 배송완료
③ 일반배송상품은 택배사를 이용해 배송되므로 주말, 공휴일, 연휴에는 배송되지 않음
④ 당일배송의 경우 각 지점에 따라 배송정책이 상이하므로 이용매장에 직접 확인해야 함
⑤ 꽃 배송은 전국 어디서나 3시간 내에 배달 가능(단, 도서 산간지역 등 일부 지역 제외, 근무시간 내 주문접수되어야 함)

▲ 배송비
① J클럽(J마트 점포배송)을 제외한 상품은 무료배송이 원칙(단, 일부 상품의 경우 상품가격에 배송비가 포함될 수 있으며, 도서지역의 경우 도선료, 항공료 등이 추가될 수 있음)
② J클럽 상품은 지점별로 배송비 적용 정책이 상이함(해당점 이용안내 확인 필요)
③ 도서상품은 배송비 무료
④ CD / DVD 상품은 39,000원 미만 주문 시 배송비 3,000원 부과
⑤ 화장품 상품은 30,000원 미만 주문 시 배송비 3,000원 부과
⑥ 기타 별도의 배송비 또는 설치비가 부과되는 경우에는 해당 상품의 구매페이지에 게재함

▲ 배송확인
① [나의 e쇼핑 → 나의 쇼핑정보 → 주문 / 배송현황]에서 배송현황의 배송조회 버튼을 클릭하여 확인할 수 있음
② 주문은 [주문완료] → [결제완료] → [상품준비 중] → [배송 중] → [배송완료] 순으로 진행
  • [주문완료] : 상품대금의 입금 미확인 또는 결제가 미완료된 접수 상태
  • [결제완료] : 대금결제가 완료되어 주문을 확정한 상태
  • [상품준비 중] : 공급처가 주문내역을 확인 후 상품을 준비하여 택배사에 발송을 의뢰한 상태
  • [배송 중] : 공급처에 배송지시를 내린 상태(공급처가 상품을 발송한 상태)
  • [배송완료] : 배송이 완료되어 고객님이 상품을 인수한 상태
  ※ 배송주소가 2곳 이상인 경우 주문할 상품의 상세페이지에서 [대량주문하기] 버튼을 클릭하면 여러 배송지로 상품 보내기 가능(배송주소를 여러 곳 설정할 때는 직접 입력 또는 엑셀파일로 작성 후 파일업로드 2가지 방식 이용)

32 서울 R대학의 기숙사 룸메이트인 갑과 을은 J마트에서 각각 물건을 구매했다. 두 명 모두 일반배송상품을 이용하였으며, 갑은 화장품 세트를, 을은 책 3권을 구매하였다. 이 경우 각각 물건을 구매하는 데 배송비를 포함하여 얼마가 들었는가?(단, 갑이 구매한 화장품 세트는 29,900원이며, 을이 구매한 책은 각각 10,000원이다)

	갑	을
①	29,900원	30,000원
②	29,900원	33,000원
③	30,900원	33,000원
④	32,900원	33,000원
⑤	32,900원	30,000원

33 서울에 사는 병은 J마트에서 해운대에 사시는 부모님께 보내드릴 사과 한 박스를 주문했다. 사과는 J마트 일반배송상품으로 가격은 32,000원인데 현재 25% 할인을 하고 있다. 배송비를 포함하여 상품을 구매하는 데 총 얼마가 들었으며, 상품은 부모님 댁에 늦어도 언제까지 배송될 예정인가?

일	월	화	수	목	금	토
1	2	3	4	5	6 상품 결제완료	7
8	9	10	11	12	13	14

	총가격	배송 완료일
①	24,000원	9일 월요일
②	24,000원	12일 목요일
③	27,000원	10일 화요일
④	32,000원	12일 목요일
⑤	32,000원	13일 금요일

※ 다음 글을 읽고 이어지는 질문에 답하시오. [34~35]

<상황>

J사는 냉동핫도그를 주력으로 판매하고 있다. 현재까지 높은 판매율을 보이고 있으나, 제품개발팀에서는 새로운 제품을 만들겠다고 아이디어를 제시한다. 하지만 경영진의 반응은 차갑기만 하다.

<회의 내용>

제품개발팀장 : 저희 팀에서는 새로운 제품을 개발하자는 의견이 계속해서 나오고 있습니다. 현재의 상품에 좋은 반응이 이어지고 있지만, 이 제품만으로는 안주할 수 없습니다. 신제품 개발에 대해 서로의 상황을 인지하고 문제 상황을 해결해 보자는 의미로 이 회의 자리를 마련했습니다. 각 팀 내에서 거론되었던 의견들을 제시해 주십시오.

기획팀장 : 저희는 찬성하는 입장입니다. 요즘처럼 고객의 요구가 빠르게 변화하는 사회에선 끊임없는 새로운 제품 개발과 출시가 당연한 듯합니다.

마케팅팀장 : 최근 냉동핫도그 고급화 전략을 내세우는 곳이 많던데요. 혹시 제품개발팀에서는 어떤 방향으로 제품 개발을 생각하고 있으신가요?

제품개발팀장 : 네, 저희도 고급화로 접근하고자 합니다. 단순히 간단하게 먹는 음식이 아닌 간단하지만 유명 맛집이나 호텔에서 즐길 수 있는 그런 퀄리티가 높은 음식으로 말이죠. 기존엔 조리법도 너무 간단하게 안내가 되었는데, 이제는 더욱 색다르고 제대로 된 맛을 느낄 수 있는 조리법도 함께 담았으면 합니다. 특히 핫도그에 감자나 고구마를 이용하여 여러 종류의 냉동핫도그를 출시하고자 합니다.

마케팅팀장 : 그런데 냉동핫도그 보관이 길고 간편한 것이 장점인데, 고급화하게 되면 보관 기간이 줄어들거나 조리법이 어려워지는 건 아닐까요?

제품개발팀장 : 저희도 그 부분들에 대해 고민 중입니다. 다양한 재료를 생각해 보았으나, 냉동과 해동 과정에서 맛이 바뀌는 경우들이 있어서 아직 다양한 재료들을 더 고민해 봐야 할 것 같습니다.

기획팀장 : 보관 기간은 정말 중요합니다. 재고관리에도 도움이 되고요.

마케팅팀장 : 퀄리티는 높이되 간편함과 보관 기간은 유지하자는 말씀이시죠?

제품개발부장 : 네, 그렇습니다. 우선 다양한 종류의 제품을 만들게 되었을 때, 물량 차이가 얼마나 있는지도 확인이 필요할 것 같습니다.

연구팀장 : 네, 그 부분에 대해서는 조금 더 논의가 필요할 것 같습니다. 검토해 보겠습니다.

마케팅팀장 : 좋은 의견들이 많이 나온 것 같습니다. 고급화 신제품뿐 아니라 또 다른 제품이나 브랜딩에 대한 의견이 있으시다면 자유롭게 말씀해 주세요.

34 다음 중 윗글의 내용에 해당하는 문제해결 과정 단계는?

① 문제인식
② 문제도출
③ 원인분석
④ 해결안 개발
⑤ 해결안 실행 및 평가

35 다음 중 윗글을 통해 알 수 있는 문제해결을 위한 사고로 가장 적절한 것은?

① 전략적 사고
② 분석적 사고
③ 발상의 전환
④ 내외부자원의 효과적 활용
⑤ 사실 지향적 사고

36 다음은 자동차 외판원인 A ~ F의 판매실적에 대한 정보이다. 이를 참고할 때, 옳은 것은?

- A는 B보다 실적이 높다.
- C는 D보다 실적이 낮다.
- E는 F보다 실적이 낮지만, A보다는 높다.
- B는 D보다 실적이 높지만, E보다는 낮다.

① 실적이 가장 높은 외판원은 F이다.
② C의 실적은 꼴찌가 아니다.
③ B의 실적보다 낮은 외판원은 3명이다.
④ E의 실적이 가장 높다.
⑤ A의 실적이 C의 실적보다 적다.

※ J악기회사는 기타를 만들 때마다 다음과 같은 규칙을 적용하여 시리얼 번호를 부여하고 있다. 창고에 남은 기타들의 시리얼 번호를 정리한 자료가 〈보기〉와 같을 때, 이어지는 질문에 답하시오. **[37~38]**

〈J악기회사 시리얼 번호 부여 방법〉

MZ09042589	M	생산한 공장을 의미한다. (M=멕시코)
	Z	생산한 시대를 의미한다. (Z=2000년대)
	0904	생산연도와 월을 의미한다. (09=2009년, 04=4월)
	2589	생산된 순서를 의미한다. (2589번)

생산한 공장		생산한 시대	
미국	U	1960년대	V
중국	C	1970년대	W
베트남	V	1980년대	X
멕시코	M	1990년대	Y
필리핀	P	2000년대	Z
인도네시아	I	2010년대	A

〈보기〉

CZ09111213	VA27126459	IA12025512	VZ09080523	MX95025124	PA15114581	VY94085214	IZ04081286
PY93122569	MZ06077856	MY03123268	VZ03033231	CZ05166237	VA13072658	CZ01120328	IZ08112384
MX89124587	PY96064568	CZ11128465	PY91038475	VZ09122135	IZ03081657	CA12092581	CY12056487
VZ08203215	MZ05111032	CZ05041249	IA12159561	MX83041235	PX85124982	IA11129612	PZ04212359
CY87068506	IA10052348	VY97089548	MY91084652	VA07107459	CZ09063216	MZ01124523	PZ05123458

37 다음 〈보기〉의 시리얼 번호를 생산한 공장을 기준으로 분류할 때, 모두 몇 개의 분류로 나눌 수 있는가?

① 2개 ② 3개
③ 4개 ④ 5개
⑤ 6개

38 다음 〈보기〉의 시리얼 번호 중 생산연도와 월이 잘못 기입된 번호가 있다고 한다. 잘못 기입된 시리얼 번호는 모두 몇 개인가?

① 10개
② 11개
③ 12개
④ 13개
⑤ 14개

39 J공사는 2025년 신입사원 채용을 진행하고 있다. 최종 관문인 다대다 면접평가를 위해 A ~ E면접자를 포함한 총 8명이 다음 〈조건〉과 같이 의자에 앉았다. D면접자가 2번 의자에 앉았을 때, 항상 옳은 것은?(단, 면접실 의자는 순서대로 1번부터 8번까지 번호가 매겨져 있다)

──────〈조건〉──────
• C면접자와 D면접자는 이웃해 앉지 않고, D면접자와 E면접자는 이웃해 앉는다.
• A면접자와 C면접자 사이에는 2명이 앉는다.
• A면접자는 양 끝(1번, 8번)에 앉지 않는다.
• B면접자는 6번 또는 7번 의자에 앉고, E면접자는 3번 의자에 앉는다.

① A면접자는 4번에 앉는다.
② C면접자는 1번에 앉는다.
③ A면접자와 B면접자가 서로 이웃해 앉는다면 C면접자는 4번 또는 8번에 앉는다.
④ B면접자가 7번에 앉으면 A면접자와 B면접자 사이에 2명이 앉는다.
⑤ C면접자가 8번에 앉으면 B면접자는 6번에 앉는다.

40 J공사에 근무하는 귀하는 부하직원 5명(A ~ E)을 대상으로 마케팅 전략에 대한 의견을 물었다. 이에 대해 직원 5명은 찬성과 반대 둘 중 하나의 의견을 제시했다. 다음 〈조건〉이 모두 참일 때 옳은 것은?

〈조건〉

• A 또는 D 둘 중 적어도 하나가 반대하면 C는 찬성하고 E는 반대한다.
• B가 반대하면 A는 찬성하고 D는 반대한다.
• D가 반대하면 C도 반대한다.
• E가 반대하면 B도 반대한다.
• 적어도 한 사람은 반대한다.

① A는 찬성하고 B는 반대한다.
② A는 찬성하고 E는 반대한다.
③ B와 D는 반대한다.
④ C는 반대하고 D는 찬성한다.
⑤ C와 E는 찬성한다.

41 J공사의 기획팀 B팀장은 C사원에게 J공사에 대한 마케팅 전략 보고서를 요청하였다. C사원이 B팀장에게 제출한 SWOT 분석이 다음과 같을 때, 밑줄 친 ㉠ ~ ㉤ 중 적절하지 않은 것은?

강점(Strength)	• 새롭고 혁신적인 서비스 • ㉠ 직원들에게 가치를 더하는 공사의 다양한 측면 • 특화된 마케팅 전문 지식
약점(Weakness)	• 낮은 품질의 서비스 • ㉡ 경쟁자의 시장 철수로 인한 새로운 시장 진입 가능성
기회(Opportunity)	• ㉢ 합작회사를 통한 전략적 협력 구축 가능성 • 글로벌 시장으로의 접근성 향상
위협(Threat)	• ㉣ 주력 시장에 나타난 신규 경쟁자 • ㉤ 경쟁 기업의 혁신적 서비스 개발 • 경쟁 기업과의 가격 전쟁

① ㉠
② ㉡
③ ㉢
④ ㉣
⑤ ㉤

42 J사는 신제품의 품번을 다음과 같은 규칙에 따라 정한다. 제품에 설정된 임의의 영단어가 'INTELLECTUAL' 이라면 이 제품의 품번으로 옳은 것은?

〈규칙〉

- 1단계 : 알파벳 A ~ Z를 숫자 1, 2, 3, …으로 변환하여 계산한다.
- 2단계 : 제품에 설정된 임의의 영단어를 숫자로 변환한 값의 합을 구한다.
- 3단계 : 임의의 영단어 속 자음의 합에서 모음의 합을 뺀 값의 절댓값을 구한다.
- 4단계 : 2단계와 3단계의 값을 더한 다음 4로 나누어 2단계의 값에 더한다.
- 5단계 : 4단계의 값이 정수가 아닐 경우에는 소수점 첫째 자리에서 버림한다.

① 120
② 140
③ 160
④ 180
⑤ 200

43 다음 기사에 나타난 문제 유형에 대한 설명으로 옳은 것은?

도색이 완전히 벗겨진 차선과 지워지기 직전의 흐릿한 차선이 서울 강남의 도로 여기저기서 발견되고 있다. 알고 보니 규격 미달의 불량 도료 때문이었다. 시공 능력이 없는 업체들이 서울시가 발주한 도색 공사를 따낸 뒤, 브로커를 통해 전문 업체에 공사를 넘겼고, 이 과정에서 수수료를 떼인 전문 업체들은 손해를 만회하기 위해 값싼 도료를 사용한 것이다. 차선용 도료에 값싼 일반용 도료를 섞다 보니 야간에 차선이 잘 보이도록 하는 유리알이 제대로 붙어있지 못해 차선 마모는 더욱 심해졌다. 지난 4년간 서울 전역에서는 74건의 부실 시공이 이뤄졌고, 총 공사 대금은 183억 원에 달하는 것으로 밝혀졌다.

① 발생형 문제로, 이탈 문제에 해당한다.
② 발생형 문제로, 미달 문제에 해당한다.
③ 탐색형 문제로, 잠재문제에 해당한다.
④ 탐색형 문제로, 예측문제에 해당한다.
⑤ 탐색형 문제로, 발견문제에 해당한다.

※ 다음은 J공사의 인재 채용 조건과 입사 지원자 A ~ E 5명에 대한 자료이다. 이어지는 질문에 답하시오.
[44~45]

<인재 채용 조건>
- 직원의 평균 연령대를 고려하여 1986년 이후 출생자만 채용한다.
- 경영 · 경제 · 회계 · 세무학 전공자이면서 2년 이상의 경력을 지닌 지원자만 채용한다.
- 지원자의 예상 출퇴근 소요시간을 10분당 1점, 희망연봉을 100만 원당 1점으로 계산하여 총 평가 점수가 낮은 사람 순서로 채용을 고려한다.

<A ~ E지원자의 상세 정보>

구분	A	B	C	D	E
출생연도	1988년	1982년	1993년	1990년	1994년
전공학과	경제학과	경영학과	회계학과	영문학과	세무학과
경력	5년	8년	2년	3년	1년
예상 출퇴근 소요시간	1시간	40분	1시간 30분	20분	30분
희망연봉	3,800만 원	4,200만 원	3,600만 원	3,000만 원	3,200만 원

44 A ~ E지원자 중 단 1명을 채용한다고 할 때, J공사가 채용할 사람은?

① A
② B
③ C
④ D
⑤ E

45 인재 채용 조건이 다음과 같이 변경되어 A ~ E지원자 중 단 1명을 채용한다고 할 때, J공사가 채용할 사람은?

<인재 채용 조건>
- 직원들과의 관계를 고려하여 1991년 이후 출생자만 채용한다.
- 2년 이상의 경력자라면 전공과 상관없이 채용한다(단, 2년 미만의 경력자는 경영 · 경제 · 회계 · 세무학을 전공해야만 한다).
- 지원자의 예상 출퇴근 소요시간을 10분당 3점, 희망연봉을 100만 원당 2점으로 계산하여 평가한다. 이때, 경력 1년당 5점을 차감하며, 경영 · 경제 · 회계 · 세무학 전공자의 경우 30점을 차감한다. 총 평가 점수가 낮은 사람 순서로 채용을 고려한다.

① A
② B
③ C
④ D
⑤ E

46 다음 사례에서 나타난 A씨의 자원 낭비 요인은 무엇인가?

A씨는 요즘 밤늦게까지 게임을 하느라 잠이 부족하다. 어젯밤에도 다음 날 오전에 친구와 약속이 있다는 것을 알면서도 새벽까지 게임을 하느라 아침이 다 되어 잠이 들었다. 알람이 울려 잠시 눈을 떴지만, 잠을 더 자야겠다는 생각에 알람을 끄고 다시 눈을 감았다. 결국 해가 중천에 뜨고 나서야 일어난 A씨는 잔뜩 화가 난 친구의 문자를 확인하고 친구에게 전화를 걸었지만, 친구는 전화를 받지 않았다.

① 비계획적 행동
② 편리성 추구
③ 자원에 대한 인식 부재
④ 노하우 부족
⑤ 잘못된 가치 판단

47 청원경찰은 6층 회사건물을 층마다 모두 순찰한 후에 퇴근한다. 다음 〈조건〉에 따라 1층에서 출발하여 순찰을 완료하고 다시 1층으로 돌아오기까지 소요되는 최소 시간은?(단, 다른 요인은 고려하지 않는다)

───────〈조건〉───────
• 층간 이동은 엘리베이터로만 해야 하며 엘리베이터가 한 개 층을 이동하는 데는 1분이 소요된다.
• 엘리베이터는 한 번에 최대 세 개 층(예 1층 → 4층)을 이동할 수 있다.
• 엘리베이터는 한 번 위로 올라갔으면, 그 다음에는 아래 방향으로 내려오고, 그 다음에는 다시 위 방향으로 올라가야 한다.
• 하나의 층을 순찰하는 데는 10분이 소요된다.

① 1시간
② 1시간 10분
③ 1시간 16분
④ 1시간 22분
⑤ 1시간 30분

48 J공사는 신규 사업을 위해 협력업체를 선정하려고 한다. 협력업체 후보 갑 ~ 병 중 총점이 가장 높은 업체를 선정할 예정이다. 업체 평가 기준과 협력업체 정보를 근거로 회의를 하고 있는 J공사의 직원 중 옳지 않은 내용을 말하고 있는 사람은?

<업체 평가 기준>

• 평가항목과 배점비율

평가항목	품질	가격	직원규모	합계
배점비율	50%	40%	10%	100%

• 가격 점수

가격(만 원)	500 미만	500 ~ 549	550 ~ 599	600 ~ 649	650 ~ 699	700 이상
점수(점)	100	98	96	94	92	90

• 직원규모 점수

직원규모(명)	100 초과	100 ~ 91	90 ~ 81	80 ~ 71	70 ~ 61	60 이하
점수(점)	100	97	94	91	88	85

<협력업체 정보>

업체	품질 점수(점)	가격(만 원)	직원규모(명)
갑	88	575	93
을	85	450	95
병	87	580	85

※ 품질 점수의 만점은 100점으로 함

김대리 : 총점이 가장 높은 업체는 을이고, 가장 낮은 업체는 병이네요.
최부장 : 갑과 을의 직원규모는 달라도 같은 점수를 얻었군.
박과장 : 갑이 현재보다 가격을 30만 원 더 낮게 제시한다면, 을보다 더 높은 총점을 얻을 수 있을 것 같은데.
정대리 : 병이 현재보다 직원규모를 10명 더 늘린다면, 갑보다 더 높은 총점을 받을 수 있겠네요.
이사원 : 총점 1위와 2위 업체의 점수 차이가 1점도 안 되네요.

① 김대리
② 최부장
③ 박과장
④ 정대리
⑤ 이사원

※ 다음은 특허출원 수수료에 대한 계산식과 이에 따라 산출된 사례를 나타낸 자료이다. 이어지는 질문에 답하시오.
[49~51]

〈계산식〉

• (특허출원 수수료)=(출원료)+(심사청구료)
• (출원료)=(기본료)+[(면당 추가료)×(전체 면수)]
• (심사청구료)=(청구항당 심사청구료)×(청구항수)

※ 특허출원 수수료는 개인은 70%가 감면되고, 중소기업은 50%가 감면되지만, 대기업은 감면되지 않음

〈특허출원 수수료 사례〉

구분	사례 A	사례 B	사례 C
	대기업	중소기업	개인
전체 면수(장)	20	20	40
청구항수(개)	2	3	2
감면 후 수수료(원)	70,000	45,000	27,000

49 다음 중 사례를 토대로 계산한 청구항당 심사청구료로 옳은 것은?

① 10,000원
② 15,000원
③ 20,000원
④ 25,000원
⑤ 30,000원

50 다음 중 사례를 토대로 계산한 면당 추가료로 옳은 것은?

① 1,000원
② 1,500원
③ 2,000원
④ 2,500원
⑤ 3,000원

51 다음 중 사례를 토대로 계산한 출원 시 기본료로 옳은 것은?

① 10,000원
② 12,000원
③ 15,000원
④ 18,000원
⑤ 20,000원

※ A대리는 사내 워크숍 진행을 담당하고 있다. 다음 자료를 보고 이어지는 질문에 답하시오. [52~53]

〈J연수원 예약 안내〉

■ **예약절차**

견적 요청 ⇨ 견적서 발송 ⇨ 계약금 입금 ⇨ 예약 확정

※ 계약금 : 견적금액의 10%

■ **이용요금 안내**

• 교육시설사용료

위치	품목	1일 시설사용료	최대 수용인원	기본요금
신관	대강당		150명	1,500,000원
신관	1강의실		80명	800,000원
본관	2강의실	15,000원/인당	70명	700,000원
본관	3강의실		50명	500,000원
본관	1세미나		30명	300,000원
본관	2세미나		20명	200,000원
본관	3세미나		10명	100,000원

※ 숙박 시 시설사용료는 기본요금으로 책정함

• 숙박시설

위치	품목	타입	기본인원	최대인원	기본금액	1인 추가요금
본관	13평형	온돌	4인	5인	100,000원	10,000원/인 공통
본관	25평형	온돌	7인	8인	150,000원	
신관	30평형	침대	10인	12인	240,000원	

• 식사

품목	제공메뉴	기본금액	장소
자율식	오늘의 메뉴	8,000원	실내식당
차림식	오늘의 메뉴	15,000원	

■ **예약취소 안내**

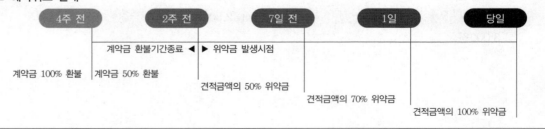

52 A대리는 다음과 같은 부서장의 지시에 따라 워크숍 장소를 예약하였다. 그리고 사전예약 이벤트로 10%의 할인을 받았다. 이때 J연수원에 내야 할 계약금은 얼마인가?

> 부서장 : A대리, 올해 워크숍은 하루 동안 진행하기로 결정이 되었어요. 매년 진행하던 J연수원에서 진행할 것이니 미리 예약해 주세요. 그리고 참석인원은 총 50명이고, 식사는 점심, 저녁 2회 실시할 예정입니다. 숙박인원은 없으니까 별도로 예약할 필요는 없어요. 이번 워크숍에 배정된 예산이 2백만 원인데, 여유가 된다면 저녁은 차림식으로 하죠. 참, 교육은 두 가지 프로그램으로 진행할 예정이에요. 두 곳에서 인원을 대략 절반으로 나눠 로테이션 방식으로 진행할 겁니다. 강의실 예약 시 참고해 주세요.

① 139,500원　　　　　　　　　② 148,500원
③ 171,000원　　　　　　　　　④ 190,000원
⑤ 220,500원

53 회사의 부득이한 사정으로 워크숍을 진행하기로 했던 날의 10일 전에 취소를 하였다. 이때 예약취소로 인해 입은 손해는 얼마인가?

① 없음　　　　　　　　　　　② 85,500원
③ 365,000원　　　　　　　　　④ 855,000원
⑤ 1,197,000원

54 다음 중 J씨가 시간관리를 통해 일상에서 얻을 수 있는 효과로 적절하지 않은 것은?

> J씨는 일과 생활의 균형을 유지하기 위해 항상 노력한다. 매일 아침 가족들과 함께 아침 식사를 하며 대화를 나눈 후 출근 준비를 한다. 출근길 지하철에서는 컴퓨터 자격증 공부를 틈틈이 하고 있다. 업무를 진행하는 데 있어서 컴퓨터 사용 능력이 부족하다는 것을 스스로 느꼈기 때문이다. 회사에 출근 시간보다 여유롭게 도착하면 먼저 오늘의 업무 일지를 작성하여 무슨 일을 해야 하는지 파악한다. 근무 시간에는 일정표를 바탕으로 정해진 순서대로 일을 진행한다. 퇴근 후에는 가족과 영화를 보거나 저녁 식사를 하며 시간을 보낸다. J씨는 철저한 시간관리를 통해 후회 없는 생활을 하고 있다.

① 스트레스 감소   ② 균형적인 삶
③ 생산성 향상   ④ 목표 성취
⑤ 사회적 인정

55 다음은 J공사 인사팀의 하계 휴가 스케줄이다. G사원은 휴가를 신청하기 위해 하계 휴가 스케줄을 확인하였다. 인사팀 팀장인 A부장은 25 ~ 28일은 하계 워크숍 기간이므로 휴가 신청이 불가능하며, 하루에 6명 이상은 사무실에 반드시 있어야 한다고 팀원들에게 공지했다. G사원이 휴가를 쓸 수 있는 기간으로 옳은 것은?

구분	8월 휴가																			
	3	4	5	6	7	10	11	12	13	14	17	18	19	20	21	24	25	26	27	28
	월	화	수	목	금	월	화	수	목	금	월	화	수	목	금	월	화	수	목	금
A부장	■	■	■																	
B차장								■	■	■										
C과장	■	■	■	■	■															
D대리										■	■	■	■							
E주임														■	■	■				
F주임									■	■	■	■								
G사원																				
H사원						■	■	■												

※ 스케줄에 색칠된 부분은 해당 직원의 휴가 예정일임
※ G사원은 4일 이상 휴가를 사용해야 함(토, 일 제외)

① 7 ~ 11일   ② 6 ~ 11일
③ 11 ~ 16일   ④ 13 ~ 18일
⑤ 19 ~ 24일

56 J회사에서는 신입사원 2명을 채용하기 위하여 서류와 필기 전형을 통과한 갑 ~ 정 네 명의 최종 면접을 실시하려고 한다. 다음과 같이 네 개 부서의 팀장이 각각 네 명을 모두 면접하여 채용 우선순위를 결정하였을 때, 면접 결과에 대한 설명으로 옳은 것을 〈보기〉에서 모두 고르면?

〈면접 결과〉

면접관 순위	인사팀장	경영관리팀장	영업팀장	회계팀장
1순위	을	갑	을	병
2순위	정	을	병	정
3순위	갑	정	정	갑
4순위	병	병	갑	을

※ 우선순위가 높은 사람 순서대로 2명을 채용함
※ 동점자는 인사팀장, 경영관리팀장, 영업팀장, 회계팀장 순서로 부여한 고순위자로 결정함
※ 각 팀장이 매긴 순위에 대한 가중치는 모두 동일함

─────〈보기〉─────

㉠ 을 또는 정 중 한 명이 입사를 포기하면 갑이 채용된다.
㉡ 인사팀장이 을과 정의 순위를 바꿨다면 갑이 채용된다.
㉢ 경영관리팀장이 갑과 병의 순위를 바꿨다면 정은 채용되지 못한다.

① ㉠
② ㉠, ㉡
③ ㉠, ㉢
④ ㉡, ㉢
⑤ ㉠, ㉡, ㉢

57 J사의 직원 5명(과장 1명, 대리 2명, 사원 2명)이 10월 중에 연차를 쓰려고 한다. 다음 〈조건〉을 참고하여 직원들이 나눈 대화 중 옳지 않은 말을 한 직원을 모두 고르면?

─〈조건〉─
- 연차는 하루이다.
- 10월 1일은 월요일이며, 3일과 9일은 공휴일이다.
- 대리는 교육을 신청한 주에 연차를 신청할 수 없다.
- 같은 주에 3명 이상 교육 및 연차를 신청할 수 없다.
- 워크숍은 5주 차 월요일, 화요일이다.
- 연차는 연이어 쓸 수 없다.
- 대리급 교육은 매주 이틀 동안 목~금요일에 있으며, 교육은 한 번만 받으면 된다.
- 연차와 교육 신청 순서는 대화 내용에서 말한 차례대로 적용한다.

A과장 : 난 9일에 시골로 내려가야 해서 10일에 쓰려고 하네. 나머지 사람들은 그날 제외하고 서로 조율해서 신청하면 좋겠네.

A대리 : 저는 18~19에 교육받으러 갈 예정입니다. 그리고 그 다음 주 수요일에 연차를 쓰겠습니다. 그럼 제가 교육받는 주에 다른 사람 2명이 신청 가능할 것 같은데요.

A사원 : 오, 그럼 제가 15일에 쓰겠습니다.

B대리 : 저는 연이어서 16일에 신청할 수 없으니까 17일에 쓰고, 교육은 11~12일에 받겠습니다.

B사원 : 저만 정하면 끝나네요. 2일로 하겠습니다.

① A과장, A대리
② A대리, B대리
③ B대리, A사원
④ A사원, B사원
⑤ A사원, A대리

58 J문구 제조업체는 연필 생산 공장을 신설하고자 한다. 다음 자료를 토대로 할 때, 총운송비를 최소화할 수 있는 공장입지는 어디인가?

〈생산 조건〉

• 완제품인 연필을 생산하기 위해서는 나무와 흑연이 모두 필요함

구분	나무	흑연
완제품 1톤 생산에 필요한 양(톤)	3	2

〈운송 조건〉

• 원재료 운송비는 산지에서 공장으로 공급하는 운송비만을 고려함
• 완제품인 연필의 운송비는 공장에서 시장으로 공급하는 운송비만 고려함

구분	나무	흑연	연필
km · 톤당 운송비(만 원/km · 톤)	20	50	20

※ (총운송비)=(원재료 운송비)+(완제품 운송비)

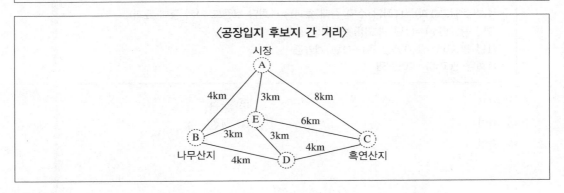

〈공장입지 후보지 간 거리〉

① A
② B
③ C
④ D
⑤ E

59 다음은 J자동차 회사의 TV 광고모델 후보 5명에 대한 자료이다. 〈조건〉을 토대로 광고모델을 선정할 때 총광고효과가 가장 큰 모델은?(단, 광고는 TV를 통해서만 1년 이내에 모두 방송된다)

〈광고모델별 1년 계약금 및 광고 1회당 광고효과〉

(단위 : 만 원)

광고모델	1년 계약금	1회당 광고효과	
		수익 증대 효과	브랜드 가치 증대 효과
지후	1,000	100	100
문희	600	60	100
석이	700	60	110
서현	800	50	140
슬이	1,200	110	110

---〈조건〉---

- (총광고효과)=(1회당 광고효과)×(1년 광고횟수)
- (1회당 광고효과)=(1회당 수익 증대 효과)+(1회당 브랜드 가치 증대 효과)
- (1년 광고횟수)=(1년 광고비)÷(1회당 광고비)
- (1년 광고비)=(3,000만 원)−(1년 계약금)
- (1회당 광고비)=20만 원

① 지후
② 문희
③ 석이
④ 서현
⑤ 슬이

60 K과장은 근무하는 사무실의 복합기에 고장이 발생하여 교체하려고 한다. 복합기의 성능 및 복합기 선택 기준이 다음과 같을 때 K과장이 선택할 복합기는 무엇인가?(단, 기간에 따른 월 이자는 고려하지 않는다)

〈복합기 성능 비교 분석〉

복합기	사용 가능 용지	분당 출력 매수	비용
A	A3, A4, A5 B4, B5	흑백 : 28매/분 컬러 : 22매/분	(판매)300만 원
B	A4, A5 B4, B5	흑백 : 30매/분 컬러 : (미지원)	(판매)270만 원
C	A3, A4 B4, B5	흑백 : 20매/분 컬러 : (미지원)	(판매)250만 원
D	A3, A4, A5 B4, B5	흑백 : 22매/분 컬러 : 10매/분	(판매)200만 원
E	A3, A4, A5 B4	흑백 : 33매/분 컬러 : 27매/분	(대여)23만 원/월
F	A3, A4, A5	흑백 : 29매/분 컬러 : 17매/분	(대여)15만 원/월
G	A3, A4, A5 B5	흑백 : 35매/분 컬러 : 20매/분	(대여)12만 원/월
H	A4, A5 B4, B5	흑백 : 20매/분 컬러 : 15매/분	(대여)10만 원/월

〈복합기 선택 조건〉
- 사무실에서 주로 사용하는 용지는 A3, A4, B5이다.
- 사무실에서 주로 컬러 인쇄를 사용한다.
- 분당 출력 매수가 적어도 15매는 넘어야 한다.
- 24개월 기준으로 비용을 최소인 것을 선택한다.

① A
② D
③ F
④ G
⑤ H

61 다음은 한 부서의 분장업무를 나타낸 자료이다. 이를 토대로 유추할 수 있는 부서로 가장 적절한 것은?

분장업무	
• 판매방침 및 계획	• 외상매출금의 청구 및 회수
• 판매예산의 편성	• 제품의 재고 조절
• 시장조사	• 견본품, 반품, 지급품, 예탁품 등의 처리
• 판로의 개척, 광고 선전	• 거래처로부터의 불만처리
• 거래처의 신용조사와 신용한도의 신청	• 제품의 애프터서비스
• 견적 및 계약	• 판매원가 및 판매가격의 조사 검토
• 제조지시서의 발행	−

① 총무부
② 인사부
③ 기획부
④ 영업부
⑤ 자재부

62 다음 중 J사원이 처리해야 할 첫 번째 업무와 마지막 업무를 바르게 연결한 것은?

> J씨, 우리 팀이 준비하는 프로젝트가 마무리 단계인 건 알고 있죠? 이제 곧 그동안 진행해 온 팀 프로젝트를 발표해야 하는데 J씨가 발표자로 선정되어서 몇 가지 말씀드릴 게 있어요. 둘째 주 월요일 오후 4시에 발표를 할 예정이니 그 시간에 비어있는 회의실을 찾아보고 예약해 주세요. 오늘이 벌써 첫째 주 수요일이네요. 보통 일주일 전에는 예약해야 하니 최대한 빨리 확인하고 예약해 주셔야 합니다. 또 발표 내용을 PPT 파일로 만들어서 저한테 메일로 보내 주세요. 검토 후 수정사항을 회신할 테니 반영해서 최종본 내용을 브로슈어에 넣어 주세요. 최종본 내용을 모두 입력하면 디자인팀 D대리님께 파일을 넘겨줘야 해요. 디자인팀에서 작업 후 인쇄소로 보낼 겁니다. 최종 브로슈어는 1층 인쇄소에서 받아오시면 되는데 원래는 한나절이면 찾을 수 있지만 이번에 인쇄 주문 건이 많아서 다음 주 월요일에 찾을 수 있을 거예요. 아, 그리고 브로슈어 내용 정리 전에 작년에 프로젝트 발표자였던 B주임에게 물어보면 어떤 식으로 작성해야 할지 이야기해 줄 거예요.

① PPT 작성, D대리에게 파일 전달
② 회의실 예약, B주임에게 조언 구하기
③ 회의실 예약, 인쇄소 방문
④ B주임에게 조언 구하기, 인쇄소 방문
⑤ 회의실 예약, D대리에게 파일 전달

63 다음 중 밑줄 친 제도에 대한 설명으로 가장 적절한 것은?

> 산업민주주의의 발달과 함께 근로자 또는 노동조합을 경영의 파트너로 인정하는 협력적 노사관계가 중시됨에 따라 이들을 조직의 경영의사결정 과정에 참여시키는 경영참가제도가 논의되고 있다. 특히 최근에는 국제경쟁의 가속화와 저성장, 급격한 기술발전과 같은 환경변화에 따라 대립적인 노사관계만으로는 한계가 있다고 지적되면서 점차 경영참가의 중요성이 커지고 있다.

① 경영자의 고유한 권리인 경영권이 강화될 수 있다.
② 모든 근로자의 참여로 보다 합리적인 의사결정이 가능하다.
③ 분배문제를 해결함으로써 노동조합의 단체교섭 기능이 강화된다.
④ 가장 큰 목적은 경영의 민주성을 제고하는 것이다.
⑤ 경영자의 일방적인 의사결정보다 빠른 의사결정이 가능하다.

64 다음 〈보기〉는 J편집팀의 새로운 도서분야 시장진입을 위한 신간회의 내용이다. 의사결정방법 중 하나인 '브레인스토밍'을 활용할 때, 잘못 말한 사람을 모두 고르면?

> ─────〈보기〉─────
>
> A사원 : 신문 기사를 보니, 세분화된 취향을 만족시키는 잡지들이 주목받고 있다고 하던데, 저희 팀에서도 소수의 취향을 주제로 한 잡지를 만들어 보는 건 어떨까요?
> B대리 : 그건 수익성은 생각하지 않은 발언인 것 같네요.
> C과장 : 아이디어는 많으면 많을수록 좋죠. 더 이야기해 봐요.
> D주임 : 요새 직장생활에 관한 이야기를 주제로 독자의 공감을 이끌어 내는 도서들이 많이 출간되고 있습니다. '연봉'과 관련한 실용서를 만들어 보는 건 어떨까요? 신선하고 공감을 자아내는 글귀와 제목, 유쾌한 일러스트를 표지에 실어서 눈에 띄게 만들어 보는 것도 좋을 것 같습니다.
> E차장 : 위 두 아이디어 모두 신선하네요. '잡지'의 형식으로 가면서 직장인과 관련된 키워드를 매달 주제로 해 발간하면 어떨까요? 창간호 키워드는 '연봉'이 좋겠군요.

① A사원
② B대리
③ B대리, C과장
④ B대리, E차장
⑤ A사원, D주임, E차장

※ 다음은 교육 홍보물의 내용 중 일부를 발췌한 자료이다. 이어지는 질문에 답하시오. **[65~67]**

- (상략) -

▶ 신청 자격 : 중소기업 재직자, 중소기업 관련 협회·단체 재직자
  - 성공적인 기술 연구개발을 통해 기술 경쟁력을 강화하고자 하는 중소기업
  - 정부의 중소기업 지원 정책을 파악하고 국가 연구개발 사업에 신청하고자 하는 중소기업

▶ 교육비용 : 100% 무료교육(교재 및 중식 제공)

▶ 교육일자 : 모든 교육과정은 2일 16시간 과정, 선착순 60명 마감

과정명	교육내용	교육일자	교육장소	접수마감
정규(일반)	연구개발의 성공을 보장하는 R&D 기획서 작성	5. 19(목) ~ 20(금)	B대학교	5. 18(수)
정규(종합)	R&D 기획서 작성 및 사업화 연계	5. 28(토) ~ 29(일)	A센터	5. 23(월)

※ 선착순 모집으로 접수마감일 전 정원 초과 시 조기 마감될 수 있음

본 교육과 관련하여 보다 자세한 정보를 원하시면 J사원(123-4567)에게 문의하여 주시기 바랍니다.

65 다음 중 J사원이 속해 있을 부서에서 수행하고 있을 업무로 적절하지 않은 것은?

① 중소기업 R&D 지원 사업 기획 및 평가·관리
② R&D 교육 관련 전문 강사진 관리
③ 연구개발 기획 역량 개발 지원 사업 기획·평가·관리
④ R&D 관련 장비 활용 지원 사업 기획 및 평가·관리
⑤ R&D 사업화 연계·지원 관리

66 다음 교육 홍보물에 대한 고객의 질문 중 J사원이 대답하기 가장 어려운 질문은?

① 교육 과정을 신청할 때 한 기업에서 참여할 수 있는 인원수 제한이 있습니까?
② 본 교육의 내용을 바탕으로 기획서를 작성한다면 저희 기업도 개발 지원이 가능합니까?
③ 접수 마감일인 18일 현재 신청이 마감되었습니까? 혹시 추가 접수도 가능합니까?
④ 이전 차수에서 동일한 교육 과정을 이수했을 경우 이번 교육은 참여가 불가능합니까?
⑤ 일반과 종합과정을 모두 신청하는 것도 가능합니까?

67 J사원은 상사로부터 위와 같은 교육 사업을 발전시키기 위해 세울 수 있는 목표와 그에 해당하는 과제를 발표하라는 과업을 받았다. 다음 중 교육 사업과 직접적인 관련성이 가장 낮은 발언은?

① 중소기업의 혁신 수준별 기술경쟁력을 강화하자는 목표를 바탕으로 R&D를 기획하고 개발하는 역량을 강화할 수 있도록 돕고, 지속적으로 성과를 창출할 수 있는 능력을 향상시켜 주어야 합니다. 또한, 국내뿐만 아닌 국외로도 진출할 수 있는 글로벌 기술혁신 역량을 제고할 수 있도록 지원해야 합니다.

② 중소기업의 기술사업화 성과를 높이자는 목표를 바탕으로 중소기업들이 보유하고 있는 창의적 아이디어를 꾸준히 발굴해야 합니다. 또한, 시장지향적인 R&D 지원 확대를 통해 중소기업이 자체적인 R&D에서 끝나지 않고 사업화에 연계할 수 있도록 하여 중소기업의 직접적인 성장을 도와야 합니다.

③ 중소기업의 지속적인 발전을 위한 성장 동력 강화를 목표로 잡고, 혁신과 성장을 도울 수 있는 우리 조직의 역량을 강화해야 합니다. 또한, 사회적 책임을 항상 생각하고 고객에게는 신뢰를 주는 조직이 될 수 있도록 소통과 협업을 통해 창조적인 조직문화를 구축해야 합니다.

④ 중소기업의 기술 혁신을 위한 교육 지원 체계를 혁신화하기 위해 중소기업 R&D와 관련 있는 정책연구를 강화하고, 중소기업을 위한 맞춤형 평가체계도 구축해야 할 것입니다. 또한, 기술 혁신을 필요로 하는 대상을 중심으로 하는 기술 혁신 지원 서비스의 강화도 필요할 것입니다.

⑤ 중소기업이 R&D를 효과적으로 하기 위한 성공사례와 이에 대한 보상 등을 조사하고 체계화하여 중소기업의 동기를 강화하고, 단발성이 아닌 지속적 연구가 이루어지기 위한 지원과 정보를 제공해야 합니다.

68 다음 설명에 해당하는 조직체계 구성 요소는?

> 조직의 목표나 전략에 따라 수립되며, 조직구성원들의 활동범위를 제약하고 일관성을 부여하는 기능을 한다.

① 조직목표　　　　　　　　　② 경영자
③ 조직문화　　　　　　　　　④ 조직구조
⑤ 규칙 및 규정

※ 다음은 J공사 연구소의 주요 사업별 연락처이다. 이어지는 질문에 답하시오. [69~70]

<주요 사업별 연락처>

주요 사업	담당부서	연락처
고객 지원	고객지원팀	033-739-7001
감사, 부패방지 및 지도 점검	감사실	033-739-7011
국제협력, 경영 평가, 예산 기획, 규정, 이사회	전략기획팀	033-739-7023
인재 개발, 성과 평가, 교육, 인사, ODA사업	인재개발팀	033-739-7031
복무노무, 회계 관리, 계약 및 시설	경영지원팀	033-739-7048
품질 평가 관리, 품질 평가 관련 민원	평가관리팀	033-739-7062
가공품 유통 전반(실태조사, 유통정보), 컨설팅	유통정보팀	033-739-7072
대국민 교육, 기관 마케팅, 홍보 관리, CS, 브랜드 인증	고객홍보팀	033-739-7082
이력 관리, 역학조사 지원	이력관리팀	033-739-7102
유전자 분석, 동일성 검사	유전자분석팀	033-739-7111
연구사업 관리, 기준 개발 및 보완, 시장 조사	연구개발팀	033-739-7133
정부3.0, 홈페이지 운영, 대외자료 제공, 정보 보호	정보사업팀	033-739-7000

69 다음 중 J공사 연구소의 주요 사업별 연락처를 본 채용 지원자의 반응으로 옳지 않은 것은?

① J공사 연구소는 1개의 실과 11개의 팀으로 이루어져 있구나.

② 예산 기획과 경영 평가는 같은 팀에서 종합적으로 관리하는구나.

③ 평가업무라 하더라도 평가 특성에 따라 담당하는 팀이 달라지는구나.

④ 홈페이지 운영은 고객홍보팀에서 마케팅과 함께 하는구나.

⑤ 부패방지를 위한 부서를 따로 두었구나.

70 다음 민원인의 요청을 듣고 난 후 민원을 해결하기 위해 연결해 주어야 할 부서로 옳은 것은?

민원인	얼마 전 신제품 품질 평가 등급 신청을 했습니다. 신제품 품질에 대한 등급에 대해 이의가 있습니다. 관련 건으로 담당자분과 통화하고 싶습니다.
상담직원	불편을 드려서 죄송합니다. ＿＿＿＿＿＿＿＿＿＿＿＿ 연결해 드리겠습니다. 잠시만 기다려 주십시오.

① 지도 점검 업무를 담당하고 있는 감사실로

② 연구사업을 관리하고 있는 연구개발팀으로

③ 기관의 홈페이지 운영을 전담하고 있는 정보사업팀으로

④ 이력 관리 업무를 담당하고 있는 이력관리팀으로

⑤ 품질 평가를 관리하는 평가관리팀으로

71 다음 〈보기〉 중 비영리조직에 해당하는 것을 모두 고르면?

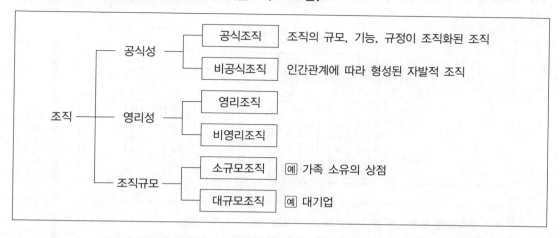

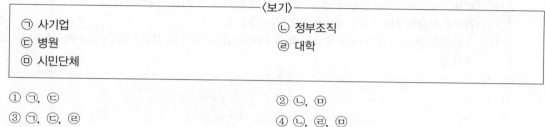

① ㉠, ㉢
② ㉡, ㉤
③ ㉠, ㉢, ㉣
④ ㉡, ㉣, ㉤
⑤ ㉡, ㉢, ㉣, ㉤

72 다음 중 조직 변화에 대한 설명으로 옳은 것은?

① 조직 변화와 관련된 환경 변화는 조직에 영향이 없는 변화들도 모두 포함한다.

② 변화를 실행하고자 하는 조직은 기존의 규정 내에서 환경에 대한 최적의 적응방안을 모색해야 한다.

③ 조직의 변화전략은 실현 가능할 뿐 아니라 구체적이어야 한다.

④ 조직구성원들이 현실에 안주하고 변화를 기피하는 경향이 약할수록 환경 변화를 인지하지 못한다.

⑤ 조직 변화는 '조직 변화 방향 수립 – 조직 변화 실행 – 변화 결과 평가 – 환경 변화 인지' 순으로 이루어진다.

73 다음 중 조직도를 바르게 이해한 사람을 〈보기〉에서 모두 고르면?

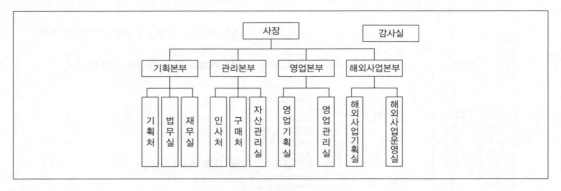

〈보기〉
A : 조직도를 보면 4개 본부, 3개의 처, 8개의 실로 구성돼 있어.
B : 사장 직속으로 4개의 본부가 있고, 그중 한 본부에서는 인사를 전담하고 있네.
C : 감사실은 사장 직속이지만 별도로 분리되어 있구나.
D : 해외사업기획실과 해외사업운영실은 둘 다 해외사업과 관련이 있으니까 해외사업본부에 소속되어 있는
    것이 맞아.

① A, B   ② A, C
③ A, D   ④ B, C
⑤ B, D

74 다음 글에 제시된 조직의 특징으로 가장 적절한 것은?

J공사의 사내 봉사 동아리에 소속된 70여 명의 임직원이 연탄 나르기 봉사활동을 펼쳤다. 이날 임직원들은
지역 주민들이 보다 따뜻하게 겨울을 날 수 있도록 연탄 총 3,000장과 담요를 직접 전달했다. 사내 봉사 동아
리에 소속된 J공사 M대리는 "매년 진행하는 연말 연탄 나눔 봉사활동을 통해 지역사회에 도움의 손길을 전할
수 있어 기쁘다."라며 "오늘의 작은 손길이 큰 불씨가 되어 많은 분들이 따뜻한 겨울을 보내길 바란다."라고
말했다.

① 인간관계에 따라 형성된 자발적인 조직
② 이윤을 목적으로 하는 조직
③ 규모와 기능 그리고 규정이 조직화되어 있는 조직
④ 조직구성원들의 행동을 통제할 장치가 마련되어 있는 조직
⑤ 공익을 요구하지 않는 조직

75 다음 글을 읽고 외부경영활동으로 볼 수 있는 것은?

> 경영활동은 외부경영활동과 내부경영활동으로 구분하여 볼 수 있다. 외부경영활동은 조직외부에서 조직의 효과성을 높이기 위해 이루어지는 활동이다. 다음으로 내부경영활동은 조직 내부에서 자원들을 관리하는 것이다.

① 마케팅 활동
② 직원 부서 배치
③ 직원 채용
④ 직원 교육훈련
⑤ 사내행사 진행

76 다음 중 맥킨지의 7S 모형에 대한 설명으로 적절하지 않은 것은?

① 기업, 부서 등 조직의 내부역량을 분석하는 도구이다.
② 전략, 공유가치, 관리기술은 경영전략의 목표와 지침이 된다.
③ 하위 4S는 상위 3S를 지원하는 하위 지원 요소를 말한다.
④ 조직문화는 구성원, 시스템, 구조, 전략 등과 밀접한 관계를 맺는다.
⑤ 지방자치단체, 국가와 같은 큰 조직에는 적합하지 않다.

77 다음 중 조직목표의 특징에 대한 설명으로 가장 적절한 것은?

① 다수의 조직목표는 수평적 관계로 상호 영향을 주고받는다.
② 조직자원의 변화에 따라 조직목표가 수정 혹은 신설되는 경우도 있다.
③ 한 번 수립된 조직목표는 달성할 때까지 지속된다.
④ 한 조직이 복수의 조직목표를 갖고 있는 것보다 단일 조직목표를 갖고 있는 것이 바람직하다.
⑤ 조직목표의 변화를 야기하는 조직 내적 요인으로는 리더의 결단, 조직 내 권력구조 변화, 경쟁업체의 변화 등이 있다.

78 다음은 Tuckman 팀 발달 모형을 나타낸 자료이다. 〈보기〉 중 격동기에 해당하는 것은?

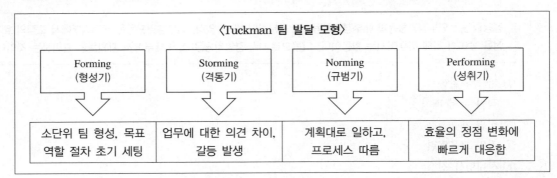

〈Tuckman 팀 발달 모형〉

Forming (형성기)	Storming (격동기)	Norming (규범기)	Performing (성취기)
소단위 팀 형성, 목표 역할 절차 초기 세팅	업무에 대한 의견 차이, 갈등 발생	계획대로 일하고, 프로세스 따름	효율의 정점 변화에 빠르게 대응함

〈보기〉

(가) 팀원 간의 마찰이 그룹의 문제로 표면화될 수 있고 아닐 수도 있지만, 그것은 존재하기 마련이다. 어떤 일에 대한 책임을 누가 질 것인지, 규칙은 무엇인지, 보상체계는 어떠한지, 그리고 평가기준은 어떻게 되는지에 대한 질문들이 제기될 것이다. 따라서 리더십, 구조, 권한, 권위에 대한 문제 전반에 걸쳐서 경쟁심과 적대감이 나타난다.

(나) 팀원들은 팀에서 인정받기를 원하며, 다른 팀원들을 신뢰할 수 있는지 확인하고 싶어 한다. 그들은 팀에 대한 기대를 형성하면서 팀원들 사이의 유사성과 논쟁을 피하기 위해 단순하게 유지되며, 심각한 주제들과 생각들에 대한 논의는 회피한다. 팀원들은 서로에게뿐만 아니라 과제에 몰두하기 위해 노력한다. 논의는 주로 과제의 범위를 정하고, 그것에 접근하는 방법에 집중하여 이루어진다.

(다) 팀원들이 스스로 책임을 지게 되고, 전체의 인정을 받으려는 욕구는 더 이상 중요하게 생각되지 않는다. 팀원들은 대단히 과제지향적이자 인간지향적이며, 조화를 이루고 사기충천하며, 팀으로서의 충성심을 보여준다. 전체적인 목표는 문제해결과 일을 통한 생산성이며, 이는 팀이 이룰 수 있는 최적의 단계로 이끌어진다.

(라) 다른 팀원들과 의견이 엇갈릴 때는 개인적인 사심 또는 고집을 버리고 적극적으로 논의하며, 리더십이 공유되고 파벌이 사라지기 시작한다. 팀원들이 서로를 알게 되고 파악하기 시작하면 신뢰수준이 향상되고, 이는 단결력을 심화시켜 준다. 팀원들은 상호 간의 마찰을 해결하면서 만족감과 공동체 의식을 경험하기 시작한다.

(마) 팀원들이 활동을 정리하고 최종적인 성취에 대해서 평가하고 만족감을 다진다. 목표를 성취했기 때문에 해산을 준비한다.

① (가)
② (나)
③ (다)
④ (라)
⑤ (마)

79 경영이 어떻게 이루어지는가에 따라 조직의 생사가 결정된다고 할 만큼 경영은 조직에 있어서 핵심이다. 다음 중 경영전략을 추진하는 과정에 대한 설명으로 적절하지 않은 것은?

① 경영전략은 조직전략, 사업전략, 부문전략으로 분류된다.

② 환경 분석을 할 때는 조직의 내부환경뿐만 아니라 외부환경에 대한 분석도 필수이다.

③ 전략목표는 비전과 미션으로 구분되는데, 둘 다 있어야 한다.

④ '환경 분석 → 전략목표 설정 → 경영전략 도출 → 경영전략 실행 → 평가 및 피드백'의 과정을 거쳐 이루어진다.

⑤ 경영전략이 실행됨으로써 세웠던 목표에 대한 결과가 나오는데, 이에 대한 평가 및 피드백 과정도 생략되어서는 안 된다.

80 다음 지시사항을 읽고 〈보기〉의 J사원이 해야 할 업무를 순서대로 바르게 나열한 것은?

> 상사 : 벌써 오후 2시 50분이네. 오후 3시에 팀장 회의가 있어서 지금 업무 지시를 할게요. 업무 보고는 내일 오전 9시 30분에 받을게요. 업무 보고 전 아침에 회의실과 마이크 체크를 한 내용을 업무 보고에 반영해 주세요. 내일 오후 3시에 있을 팀장 회의도 차질 없이 준비해야 합니다. 아, 그리고 오늘 P사원이 아파서 조퇴했으니 P사원 업무도 부탁할게요. 간단한 겁니다. 사업 브로슈어에 사장님의 개회사를 추가하는 건데, 브로슈어 인쇄는 2시간밖에 걸리지 않지만 인쇄소가 오전 10시부터 오후 6시까지 하니 비서실에 방문해 파일을 미리 받아 늦지 않게 인쇄소에 넘겨 주세요. 비서실은 본관 15층에 있으니 가는 데 15분 정도 걸릴 거예요. 브로슈어는 다음날 오전 10시까지 준비되어야 하는 거 알죠? 팀장 회의에 사용할 케이터링 서비스는 매번 시키는 K업체로 예약해 주세요. 24시간 전에는 예약해야 하니 서둘러 주세요.

---〈보기〉---

(가) 비서실 방문   (나) 회의실, 마이크 체크
(다) 케이터링 서비스 예약   (라) 인쇄소 방문
(마) 업무 보고

① (가) – (다) – (라) – (나) – (마)
② (나) – (가) – (라) – (마) – (다)
③ (나) – (다) – (라) – (가) – (마)
④ (다) – (가) – (라) – (나) – (마)
⑤ (다) – (나) – (가) – (라) – (마)

※ 다음은 J전자의 유 · 무상 수리 기준을 나타낸 자료이다. 이어지는 질문에 답하시오. **[61~63]**

<J전자의 유 · 무상 수리 기준>

1. 유 · 무상 수리 기준

구분		적용 항목
무상		− 보증기간(1년) 이내에 정상적인 사용 상태에서 발생한 성능 · 기능상의 고장인 경우 − J전자 엔지니어의 수리 이후 12개월 이내 동일한 고장이 발생한 경우 − 품질보증기간 동안 정상적인 사용 상태에서 발생한 성능 · 기능상의 고장인 경우 ※ 보증기간은 구입 일자를 기준으로 산정함
유상	보증기간	− 보증기간이 경과된 제품
	설치/철거	− 이사나 가정 내 제품 이동으로 재설치를 요청하는 경우 − 제품의 초기 설치 이후 추가로 제품 연결을 요청하는 경우 − 홈쇼핑, 인터넷 등에서 제품 구입 후 설치를 요청하는 경우
	소모성	− 소모성 부품의 보증기간 경과 및 수명이 다한 경우(배터리, 필터류, 램프류, 헤드, 토너, 드럼, 잉크 등) − 당사에서 지정하지 않은 부품이나 옵션품으로 인해 고장이 발생한 경우
	천재지변	− 천재지변(지진, 풍수해, 낙뢰, 해일 등) 외 화재, 염해, 동파, 가스 피해 등으로 인해 고장이 발생한 경우
	고객 부주의	− 사용자 과실로 인해 고장이 발생한 경우 − 사용설명서 내의 주의사항을 지키지 않아 고장이 발생한 경우 − J전자 서비스센터 외 임의 수리 · 개조로 인해 고장이 발생한 경우 − 인터넷, 안테나 등 외부 환경으로 인해 고장이 발생한 경우
	기타	− 제품 고장이 아닌 고객 요청에 의한 제품 점검(보증기간 이내라도 유상 수리)

2. 서비스 요금 안내

서비스 요금은 부품비, 수리비, 출장비의 합계액으로 구성되며, 각 요금의 결정은 다음과 같다.

• 부품비 : 수리 시 부품 교체를 할 경우 소요되는 부품 가격

제품		가격
전자레인지	마그네트론	20,000원
에어컨	콤프레셔	400,000원
TV	LCD	150,000원
	PDP	300,000원

• 수리비 : 유상 수리 시 부품비를 제외한 기술료로, 소요시간, 난이도 등을 감안하여 산정된다.

• 출장비 : 출장 수리를 요구하는 경우 적용되며, 18,000원을 청구한다(단, 평일 18시 이후, 휴일 방문 시 22,000원).

3. 안내 사항
- 분쟁 발생 시 품목별 해결 기준

분쟁 유형		해결 기준
구입 후 10일 이내에 정상적인 사용 상태에서 발생한 성능·기능상의 하자로 수리를 요할 때		제품 교환 또는 구입가 환급
구입 후 1개월 이내에 정상적인 사용 상태에서 발생한 성능·기능상의 하자로 중요한 수리를 요할 때		제품 교환 또는 무상수리
보증기간 이내에 정상적인 사용 상태에서 발생한 성능·기능상의 하자	수리 불가능 시	제품 교환 또는 구입가 환급
	교환 불가능 시	구입가 환급
	교환된 제품이 1개월 이내에 중요한 수리를 요할 때	구입가 환급

- 다음의 경우는 보증기간이 $\frac{1}{2}$ 로 단축 적용된다.
  - 영업용도나 영업장에서 사용할 경우 예 비디오(비디오 SHOP), 세탁기(세탁소) 등
  - 차량, 선박 등에 탑재하는 등 정상적인 사용 환경이 아닌 곳에서 사용할 경우
  - 제품사용 빈도가 높은 공공장소에 설치하여 사용할 경우 예 공장, 기숙사 등
- 휴대폰 소모성 액세서리(이어폰, 유선충전기, USB 케이블)는 J전자 유상 수리 후 2개월 동안 품질 보증

61 다음은 LCD 모니터 수리에 대한 고객의 문의 사항이다. 고객에게 안내할 내용으로 가장 적절한 것은?

> 안녕하세요. 3개월 전에 J전자에서 LCD 모니터를 구입한 사람입니다. 얼마 전에 모니터 액정이 고장 나서 동네 전파상에서 급하게 수리를 하였는데 1개월도 안 돼서 다시 액정이 망가져 버렸습니다.

① 저희 서비스센터가 아닌 사설 업체에서 수리를 받았기 때문에 무상 수리는 어렵습니다. 유상 수리로 접수해 드릴까요?
② 무상 수리를 받으시려면 자사가 취급하는 액정인지 확인이 필요합니다. 교체하신 액정의 정보를 알려주실수 있을까요?
③ 수리 이후에 1개월 이내에 동일한 고장이 발생하셨군요. 보증기간과 관계없이 제품의 구입가를 환불해 드리겠습니다.
④ 구입하시고 1년 이내에 수리를 받으셨군요. 더 이상 수리가 불가능하므로 새 제품으로 교환해 드리겠습니다.
⑤ 구입하신 지 아직 1년이 넘지 않으셨네요. 보증기간에 따라 무상 수리가 가능합니다.

62 A씨는 사용하던 전자레인지가 고장이 나자 J전자 서비스센터에 전화하였고, 이틀 후인 수요일 오후 4시경에 엔지니어가 방문하기로 하였다. 방문한 엔지니어가 전자레인지의 부품 중 하나인 마그네트론을 교체하였고, A씨는 유상 수리 서비스 요금으로 총 53,000원의 금액을 납부하였다. 다음 중 전자레인지의 수리비로 옳은 것은?

① 10,000원
② 15,000원
③ 18,000원
④ 21,000원
⑤ 23,000원

63 다음 중 정상적인 사용 상태에서 제품의 성능·기능상 고장이 발생했을 때, 무상 수리 서비스를 받을 수 없는 것은?

① 3개월 전 구매하여 설치한 세탁소의 세탁기
② 열흘 전 구매한 개인 휴대폰
③ 1년 전 구매하였으나 1개월 전 J전자에서 유상 수리를 받은 휴대폰 이어폰
④ 2개월 전 구매하여 차량에 설치한 휴대용 냉장고
⑤ 8개월 전 구매하여 설치한 기숙사 내 정수기

64 다음 설명에 해당하는 벤치마킹으로 가장 적절한 것은?

> 동일한 업종의 기업을 대상으로 상품이나 기술 및 경영방식 등을 배워 자사에 맞게 재창조하는 것으로, 동일한 업종이긴 하나 윤리적 문제가 발생할 여지가 없기 때문에 정보에 대한 접근 및 자료 수집이 용이하다. 하지만 문화나 제도적인 차이가 있기 때문에 이로 인해 발생할 문제에 대한 분석을 철저히 하지 않는다면 잘못된 결과를 얻을 수 있다.

① 내부 벤치마킹
② 경쟁적 벤치마킹
③ 비경쟁적 벤치마킹
④ 글로벌 벤치마킹
⑤ 간접적 벤치마킹

65 다음 글에서 설명하고 있는 것은?

> 농부는 농기계와 화학비료를 써서 밀을 재배하고 수확한다. 이렇게 생산된 밀은 보관업자, 운송업자, 제분회사, 제빵 공장을 거쳐 시장으로 판매된다. 보다 높은 생산성을 위해 화학비료를 연구하고, 공장을 가동하기 위해 공작기계와 전기를 생산한다. 보다 빠른 운송을 위해 트럭이나 기차, 배가 개발되었고, 보다 효과적인 운송수단과 농기계를 운용하기 위해 증기기관에서 석유에너지로 발전하였다. 이렇듯 우리의 식탁에 올라오는 빵은 여러 기술이 네트워크로 결합하여 시너지를 내고 있다.

① 기술시스템
② 기술혁신
③ 기술경영
④ 기술이전
⑤ 기술경쟁

66 J공사에는 직원들의 편의를 위해 휴게실에 전자레인지가 구비되어 있다. E사원은 J공사의 기기를 관리하는 업무를 맡고 있는데, 동료 사원들로부터 전자레인지를 사용할 때 가끔씩 불꽃이 튀고 음식이 잘 데워지지 않는다는 이야기를 들었다. 다음 설명서를 토대로 서비스를 접수하기 전에 점검할 사항이 아닌 것은?

증상	원인	조치 방법
전자레인지가 작동하지 않는다.	• 전원 플러그가 콘센트에 바르게 꽂혀 있습니까? • 문이 확실히 닫혀 있습니까? • 배전판 퓨즈나 차단기가 끊어지지 않았습니까? • 조리방법을 제대로 선택하셨습니까? • 혹시 정전은 아닙니까?	• 전원 플러그를 바로 꽂아 주십시오. • 문을 다시 닫아 주십시오. • 끊어졌으면 교체하고 다시 연결시켜 주십시오. • 취소를 누르고 다시 시작하십시오.
동작 시 불꽃이 튄다.	• 조리실 내벽에 금속 제품 등이 닿지 않았습니까? • 금선이나 은선으로 장식된 그릇을 사용하고 계십니까? • 조리실 내에 찌꺼기가 있습니까?	• 벽에 닿지 않도록 하십시오. • 금선이나 은선으로 장식된 그릇은 사용하지 마십시오. • 깨끗이 청소해 주십시오.
조리 상태가 나쁘다.	• 조리 순서, 시간 등 사용 방법을 잘 선택하셨습니까?	• 요리책을 다시 확인하고 사용해 주십시오.
회전 접시가 불균일하게 돌거나 돌지 않는다.	• 회전 접시와 회전 링이 바르게 놓여 있습니까?	• 각각을 정확한 위치에 놓아 주십시오.
불의 밝기나 동작 소리가 불균일하다.	• 출력의 변화에 따라 일어난 현상이니 안심하고 사용하셔도 됩니다.	

① 조리실 내 위생 상태 점검　　　　② 사용 가능 용기 확인
③ 사무실, 전자레인지 전압 확인　　　④ 조리실 내벽 확인
⑤ 조리 순서, 시간 확인

67 다음 중 기술능력이 뛰어난 사람의 특징에 대한 설명으로 옳지 않은 것은?

① 인식된 문제를 위한 다양한 해결책을 개발하고 평가한다.
② 지식이나 기타 자원을 선택하고 최적화시키며 적용한다.
③ 불가능한 부분의 해결을 필요로 하는 문제를 인식한다.
④ 주어진 한계 속에서 제한된 자원을 사용한다.
⑤ 여러 상황 속에서 기술의 체계와 도구를 사용하고 습득한다.

68 B사원은 최근 J전자의 빔프로젝터를 구입하였으며, 빔프로젝터 고장 신고 전 확인사항 자료를 확인하였다. 빔프로젝터의 증상과 그에 따른 확인 및 조치사항으로 옳은 것은?

<빔프로젝터 고장 신고 전 확인사항>

분류	증상	확인 및 조치사항
설치 및 연결	전원이 들어오지 않음	• 제품 배터리의 충전 상태를 확인하세요. • 만약 그래도 제품이 전혀 동작하지 않는다면 제품 옆면의 'Reset' 버튼을 1초간 누르시기 바랍니다.
	전원이 자동으로 꺼짐	• 본 제품은 약 20시간 지속 사용 시 제품의 시스템 보호를 위해 전원이 자동 차단될 수 있습니다.
	외부기기가 선택되지 않음	• 외부기기 연결선이 신호 단자에 맞게 연결되었는지 확인하고, 연결 상태를 점검해 주시기 바랍니다.
메뉴 및 리모컨	리모컨이 작동하지 않음	• 리모컨의 건전지 상태 및 건전지가 권장 사이즈에 부합하는지 확인해 주세요. • 리모컨 각도와 거리가 적당한지(10m 이하), 제품과 리모컨 사이에 장애물이 없는지 확인해 주세요.
	메뉴가 선택되지 않음	• 메뉴의 글자가 회색으로 나와 있지 않은지 확인해 주세요. 회색의 글자 메뉴는 선택되지 않습니다.
화면 및 소리	영상이 희미함	• 리모컨 메뉴창의 초점 조절 기능을 이용하여 초점을 조절해 주세요. • 투사거리가 초점에서 너무 가깝거나 멀리 떨어져 있지 않은지 확인해 주세요(권장거리 1 ~ 3m).
	제품에서 이상한 소리가 남	• 이상한 소리가 계속해서 발생할 경우 사용을 중지하고 서비스 센터로 문의해 주시기 바랍니다.
	화면이 안 나옴	• 제품 배터리의 충전 상태를 확인해 주세요. • 본체의 발열이 심할 경우 화면이 나오지 않을 수 있습니다.
	화면에 줄, 잔상, 경계선 등이 나타남	• 일정시간 정지된 영상을 지속적으로 표시하면 부분적으로 잔상이 발생합니다. • 영상의 상 · 하 · 좌 · 우의 경계선이 고정되어 있거나 빛의 투과량이 서로 상이한 영상을 장시간 시청 시 경계선에 자국이 발생할 수 있습니다.

① 영상이 너무 희미해 초점과 투사거리를 확인하여 조절하였다.

② 메뉴가 선택되지 않아 외부기기와 연결선이 제대로 연결되었는지 확인하였다.

③ 일주일째 이상한 소리가 나 제품 배터리가 충분히 충전된 상태인지 살펴보았다.

④ 언젠가부터 화면에 잔상이 나타나 제품과 리모콘 배터리의 충전 상태를 확인하였다.

⑤ 영화를 보는 중에 갑자기 전원이 꺼진 것은 본체의 발열이 심해서 그런 것이므로 약 20시간 동안 사용을 중지하였다.

69 다음은 산업재해를 예방하기 위해 제시되고 있는 하인리히의 법칙이다. 이를 참고할 때, 산업재해의 예방을 위해 조치를 취해야 하는 단계는 무엇인가?

> 1931년 미국의 한 보험회사에서 근무하던 하인리히는 회사에서 접한 수많은 사고를 분석하여 하나의 통계적 법칙을 발견하였다. '1 : 29 : 300 법칙'이라고도 부르는 이 법칙은 큰 사고로 인해 산업재해가 발생하면 이 사고가 발생하기 이전에 같은 원인으로 발생한 작은 사고 29번, 잠재적 사고 징후가 300번이 있었다는 것을 나타낸다.
> 하인리히는 이처럼 심각한 산업재해의 발생 전에 여러 단계의 사건이 도미노처럼 발생하기 때문에 앞 단계에서 적절히 대처한다면 산업재해를 예방할 수 있다고 주장했다.

① 사회 환경적 문제가 발생한 단계
② 개인 능력의 부족이 보이는 단계
③ 기술적 결함이 나타난 단계
④ 불안전한 행동 및 상태가 나타난 단계
⑤ 작업 관리상 문제가 나타난 단계

70 다음은 벤치마킹의 절차를 나타낸 자료이다. 이에 대한 설명으로 옳지 않은 것은?

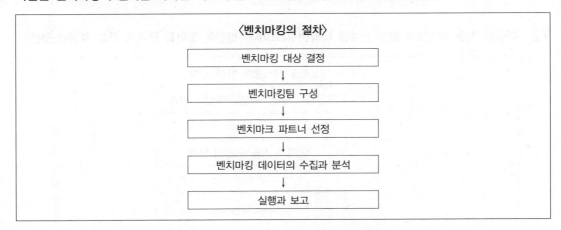

① 벤치마킹 데이터를 수집·분석할 경우 문서 편집 시스템보다는 수기로 작업하는 것이 좋다.
② 벤치마킹 대상이 결정되면 대상을 조사하기 위해 필요한 정보와 자원이 무엇인지 파악해야 한다.
③ 벤치마크 파트너 선정은 벤치마크 정보를 수집하는 데 이용될 정보의 원천을 확인하는 단계이다.
④ 벤치마킹팀 구성 시 구성원들 간의 의사소통이 원활하기 위한 네트워크 환경이 요구된다.
⑤ 벤치마킹팀의 경우 관계자 모두에게 벤치마킹이 명확하게 할당되고 중심 프로젝트가 정해지는 것을 돕기 위한 프로젝트 관리 기구가 필요하다.

71 다음 사례에 해당하는 벤치마킹에 대한 설명으로 옳은 것은?

> 네스프레소는 가정용 커피머신 시장의 선두주자이다. 이러한 성장 배경에는 기존의 산업 카테고리를 벗어나 랑콤, 이브로쉐 등 고급 화장품 업계의 채널 전략을 벤치마킹했다. 고급 화장품 업체들은 매장에서 고객들에게 화장품을 직접 체험할 수 있는 기회를 제공하고, 이를 적극적으로 수요와 연계하고 있었다. 네스프레소는 이를 통해 신규 수요를 창출하기 위해서는 커피머신의 기능을 강조하는 것이 아니라, 즉석에서 추출한 커피의 신선한 맛을 고객에게 체험하게 하는 것이 중요하다는 인사이트를 도출했다. 이후 전 세계 유명 백화점에 오프라인 단독 매장들을 개설해 고객에게 커피를 시음할 수 있는 기회를 제공했다. 이를 통해 네스프레소의 수요는 급속도로 늘어나 매출 부문에서 30 ~ 40%의 고속성장을 거두게 됐고 전 세계로 확장되며 여전히 높은 성장세를 이어가고 있다.

① 자료수집이 쉬우며 효과가 크지만, 편중된 내부시각에 대한 우려가 있다는 단점이 있다.
② 비용 또는 시간적 측면에서 상대적으로 많이 절감할 수 있다는 장점이 있다.
③ 문화 및 제도적인 차이에 대한 검토가 부족하면 잘못된 결과가 나올 수 있다.
④ 경영성과와 관련된 정보 입수가 가능하나, 윤리적인 문제가 발생할 소지가 있다.
⑤ 새로운 아이디어가 나올 가능성이 높지만, 가공하지 않고 사용한다면 실패할 수 있다.

72 다음은 기술 시스템의 발전 단계를 나타낸 자료이다. 빈칸에 들어갈 단계로 가장 적절한 것은?

〈기술 시스템의 발전 단계〉

1단계 : 발명 · 개발 · 혁신의 단계
↓
2단계 : 기술 이전의 단계
↓
3단계 : _____
↓
4단계 : 기술 공고화 단계

① 기술 협조의 단계　　　　　　　② 기술 경영의 단계
③ 기술 평가의 단계　　　　　　　④ 기술 경쟁의 단계
⑤ 기술 투자의 단계

73 농한기인 1 ~ 2월에 자주 발생하는 영농기자재 고장을 방지하고자 영농기자재 관리 방법에 대한 매뉴얼을 작성하여 농가에 배포하였다. 다음 중 매뉴얼에 따라 영농기자재를 바르게 관리한 것은?

〈매뉴얼〉

월	기계종류	내용
1월	트랙터	(보관 중 점검) • 유압실린더는 완전상승 상태로 함 • 엔진 계통의 누유 점검(연료탱크, 필터, 파이프) • 축전지 보충충전
	이앙기	(장기보관 중 점검) • 본체의 누유, 누수 점검 • 축전지 보관 상태 점검, 보충충전 • 페인트가 벗겨진 부분에는 방청유를 발라 녹 발생 방지 • 커버를 씌워 먼지, 이물질에 의한 부식 방지
	콤바인	(장기보관 중 점검) • 회전부, 작동부, 와이어류에 부식 방지를 위해 오일 주입 • 각부의 누유 여부 점검 • 스프링 및 레버류에 부식 방지를 위해 그리스를 바름
2월	트랙터	(사용 전 점검) • 팬벨트 유격 10mm 이상 시 발전기 고정 볼트를 풀어 유격 조정 • 냉각수량 – 외기온도에 알맞은 비중의 부동액 확인(40% 확인) • 축전지액량 및 접속상태, 배선 및 각종 라이트 경고 점검, 충전상태 점검 • 좌우 브레이크 페달 유격 및 작동 상태 점검
	이앙기	(장기보관 중 점검) • 누유 · 누수 점검 • 축전지 보충충전 • 녹이 발생된 부분은 녹을 제거하고 방청유를 바름
	콤바인	(장기보관 중 점검) • 엔진을 회전시켜 윤활시킨 후 피스톤을 압축상사점에 보관 • 각 회전부, 작동부, 와이어류에 부식 방지를 위해 오일 주입 • 스프링 및 레버류에 부식 방지를 위해 그리스를 바름

① 1월에 트랙터의 브레이크 페달 작동 상태를 점검하였다.
② 2월에 장기보관 중이던 이앙기에 커버를 씌워 먼지 및 이물질에 의한 부식을 방지하였다.
③ 1 ~ 2월 모두 이앙기에 녹 발생 방지를 위해 방청유를 발랐다.
④ 트랙터 사용 전에 유압실린더와 엔진 누유 상태를 중점적으로 점검하였다.
⑤ 장기보관 중인 콤바인을 꺼낸 후 타이어 압력을 기종별 취급설명서에 따라 점검하였다.

※ 다음은 제습기 사용과 보증기간에 대한 설명이다. 이어지는 질문에 답하시오. [74~75]

〈사용 전 알아두기〉

• 제습기의 적정 사용온도는 18 ~ 35℃입니다.
  - 18℃ 미만에서는 냉각기에 결빙이 시작되어 제습량이 줄어들 수 있습니다.
• 제습 운전 중에는 컴프레서 작동으로 실내 온도가 올라갈 수 있습니다.
• 설정한 희망 습도에 도달하면 운전을 멈추고 실내 습도가 높아지면 자동 운전을 다시 시작합니다.
• 물통이 가득 찰 경우 제습기 작동이 멈춥니다.
• 안전을 위하여 제습기 물통에 다른 물건을 넣지 마십시오.
• 제습기가 작동하지 않거나 아무 이유 없이 작동을 멈추는 경우 다음 사항을 확인하세요.
  - 전원플러그가 제대로 끼워져 있는지 확인하십시오.
  - 위의 사항이 정상인 경우, 전원을 끄고 10분 정도 경과 후 다시 전원을 켜세요.
  - 여전히 작동이 안 되는 경우, 판매점 또는 서비스 센터에 연락하시기 바랍니다.
• 현재 온도 / 습도는 설치장소 및 주위 환경에 따라 실제와 차이가 있을 수 있습니다.

〈보증기간 안내〉

• 품목별 소비자 피해 보상규정에 의거하여 아래와 같이 제품에 대한 보증을 실시합니다.
• 보증기간 산정 기준
  - 제품 보증기간이라 함은 제조사 또는 제품 판매자가 소비자에게 정상적인 상태에서 자연 발생한 품질 성능 기능 하자에 대하여 무료 수리해 주겠다고 약속한 기간을 말합니다.
  - 제품 보증기간은 구입일자를 기준으로 산정하며, 구입일자의 확인은 제품보증서를 기준으로 합니다. 단, 보증서가 없는 경우는 제조일(제조번호, 검사필증)로부터 3개월이 경과한 날부터 보증기간을 계산합니다.
  - 중고품(전파상 구입, 모조품) 구입 시 보증기간은 적용되지 않으며, 수리 불가의 경우 피해보상을 책임지지 않습니다.
• 당사와의 계약을 통해 납품되는 제품의 보증은 그 계약내용을 기준으로 합니다.
• 제습기 보증기간은 일반제품을 기준으로 1년으로 합니다.
  - 2017년 1월 이전 구입분은 2년 적용

〈제습기 부품 보증기간〉

• 인버터 컴프레서(2016년 1월 이후 생산 제품) : 10년
• 컴프레서(2018년 1월 이후 생산 제품) : 4년
• 인버터 컴프레서에 한해서 5년 차부터 부품대만 무상 적용함

74 제습기 구매자가 사용 전 알아두기에 대한 설명서를 읽고 나서 제습기를 사용했다. 다음 중 구매자가 서비스 센터에 연락해야 할 작동 이상으로 가장 적절한 것은?

① 실내 온도가 17℃일 때 제습량이 줄어들었다.

② 제습기 사용 후 실내 온도가 올라갔다.

③ 물통에 물이 $\frac{1}{2}$ 정도 들어있을 때 작동이 멈췄다.

④ 제습기가 갑자기 작동되지 않아 잠시 10분 꺼두었다가 다시 켰더니 작동하였다.

⑤ 희망 습도에 도달하니 운전을 멈추었다.

75 다음 중 윗글을 참고할 때, 제습기 사용자가 잘못 이해한 것은?

① 제품 보증서가 없는 경우, 영수증에 찍힌 구입한 날짜부터 보증기간을 계산한다.

② 보증기간 무료 수리는 정상적인 상태에서 자연 발생한 품질 성능 기능 하자가 있을 때이다.

③ 제습기 보증기간은 일반제품을 기준으로 구입일로부터 1년이다.

④ 2017년 이전에 구입한 제습기는 보증기간이 2년 적용된다.

⑤ 2016년에 생산된 인버터 컴프레서는 10년이 보증기간이다.

※ 논리연산자를 다음과 같이 정의할 때, 이어지는 질문에 답하시오. **[76~77]**

- AND(논리곱) : 둘 다 참일 때만 참, 나머지는 모두 거짓
- OR(논리합) : 둘 다 거짓일 때만 거짓, 나머지는 모두 참
- NAND(부정논리곱) : 둘 다 참일 때만 거짓, 나머지는 모두 참
- NOR(부정논리합) : 둘 다 거짓일 때만 참, 나머지는 모두 거짓
- XOR(배타적 논리합) : 둘의 참 / 거짓이 다르면 참, 같으면 거짓

76 다음과 같은 입력 패턴 A, B를 〈조건〉에 따라 원하는 출력 패턴으로 합성하고자 한다. (가)에 들어갈 논리연산자로 옳은 것은?

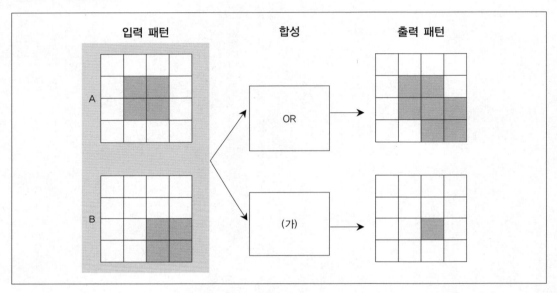

〈조건〉
- ■은 패턴값 '1'로, □은 패턴값 '0'으로 변환하여 합성에 필요한 논리 연산을 한 후, '1'은 ■으로 '0'은 □으로 표시한다.
- 합성은 두 개의 입력 패턴 A, B를 겹쳐서 1 : 1로 대응되는 위치의 패턴값끼리 논리 연산을 수행하여 이루어진다.
- 입력 패턴 A, B와 출력 패턴의 회전은 없다.

① XOR
② NOR
③ AND
④ NAND
⑤ OR

77 다음과 같은 패턴 A, B를 〈조건〉에 따라 합성하였을 때, 결과로 옳은 것은?

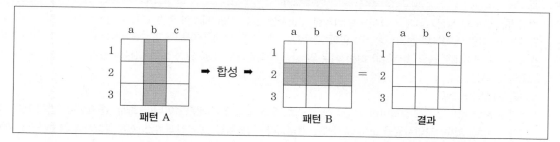

〈조건〉
- ▨는 1, ☐는 0이다.
- 패턴 A, B의 회전은 없다.
- 패턴 A, B에서 대응되는 행과 열은 1 : 1로 각각 겹쳐 합성한다.
  예 패턴 A(1, b)의 ▨는 패턴 B(1, b)의 ☐에 대응된다.
- 패턴 A와 B의 합성은 NOR 연산으로 처리한다.

①

②

③

④

⑤

※ 다음 글을 읽고 이어지는 질문에 답하시오. [78~79]

박사원은 반도체 생산기업에 기술직으로 입사한 신입사원이다. 기술 시스템 관련 교육에 참석한 박사원은 기술직뿐만 아니라 다양한 직무의 신입사원들이 함께 교육받는다는 것을 알고 의아해했다. 그러나 기술 시스템의 발전 단계를 보고 각 단계에서 중요한 역할을 하는 직무 및 사람이 다르다는 것을 알게 되어 의문이 풀렸다. 아래는 박사원이 교육받은 내용이다.

• 기술 시스템의 의미
  개별 기술이 네트워크와 결합하여 만들어진 것으로, 인공물의 집합체뿐만 아니라 회사, 투자회사, 법적 제도, 더 나아가 정치, 과학, 자연자원을 모두 포함하는 개념이다. 기술적인 것과 사회적인 것이 결합하여 공존하므로 사회기술 시스템이라고 불리기도 한다.

• 기술 시스템의 발전 단계
  1) 발명·개발·혁신의 단계 : 기술 시스템이 탄생하고 성장
  2) ㉠ : 성공적인 기술이 다른 지역으로 이동
  3) ㉡ : 기술 시스템 사이의 경쟁
  4) 기술 공고화 단계 : 경쟁에서 승리한 기술 시스템의 관성화

78 다음 중 ㉠에 해당하는 기술 시스템의 발전 단계로 옳은 것은?

① 기술 상세화 단계　　　　　　　　　② 기술 이전의 단계
③ 기술 이후의 단계　　　　　　　　　④ 기술 경쟁의 단계
⑤ 기술 성장화 단계

79 다음 중 ㉡ 단계에서 중요한 역할을 하는 사람은?

① 자문 엔지니어　　　　　　　　　　② 기술자
③ 금융 전문가　　　　　　　　　　　④ 기업가
⑤ 정치인

80 다음은 LPG 차량의 동절기 관리 요령에 대한 자료이다. 이를 이해한 내용으로 적절하지 않은 것은?

〈LPG 차량의 동절기 관리 요령〉

LPG 차량은 가솔린이나 경유에 비해 비등점이 낮은 특징을 갖고 있기 때문에 대기온도가 낮은 겨울철에 시동성이 용이하지 못한 결점이 있습니다. 동절기 시동성 향상을 위해 다음 사항을 준수하시기 바랍니다.

▶ **LPG 충전**

동절기에 상시 운행지역을 벗어나 추운지방을 이동할 경우에는 도착지 LPG 충전소에서 연료를 완전 충전하시면 다음날 시동이 보다 용이합니다. 이는 지역별로 상이한 외기온도에 따라 시동성 향상을 위해 LPG 내에 포함된 프로판 비율이 다르기 때문이며, 추운 지역의 LPG는 따뜻한 지역보다 프로판 비율이 높습니다(동절기에는 반드시 프로판 비율이 15 ~ 35%를 유지하도록 관련 법규에 명문화되어 있습니다).

▶ **주차 시 요령**

가급적 건물 내 또는 주차장에 주차하는 것이 좋습니다. 하지만 부득이 옥외에 주차할 경우에는 엔진 위치가 건물 벽 쪽을 향하도록 주차하거나, 차량 앞쪽을 해가 뜨는 방향으로 주차함으로써 태양열의 도움을 받을 수 있도록 하는 것이 좋습니다.

▶ **시동 요령**

• 엔진 시동 전에 반드시 안전벨트를 착용하여 주십시오.
• 주차 브레이크 레버를 당겨 주십시오.
• 모든 전기장치는 OFF하여 주십시오.
• 점화스위치를 'ON' 위치로 하여 주십시오.
• 저온(혹한기) 조건에서는 계기판에 PTC 작동 지시등이 점등됩니다.
  − PTC 작동 지시등의 점등은 차량 시동성 향상을 위한 것으로 부품의 성능에는 영향이 없습니다.
  − 주행 후 단시간 시동 시에는 점등되지 않을 수 있습니다.
• PTC 작동 지시등이 소등되었는지 확인한 후, 엔진 시동을 걸어 주십시오.

▶ **시동 시 주의 사항**

시동이 잘 안 걸리면 엔진 시동을 1회에 10초 이내로만 실시하십시오. 계속해서 엔진 시동을 걸면 배터리가 방전될 수 있습니다.

▶ **시동 직후 주의 사항**

• 저온 시 엔진 시동 후 계기판에 가속방지 지시등이 점등됩니다.
• 가속방지 지시등의 점등은 주행성 향상을 위한 것으로 부품의 성능에는 영향이 없습니다.
• 가속방지 지시등 점등 시 고속 주행을 삼가십시오.
• 가속방지 지시등 점등 시 급가속, 고속주행은 연비 및 엔진꺼짐 등의 문제가 발생할 수 있습니다.
• 가급적 가속방지 지시등 소등 후에 주행하여 주시길 바랍니다.

---

① 옥외에 주차할 경우 차량 앞쪽을 해가 뜨는 방향에 주차하는 것이 좋다.
② 동절기에 LPG 충전소에서 연료를 완전 충전하면 다음날 시동이 용이하다.
③ 추운 지역의 LPG는 따뜻한 지역보다 프로판 비율이 낮다.
④ 가속방지 지시등 점등 시 고속 주행을 삼가도록 한다.
⑤ 시동이 잘 안 걸릴 경우에는 엔진 시동을 1회에 10초 이내로 하는 것이 좋다.

3일 차
기출응용 모의고사

〈문항 및 시험시간〉

평가영역	문항 수	시험시간	모바일 OMR 답안분석	
[공통] 의사소통능력＋수리능력＋ 　　　문제해결능력＋자원관리능력 [사무] 조직이해능력 [전기・기계] 기술능력	80문항	90분	사무	전기・기계

3일 차 기출응용 모의고사

문항 수 : 80문항
시험시간 : 90분

| 01 | 공통

01 다음 글에서 〈보기〉의 문장이 들어갈 위치로 가장 적절한 곳은?

> 기억이 착오를 일으키는 프로세스는 인상적인 사물을 받아들이는 단계부터 이미 시작된다. (가) 감각적인 지각의 대부분은 무의식중에 기록되고 오래 유지되지 않는다. (나) 대개는 수 시간 안에 사라져 버리며, 약간의 본질만이 남아 장기 기억이 된다. 무엇이 남을지는 선택에 의해서 그 사람의 견해에 따라서도 달라진다. (다) 분주하고 정신이 없는 장면을 보여 주고, 나중에 그 모습에 대해서 이야기하게 해 보자. (라) 어느 부분에 주목하고, 또 어떻게 그것을 해석했는지에 따라 즐겁기도 하고 무섭기도 하다. (마) 단순히 정신 사나운 장면으로만 보이는 경우도 있다. 기억이란 원래 일어난 일을 단순하게 기록하는 것이 아니다.

> ─────〈보기〉─────
> 일어난 일에 대한 묘사는 본 사람이 무엇을 중요하게 판단하고, 무엇에 흥미를 가졌느냐에 따라 크게 다르다.

① (가)   ② (나)
③ (다)   ④ (라)
⑤ (마)

02 다음 글을 읽고 알 수 있는 사실로 적절하지 않은 것은?

> 인류의 역사를 석기시대, 청동기시대 그리고 철기시대로 구분한다면 현대는 '플라스틱시대'라고 할 수 있을 만큼 플라스틱은 현대사회에서 가장 혁명적인 물질 중 하나이다. "플라스틱은 현대 생활의 뼈, 조직, 피부가 되었다."는 미국의 과학 저널리스트 수전 프라인켈(Susan Freinkel)의 말처럼 플라스틱은 인간 생활에 많은 부분을 차지하고 있다. 저렴한 가격과 필요에 따라 내구성, 강도, 유연성 등을 조절할 수 있는 장점 덕분에 일회용 컵부터 옷, 신발, 가구 등 플라스틱이 아닌 것이 거의 없을 정도이다. 그러나 플라스틱에는 치명적인 단점이 있다. 플라스틱이 지닌 특성 중 하나인 영속성(永續性)이다. 인간이 그동안 생산한 플라스틱은 바로 분해되지 않고 어딘가에 계속 존재하고 있어 환경오염의 원인이 된 지 오래이다.
>
> 치약, 화장품, 피부 각질제거제 등 생활용품에 들어 있는 작은 알갱이의 성분은 '마이크로비드(Microbead)'라는 플라스틱이다. 크기가 1mm보다 작은 플라스틱을 '마이크로비드'라고 하는데, 이 알갱이는 정수처리과정에서 걸러지지 않고 생활 하수구에서 강으로, 바다로 흘러간다. 이 조그만 알갱이들은 바다를 떠돌면서 생태계의 먹이사슬을 통해 동식물 체내에 축적되어 면역체계 교란, 중추신경계 손상 등의 원인이 되는 잔류성유기오염물질(Persistent Organic Pollutants)을 흡착한다. 그리고 물고기, 새 등 여러 생물은 마이크로비드를 먹이로 착각해 섭취한다. 마이크로비드를 섭취한 해양생물은 다시 인간의 식탁에 올라온다. 즉, 우리가 버린 플라스틱을 우리가 다시 먹게 되는 셈이다.
>
> 플라스틱 포크로 음식을 먹고, 플라스틱 컵으로 물을 마시는 등 음식을 먹기 위한 수단으로만 플라스틱을 생각했지 직접 먹게 되리라고는 상상도 못했을 것이다. 우리가 먹은 플라스틱이 우리 몸에 남아 분해되지 않고 큰 질병을 키우게 될 것을 말이다.

① 플라스틱은 필요에 따라 유연성, 강도 등을 조절할 수 있고, 값이 싼 장점이 있다.

② 플라스틱은 바로 분해되지 않고 어딘가에 존재한다.

③ 마이크로비드는 크기가 작기 때문에 정수처리과정에서 걸러지지 않고 바다로 유입된다.

④ 마이크로비드는 잔류성유기오염물질을 분해하는 역할을 한다.

⑤ 물고기 등 해양생물들은 마이크로비드를 먹이로 착각해 먹는다.

※ 다음 글을 읽고 이어지는 질문에 답하시오. [3~4]

광고는 세상에 널리 알림 또는 그런 일을 뜻한다. 상품이나 서비스 정보를 소비자에게 널리 알리는 의도적인 활동이다. 1963년 미국마케팅협회는 '광고란 누구인지를 확인할 수 있는 광고주가 하는 일체의 유료 형태에 의한 아이디어, 상품 또는 서비스의 비대개인적(非對個人的) 정보 제공 또는 판촉 활동이다.'라고 정의한 바 있다.

(가) 정의한 바와 같이 광고는 비용을 내고 알리는 행위이다. 광고주가 비용을 지급하므로 효과를 얻으려고 하는 것은 당연하다. 이때, 정직하게 알리는 경우도 있지만 허위·과장 요소도 스며든다. 상품을 잘 팔기 위해 상품의 기능을 부풀리기도 하는데, 이런 경우가 과장 광고이다. 사실에 해당하지 않는 자료나 정보를 사용하는 광고는 허위 광고이다. 이처럼 광고는 허위·과장의 가능성이 있어 소비자는 광고 보는 눈을 키워야 한다. 허위·과장 광고에 속으면 피해가 발생한다.

(나) 시민의 발로 불리는 지하철의 광고 또한 많은 것을 시사한다. 초창기에는 지하철 전동차 내부에 인쇄물 광고가 슬금슬금 붙더니 차차 차량 외벽은 물론 출입문 유리에도 광고로 도배되기 시작했다. 지하철 승강장 게이트 회전 바에도 광고가 빙글빙글 돌아간다. 전동차 내부의 광고 종류도 다양하다. 인쇄물 광고는 물론이고 전동차 안팎의 안내 모니터에도 광고가 쉴 새 없이 상영돼 지하철은 거대한 광고판으로 바뀐 지 오래이다. 눈을 돌리면 광고 천지인, 우리가 사는 이 세상은 이미 거대한 광고판이다.

(다) 예전에는 프로그램과 광고가 분리돼 프로그램 시작 전이나 끝난 뒤에 광고가 나왔다. 요즘 인기 TV 프로그램의 상당수는 '이 프로그램은 간접 광고 및 가상 광고를 포함하고 있습니다.'라는 안내 문구가 따라붙는다. PPL 광고(Product Placement : 특정 기업의 협찬을 대가로 영화나 드라마에서 해당 기업의 상품이나 브랜드 이미지를 끼워 넣는 광고기법)의 등장으로 프로그램인지 광고인지 분간하지 못할 정도이다. 광고가 프로그램을 좌지우지할 정도로 영향력이 큰 경우도 있다.

(라) 즉, 현대 자본주의 시대에는 광고가 세상을 지배한다. 소비자는 광고 보는 눈을 높여 광고에 유혹되지 않아야 한다. 수억 원대는 보통인 모델의 몸값은 결국 소비자가 낸다. 모델의 몸값은 그 제품을 사는 소비자가 십시일반(十匙一飯)으로 내는 것이다. 광고는 광고일 뿐 광고가 품질을 보장하는 것은 아니다. 광고에 돈을 쏟아붓는 기업보다는 제품의 본질에 투자하는 기업을 선택하는 것이 소비자의 권리이자 책임 중 하나이다.

03 다음 중 제시된 문단에 이어질 내용을 논리적 순서대로 바르게 나열한 것은?

① (가) - (나) - (다) - (라)　　　　② (가) - (다) - (나) - (라)

③ (가) - (다) - (라) - (나)　　　　④ (나) - (가) - (다) - (라)

⑤ (다) - (가) - (나) - (라)

04 다음 중 허위 · 과장 광고의 사례로 적절하지 않은 것은?

① 홍보하는 용량과 달리 실제 내용물은 홍보 용량보다 더 적었던 음료판매점

② 그래픽만으로 사진 성형을 하여 홍보물을 제작한 성형외과

③ 협회가 인증한 범위보다 더 넓은 범위에 인증 표시를 사용한 의료기기 제작회사

④ 중학생 때 다니다가 학원을 끊은 학생이 들어간 대학교를 현수막에 걸어놓은 학원

⑤ 해당 연예인이 사용한 제품이 아니지만 연예인을 모델로 해 홍보한 다이어트 보조제회사

05 다음 중 밑줄 친 ⊙ ~ ㉣에 대한 설명으로 적절하지 않은 것은?

뇌 안에서 어떤 일이 일어나고 있는지를 어떻게 알 수 있을까? 뇌를 연구하는 과학자들조차 뇌 안에서 일어나고 있는 활동을 육안으로 볼 수는 없다. 성능 좋은 현미경으로도 볼 수 없는 살아있는 인간의 뇌 활동을 들여다보는 기술이 바로 뇌 영상 기술이다. 1970년대에 개발된 CT를 시초로 하여 PET, MRI, fMRI 등 다양한 뇌 영상 기술이 연달아 등장하였다.

⊙ CT(컴퓨터 단층 촬영)는 인체 내부 장기마다 X선을 투과하는 양이 다르다는 성질을 이용하여 인체 내부 단면을 촬영하는 장치이다. CT는 X선 발생 장치가 설치된 도넛형의 기계가 돌아가면서 X-ray를 여러 번 찍은 후 그 영상들을 조합하여 컴퓨터상에 인체의 횡단면에 해당하는 하나의 영상을 만들어 낸다. 15초 정도면 영상 자료를 얻을 수 있기 때문에 응급 환자의 진단을 위해 주로 활용한다. 또 X선을 통해 혈액 등을 구별할 수 있기 때문에 뇌출혈 등의 진단에도 활용할 수 있다. 하지만 뇌가 어떻게 작용하고 있는지는 볼 수 없다. CT 이후 방사성 의약품을 이용해 인체의 생화학적 상태를 3차원 영상으로 나타낼 수 있는 ⓒ PET(양전자단층 촬영술)가 등장하였다. 방사성 포도당은 특수 카메라나 스캐너로 볼 수 있는 양전자를 방사하기 때문에 소량의 방사성 포도당을 환자의 몸에 주입한 후 뇌의 뉴런들이 포도당을 이용하는 상황을 PET로 찍는다. 이 기술은 우리 뇌가 포도당과 산소를 원료로 이용한다는 것을 고려한 것으로, 뇌 활동이 활발한 곳은 붉은 색으로, 별로 활발하지 않은 곳은 파란색으로 나타난다. PET는 신체의 생화학적 변화를 탐지할 수 있기 때문에 뇌종양, 뇌 신경계 질환 등의 조기 진단에 활용되고, 암세포가 정상 세포보다 포도당을 많이 흡수하는 성질을 이용하여 방사성 포도당이 많이 모인 곳을 찾음으로써 암의 위치를 발견하는 데도 쓰인다.

CT와 PET가 방사선을 이용한 기술이라는 점과 달리 ⓒ MRI(자기공명 영상 장치)는 고주파에 의해 몸속의 특정 원소인 수소 원자핵을 공명시켜 각 조직에서 나오는 신호를 디지털 정보로 변환하여 영상을 구현하는 장치이다. MRI는 엄청난 자력을 이용하여 환자의 몸 주변에 자기장을 만들고, 전자파를 환자에게 발사한다. 작은 자석처럼 활동하는 몸의 원자들이 MRI 전자파에 부딪혀 자체의 파동을 생성하면 MRI는 그 파동을 측정하고 컴퓨터를 통해 이를 사진으로 변환한다. 이 장치는 좁은 터널에 들어가야 하므로 폐소공포증이 있는 환자에게는 사용할 수 없지만, 해상도가 뛰어나기 때문에 뇌 신경계 질환을 진단하기에 효율적이다.

MRI는 CT와 달리 횡단면, 종단면, 측면, 사면 등 3차원 영상을 제공한다. 하지만 자기장을 사용하는 기술이므로 심장 박동기나 치아 보철물 등 자기장을 형성할 수 있는 인공 장치가 몸에 있는 사람은 이용할 수가 없다.

기능성 MRI인 ㉣ fMRI는 뇌가 활동이 많은 부위일수록 많은 산소가 필요하다는 것을 활용하여 뇌 혈류 속의 산소 수준을 반복 측정하여 뇌의 기능적 활성화 부위를 표시하는 방식으로 뇌 영상을 구현한다. 환자에게 어떤 이미지를 제시한 후 인지 과제를 수행할 때의 뇌 활성과 그렇지 않을 때의 뇌 활성을 비교함으로써 특정한 행위나 의식과 연관된 뇌 부위를 찾아 이를 뇌 단면의 해부 구조를 나타내는 영상 위에 색채로 표시해 주는 방식이다.

지난 20여 년 동안 급격히 발전해 온 뇌 영상 기술은 인간에게 뇌에 대한 풍부한 정보를 제공했을 뿐만 아니라 뇌출혈, 뇌경색, 뇌종양 등 그간 속수무책이었던 질병을 치료할 수 있게 해주었다. 또 인지과학이나 심리학의 영역에서는 최근의 뇌 영상 기술이 전통적인 방법보다 인간의 마음과 행동을 이해하는 좀 더 정확한 방법으로 인정되고 있다. 법학 분야에서는 뇌 영상 자료가 법정에서 증거 능력이 있는 것으로 여겨져야 한다는 주장이 활발하게 제기되고 있다. 기존의 거짓말 탐지기보다 훨씬 정확한 결과를 보증하기 때문이다.

① ⓒ과 달리 ㉠, ⓛ은 방사선을 이용한 기술이다.

② ⓛ과 ⓒ은 뇌에 대한 3차원적 영상을 제공한다.

③ ㉠보다 ⓛ, ⓒ은 뇌신경질환 진단에 효율적이다.

④ ⓛ과 ⓔ은 뇌의 활동 부위를 색채로 표시해 주는 방식이다.

⑤ ㉠과 ⓛ은 환자에게 의약품을 투여하여야 영상을 얻을 수 있다.

06 J회사의 신입사원인 A ~ E는 회사에서 문서작성 시 주의해야 할 사항에 대한 교육을 받은 뒤 서로 이야기를 나누었다. 다음 중 잘못된 내용을 이야기하고 있는 사람을 〈보기〉에서 모두 고르면?

――――〈보기〉――――

A사원 : 문서를 작성할 때는 주로 '누가, 언제, 어디서, 무엇을, 어떻게, 왜'의 육하원칙에 따라 작성해야 해.

B사원 : 물론 육하원칙에 따라 글을 작성하는 것도 중요하지만, 되도록 글이 한눈에 들어올 수 있도록 하나의 사안은 한 장의 용지에 작성해야 해.

C사원 : 글은 한 장의 용지에 작성하되, 자료는 최대한 많이 첨부하여 문서를 이해하는 데 어려움이 없도록 하는 것이 좋아.

D사원 : 문서를 작성한 후에는 내용을 다시 한 번 검토해 보면서 높임말로 쓰인 부분은 없는지 살펴보고, 있다면 이를 낮춤말인 '해라체'로 고쳐 써야 해.

E사원 : 특히 문서나 첨부 자료에 금액이나 수량, 일자 등이 사용되었다면 정확하게 쓰였는지 다시 한 번 꼼꼼하게 검토하는 것이 좋겠지.

① A사원, B사원

② A사원, C사원

③ B사원, D사원

④ C사원, D사원

⑤ D사원, E사원

07 다음 중 (가) ~ (마) 문단의 주제로 적절하지 않은 것은?

(가) 한 아이가 길을 가다가 골목에서 갑자기 튀어나온 큰 개에게 발목을 물렸다. 아이는 이 일을 겪은 뒤 개에 대한 극심한 불안에 시달렸다. 멀리 있는 강아지만 봐도 몸이 경직되고 호흡 곤란을 느꼈으며 심할 경우 응급실을 찾기도 하였다. 이것은 한 번의 부정적인 경험이 공포증으로 이어진 경우라고 할 수 있다.

(나) '공포증'이란 위의 경우에서 보듯이 특정 대상에 대한 과도한 두려움으로 그 대상을 계속해서 피하게 되는 증세를 말한다. 특정한 동물, 높은 곳, 비행기나 엘리베이터 등이 공포증을 유발하는 대상이 될 수 있다. 물론 일반적인 사람들도 이런 대상을 접하여 부정적인 경험을 할 수 있지만 공포증으로까지 이어지는 경우는 드물다.

(다) 심리학자 와이너는 부정적인 경험을 한 상황을 어떻게 해석하느냐에 따라 이러한 공포증이 생길 수도 있고 그렇지 않을 수도 있으며, 공포증이 지속될 수도 있고 극복될 수도 있다고 했다. 그는 상황을 해석하는 방식을 설명하기 위해 상황의 원인을 어디에서 찾느냐, 상황의 변화 가능성에 대해 어떻게 인식하느냐의 두 가지 기준을 제시했다. 상황의 원인을 자신에게서 찾으면 '내부적'으로 해석한 것이고, 자신이 아닌 다른 것에서 찾으면 '외부적'으로 해석한 것이다. 또 상황이 바뀔 가능성이 전혀 없다고 생각하면 '고정적'으로 인식한 것이고, 상황이 충분히 바뀔 수 있다고 생각하면 '가변적'으로 인식한 것이다.

(라) 와이너에 의하면, 큰 개에게 물렸지만 공포증에 시달리지 않는 사람들은 개에게 물린 상황에 대해 '내 대처 방식이 잘못되었어.'라며 내부적이고 가변적으로 해석한다. 이것은 나의 대처 방식에 따라 상황이 충분히 바뀔 수 있다고 생각하는 것이므로 이들은 개와 마주치는 상황을 굳이 피하지 않는다. 그 후 개에게 물리지 않는 상황이 반복되면 '나도 어떤 경우라도 개를 감당할 수 있어.'라며 내부적이고 고정적으로 해석하는 단계로 나아가게 된다.

(마) 반면에 공포증을 겪는 사람들은 개에 물린 상황에 대해 '나는 약해서 개를 감당하지 못해.'라며 내부적이고 고정적으로 해석하거나 '개는 위험한 동물이야.'라며 외부적이고 고정적으로 해석한다. 자신의 힘이 개보다 약하다고 생각하거나 개를 맹수로 여기는 것이므로 이들은 자신이 개에게 물린 것을 당연한 일로 받아들인다. 하지만 공포증에 시달리지 않는 사람들처럼 상황을 해석하고 개를 피하지 않는 노력을 기울이면 공포증에서 벗어날 수 있다.

---

① (가) : 공포증이 생긴 구체적 상황
② (나) : 공포증의 개념과 공포증을 유발하는 대상
③ (다) : 와이너가 제시한 상황 해석의 기준
④ (라) : 공포증을 겪지 않는 사람들의 상황 해석 방식
⑤ (마) : 공포증을 겪는 사람들의 행동 유형

08 다음 글을 읽고 추론한 반응으로 가장 적절한 것은?

> 충전과 방전을 통해 반복적으로 사용할 수 있는 충전지는 양극에 사용되는 금속 산화 물질에 따라 납 충전지, 니켈 충전지, 리튬 충전지로 나눌 수 있다. 충전지가 방전될 때 양극 단자와 음극 단자 간에 전압이 발생하는데, 방전이 진행되면서 전압이 감소한다. 이렇게 변화하는 단자 전압의 평균을 공칭 전압이라 한다. 충전지를 크게 만들면 충전 용량과 방전 전류 세기를 증가시킬 수 있으나, 전극의 물질을 바꾸지 않는 한 공칭 전압은 변하지 않는다. 납 충전지의 공칭 전압은 2V, 니켈 충전지는 1.2V, 리튬 충전지는 3.6V이다.
>
> 충전지는 최대 용량까지 충전하는 것이 효율적이며 이러한 상태를 만충전이라 한다. 충전지를 최대 용량을 넘어서 충전하거나 방전 하한 전압 이하까지 방전시키면 충전지의 수명이 줄어들기 때문에 충전 양을 측정·관리하는 것이 중요하다. 특히 과충전 시에는 발열로 인해 누액이나 폭발의 위험이 있다. 니켈 충전지의 일종인 니켈카드뮴 충전지는 다른 충전지와 달리 메모리 효과가 있어서 일부만 방전한 후 충전하는 것을 반복하면 충·방전할 수 있는 용량이 줄어든다.
>
> 충전에 사용하는 충전기의 전원 전압은 충전지의 공칭 전압보다 높은 전압을 사용하고, 충전지로 유입되는 전류를 저항으로 제한한다. 그러나 충전이 이루어지면서 충전지의 단자 전압이 상승하여 유입되는 전류의 세기가 점점 줄어들게 된다. 그러므로 이를 막기 위해 충전기에는 충전 전류의 세기가 일정하도록 하는 정전류 회로가 사용된다. 또한 정전압 회로를 사용하기도 하는데, 이는 회로에 입력되는 전압이 변해도 출력되는 전압이 일정하도록 해 준다. 리튬 충전지를 충전할 경우, 정전류 회로를 사용하여 충전하다가 만충전 전압에 이르면 정전압 회로로 전환하여 정해진 시간 동안 충전지에 공급하는 전압을 일정하게 유지함으로써 충전지 내부에 리튬 이온이 고르게 분포될 수 있게 한다.

① 니켈 충전지는 납 충전지보다 공칭 전압이 낮으므로 전압을 높이려면 크기를 더 크게 만들면 되겠군.

② 사용하는 리튬 충전지의 용량이 1,000mAh라면 전원 전압이 2V보다 높은 충전기를 사용해야겠군.

③ 니켈카드뮴 충전지를 오래 사용하려면 방전 하한 전압 이하까지 방전시킨 후에 충전하는 것이 좋겠어.

④ 충전지를 충전하는 과정에서 충전지의 온도가 과도하게 상승한다면 폭발의 위험이 있을 수 있으므로 중지하는 것이 좋겠어.

⑤ 리튬 충전지의 공칭 전압은 3.6V이므로 충전 시 3.6V에 이르면 충전기의 정전압 회로가 전압을 일정하게 유지하는 것이군.

09 직장 내에서의 의사소통은 반드시 필요하지만, 적절한 의사소통을 형성한다는 것은 쉽지 않다. 다음과 같은 갈등 상황을 유발하는 원인으로 가장 적절한 것은?

> 기획팀의 J대리는 팀원 3명과 함께 프로젝트를 수행하고 있다. J대리는 이번 프로젝트를 조금 여유 있게 진행할 것을 팀원들에게 요청하였다. 팀원들은 프로젝트 진행을 위해 회의를 진행하였는데, L사원과 P사원의 의견이 서로 대립하는 바람에 결론을 내리지 못한 채 회의를 마치게 되었다. J대리가 회의 내용을 살펴본 결과, L사원은 프로젝트 기획 단계에서 좀 더 꼼꼼하고 상세한 자료를 모으자는 의견이었고, 반대로 P사원은 여유 있는 시간을 프로젝트 수정·보완 단계에서 사용하자는 의견이었다.

① L사원과 P사원이 J대리의 의견을 서로 다르게 받아들였기 때문이다.
② L사원은 J대리의 고정적 메시지를 잘못 이해하고 있기 때문이다.
③ L사원과 P사원이 자신의 정보를 상대방이 이해하기 어렵게 표현하고 있기 때문이다.
④ L사원과 P사원이 서로 잘못된 정보를 전달하고 있기 때문이다.
⑤ L사원과 P사원이 서로에 대한 선입견을 갖고 있기 때문이다.

10 다음 글의 빈칸에 들어갈 내용으로 가장 적절한 것은?

> 발전은 항상 변화를 내포하고 있다. 그러나 모든 형태의 변화가 전부 발전에 해당하는 것은 아니다. 이를테면 교통신호등이 빨강에서 파랑으로, 파랑에서 빨강으로 바뀌는 변화를 발전으로 생각할 수는 없는 것이다. 즉, _____ 좀 더 구체적으로 말해, 사태의 진전 과정에서 나중에 나타나는 것은 적어도 그 이전 단계에 내재적으로나마 존재했던 것의 전개에 해당한다는 것이다. 이렇게 볼 때, 발전은 선적(線的)인 특성을 가지고 있다. 순전한 반복의 과정으로 보이는 것을 발전이라고 규정하지 않는 이유는 그 때문이다. 반복과정에서는 최후에 명백히 나타나는 것이 처음에 존재했던 것과 거의 다르지 않다. 그러나 또 한편으로 우리는 비록 반복의 경우라도 때때로 그 과정 중의 특정 단계를 따로 떼 그것을 발견이라고 생각하기도 한다. 즉, 전체 과정에서 어떤 종류의 질이 그 시기에 특정의 수준까지 진전된 경우이다.

① 발전은 어떤 특정한 방향으로 일어나는 변화라는 의미를 내포하고 있다.
② 변화는 특정한 방향으로 발전하는 것을 의미한다.
③ 발전은 불특정 방향으로 일어나는 변모라는 의미이다.
④ 발전은 어떤 특정한 반복으로 일어나는 변화라는 의미로 사용된다.
⑤ 변화는 어떤 특정한 방향으로 일어나는 발전이라는 의미로 사용된다.

11 다음 글을 통해 알 수 있는 내용으로 적절하지 않은 것은?

물은 상온에서 액체 상태이며, 100℃에서 끓어 기체인 수증기로 변하고, 0℃ 이하에서는 고체인 얼음으로 변한다. 만일 물이 상온 상태에서 기체이거나 보다 높은 온도에서 액화되어 고체 상태라면 물이 구성 성분의 대부분을 차지하는 생명체는 존재하지 않았을 것이다.

생물체가 생명을 유지하기 위해서 물에 의존하는 것은 무엇보다 물 분자 구조의 특징에서 비롯된다. 물 1분자는 1개의 산소 원자(O)와 2개의 수소 원자(H)가 공유 결합을 이루고 있는데, 2개의 수소 원자는 약 104.5°의 각도로 산소와 결합한다. 이때 산소 원자와 수소 원자는 전자를 1개씩 내어서 전자쌍을 만들고 이를 공유한다. 하지만 전자쌍은 전자친화도가 더 큰 산소 원자 쪽에 가깝게 위치하여 산소 원자는 약한 음전하(−)를, 수소는 약한 양전하(+)를 띠게 되어 물 분자는 극성을 가지게 된다. 따라서 극성을 띤 물 분자들끼리는 서로 다른 물 분자의 수소와 산소 사이에 전기적 인력이 작용하는 결합이 형성된다. 물 분자가 극성을 가지고 있어서 물은 여러 가지 물질을 잘 녹이는 특성을 가진다.

그래서 물은 우리 몸에서 용매 역할을 하며, 각종 물질을 운반하는 기능을 담당한다. 물은 혈액을 구성하고 있어 영양소, 산소, 호르몬, 노폐물 등을 운반하며, 대사 반응, 에너지 전달 과정의 매질 역할을 하고 있다. 또한 전기적 인력으로 결합된 구조는 물이 비열이 큰 성질을 갖게 한다.

비열은 물질 1g의 온도를 1℃ 높일 때 필요한 열량을 말하는데, 물질의 고유한 특성이다. 체액은 대부분 물로 구성되어 있어서 상당한 추위에도 어느 정도까지는 체온이 내려가는 것을 막아 준다. 특히 우리 몸의 여러 생리 작용은 효소 단백질에 의해 일어나는데, 단백질은 온도 변화에 민감하므로 체온을 유지하는 것은 매우 중요하다.

① 물 분자는 극성을 띠어 전기적 인력을 가진다.
② 물의 분자 구조는 혈액의 역할에 영향을 미친다.
③ 물은 물질의 전달 과정에서 매질로 역할을 한다.
④ 물 분자를 이루는 산소와 수소는 전자를 공유한다.
⑤ 물의 비열은 쉽게 변하는 특징이 있다.

12 다음 글에서 설명하는 의사소통을 저해하는 요인은 무엇인가?

> 일상생활에서는 물론 사회생활에서 우리는 말하고 싶은 대로 말하고, 듣고 싶은 대로 듣는 경우가 종종 있다. 이로 인해 같은 내용이라도 말 하는 자와 듣는 자가 서로 다른 내용으로 기억하곤 한다. 말하는 사람은 그가 전달하고자 하는 내용이 듣는 사람에게 잘 전달되었는지를, 듣는 사람은 내가 들은 내용이 말하고자 하는 내용을 바르게 이해한 것인지를 서로 확인하지 않기 때문에 발생하는 것이다.

① 의사소통 과정에서의 상호작용 부족
② 엇갈린 정보에 대한 책임 회피
③ 말하고자 하는 내용에 지나치게 많은 정보를 담는 복잡한 메시지
④ 서로 모순되는 내용을 가진 경쟁적인 메시지
⑤ 의사소통에 대한 잘못된 선입견

13 다음 글을 읽고 옵트인 방식을 도입하자는 주장에 대한 근거로 적절하지 않은 것은?

> 스팸 메일 규제와 관련한 논의는 스팸 메일 발송자의 표현의 자유와 수신자의 인격권 중 어느 것을 우위에 둘 것인가를 중심으로 전개되어 왔다. 스팸 메일의 규제 방식은 옵트인(Opt-in) 방식과 옵트아웃(Opt-out) 방식으로 구분된다. 전자는 광고성 메일을 금지하지는 않되 수신자의 동의를 받아야만 발송할 수 있게 하는 방식으로, 영국 등 EU 국가들에서 시행하고 있다. 그러나 이 방식은 수신 동의 과정에서 발송자와 수신자 양자에게 모두 비용이 발생하며, 시행 이후에도 스팸 메일이 줄지 않았다는 조사 결과도 나오고 있어 규제 효과가 크지 않을 수 있다.
>
> 반면, 옵트아웃 방식은 일단 스팸 메일을 발송할 수 있게 하되 수신자가 이를 거부하면 이후에는 메일을 재발송할 수 없도록 하는 방식으로, 미국에서 시행되고 있다. 그런데 이러한 방식은 스팸 메일과 일반적 광고 메일의 선별이 어렵고, 수신자가 수신 거부를 하는 데 따르는 불편과 비용을 초래하며 불법적으로 재발송되는 메일을 통제하기 힘들다. 또한, 육체적·정신적으로 취약한 청소년들이 스팸 메일에 무차별적으로 노출되어 피해를 입을 수 있다.

① 옵트아웃 방식을 사용한다면 수신자가 수신 거부를 하는 것이 더 불편해질 것이다.
② 옵트인 방식은 수신에 동의하는 데 따르는 수신자의 경제적 손실을 막을 수 있다.
③ 옵트아웃 방식을 사용한다면 재발송 방지가 효과적으로 이루어지지 않을 것이다.
④ 옵트인 방식은 수신자 인격권 보호에 효과적이다.
⑤ 날로 수법이 교묘해져가는 스팸 메일을 규제하기 위해서는 수신자 사전 동의를 받아야 하는 옵트인 방식을 채택하는 것이 효과적이다.

14 다음 문단을 논리적 순서대로 바르게 나열한 것은?

(가) '빅뱅 이전에 아무 일도 없었다.'는 말을 달리 해석하는 방법도 있다. 그것은 바로 빅뱅 이전에는 시간도 없었다고 해석하는 것이다. 그 경우 '빅뱅 이전'이라는 개념 자체가 성립하지 않으므로 그 이전에 아무 일도 없었던 것은 당연하다. 그렇게 해석한다면 빅뱅이 일어난 이유도 설명할 수 있게 된다. 즉, 빅뱅은 '0년'을 나타내는 것이다. 시간의 시작은 빅뱅의 시작으로 정의되기 때문에 우주가 그 이전이든 이후이든 왜 탄생했느냐고 묻는 것은 이치에 닿지 않는다.

(나) 단지 지금 설명할 수 없다는 뜻이 아니라 설명 자체가 있을 수 없다는 뜻이다. 어떻게 설명이 가능하겠는가? 수도관이 터진 이유는 그전에 닥쳐온 추위로 설명할 수 있다. 공룡이 멸종한 이유는 그 전에 지구와 운석이 충돌했을 가능성으로 설명하면 된다. 바꿔 말해서, 우리는 한 사건을 설명하기 위해 그 사건 이전에 일어났던 사건에서 원인을 찾는다. 그러나 빅뱅의 경우에는 그 이전에 아무것도 없었으므로 어떠한 설명도 찾을 수 없는 것이다.

(다) 그런데 이런 식으로 사고하려면, 아무 일도 일어나지 않고 시간만 존재하는 것을 상상할 수 있어야 한다. 그것은 곧 시간을 일종의 그릇처럼 상상하고 그 그릇 안에 담긴 것과 무관하게 여긴다는 뜻이다. 시간을 이렇게 본다면 변화는 일어날 수 없다. 여기서 변화는 시간의 경과가 아니라 사물의 변화를 가리킨다. 이런 전제하에서 우리가 마주하는 문제는 이것이다. 어떤 변화가 생겨나기도 전에 영겁의 시간이 있었다면, 왜 우주가 탄생하게 되었는지를 설명할 수 없다.

(라) 우주론자들에 따르면 우주는 빅뱅으로부터 시작되었다고 한다. 빅뱅이란 엄청난 에너지를 가진 아주 작은 우주가 폭발하듯 갑자기 생겨난 사건을 말한다. 그게 사실이라면 빅뱅 이전에는 무엇이 있었느냐는 질문이 나오는 게 당연하다. 아마 아무것도 없었을 것이다. 그렇다면 빅뱅 이전에 아무것도 없었다는 말은 무슨 뜻일까? 영겁의 시간 동안 단지 진공이었다는 뜻이다. 움직이는 것도, 변화하는 것도 없었다는 것이다.

① (가) – (나) – (다) – (라)
② (가) – (다) – (나) – (라)
③ (가) – (라) – (나) – (다)
④ (라) – (가) – (나) – (다)
⑤ (라) – (다) – (나) – (가)

15 다음 글의 주장에 대한 비판으로 가장 적절한 것은?

사회 현상을 볼 때는 돋보기로 세밀하게, 때로는 멀리 떨어져서 전체 속에 어떻게 위치하고 있는가를 동시에 봐야 한다. 숲과 나무는 서로 다르지만 따로 떼어 생각할 수 없기 때문이다. 이는 현대 사회 현상의 최대 쟁점인 과학기술에 대해 평가할 때도 마찬가지이다. 로봇 탄생의 숲을 보면, 그 로봇 개발에 투자한 사람과 로봇을 개발한 사람들의 의도가 드러난다. 그리고 나무인 로봇을 세밀히 보면, 그 로봇이 생산에 이용되는 것인지 아니면 감옥의 죄수들을 감시하기 위한 것인지 그 용도를 알 수가 있다. 이 광범한 기술의 성격을 객관적이고 물질적이어서 가치관이 없다고 쉽게 생각하면 로봇에 당하기 십상이다.

자동화는 자본주의의 실업을 늘려 실업자에게 생계의 위협을 가하는 역할뿐 아니라 기존 근로자에 대한 감시를 더욱 효율적으로 해내는 역할도 수행한다. 자동화를 적용하는 기업 측에서는 자동화가 인간의 삶을 증대시키는 이미지로 일반 사람들에게 인식되기를 바란다. 그래야 자동화 도입에 대한 노동자의 반발을 무마하고 기업가의 구상을 관철시킬 수 있기 때문이다. 그러나 자동화나 기계화 도입으로 인해 실업을 두려워하고, 업무 내용이 바뀌는 것을 탐탁해 하지 않았던 유럽의 노동자들은 자동화 도입에 대해 극렬히 반대했던 경험들을 갖고 있다.

지금도 자동화·기계화는 좋은 것이라는 고정관념을 가진 사람들이 많고, 현실에서 이러한 고정관념이 가져오는 파급 효과는 의외로 크다. 예를 들어 은행에 현금을 자동으로 세는 기계가 등장하면 은행원들이 현금을 세는 작업량은 줄어든다. 손님들도 기계가 현금을 재빨리 세는 것을 보고 감탄하면서 행원이 세는 것보다 더 많은 신뢰를 보낸다. 그러나 현금 세는 기계의 도입에는 이익 추구라는 의도가 숨어 있다. 현금 세는 기계는 행원의 수고를 덜어 준다. 그러나 현금 세는 기계를 들여옴으로써 실업자가 생기고 만다. 사람이 잘만 이용하면 잘 써먹을 수 있을 것만 같은 기계가 엄청나게 혹독한 성품을 지닌 프랑켄슈타인으로 돌변하는 것이다.

자동화와 정보화를 추진하는 핵심 조직이 기업이란 것에서도 알 수 있듯이 기업은 이윤 추구에 도움이 되지 않는 행위는 무가치하다고 판단한다. 그러므로 자동화는 그 계획 단계에서부터 기업의 의도가 스며들어 탄생하게 된다. 또한, 그 의도대로 자동화나 정보화가 진행되면 다른 한편으로는 의도하지 않은 결과를 초래한다. 자동화와 같은 과학기술이 풍요를 생산하는 수단이라고 생각하는 것은 하나의 고정관념에 불과하다.

채플린이 제작한 영화 〈모던 타임즈〉에 나타난 것처럼 초기 산업화 시대에는 기계에 종속된 인간의 모습이 가시적으로 드러날 수밖에 없었다. 그래서 이러한 종속에 저항하고자 하는 인간의 노력도 적극적인 모습을 보였다. 그러나 현대의 자동화기기는 그 첨병이 정보 통신기기로 바뀌면서 문제는 질적으로 달라진다. 무인 생산까지 진전된 자동화나 정보 통신화는 인간에게 단순 노동을 반복시키는 모습을 보이지 않는다. 그래서인지는 몰라도 정보 통신은 별 무리 없이 어느 나라에서나 급격하게 개발·보급되고 보편화되어 있다. 그런데 문제는 이 자동화기기가 생산에만 이용되는 것이 아니라 노동자를 감시하거나 관리하는 데도 이용될 수 있다는 것이다. 오히려 정보 통신의 발달로 이전보다 사람들은 더 많은 감시와 통제를 받게 되었다.

① 기업의 이윤 추구가 사회 복지 증진과 직결될 수 있음을 간과하고 있다.
② 기계화·정보화가 인간의 삶의 질 개선에 기여하고 있음을 경시하고 있다.
③ 기계화를 비판하는 주장만 되풀이할 뿐 구체적인 근거를 제시하지 않고 있다.
④ 화제의 부분적 측면에 관계된 이론을 소개하여 편향적 시각을 갖게 하고 있다.
⑤ 현대의 기술 문명이 가져다 줄 수 있는 긍정적인 측면을 과장하여 강조하고 있다.

16 J사에서 근무하는 철수와 만수는 각각 A, B지점으로 출장을 갔다. 출장 업무가 끝난 후 둘은 C지점에서 만났다. 다음 〈조건〉을 토대로 했을 때 만수의 속력은?

〈조건〉
- A ~ C지점은 일직선상에 있다.
- A지점과 B지점의 거리는 500km이다.
- C지점은 A와 B지점 사이에 있으며 A지점과는 200km 떨어져 있다.
- 철수와 만수는 출장 업무가 끝난 뒤 C지점을 향해 동시에 출발했다.
- 만수는 철수보다 2시간 30분 늦게 도착했다.

① 50km/h
② 60km/h
③ 70km/h
④ 80km/h
⑤ 90km/h

17 다음은 J공사 영업부의 분기별 영업 실적을 나타낸 그래프이다. 전체 실적에서 1 ~ 2분기와 3 ~ 4분기가 각각 차지하는 비중을 바르게 연결한 것은?(단, 비중은 소수점 둘째 자리에서 반올림한다)

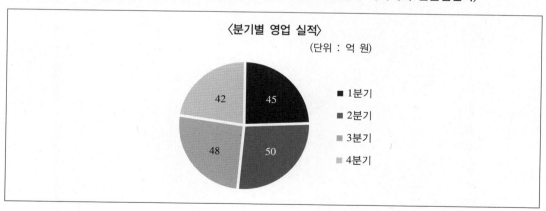

〈분기별 영업 실적〉
(단위 : 억 원)

	1 ~ 2분기	3 ~ 4분기
①	48.6%	51.4%
②	50.1%	46.8%
③	51.4%	48.6%
④	46.8%	50.1%
⑤	50.0%	50.0%

18 다음은 민간 분야 사이버 침해사고 발생현황에 대한 자료이다. 이에 대한 설명으로 옳지 않은 것을 〈보기〉에서 모두 고르면?

〈민간 분야 사이버 침해사고 발생현황〉

(단위 : 건)

구분	2020년	2021년	2022년	2023년
홈페이지 변조	6,490	10,148	5,216	3,727
스팸릴레이	1,163	988	731	365
기타 해킹	3,175	2,743	4,126	2,961
단순침입시도	2,908	3,031	3,019	2,783
피싱 경유지	2,204	4,320	3,043	1,854
전체	15,940	21,230	16,135	11,690

〈보기〉

ㄱ. 단순침입시도 분야의 침해사고는 매년 스팸릴레이 분야의 침해사고 건수의 두 배 이상이다.
ㄴ. 2020년 대비 2023년 침해사고 건수가 50% 이상 감소한 분야는 2개 분야이다.
ㄷ. 2022년 홈페이지 변조 분야의 침해사고 건수가 차지하는 비중은 35% 이하이다.
ㄹ. 2021년 대비 2023년은 모든 분야의 침해사고 건수가 감소하였다.

① ㄱ, ㄴ
② ㄱ, ㄹ
③ ㄴ, ㄷ
④ ㄴ, ㄹ
⑤ ㄷ, ㄹ

19 세탁기는 세제 용액의 농도를 0.9%로 유지해야 가장 세탁이 잘 된다. 농도가 0.5%인 세제 용액 2kg에 세제를 4스푼 넣었더니, 농도가 0.9%인 세제 용액이 됐다. 물 3kg에 세제를 몇 스푼 넣으면 농도가 0.9%인 세제 용액이 되는가?

① 12스푼
② 12.5스푼
③ 13스푼
④ 13.5스푼
⑤ 14스푼

20 다음은 세계 주요 터널 화재 사고 A ~ F에 대한 자료이다. 이에 대한 설명으로 옳은 것은?

〈세계 주요 터널 화재 사고 통계〉

사고	터널길이(km)	화재규모(MW)	복구비용(억 원)	복구기간(개월)	사망자(명)
A	50.5	350	4,200	6	1
B	11.6	40	3,276	36	39
C	6.4	120	72	3	12
D	16.9	150	312	2	11
E	0.2	100	570	10	192
F	1.0	20	18	8	0

※ (사고비용)＝(복구비용)＋[(사망자 수)×5억 원]

① 터널길이가 길수록 사망자가 많다.
② 화재규모가 클수록 복구기간이 길다.
③ 사고 A를 제외하면 복구기간이 길수록 복구비용이 많다.
④ 사망자가 가장 많은 사고 E는 사고비용도 가장 많다.
⑤ 사망자가 30명 이상인 사고를 제외하면 화재규모가 클수록 복구비용이 많다.

21 A지점을 출발하여 B지점에 도착하는 J열차와 G열차가 있다. J열차는 G열차보다 분당 속도가 3km 빠르다. 두 열차가 동시에 A지점을 출발했고, 전체 운행 거리의 $\frac{4}{5}$ 지점에서 J열차가 분당 속도를 5km 늦췄더니, 두 열차가 B지점에 동시에 도착했다. J열차의 처음 출발 속도는 얼마인가?

① 6km/min
② 7km/min
③ 8km/min
④ 9km/min
⑤ 10km/min

※ 다음은 J씨가 8월까지 사용한 지출 내역이다. 이어지는 질문에 답하시오. [22~23]

<8월까지 사용한 지출 내역>

종류	내역
신용카드	2,500,000원
체크카드	3,500,000원
현금영수증	–

※ 연봉의 25%를 초과한 금액에 한해 신용카드는 15%, 현금영수증·체크카드는 30%를 공제함
※ 공제는 초과한 금액에 대해 공제율이 높은 종류를 우선 적용함

22 J씨의 예상 연봉 금액이 35,000,000원일 때, 연말정산에 대비하기 위한 전략 또는 자료에 대한 설명으로 옳지 않은 것은?

① 신용카드와 체크카드 사용금액이 연봉의 25%를 넘어야 공제가 가능하다.
② 2,750,000원보다 더 사용해야 소득공제가 가능하다.
③ 만약에 체크카드를 5,000,000원 더 사용한다면, 2,250,000원이 소득공제금액에 포함되고 공제액은 675,000원이다.
④ 만약에 체크카드를 5,750,000원 더 사용한다면, 3,000,000원이 소득공제금액에 포함되고 공제액은 900,000원이다.
⑤ 신용카드 사용금액이 더 적기 때문에 체크카드보다 신용카드를 많이 사용하는 것이 공제에 유리하다.

23 J씨는 8월 이후로 신용카드를 4,000,000원 더 사용했고, 현금영수증 금액을 확인해보니 5,000,000원이었다. 또한, 연봉은 40,000,000원으로 상승하였다. 다음의 세율 표를 적용하여 신용카드, 현금영수증 등 소득공제금액에 대한 세금은?

과표	세율
연봉 1,200만 원 이하	6%
연봉 4,600만 원 이하	15%
연봉 8,800만 원 이하	24%
연봉 15,000만 원 이하	35%
연봉 15,000만 원 초과	38%

① 90,000원   ② 225,000원
③ 247,500원   ④ 450,000원
⑤ 1,500,000원

24 다음은 J은행의 적금상품별 거래에 대한 자료이다. 보고서의 밑줄 친 내용 중 옳은 것은 모두 몇 개인가?

〈월별 적금상품총괄 현황〉

(단위 : 만 원)

구분		2023년 12월	2024년 1월	2024년 2월
상품A	누적거래량	483,193,291	506,168,300	526,237,131
	익월신규계약금액	31,293,132	29,192,312	35,123,123
	익월해지금액	8,318,123	9,123,481	11,293,693
상품B	누적거래량	91,291,318	99,761,447	114,857,147
	익월신규계약금액	11,293,312	18,288,823	31,312,523
	익월해지금액	2,823,183	3,193,123	5,381,693

구분		2024년 3월	2024년 4월	2024년 5월
상품A	누적거래량	550,066,561	566,867,625	590,012,575
	익월신규계약금액	32,192,303	31,283,312	35,235,120
	익월해지금액	15,391,239	8,138,362	10,139,381
상품B	누적거래량	140,787,977	164,907,986	192,727,185
	익월신규계약금액	28,391,293	29,102,381	19,192,319
	익월해지금액	4,271,284	1,283,182	3,129,132

※ (누적거래량)=(전월누적거래량)+(전월신규계약금액)−(전월해지금액)

〈보고서〉

㉠ 위 자료에 따르면 상품A의 누적거래량은 2024년 1월 5천억 원을 넘어섰고 ㉡ 이후에도 상품A의 누적거래량은 계속 증가하는 추이를 보여 ㉢ 2024년 6월에는 6천억 원을 넘어서게 되었다.
상품B 역시 계속 증가하는 추이를 보이고 있으며, ㉣ 2024년 2월에는 누적거래량이 1천억 원을 넘어서게 되었다.

① 없음
② 1개
③ 2개
④ 3개
⑤ 4개

25 다음은 J공장에서 근무하는 근로자들의 임금 수준 분포를 나타낸 자료이다. 근로자 전체에게 지급된 임금 (월 급여)의 총액이 2억 원일 때, 〈보기〉 중 옳은 것을 모두 고르면?

〈근로자 임금 수준 분포〉

임금 수준(만 원)	근로자 수(명)
월 300 이상	4
월 270 이상 300 미만	8
월 240 이상 270 미만	12
월 210 이상 240 미만	26
월 180 이상 210 미만	30
월 150 이상 180 미만	6
월 150 미만	4
합계	90

─────〈보기〉─────
㉠ 근로자당 평균 월 급여액은 230만 원 이하이다.
㉡ 절반 이상의 근로자들이 월 210만 원 이상의 급여를 받고 있다.
㉢ 월 180만 원 미만의 급여를 받는 근로자의 비율은 약 14%이다.
㉣ 적어도 15명 이상의 근로자가 월 250만 원 이상의 급여를 받고 있다.

① ㉠
② ㉠, ㉡
③ ㉠, ㉡, ㉣
④ ㉡, ㉢, ㉣
⑤ ㉠, ㉡, ㉢, ㉣

26 다음은 A~H국의 GDP 및 에너지 사용량에 대한 자료이다. 이에 대한 설명으로 옳지 않은 것은?

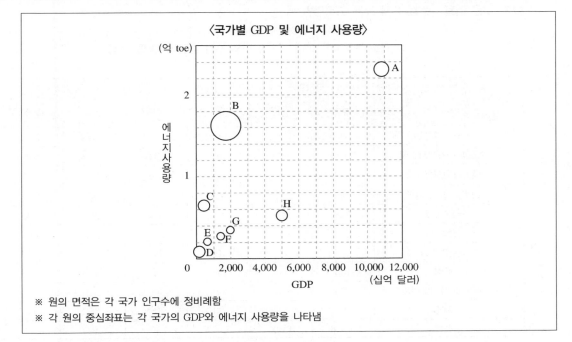

① 에너지 사용량이 가장 많은 국가는 A국이고, 가장 적은 국가는 D국이다.
② 1인당 에너지 사용량은 C국이 D국보다 많다.
③ GDP가 가장 낮은 국가는 D국이고, 가장 높은 국가는 A국이다.
④ 1인당 GDP는 H국이 B국보다 높다.
⑤ 에너지 사용량 대비 GDP는 A국이 B국보다 낮다.

27 다과회를 준비하는 총무팀의 J사원은 인터넷 쇼핑몰을 통해 사과와 배, 귤을 각각 20개 이상씩 총 20,000원의 예산에 딱 맞춰 구입하였다. 인터넷 쇼핑몰에서 판매하는 사과와 배, 귤의 가격이 각각 개당 120원, 260원, 40원이고, 배를 가장 많이 구입하였다면 구입한 배의 최소 개수는?

① 47개
② 48개
③ 49개
④ 50개
⑤ 51개

28 다음은 저탄소 녹색성장 10대 기술 분야의 특허 출원 및 등록 현황에 대한 자료이다. 이에 대한 설명으로 옳지 않은 것을 〈보기〉에서 모두 고르면?

〈저탄소 녹색성장 10대 기술 분야의 특허 출원 및 등록 현황〉

(단위 : 건)

연도 구분 기술 분야	2021년		2022년		2023년	
	출원	등록	출원	등록	출원	등록
태양광/열/전지	1,079	1,534	898	1,482	1,424	950
수소바이오/연료전지	1,669	900	1,527	1,227	1,393	805
CO_2 포집저장처리	552	478	623	409	646	371
그린홈/빌딩/시티	792	720	952	740	867	283
원전플랜트	343	294	448	324	591	282
전력IT	502	217	502	356	484	256
석탄가스화	107	99	106	95	195	88
풍력	133	46	219	85	363	87
수력 및 해양에너지	126	25	176	45	248	33
지열	15	7	23	15	36	11
전체	5,318	4,320	5,474	4,778	6,247	3,166

〈보기〉

ㄱ. 2021 ~ 2023년 동안 출원 건수와 등록 건수가 모두 매년 증가한 기술 분야는 없다.
ㄴ. 2022년에 출원 건수가 전년 대비 감소한 기술 분야에서는 2023년 등록 건수도 전년 대비 감소하였다.
ㄷ. 2023년 등록 건수가 많은 상위 3개 기술 분야의 등록 건수 합은 2023년 전체 등록 건수의 70% 이상을 차지한다.
ㄹ. 2023년 출원 건수가 전년 대비 50% 이상 증가한 기술 분야의 수는 3개이다.

① ㄱ, ㄴ
② ㄱ, ㄷ
③ ㄴ, ㄹ
④ ㄱ, ㄷ, ㄹ
⑤ ㄴ, ㄷ, ㄹ

29 다음은 중국의 의료 빅데이터 시장 규모에 대한 자료이다. 이를 토대로 전년 대비 성장률을 나타낸 그래프로 옳은 것은?(단, 소수점 둘째 자리에서 반올림한다)

〈2016 ~ 2025년 중국 의료 빅데이터 시장 규모〉

(단위 : 억 위안)

구분	2016년	2017년	2018년	2019년	2020년	2021년	2022년	2023년	2024년	2025년
규모	9.6	15.0	28.5	45.8	88.5	145.9	211.6	285.6	371.4	482.8

※ 2025년 데이터는 예상 수치임

①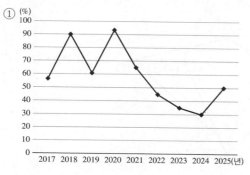

②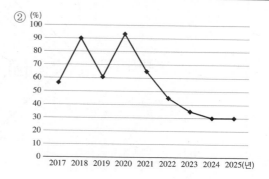

③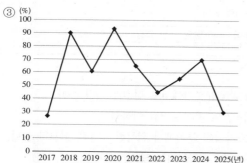

④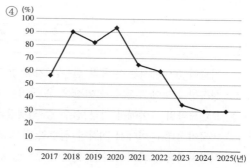

⑤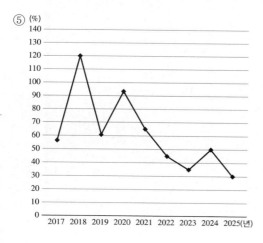

30 다음은 한국, 미국, 일본, 프랑스가 화장품산업 경쟁력 4대 분야에서 획득한 점수에 대한 자료이다. 이에 대한 설명으로 옳은 것은?

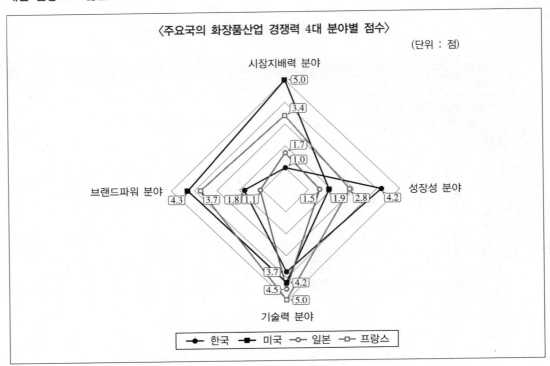

① 기술력 분야에서는 한국의 점수가 가장 높다.
② 성장성 분야에서 점수가 가장 높은 국가는 시장지배력 분야에서도 점수가 가장 높다.
③ 브랜드파워 분야에서 각국 점수 중 최댓값과 최솟값의 차이는 3점 이하이다.
④ 미국이 4대 분야에서 획득한 점수의 합은 프랑스가 4대 분야에서 획득한 점수의 합보다 높다.
⑤ 시장지배력 분야의 점수는 일본이 프랑스보다 높지만 미국보다는 낮다.

31 J회사가 A ~ D 네 부서에 한 명씩 신입사원을 선발하였다. 지원자는 총 5명이었으며, 선발 결과에 대해 다음과 같이 진술하였다. 이 중 1명의 진술만 거짓일 때, 항상 옳은 것은?

> 지원자 1 : 지원자 2가 A부서에 선발되었다.
> 지원자 2 : 지원자 3은 A 또는 D부서에 선발되었다.
> 지원자 3 : 지원자 4는 C부서가 아닌 다른 부서에 선발되었다.
> 지원자 4 : 지원자 5는 D부서에 선발되었다.
> 지원자 5 : 나는 D부서에 선발되었는데, 지원자 1은 선발되지 않았다.

① 지원자 1은 B부서에 선발되었다.
② 지원자 2는 A부서에 선발되었다.
③ 지원자 3은 D부서에 선발되었다.
④ 지원자 4는 B부서에 선발되었다.
⑤ 지원자 5는 C부서에 선발되었다.

32 다음은 J섬유회사에 대한 SWOT 분석 자료이다. 분석에 따른 대응 전략으로 적절한 것을 〈보기〉에서 모두 고르면?

• 첨단 신소재 관련 특허 다수 보유	• 신규 생산 설비 투자 미흡 • 브랜드의 인지도 부족
S 강점	**W 약점**
O 기회	**T 위협**
• 고기능성 제품에 대한 수요 증가 • 정부 주도의 문화 콘텐츠 사업 지원	• 중저가 의류용 제품의 공급 과잉 • 저임금의 개발도상국과 경쟁 심화

─〈보기〉─
ㄱ. SO전략으로 첨단 신소재를 적용한 고기능성 제품을 개발한다.
ㄴ. ST전략으로 첨단 신소재 관련 특허를 개발도상국의 경쟁업체에 무상 이전한다.
ㄷ. WO전략으로 문화 콘텐츠와 디자인을 접목한 신규 브랜드 개발을 통해 적극적 마케팅을 한다.
ㄹ. WT전략으로 기존 설비에 대한 재투자를 통해 대량생산 체제로 전환한다.

① ㄱ, ㄷ
② ㄱ, ㄹ
③ ㄴ, ㄷ
④ ㄴ, ㄹ
⑤ ㄷ, ㄹ

33 버스터미널에서 근무하는 A씨에게 부산에 사는 어느 고객이 버스 정보에 대해 문의를 해왔다. 다음 〈보기〉의 대화 중 A씨가 고객에게 바르게 안내한 것을 모두 고르면?

- 부산 터미널

도착지	서울 종합 버스터미널
출발 시각	매일 15분 간격(06:00 ~ 23:00)
소요 시간	4시간 30분 소요
운행 요금	우등 29,000원 / 일반 18,000원

- 부산 동부 터미널

도착지	서울 종합 버스터미널
출발 시각	06:30, 08:15, 13:30, 17:15, 19:30
소요 시간	4시간 30분 소요
운행 요금	우등 30,000원 / 일반 18,000원

※ 도로 교통 상황에 따라 소요 시간에 차이가 있을 수 있음

〈보기〉

고객 : 안녕하세요. 제가 서울에 볼일이 있어 버스를 타고 가려고 하는데요. 어떻게 하면 되나요?
A씨 : (가) 네, 고객님. 부산에서 서울로 출발하는 버스터미널은 부산 터미널과 부산 동부 터미널이 있는데요. 고객님 댁에서는 어느 터미널이 더 가깝나요?
고객 : 부산 동부 터미널이 더 가까운 것 같아요.
A씨 : (나) 부산 동부보다 부산 터미널에 더 많은 버스들이 배차되고 있습니다. 새벽 6시부터 밤 11시까지 15분 간격으로 운행되고 있으니 부산 터미널을 이용하시는 것이 좋을 것 같습니다.
고객 : 그럼 서울에 1시까지는 도착해야 하는데 몇 시 버스를 이용하는 것이 좋을까요?
A씨 : (다) 부산에서 서울까지 4시간 30분 정도 소요되므로 1시 이전에 여유 있게 도착하시려면 오전 8시 또는 8시 15분 출발 버스를 이용하시면 될 것 같습니다.
고객 : 4시간 30분보다 더 소요되는 경우도 있나요?
A씨 : (라) 네, 도로 교통 상황에 따라 소요 시간에 차이가 있을 수 있습니다.
고객 : 그럼 운행 요금은 어떻게 되나요?
A씨 : (마) 부산 터미널에서 서울 종합 버스터미널까지 운행요금은 29,000원입니다.

① (가), (나)
② (가), (다)
③ (가), (다), (라)
④ (다), (라), (마)
⑤ (나), (다), (라), (마)

34 다음은 제품 생산에 소요되는 작업 시간을 정리한 자료이다. 〈조건〉을 토대로 추론한 내용으로 옳은 것은?

〈제품 생산에 소요되는 작업시간〉

(단위 : 시간)

제품 \ 작업구분	절삭 작업	용접 작업
a	2	1
b	1	2
c	3	3

〈조건〉

• a, b, c제품을 각 1개씩 생산한다.
• 주어진 기계는 절삭기 1대, 용접기 1대이다.
• 각 제품은 절삭 작업을 마친 후 용접 작업을 해야 한다.
• 총작업시간을 최소화하기 위해 제품의 제작 순서는 관계없다.

① 가장 적게 소요되는 총작업시간은 8시간이다.
② 가장 많이 소요되는 총작업시간은 12시간이다.
③ 총작업시간을 최소화하기 위해 제품 b를 가장 늦게 만든다.
④ 총작업시간을 최소화하기 위해 제품 a를 가장 먼저 만든다.
⑤ b → c → a로 작업할 때, b작업 후 1시간 동안 용접을 더 하면 작업 시간이 늘어난다.

※ J공사의 직원인 정민, 혜정, 진선, 기영, 보람, 민영, 선호 7명은 오후 2시에 시작될 회의에 참석하기 위해 대중교통을 이용하여 거래처 내 회의장에 가고자 한다. 다음 〈조건〉을 참고하여 이어지는 질문에 답하시오. **[35~37]**

───〈조건〉───

- 이용가능한 대중교통은 버스, 지하철, 택시만 있다.
- 이용가능한 모든 대중교통의 J공사에서부터 거래처까지의 노선은 A, B, C, D지점을 거치는 직선노선이다.
- J공사에서 대중교통을 기다리는 시간은 고려하지 않는다.
- 택시의 기본 요금은 2,000원이다.
- 택시 기본요금의 기본거리는 2km이고, 이후에는 2km마다 100원씩 추가요금이 발생하며, 2km를 1분에 간다.
- 버스는 2km를 3분에 가고, 지하철은 2km를 2분에 간다.
- 버스와 지하철은 J공사, A, B, C, D 각 지점, 그리고 거래처에 있는 버스정류장 및 지하철역을 경유한다.
- 버스 요금은 500원, 지하철 요금은 700원이며, 추가요금은 없다.
- 버스와 지하철 간에는 무료 환승이 가능하다.
- 환승할 경우 소요시간은 2분이다.
- 환승할 때 느끼는 번거로움 등을 비용으로 환산하면 1분당 400원이다.
- 거래처에 도착하여 회의장까지 가는 데는 2분이 소요된다.
- 회의가 시작되기 전에 먼저 회의장에 도착하여 대기하는 동안의 긴장감 등을 비용으로 환산하면 1분당 200원이다.
- 회의에 지각할 경우 공사로부터 당하는 불이익 등을 비용으로 환산하면 1분당 10,000원이다.

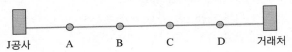

※ 각 구간의 거리는 모두 2km임

35 거래처에 도착한 이후의 비용을 고려하지 않을 때, J공사에서부터 거래처까지 최단시간으로 가는 방법과 최소비용으로 가는 방법 간의 비용 차는 얼마인가?

① 1,900원
② 2,000원
③ 2,100원
④ 2,200원
⑤ 2,300원

36 정민이는 J공사에서부터 B지점까지 버스를 탄 후, 택시로 환승하여 거래처의 회의장에 도착하고자 한다. 어느 시각에 출발하는 것이 비용을 최소화할 수 있는가?

① 오후 1시 42분
② 오후 1시 45분
③ 오후 1시 47분
④ 오후 1시 50분
⑤ 오후 1시 52분

37 혜정이는 1시 36분에 J공사에서 출발하여 B지점까지 버스를 탄 후, 지하철로 환승하여 거래처에 도착했다. 그리고 진선이는 혜정이가 출발한 8분 뒤에 J공사에서 출발하여 C지점까지 택시를 탄 후, 거래처까지의 나머지 거리는 버스를 이용했다. 혜정이와 진선이의 비용 차는 얼마인가?

① 1,200원   ② 1,300원

③ 1,400원   ④ 1,500원

⑤ 1,600원

38 다음은 문제의 의미에 대한 글이다. 이를 참고할 때, 〈보기〉의 내용 중 성격이 다른 하나는?

> 문제란 원활한 업무수행을 위해 해결해야 하는 질문이나 의논 대상을 의미한다. 즉, 해결하기를 원하지만 실제로 해결해야 하는 방법을 모르고 있는 상태나 얻고자 하는 해답이 있지만 그 해답을 얻는 데 필요한 일련의 행동을 알지 못한 상태이다. 이러한 문제는 흔히 문제점과 구분하지 않고 사용하는데, 문제점이란 문제의 근본 원인이 되는 사항으로 문제해결에 필요한 열쇠인 핵심 사항을 말한다.

〈보기〉

> 전기밥솥에 밥을 지어놓고 부모는 잠시 다른 일을 하러 갔다. 그 사이 아이는 전기밥솥을 가지고 놀다가 전기밥솥에서 올라오는 연기에 화상을 입었다.

① 아이의 화상

② 아이의 호기심

③ 부모의 부주의

④ 전기밥솥의 열기

⑤ 안전사고 발생 가능성에 대한 부주의

39 J제품을 운송하는 A씨는 업무상 편의를 위해 고객의 주문 내역을 임의의 기호로 기록하고 있다. 다음과 같은 주문전화가 왔을 때, A씨가 기록한 기호로 옳은 것은?

<표>

〈임의기호〉				
재료	연강	고강도강	초고강도강	후열처리강
	MS	HSS	AHSS	PHTS
판매량	낱개	1묶음	1box	1set
	01	10	11	00
지역	서울	경기남부	경기북부	인천
	E	S	N	W
윤활유 사용	청정작용	냉각작용	윤활작용	밀폐작용
	P	C	I	S
용도	베어링	스프링	타이어코드	기계구조
	SB	SS	ST	SM

※ A씨는 [재료] – [판매량] – [지역] – [윤활유 사용] – [용도]의 순서로 기호를 기록함

〈주문전화〉

B씨 : 어이~ A씨. 나야. 나. 인천 지점에서 같이 일했던 B. 내가 필요한 것이 있어서 전화했어. 일단 서울 지점의 C씨가 스프링으로 사용할 제품이 필요하다고 하는데 한 박스 정도면 될 것 같아. 이전에 주문했던 대로 연강에 윤활용으로 윤활유를 사용한 제품으로 부탁하네. 나는 이번에 경기도 남쪽으로 가는데 거기에 있는 내 사무실 알지? 거기로 초고강도강 타이어코드용으로 1세트 보내 줘. 튼실한 걸로 밀폐용 윤활유 사용해서 부탁해. 저번에 냉각용으로 사용한 제품은 생각보다 좋진 않았어.

① MS11EISB, AHSS00SSST
② MS11EISS, AHSS00SSST
③ MS11EISS, HSS00SSST
④ MS11WISS, AHSS10SSST
⑤ MS11EISS, AHSS00SCST

40 다음 사례에 적용된 문제해결 방법 중 원인 파악 단계의 결과로 가장 적절한 것은?

1980년대 초반에 헝가리 부다페스트 교통 당국은 혼잡한 시간대에 대처하기 위해 한 노선에 버스를 여러 대씩 운행시켰다. 그러나 사람들은 45분씩 기다려야 하거나 버스 서너 대가 한꺼번에 온다고 짜증을 냈다. 사람들은 버스 운전사가 멍청하거나 아니면 악의적으로 배차를 그렇게 한다고 여겼다. 다행스럽게도 당국은 금방 문제의 원인을 파악했고, 해결책도 찾았다. 버스 세 대 이상을 노선에 투입하고 간격을 똑같이 해 놓으면, 버스의 간격은 일정하게 유지되지 않는다. 앞서 가는 버스는 승객을 많이 태우게 되고, 따라서 정차 시간이 길어진다. 바로 뒤 따라가는 버스는 승객이 앞차만큼 많지 않기 때문에 정차 시간이 짧아진다. 이러다 보면 어쩔 수 없이 뒤차가 앞차를 따라 잡아서 버스가 한참 안 오다가 줄줄이 두세 대씩 한꺼번에 몰려오게 된다. 버스들이 자기 조직화 때문에 몰려 다니게 되는 것이다.

상황을 이해하고 나면 해결책도 나온다. 버스 관리자는 이 문제가 같은 노선의 버스는 절대로 앞차를 앞지르지 못하게 되어 있기 때문임을 인지했다. 문제를 없애기 위해 당국은 운전사들에게 새로운 규칙을 따르게 했다. 같은 노선의 버스가 서 있는 것을 보면 그 버스가 정류장의 승객을 다 태우지 못할 것 같아도 그냥 앞질러 가라는 것이다. 이렇게 하면 버스들이 한꺼번에 줄줄이 오는 것을 막게 되어 더 효율적으로 운행할 수 있다.

① 버스 운전사의 운전 미숙
② 부다페스트의 열악한 도로 상황
③ 유연하지 못한 버스 운행 시스템
④ 의도적으로 조절한 버스 배차 시간
⑤ 정차된 같은 노선의 버스를 앞지르는 규칙

※ 유통업체인 J사는 유통대상의 정보에 따라 12자리로 구성된 분류코드를 부여하여 관리하고 있다. 다음 자료를 보고 이어지는 질문에 답하시오. **[41~42]**

〈분류코드 생성 방법〉

- 분류코드는 한 개 상품당 하나가 부과된다.
- 분류코드는 '발송코드 – 배송코드 – 보관코드 – 운송코드 – 서비스코드'가 순서대로 연속된 12자리 숫자로 구성되어 있다.
- 발송지역

발송지역	발송코드	발송지역	발송코드	발송지역	발송코드
수도권	a1	강원	a2	경상	b1
전라	b2	충청	c4	제주	t1
기타	k9	–	–	–	–

※ 수도권은 서울, 경기, 인천 지역임

- 배송지역

배송지역	배송코드	배송지역	배송코드	배송지역	배송코드
서울	011	인천	012	강원	021
경기	103	충남	022	충북	203
경남	240	경북	304	전남	350
전북	038	제주	040	광주	042
대구	051	부산	053	울산	062
대전	071	세종	708	기타	009

- 보관구분

보관품목	보관코드	보관품목	보관코드	보관품목	보관코드
냉동	FZ	냉장	RF	파손주의	FG
고가품	HP	일반	GN	–	–

- 운송수단

운송수단	운송코드	운송수단	운송코드	운송수단	운송코드
5톤 트럭	105	15톤 트럭	115	30톤 트럭	130
항공 운송	247	열차 수송	383	기타	473

- 서비스 종류

배송서비스	서비스코드	배송서비스	서비스코드	배송서비스	서비스코드
당일 배송	01	지정일 배송	02	일반 배송	10

41 다음 분류코드에서 확인할 수 있는 정보가 아닌 것은?

c4304HP11501

① 해당 제품은 충청지역에서 발송되어 경북지역으로 배송되는 제품이다.
② 냉장보관이 필요한 제품이다.
③ 15톤 트럭에 의해 배송될 제품이다.
④ 당일 배송 서비스가 적용된 제품이다.
⑤ 해당 제품은 고가품이다.

42 다음 정보를 근거로 할 때, 제품 A에 적용될 분류코드는?

〈정보〉

• 제품 A는 K업체가 7월 5일에 경기도에서 울산지역에 위치한 구매자에게 발송한 제품이다.
• 수산품인 만큼 냉동 보관이 필요하며, 발송자는 택배 도착일을 7월 7일로 지정하였다.
• 제품 A는 5톤 트럭을 이용해 배송된다.

① k9062RF10510
② a1062FZ10502
③ a1062FZ11502
④ a1103FZ10501
⑤ a1102FZ10502

43 A ~ F 6명이 동시에 가위바위보를 해서 아이스크림 내기를 했는데 결과가 〈조건〉과 같았다. 다음 중 내기에서 이긴 사람을 모두 고르면?(단, 비긴 경우는 없었다)

―――――――――――――――――〈조건〉―――――――――――――――――
- 6명이 낸 것이 모두 같거나, 가위·바위·보 3가지가 모두 포함되는 경우 비긴 것으로 한다.
- A는 가위를 내지 않았다.
- B는 바위를 내지 않았다.
- C는 A와 같은 것을 냈다.
- D는 E에게 졌다.
- F는 A에게 이겼다.
- B는 E에게 졌다.

① A, C   ② E, F
③ A, B, C   ④ B, C, E
⑤ B, D, F

44 다음 글에 대한 분석으로 옳은 것을 〈보기〉에서 모두 고르면?

식탁을 만드는 데 노동과 자본만 투입된다고 가정하자. 노동자 1명의 시간당 임금은 8,000원이고, 노동자는 1명이 투입되어 A기계 또는 B기계를 사용하여 식탁을 생산한다. A기계를 사용하면 10시간이 걸리고, B기계를 사용하면 7시간이 걸린다. 이때 식탁 1개의 시장가격은 100,000원이고, 식탁 1개를 생산하는 데 드는 임대료는 A기계의 경우 10,000원, B기계의 경우 20,000원이다.
만약 A, B기계 중 어떤 것을 사용해도 생산된 식탁의 품질은 같다고 한다면, 기업은 어떤 기계를 사용할 것인가?(단, 작업 환경·물류비 등 다른 조건은 고려하지 않는다)

―――――――――――――――――〈보기〉―――――――――――――――――
ㄱ. 기업은 B기계보다는 A기계를 선택할 것이다.
ㄴ. '어떻게 생산할 것인가?'에 대한 경제 문제이다.
ㄷ. 합리적인 선택을 했다면, 식탁 1개당 24,000원의 이윤을 기대할 수 있다.
ㄹ. A기계를 선택하는 경우 식탁 1개를 만드는 데 드는 비용은 70,000원이다.

① ㄱ, ㄴ   ② ㄱ, ㄷ
③ ㄴ, ㄷ   ④ ㄴ, ㄹ
⑤ ㄷ, ㄹ

45 본사 이전으로 인해 사무실 배치를 새롭게 바꾸기로 하였다. 귀하는 본부장실 배치 담당으로 다음 고려사항을 참고할 때, (가로) 3,000mm×(세로) 3,400mm인 직사각형의 사무실에 가능한 가구 배치는?

〈배치 시 고려사항〉

• 사무실 문을 여닫는 데 1,000mm의 간격이 필요함
• 서랍장의 서랍(• 로 표시하며, 가로면 전체에 위치)을 열려면 400mm의 간격이 필요(회의 탁자, 책상, 캐비닛은 서랍 없음)하며, 반드시 여닫을 수 있어야 함
• 붙박이 수납장 문을 열려면 앞면 전체에 550mm의 간격이 필요하며, 반드시 여닫을 수 있어야 함
• 가구들은 쌓을 수 없음
• 각각의 가구는 사무실에 넣을 수 있는 것으로 가정함
  – 회의 탁자 : (가로) 1,500mm×(세로) 2,110mm
  – 책상 : (가로) 450mm×(세로) 450mm
  – 서랍장 : (가로) 1,100mm×(세로) 500mm
  – 캐비닛 : (가로) 1,000mm×(세로) 300mm
  – 붙박이 수납장은 벽 한 면 전체를 남김없이 차지함(깊이 650mm)

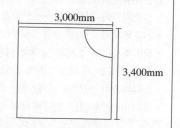

---

①

②

③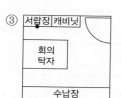

④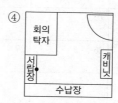

⑤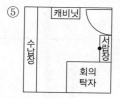

※ J공사의 투자지원본부는 7월 중에 신규투자할 중소기업을 선정하고자 한다. 다음 자료를 보고 이어지는 질문에 답하시오. [46~47]

〈상황〉

A대리는 신규투자처 선정 일정에 지장이 가지 않는 범위 내에서 연차 2일을 사용해 아내와 베트남으로 여행을 가기로 했다. 신규투자처 선정은 다음에 따라 진행된다.

- 신규투자처 선정은 '작년투자현황 조사 → 잠재력 심층조사 → 선정위원회 1차 심사 → 선정위원회 2차 심사 → 선정위원회 최종결정 → 선정결과 발표' 단계로 진행된다.
- 신규투자처 선정은 3월 1일부터 시작한다.
- 작년투자현황 조사와 잠재력 심층조사는 근무일 2일씩, 선정위원회의 각 심사는 근무일 3일씩, 선정위원회 최종결정과 발표는 근무일 1일씩 소요된다.
- 신규투자처 선정의 각 단계는 최소 1일 이상의 간격을 두고 진행해야 한다.
- 투자지원본부장은 신규투자처 선정결과 발표를 7월 26일까지 완료하고자 한다.

7월 달력						
일요일	월요일	화요일	수요일	목요일	금요일	토요일
					1	2
3	4	5	6	7	8	9
10	11	12	13	14	15	16
17	18	19	20	21	22	23
24	25	26	27	28	29	30
31						

※ 투자지원본부는 주중에만 근무함
※ 주말은 휴일이므로 연차는 주중에 사용함

46 다음 중 A대리가 연차를 사용할 수 없는 날짜는?

① 7월 5 ~ 6일   ② 7월 7 ~ 8일

③ 7월 11 ~ 12일   ④ 7월 19 ~ 20일

⑤ 7월 20 ~ 21일

47 J공사의 상황에 따라 선정위원회 2차 심사가 7월 19일까지 완료되어야 한다고 한다. 이를 고려하였을 때, 다음 중 A대리가 연차를 사용가능한 날짜로 적절한 것은?

① 7월 7 ~ 8일   ② 7월 11 ~ 12일

③ 7월 13 ~ 14일   ④ 7월 19 ~ 20일

⑤ 7월 20 ~ 21일

48 다음 대화에서 시간관리에 대해 바르게 이해하고 있는 사람은?

A사원 : 나는 얼마 전에 맡은 중요한 프로젝트도 무사히 마쳤어. 나는 회사에서 주어진 일을 잘하고 있기 때문에 시간관리도 잘하고 있다고 생각해.
B사원 : 나는 평소에는 일의 진도가 잘 안 나가는 편인데, 마감일을 앞두면 이상하게 일이 더 잘돼. 나는 오히려 시간에 쫓겨야 일이 잘되니까 괜히 시간을 관리할 필요가 없어.
C사원 : 나는 달력에 모든 일정을 표시해 두었어. 이번 달에 해야 할 일도 포스트잇에 표시해두고 있지. 이 정도면 시간관리를 잘하고 있는 것 아니겠어?
D사원 : 내가 하는 일은 시간관리와는 조금 거리가 있어. 나는 영감이 떠올라야 작품을 만들 수 있는데 어떻게 일정에 맞춰서 할 수 있겠어. 시간관리는 나와 맞지 않는 일이야.
E사원 : 마감 기한을 넘기더라도 일을 완벽하게 끝내야 한다는 생각은 잘못되었다고 생각해. 물론 완벽하게 일을 끝내는 것도 중요하지만, 모든 일은 정해진 기한을 넘겨서는 안 돼.

① A사원   ② B사원

③ C사원   ④ D사원

⑤ E사원

49 J공사는 직원들의 체력증진 및 건강개선을 위해 점심시간을 이용해 운동 프로그램을 운영하고자 한다. 해당 프로그램을 운영할 업체는 직원들을 대상으로 한 사전조사 결과를 바탕으로 정한 선정점수에 따라 결정된다. 다음 〈조건〉에 따라 업체를 선정할 때, 최종적으로 선정될 업체는?

〈후보 업체 사전조사 결과〉

업체명	프로그램	흥미 점수	건강증진 점수
A업체	집중GX	5점	7점
B업체	필라테스	7점	6점
C업체	자율 웨이트	5점	5점
D업체	근력운동	6점	4점
E업체	스피닝	4점	8점

〈조건〉

- J공사는 전 직원들을 대상으로 후보 업체들에 대한 사전조사를 하였다. 각 후보 업체에 대한 흥미 점수와 건강증진 점수는 전 직원들이 10점 만점으로 부여한 점수의 평균값이다.
- 흥미 점수와 건강증진 점수를 2 : 3의 가중치로 합산하여 1차 점수를 산정하고, 1차 점수가 높은 후보 업체 3개를 1차 선정한다.
- 1차 선정된 후보 업체 중 흥미점수와 건강증진 점수에 3 : 3의 가중치로 합산하여 2차 점수를 산정한다.
- 2차 점수가 가장 높은 1개의 업체를 최종적으로 선정한다. 만일 1차 선정된 후보 업체들의 2차 점수가 모두 동일한 경우, 건강증진 점수가 가장 높은 후보업체를 선정한다.

① A업체
② B업체
③ C업체
④ D업체
⑤ E업체

50 다음 중 자원의 낭비 사례로 적절하지 않은 것은?

① A사는 재무회계팀이 예산별 용도를 광범위하게 설정하는 바람에 예산 운용에 혼란을 겪었다.
② B사는 창립기념일로 인한 휴일이라는 이유로 협력업체와의 약속기한을 지키지 않았고, 결국 해당 업체와의 계약이 취소되었다.
③ 직원의 근태 및 인사 관련 시스템을 IT업체에 위탁하여 관리하고 있는 C사에서는 위탁업체의 기술적 오류로 인해 직원들의 연차 관리가 일주일째 지연되고 있다.
④ D사는 재고량을 제대로 파악하지 못하여 여섯 분기 동안 재고를 처리하지 못하고 있다.
⑤ 사내 교육 및 훈련 프로그램을 제대로 갖추지 못한 E사에서는 직원의 실수로 인해 매년 4천만 원 이상의 손해가 발생하고 있다.

51 J은행 A지점은 Q구의 신규 입주아파트 분양업자와 협약체결을 통하여 분양 중도금 관련 집단대출을 전담하게 되었다. A지점에 근무하는 귀하는 한 입주예정자로부터 평일에는 개인사정으로 인해 영업시간 내에 방문하지 못한다는 문의에 근처 다른 지점에 방문하여 대출신청을 진행할 수 있도록 안내하였다. 다음 〈조건〉을 토대로 입주예정자의 대출신청을 완료하는 데까지 걸리는 최소시간은 얼마인가?[단, 각 지점 간 숫자는 두 영업점 간의 거리(km)를 의미한다]

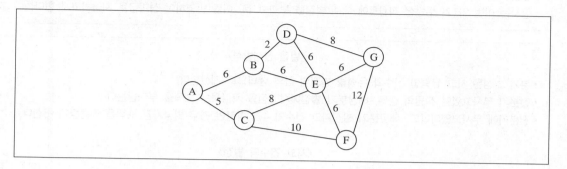

─〈조건〉─
- 입주예정자는 G지점 근처에서 거주하고 있어, 영업시간 내에 언제든지 방문 가능하다.
- 대출과 관련한 서류는 A지점에서 G지점까지 행낭을 통해 전달한다.
- 은행 영업점 간 행낭 배송은 시속 60km로 운행하며 요청에 따라 배송지 순서는 변경(생략)할 수 있다(단, 연결된 구간으로만 운행 가능하다).
- 대출신청서 등 대출 관련 서류는 입주예정자 본인 또는 대리인(대리인증명서 필요)이 작성하여야 한다(단, 작성하는 시간은 총 30분이 소요된다).
- 대출신청 완료는 A지점에 입주예정자가 작성한 신청서류가 도착했을 때를 기준으로 한다.

① 46분
② 49분
③ 57분
④ 1시간 2분
⑤ 1시간 5분

※ 다음은 수발실에서 근무하는 직원들에 대한 근무평정 자료이다. 이어지는 질문에 답하시오. **[52~53]**

〈정보〉

• 수발실은 공사로 수신되거나 공사에서 발송하는 문서를 분류, 배부하는 업무를 한다. 문서 수발이 중요한 업무인 만큼, 공사는 매분기 수발실 직원별로 사고 건수를 조사하여 다음의 벌점 산정 방식에 따라 벌점을 부과한다.
• 공사는 이번 2분기 수발실 직원들에 대해 벌점을 부과한 후, 이를 반영하여 성과급을 지급하고자 한다.

〈벌점 산정방식〉

• 분기 벌점은 사고 유형별 건수와 유형별 벌점의 곱의 총합으로 계산한다.
• 전분기 무사고였던 직원의 경우, 해당분기 벌점에서 5점을 차감하는 혜택을 부여받는다.
• 전분기에 무사고였더라도, 해당분기 발신사고 건수가 4건 이상인 경우 벌점차감 혜택을 적용받지 못한다.

〈사고 건수당 벌점〉

(단위 : 점)

사고 종류	수신사고		발신사고	
	수신물 오분류	수신물 분실	미발송	발신물 분실
벌점	2	4	4	6

〈2분기 직원별 오류발생 현황〉

(단위 : 건)

직원	수신물 오분류	수신물 분실	미발송	발신물 분실	전분기 총사고 건수
A	–	2	–	4	2
B	2	3	3	–	–
C	2	–	3	1	4
D	–	2	2	2	8
E	1	–	3	2	–

52 벌점 산정방식에 따를 때, 수발실 직원 중 두 번째로 높은 벌점을 부여받는 직원은?

① A직원
② B직원
③ C직원
④ D직원
⑤ E직원

53 J공사는 수발실 직원들의 등수에 따라 2분기 성과급을 지급하고자 한다. 수발실 직원들의 경우 해당 분기 벌점이 적을수록 부서 내 등수가 높다고 할 때, 다음 중 B직원과 E직원이 지급받을 성과급 총액은 얼마인가?

〈성과급 지급 기준〉

- (성과급)=(부서별 성과급 기준액)×(등수별 지급비율)
- 수발실 성과급 기준액 : 100만 원
- 등수별 성과급 지급비율

등수	1등	2~3등	4~5등
지급비율	100%	90%	80%

※ 분기당 벌점이 30점을 초과하는 경우 등수와 무관하게 성과급 기준액의 50%만 지급함

① 100만 원
② 160만 원
③ 180만 원
④ 190만 원
⑤ 200만 원

※ J베이커리 사장은 새로운 직원을 채용하기 위해 아르바이트 공고문을 게재하였다. 이어지는 질문에 답하시오.
[54~55]

- **아르바이트 공고문**
  - 업체명 : J베이커리
  - 업무내용 : 고객응대 및 매장관리
  - 지원자격 : 경력, 성별, 학력 무관 / 나이 : 20 ~ 40세
  - 근무조건 : 6개월 / 월 ~ 금 / 08:00 ~ 20:00(협의 가능)
  - 급여 : 희망 임금
  - 연락처 : 010-1234-1234

- **아르바이트 지원자 명단**

성명	성별	나이	근무가능시간	희망 임금	기타
김갑주	여	28	08:00 ~ 16:00	시 8,000원	
강을미	여	29	15:00 ~ 20:00	시 7,000원	
조병수	남	25	12:00 ~ 20:00	시 7,500원	• 1일 1회 출근만 가능함
박정현	여	36	08:00 ~ 14:00	시 8,500원	• 최소 2시간 이상 연속 근무하여야 함
최강현	남	28	14:00 ~ 20:00	시 8,500원	
채미나	여	24	16:00 ~ 20:00	시 7,500원	
한수미	여	25	10:00 ~ 16:00	시 8,000원	

※ 근무시간은 지원자가 희망하는 근무시간대 내에서 조절 가능함

54 J베이커리 사장은 최소비용으로 가능한 최대인원을 채용하고자 한다. 매장에는 항상 2명의 직원이 상주하고 있어야 하며, 기존 직원 1명은 오전 8시부터 오후 3시까지 근무를 하고 있다. 다음 지원자 명단을 참고할 때, 누구를 채용하겠는가?(단, 최소비용으로 최대인원을 채용하는 것을 목적으로 하며, 최소 2시간 이상 근무가 가능하면 채용한다)

① 김갑주, 강을미, 조병수
② 김갑주, 강을미, 박정현, 채미나
③ 김갑주, 강을미, 조병수, 채미나, 한수미
④ 강을미, 조병수, 박정현, 최강현, 채미나
⑤ 강을미, 조병수, 박정현, 최강현, 채미나, 한수미

55 54번 문제에서 결정한 인원을 채용했을 때, 급여를 한 주 단위로 지급한다면 사장이 지급해야 하는 임금은?
(단, 기존 직원의 시급은 8,000원으로 계산한다)

① 805,000원
② 855,000원
③ 890,000원
④ 915,000원
⑤ 1,000,000원

56 자원의 낭비요인을 다음과 같이 4가지로 나누어볼 때, 〈보기〉의 사례에 해당하는 낭비요인이 바르게 연결된 것은?

〈자원의 낭비요인〉

(가) 비계획적 행동 : 자원을 어떻게 활용할 것인가에 대한 계획 없이 충동적이고 즉흥적으로 행동하여 자원을 낭비하게 된다.

(나) 편리성 추구 : 자원을 편한 방향으로만 활용하는 것을 의미하며, 물적자원뿐만 아니라 시간, 돈의 낭비를 초래할 수 있다.

(다) 자원에 대한 인식 부재 : 자신이 가지고 있는 중요한 자원을 인식하지 못하는 것으로, 무의식적으로 중요한 자원을 낭비하게 된다.

(라) 노하우 부족 : 자원관리의 중요성을 인식하면서도 자원관리에 대한 경험이나 노하우가 부족한 경우를 말한다.

〈보기〉

㉠ A는 가까운 거리에 있는 음식점을 직접 방문하지 않고 배달 앱을 통해 배달료를 지불하고 음식을 주문한다.

㉡ B는 의자를 만들어 달라는 고객의 주문에 공방에 남은 재료와 주문할 재료를 떠올리고는 일주일 안으로 완료될 것이라고 이야기하였지만, 생각지 못한 재료의 배송 기간으로 제작 시간이 부족해 약속된 기한을 지키지 못하였다.

㉢ 현재 수습사원인 C는 처음으로 프로젝트를 담당하게 되면서 나름대로 계획을 세우고 열심히 수행했지만, 예상치 못한 상황이 발생하자 당황하여 처음 계획했던 대로 진행할 수 없었고 결국 아쉬움을 남긴 채 프로젝트를 완성하였다.

㉣ D는 TV에서 홈쇼핑 채널을 시청하면서 품절이 임박했다는 쇼호스트의 말을 듣고는 무작정 유럽 여행 상품을 구매하였다.

	(가)	(나)	(다)	(라)
①	㉡	㉣	㉠	㉢
②	㉢	㉣	㉡	㉠
③	㉢	㉠	㉡	㉣
④	㉣	㉠	㉡	㉢
⑤	㉣	㉢	㉡	㉠

57 J구에서는 주택을 소유하고 해당 주택에 거주하는 가구를 대상으로 주택 노후도 평가를 시행하여 그 결과에 따라 주택보수비용을 지원하고 있다. 다음 자료를 근거로 판단할 때, J구에 사는 C씨가 지원받을 수 있는 주택보수비용의 최대 액수는?

〈주택보수비용 지원 내용〉

구분	경보수	중보수	대보수
보수항목	도배 혹은 장판	수도시설 혹은 난방시설	지붕 혹은 기둥
주택당 보수비용 지원한도액	350만 원	650만 원	950만 원

〈소득인정액별 주택보수비용 지원율〉

구분	중위소득 25% 미만	중위소득 25% 이상 35% 미만	중위소득 35% 이상 43% 미만
지원율	100%	90%	80%

※ 소득인정액에 따라 위 보수비용 지원한도액의 80 ~ 100%를 차등 지원함

〈상황〉

C씨는 현재 거주하고 있는 A주택의 소유자이며, 소득인정액이 중위소득 40%에 해당한다. A주택의 노후도 평가 결과, 지붕의 수선이 필요한 주택비용 지원 대상에 선정되었다.

① 520만 원
② 650만 원
③ 760만 원
④ 855만 원
⑤ 950만 원

58 다음 〈보기〉 중 조직의 자원관리에 대해 잘못 설명하고 있는 사람을 모두 고르면?

---〈보기〉---

최과장 : 본사 로비에서 각 사무실까지의 동선을 줄이는 것도 자원관리에 포함되는 부분이야.
임사원 : 물류창고의 물품들을 체계적으로 분류하는 것 역시 인적자원관리에 해당합니다.
박대리 : 직원들의 복지 확대는 재정 지출을 수반하므로 자원관리에 부정적인 영향을 미칩니다.
김주임 : 내년도 예산안을 합리적 기준에서 증액하는 것도 자원관리 방안 중 하나입니다.

---

① 최과장, 임사원
② 최과장, 박대리
③ 임사원, 박대리
④ 임사원, 김주임
⑤ 박대리, 김주임

59 다음 교통수단별 특징을 고려할 때, 오전 9시에 회사에서 출발해 전주역까지 가장 먼저 도착하는 방법은? (단, 도보는 고려하지 않는다)

〈회사 – 서울역 간 교통 현황〉

구분	소요시간	출발 시각
A버스	24분	매시 20분, 40분
B버스	40분	매시 정각, 20분, 40분
지하철	20분	매시 30분

〈서울역 – 전주역 간 교통 현황〉

구분	소요시간	출발 시각
새마을호	3시간	매시 정각부터 5분 간격
KTX	1시간 32분	9시 정각부터 45분 간격

① A버스 – 새마을호
② B버스 – KTX
③ 지하철 – KTX
④ B버스 – 새마을호
⑤ 지하철 – 새마을호

60   S사원은 영업부에서 근무 중이다. 최근 잦은 영업활동으로 인해 자가용의 필요성을 느낀 S사원은 경제적 효율성을 따져 효율성이 가장 높은 중고차를 매입하려고 한다. 경제적 효율성이 높고 외부 손상이 없는 중고차를 매입하려고 할 때, S사원이 매입할 자동차는?(단, 효율성은 소수점 셋째 자리에서 반올림한다)

〈A ~ E자동차의 연료 및 연비〉

(단위 : km/L)

구분	연료	연비
A자동차	휘발유	11
B자동차	휘발유	12
C자동차	경유	14
D자동차	경유	13
E자동차	LPG	7

〈연료별 가격〉

(단위 : 원/L)

구분	LPG	휘발유	경유
리터당 가격	900	2,000	1,500

〈A ~ E자동차의 기존 주행거리 및 상태〉

(단위 : km)

구분	주행거리	상태
A자동차	51,000	손상 없음
B자동차	44,000	외부 손상
C자동차	29,000	손상 없음
D자동차	31,000	손상 없음
E자동차	33,000	내부 손상

※ (경제적 효율성)$= \left[\dfrac{(리터당\ 가격)}{(연비) \times 500} + \dfrac{10,000}{(주행거리)} \right] \times 100$

① A자동차   ② B자동차

③ C자동차   ④ D자동차

⑤ E자동차

61 다음은 J사에서 근무하는 K사원의 업무일지이다. K사원이 출근 후 두 번째로 해야 할 일은 무엇인가?

날짜	2025년 4월 2일 수요일
내용	**오늘 할 일** • 팀 회의 준비 – 회의실 예약 후 마이크 및 프로젝터 체크 • 외주업체로부터 판촉 행사 브로슈어 샘플 디자인 받기 • 지난주 외근 지출결의서 총무부 제출(늦어도 퇴근 전까지) • 회사 홈페이지, 관리자 페이지 및 업무용 메일 확인(출근하자마자 확인) • 14시 브로슈어 샘플 디자인 피드백 팀 회의 **주요 행사 확인** • 5월 6일 화요일 – 5월 데이행사(오이데이) • 5월 16일 금요일 – 또 하나의 마을(충북 제천 흑선동 본동마을) • 5월 19일 월요일 – 성년의 날(장미꽃 소비촉진 행사)

① 회의실 예약 후 마이크 및 프로젝터 체크
② 외주업체로부터 브로슈어 샘플 디자인 받기
③ 외근 관련 지출결의서 총무부 제출
④ 회사 홈페이지, 관리자 페이지 및 업무용 메일 확인
⑤ 브로슈어 샘플 디자인 피드백 팀 회의 참석

62 다음 중 업무수행 성과를 높이기 위한 행동전략을 잘못 사용하고 있는 사람은?

A사원 : 저는 해야 할 일이 생기면 미루지 않고, 그 즉시 바로 처리하려고 노력합니다.
B사원 : 저는 여러 가지 일이 생기면 비슷한 업무끼리 묶어서 한 번에 처리하곤 합니다.
C대리 : 저는 다른 사람이 일하는 방식과 다른 방식으로 생각하여 더 좋은 해결책을 발견하기도 합니다.
D대리 : 저도 C대리의 의견과 비슷합니다. 저는 저희 팀의 업무 지침이 마음에 들지 않아 저만의 방식을 찾고자 합니다.
E인턴 : 저는 저희 팀에서 가장 일을 잘한다고 평가받는 K부장님을 제 역할모델로 삼았습니다.

① A사원   ② B사원
③ C대리   ④ D대리
⑤ E인턴

63 다음 글에서 알 수 있는 조직의 사례로 적절하지 않은 것은?

조직은 두 사람 이상이 공동의 목표를 달성하기 위해 의식적으로 구성된 상호작용과 조정을 행하는 행동의 집합체이다. 그러나 단순히 사람들이 모였다고 해서 조직이라고 하지는 않는다. 조직은 목적과 구조가 있으며, 목적을 달성하기 위해 구성원들은 서로 협동적인 노력을 하고, 외부 환경과도 긴밀한 관계를 맺고 있다. 조직은 일반적으로 재화나 서비스의 생산이라는 경제적 기능과 구성원들에게 만족감을 주고 협동을 지속시키는 사회적 기능을 갖는다.

① 병원에서 일하고 있는 의사와 간호사
② 유기견을 구조하고 보호하는 시민단체
③ 백화점에 모여 있는 직원과 고객
④ 편의점을 운영 중인 가족
⑤ 다문화 가정을 돕고 있는 종교단체

64 다음 글의 빈칸에 들어갈 용어에 대한 설명으로 옳지 않은 것은?

조직과 환경은 영향을 주고받는다. 조직도 환경에 영향을 미치기는 하지만, 환경은 조직의 생성, 지속 및 발전에 지대한 영향력을 가지고 있다. 오늘날 조직을 둘러싼 환경은 급변하고 있으며, 조직은 생존하기 위하여 이러한 환경의 변화를 읽고 적응해 나가야 한다. 이처럼 환경의 변화에 맞춰 조직이 새로운 아이디어나 행동을 받아들이는 것을 _____(이)라고 한다.

① 환경의 변화를 인지하는 것에서 시작된다.
② 조직의 세부목표나 경영방식을 수정하거나, 규칙이나 규정 등을 새로 제정하기도 한다.
③ 조직의 목적과 일치시키기 위해 구성원들의 사고방식 변화를 방지한다.
④ 신기술의 발명을 통해 생산성을 높일 수도 있다.
⑤ 조직구조, 경영방식, 각종 시스템 등을 개선하는 것이다.

65 다음 글을 읽고 근로자가 선택할 행동으로 옳은 것을 〈보기〉에서 모두 고르면?

> 담합은 경제에 미치는 악영향도 크고 워낙 은밀하게 이뤄지는 탓에 경쟁 당국 입장에서는 적발하기 어렵다는 현실적인 문제가 있다. 독과점 사업자는 시장에서 어느 정도 드러나기 때문에 부당행위에 대한 감시·감독을 할 수 있지만, 담합은 그 속성상 증거가 없으면 존재 여부를 가늠하기 힘들기 때문이다.

───────────〈보기〉───────────
ㄱ. 신고를 통해 개인의 이익을 얻고 사회적으로 문제 해결을 한다.
ㄴ. 내부에서 먼저 합리적인 절차에 따라 문제 해결을 하고자 노력한다.
ㄷ. 근로자 개인이 받는 피해가 클지라도 기업 활동의 해악이 심각하면 이를 신고한다.

① ㄱ
② ㄴ
③ ㄱ, ㄷ
④ ㄴ, ㄷ
⑤ ㄱ, ㄴ, ㄷ

66 다음 중 집단의사결정의 특징으로 적절하지 않은 것은?

① 한 사람이 가진 지식보다 집단의 지식과 정보가 더 많기 때문에 보다 효과적인 결정을 할 확률이 높다.
② 의사를 결정하는 과정에서 구성원 간의 갈등은 불가피하다.
③ 여럿의 의견을 일련의 과정을 거쳐 모은 것이기 때문에 결과는 얻을 수 있는 것 중 최선이다.
④ 구성원 각자의 시각으로 문제를 바라보기 때문에 다양한 견해를 가지고 접근할 수 있다.
⑤ 의견이 불일치하는 경우 오히려 특정 구성원에 의해 의사결정이 독점될 가능성이 있다.

67 김팀장은 이대리에게 다음과 같은 업무지시를 내렸고, 이대리는 김팀장의 업무 지시에 따라 자신의 업무 일정을 정리하였다. 이대리의 업무에 대한 설명으로 적절하지 않은 것은?

이대리, 오늘 월요일 정기회의 진행에 앞서 이번 주 업무에 대해서 미리 전달할게요. 이번 주 금요일에 진행되는 회사 창립 기념일 행사 준비는 잘 되고 있나요? 행사 진행 전에 확인해야 할 사항들에 대해 체크리스트를 작성해서 수요일 오전까지 저에게 제출해 주세요. 그리고 행사가 끝난 후에는 총무팀 회식을 할 예정입니다. 이대리가 적당한 장소를 결정하고, 목요일 퇴근 전까지 예약이 완료될 수 있도록 해 주세요. 아! 그리고 내일 오후 3시에 진행되는 신입사원 면접과 관련해서 오늘 퇴근 전까지 면접 지원자에게 다시 한 번 유선으로 참여 여부를 확인하고, 정확한 시간과 준비사항 등의 안내를 부탁할게요. 참! 지난 주 영업팀이 신청한 비품도 주문해야 합니다. 오늘 오후 2시 이전에 발주하여야 영업팀이 요청한 수요일 전에 배송받을 수 있다는 점 기억하세요. 자, 그럼 바로 회의 진행하도록 합시다. 그리고 오늘 회의 내용은 이대리가 작성해서 회의가 끝난 후 바로 사내 인트라넷 게시판에 공유해 주세요.

〈첫째 주 업무 일정〉

㉠ 회의록 작성 및 사내 게시판 게시
㉡ 신입사원 면접 참여 여부 확인 및 관련 사항 안내
㉢ 영업팀 신청 비품 주문
㉣ 회사 창립 기념일 행사 준비 관련 체크리스트 작성
㉤ 총무팀 회식 장소 예약

① 이대리가 가장 먼저 처리해야 할 업무는 ㉠이다.
② 이대리는 ㉡보다 ㉢을 우선 처리하는 것이 적절하다.
③ ㉠, ㉡, ㉢은 월요일 내에 모두 처리해야 한다.
④ ㉤은 회사 창립 기념일 행사가 끝나기 전까지 처리해야 한다.
⑤ ㉣을 완료한 이후에는 김팀장에게 제출해야 한다.

68 다음과 같은 제품 개발 프로세스 모델에 대한 설명으로 적절하지 않은 것은?

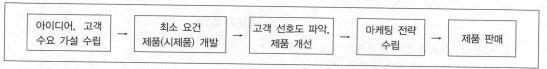

| 아이디어, 고객 수요 가설 수립 | → | 최소 요건 제품(시제품) 개발 | → | 고객 선호도 파악, 제품 개선 | → | 마케팅 전략 수립 | → | 제품 판매 |

① 일본 도요타자동차의 린 제조 방식에서 차용하였다.
② 만들기, 측정, 학습의 과정을 반복하면서 꾸준히 혁신한다.
③ 제품 생산의 전 프로세스에서 낭비를 줄이고 최대 효율을 내는 방식이다.
④ 제품 개발이 끝날 때까지 전 과정을 비밀로 한다.
⑤ 고객의 생애가치나 획득 비용 등을 측정한다.

69 경영참가제도는 근로자를 경영과정에 참가하게 하여 공동으로 문제를 해결하고 이를 통해 노사 간의 균형을 이루며, 상호신뢰로 경영의 효율을 향상시키는 제도이다. 다음 중 자본참가에 해당하는 사례는?

① 임직원들에게 저렴한 가격으로 일정 수량의 주식을 매입할 수 있게 권리를 부여한다.
② 위원회제도를 활용하여 근로자의 경영참여와 개선된 생산의 판매가치를 기초로 성과를 배분한다.
③ 부가가치의 증대를 목표로 하여 이를 노사협력체제를 통해 달성하고, 이에 따라 증가된 생산성 향상분을 노사 간에 배분한다.
④ 천재지변의 대응, 생산성 하락, 경영성과 전달 등과 같이 단체교섭에서 결정되지 않은 사항에 대하여 노사가 서로 협력할 수 있도록 한다.
⑤ 노동자 또는 노동조합의 대표가 기업의 최고결정기관에 직접 참가해서 기업경영의 여러 문제를 노사 공동으로 결정한다.

70 다음은 조직목표의 특징을 정리한 자료이다. 옳지 않은 내용은 모두 몇 가지인가?

<조직목표의 특징>

- 공식적 목표와 실제적 목표가 다를 수 있다.
- 다수의 조직목표를 추구할 수 있다.
- 조직목표 간에는 수평적 상호관계가 있다.
- 불변적 속성을 가진다.
- 조직의 구성요소와 상호관계를 가진다.

① 1가지   ② 2가지
③ 3가지   ④ 4가지
⑤ 5가지

71 다음 중 밑줄 친 ㉠, ㉡에 대한 설명으로 옳은 것은?

조직구조는 조직마다 다양하게 이루어지며, 조직목표의 효과적 달성에 영향을 미친다. 조직구조에 대한 많은 연구를 통해 조직구조에 영향을 미치는 요인으로는 조직의 전략, 규모, 기술, 환경 등이 있음을 확인할 수 있다. 이에 따라 ㉠ 기계적 조직 혹은 ㉡ 유기적 조직으로 설계된다.

① ㉠은 의사결정 권한이 조직의 하부구성원들에게 많이 위임되어 있다.
② ㉡은 상하 간의 의사소통이 공식적인 경로를 통해 이루어진다.
③ ㉠은 규제나 통제의 정도가 낮아 의사소통 결정이 쉽게 변할 수 있다.
④ ㉡은 구성원들의 업무가 분명하게 정의된다.
⑤ 안정적이고 확실한 환경에서는 ㉠이, 급변하는 환경에서는 ㉡이 적합하다.

72 다음과 같은 업무수행시트의 종류는 무엇인가?

업무 순서	2024년									
	8월		9월		10월		11월		12월	
프로젝트팀 구성 및 업무 분배	→									
시장 선정 및 경제성 평가			→							
금융상품 계획안 제출			→							
시장 조사 및 주요소비자 선정				→						
설문지 작성 및 배포					→					
인터뷰 및 분석						→				
상품 구체화						→				
중간보고서 제출							→			
상품 설계							→			
고객 테스트									→	
최종보고서 제출									→	

① 업무계획표(Business Planner) ② 간트차트(Gantt Chart)
③ 체크리스트(Checklist) ④ 워크플로시트(Work Flow Sheet)
⑤ 플로차트(Flow Chart)

73 귀하는 J공사의 영업팀에 채용되어 일주일간의 신입사원 교육을 마친 뒤 오늘부터 본격적인 업무를 시작하게 되었다. 영업팀 팀장은 첫 출근한 귀하를 자리로 불러 "다른 팀장들에게 인사하기 전에 인사기록카드를 작성해서 관련 팀에 제출하도록 하세요. 그리고 우리 팀 비품 신청 건이 어떻게 처리되고 있는지도 확인 좀 부탁해요."라고 지시했다. 팀장의 지시를 모두 처리하기 위한 귀하의 행동으로 가장 적절한 것은?

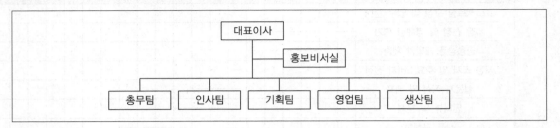

① 비서실에 가서 인사기록카드를 제출하고, 영업팀 비품 신청 상황을 묻는다.
② 인사팀에 가서 인사기록카드를 제출하고, 영업팀 비품 신청 상황을 묻는다.
③ 기획팀에 가서 인사기록카드를 제출하고, 영업팀 비품 신청 상황을 묻는다.
④ 인사팀에 가서 인사기록카드를 제출하고, 총무팀에 가서 영업팀 비품 신청 상황을 묻는다.
⑤ 생산팀에 가서 인사기록카드를 제출하고, 총무팀에 가서 영업팀 비품 신청 상황을 묻는다.

74 다음 〈보기〉 중 조직구조에 대한 설명으로 옳지 않은 것을 모두 고르면?

───〈보기〉───
ㄱ. 기계적 조직은 구성원들의 업무분장이 명확하게 이루어져 있는 편이다.
ㄴ. 기계적 조직은 조직 내 의사소통이 비공식적 경로를 통해 활발히 이루어진다.
ㄷ. 유기적 조직은 의사결정 권한이 조직 하부구성원들에게 많이 위임되어 있으며, 업무내용이 명확히 규정되어 있는 것이 특징이다.
ㄹ. 유기적 조직은 기계적 조직에 비해 조직의 형태가 가변적이다.

① ㄱ, ㄴ   ② ㄱ, ㄷ
③ ㄴ, ㄷ   ④ ㄴ, ㄹ
⑤ ㄷ, ㄹ

75 다음 사례를 읽고 J씨에게 해줄 수 있는 피드백으로 가장 적절한 것은?

> J씨는 2년 차 직장인이다. 그러나 같은 날 입사했던 동료들과 비교하면 좋은 평가를 받지 못하고 있다. 요청받은 업무를 진행하는 데 있어 마감일을 늦추는 일이 허다하고, 주기적인 업무도 누락하는 경우가 많기 때문이다. 그 이유는 자신이 앞으로 해야 할 일에 대해서 계획을 수립하지 않고 즉흥적으로 처리하거나 주변에서 급하다고 요청이 오면 그제야 하기 때문이다. 그로 인해 본인의 업무뿐만 아니라 주변 사람들의 업무도 늦어지거나 과중되는 결과를 낳아 업무의 효율성이 떨어지게 되었다.

① 업무를 진행할 때 계획적으로 접근한다면 좋은 평가를 받을 수 있을 거야.
② 너무 편한 방향으로 업무를 처리하면 불필요한 낭비가 발생할 수 있어.
③ 시간도 중요한 자원 중의 하나라는 인식이 필요해.
④ 자원관리에 대한 노하우를 쌓는다면 충분히 극복할 수 있어.
⑤ 업무와 관련하여 다른 사람들과 원활한 소통을 한다면 낭비를 줄일 수 있어.

76 상대국의 문화적 배경의 생활양식, 행동규범, 가치관 등을 이해하여 서로 다른 문화적 배경을 지닌 사람과 소통하는 것을 비언어적 커뮤니케이션이라고 한다. 다음 중 비언어적 커뮤니케이션을 위한 행동으로 적절하지 않은 것은?

① 일본에서 칼은 관계의 단절을 의미한다. 따라서 일본인에게 선물할 때 칼은 피하는 것이 좋다.
② 이탈리아에서는 연회 시 소금이나 후추 등이 다른 사람 손에 거치면 좋지 않다는 풍습이 있다. 따라서 이탈리아에서 연회 참가 시 소금과 후추가 필요할 때는 웨이터를 부르도록 한다.
③ 스페인에서는 악수할 때 손을 강하게 잡을수록 반갑다는 의미를 가지고 있다. 따라서 스페인 사람과 첫 협상 시에는 강하게 악수하여 반가움을 표현하는 것이 적절하다.
④ 중국에서는 상대방이 선물을 권할 때 선뜻 받기보다 세 번 정도 거절하는 것이 예의라고 생각한다. 따라서 중국인에게 선물할 때 세 번 거절당하더라도 한 번 더 받기를 권하는 것이 좋다.
⑤ 키르키즈스탄에서는 왼손을 더러운 것으로 느끼는 풍습이 있다. 따라서 키르키즈스탄인에게 명함을 건넬 경우에는 반드시 오른손으로 주도록 한다.

77 다음은 J가구(주)의 시장 조사 결과 보고서이다. 회사가 마련해야 할 마케팅 전략으로 적절한 것을 〈보기〉에서 모두 고르면?

- 조사 기간 : 2025. 03. 11. ~ 2025. 03. 21.
- 조사 품목 : 돌침대
- 조사 대상 : 주부 1,000명
- 조사 결과
  - 소비자의 건강에 대한 관심이 증대됨
  - 소비자는 가격보다 제품의 기능을 우선적으로 고려함
  - 취급 점포가 너무 많아서 점포 관리가 체계적이지 못함
  - 자사 제품의 가격이 낮아서 품질도 떨어지는 것으로 인식됨

〈보기〉

ㄱ. 유통 경로를 늘린다.
ㄴ. 고급화 전략을 추진한다.
ㄷ. 박리다매 전략을 이용한다.
ㄹ. 전속적 또는 선택적 유통 전략을 도입한다.

① ㄱ, ㄴ ② ㄱ, ㄷ
③ ㄴ, ㄷ ④ ㄴ, ㄹ
⑤ ㄷ, ㄹ

78 총무부에서 근무하던 B는 승진하면서 다른 부서로 발령이 났다. 기존에 같이 근무하던 D에게 사무인수인계를 해야 하는 상황에서 B와 D가 수행해야 할 사무인수인계 요령에 대한 설명으로 옳지 않은 것은?

① 기밀에 속하는 사항일수록 문서에 의함을 원칙으로 한다.
② 사무인수인계서는 기명날인 후 해당 부서에서 이를 보관한다.
③ 사무인수인계와 관련하여 편철된 부분과 오류의 수정이 있는 부분은 인수자와 인계자가 각각 기명날인을 한다.
④ 사무인수인계서 1장을 작성하여 인계자와 인수자 및 입회자가 기명날인을 한 후 해당 부서에서 이를 보관한다.
⑤ 사무의 인수인계와 관련하여 인수자가 인계자에게 제증빙을 요구하였으나, 증빙이 미비 또는 분실 시에는 그 사실을 별지에 반드시 기재하도록 한다.

79 다음 중 J사원이 처리해야 할 업무를 〈보기〉에서 골라 순서대로 바르게 나열한 것은?

> 현재 시각은 오전 10시 30분. J사원은 30분 후 거래처 직원과의 미팅이 예정되어 있다. 거래처 직원에게는
> 회사의 제1회의실에서 미팅을 진행하기로 미리 안내하였으나, 오늘 오전 제1회의실 예약이 모두 완료되어
> 금일 사용이 불가능하다는 연락을 받았다. 또한, J사원은 오후 2시에 B팀장과 면담 예정이었으나, 오늘까지
> 문서 작업을 완료해달라는 C부장의 요청을 받았다. J사원은 면담 시간을 미뤄보려 했지만 B팀장은 J사원과
> 의 면담 이후 부서 회의에 참여해야 하므로 면담 시간을 미룰 수 없다고 답변했다.

─────〈보기〉─────
ⓘ 거래처 직원과의 미팅
ⓛ 11시에 사용 가능한 회의실 사용 예약
ⓒ 거래처 직원에게 미팅 장소 변경 안내
ⓔ B팀장과의 면담
ⓜ C부장이 요청한 문서 작업 완료

① ⓘ－ⓒ－ⓛ－ⓔ－ⓜ   ② ⓛ－ⓘ－ⓒ－ⓜ－ⓔ
③ ⓛ－ⓒ－ⓘ－ⓔ－ⓜ   ④ ⓒ－ⓛ－ⓘ－ⓔ－ⓜ
⑤ ⓒ－ⓛ－ⓘ－ⓜ－ⓔ

80 다음 중 경영자 역할에 대한 설명으로 옳지 않은 것은?

① 분쟁 혹은 협상을 조정하는 것은 조직의 의사결정자로서 경영자의 중요한 역할이다.
② 경영자는 조직의 변화방향을 설정하고 조직의 성과에 책임을 진다.
③ 조직 운영을 위해서는 경영자가 구성원들과 의사소통하는 것이 중요하다.
④ 조직 규모의 확대에 따라 경영자도 수직적 분업화가 이루어지는 것이 효율적이다.
⑤ 민츠버그의 분류에 따르면 기업을 둘러싼 외부환경을 모니터링하는 것은 의사결정적 역할에 해당한다.

| 03 | 전기 · 기계

※ 사내 급식소를 운영하는 P씨는 새로운 냉장고를 구입하였다. 다음 설명서를 참고하여 이어지는 질문에 답하시오. **[61~63]**

〈냉장고 설명서〉

■ 설치 주의사항
- 바닥이 튼튼하고 고른지 확인하십시오(진동과 소음의 원인이 되며, 문의 개폐 시 냉장고가 넘어져 다칠 수 있습니다).
- 주위와 적당한 간격을 유지해 주십시오(주위와의 간격이 좁으면 냉각력이 떨어지고 전기료가 많이 나오게 됩니다).
- 열기가 있는 곳은 피하십시오(주위 온도가 높으면 냉각력이 떨어지고 전기료가 많이 나오게 됩니다).
- 습기가 적고 통풍이 잘 되는 곳에 설치해 주십시오(습한 곳이나 물이 묻기 쉬운 곳은 녹이 슬거나 감전의 원인이 됩니다).
- 누전으로 인한 사고를 방지하기 위해 반드시 접지하십시오.
- ※ 접지단자가 있는 경우 : 별도의 접지가 필요 없습니다.
- ※ 접지단자가 없는 경우 : 접지단자가 없는 AC 220V의 콘센트에 사용할 경우에는 구리판에 접지선을 연결한 후 땅속에 묻어 주세요.
- ※ 접지할 수 없는 장소의 경우 : 식당이나 지하실 등 물기가 많거나 접지할 수 없는 곳에는 누전차단기(정격전류 15mA, 정격부동작 전류 7.5mA)를 구입하여 콘센트에 연결하여 사용하세요.

■ 고장신고 전 확인사항

증상	확인사항	해결방법
냉동, 냉장이 전혀 되지 않을 때	정전이 되지 않았습니까?	다른 제품의 전원을 확인하세요.
	전원 플러그가 콘센트에서 빠져 있지 않습니까?	전원코드를 콘센트에 바르게 연결해 주세요.
냉동, 냉장이 잘 되지 않을 때	냉장실 온도조절이 '약'으로 되어 있지 않습니까?	온도조절을 '중' 이상으로 맞춰 주세요.
	직사광선을 받거나 가스레인지 등 열기구 근처에 있지 않습니까?	설치 장소를 확인해 주세요.
	뜨거운 식품을 식히지 않고 넣지 않았습니까?	뜨거운 음식은 곧바로 넣지 마시고 식혀서 넣어 주세요.
	식품을 너무 많이 넣지 않았습니까?	식품은 적당한 간격을 두고 넣어 주세요.
	문은 완전히 닫혀 있습니까?	보관 음식이 문에 끼이지 않게 한 후 문을 꼭 닫아 주세요.
	냉장고 주위에 적당한 간격이 유지되어 있습니까?	주위에 적당한 간격을 두세요.
냉장실 식품이 얼 때	냉장실 온도조절이 '강'에 있지 않습니까?	온도조절을 '중' 이하로 낮춰 주세요.
	수분이 많고 얼기 쉬운 식품을 냉기가 나오는 입구에 넣지 않았습니까?	수분이 많고 얼기 쉬운 식품은 선반의 바깥쪽에 넣어 주세요.
소음이 심하고 이상한 소리가 날 때	냉장고 설치장소의 바닥이 약하거나, 불안정하게 설치되어 있습니까?	바닥이 튼튼하고 고른 곳에 설치하세요.
	냉장고 뒷면이 벽에 닿지 않았습니까?	주위에 적당한 간격을 주세요.
	냉장고 뒷면에 물건이 떨어져 있지 않습니까?	물건을 치워 주세요.
	냉장고 위에 물건이 올려져 있지 않습니까?	무거운 물건을 올리지 마세요.

61 P씨는 설명서를 참고하여 새로운 냉장고를 설치하고자 한다. 다음 중 장소 선정 시 고려해야 할 사항으로 옳은 것은?

① 접지단자가 있는지 확인하고, 접지단자가 없으면 누전차단기를 준비한다.

② 접지단자가 있는지 확인하고, 접지할 수 없는 장소일 경우 구리판을 준비한다.

③ 냉장고 설치 주변의 온도가 어느 정도인지 확인한다.

④ 빈틈없이 냉장고가 들어갈 수 있는 공간이 있는지 확인한다.

⑤ 습기가 적고, 외부의 바람이 완전히 차단되는 곳인지 확인한다.

62 P씨는 냉장고 사용 중에 심한 소음과 이상한 소리가 나는 것을 들었다. 설명서를 참고했을 때, 소음이 심하고 이상한 소리가 나는 원인이 될 수 있는 것은?

① 보관음식이 문에 끼여서 문이 완전히 닫혀 있지 않았다.

② 냉장실 온도조절이 '약'으로 되어 있었다.

③ 냉장고 뒷면이 벽에 닿아 있었다.

④ 뜨거운 식품을 식히지 않고 넣었다.

⑤ 냉장실 온도조절이 '강'으로 되어 있었다.

63 P씨는 62번 문제에서 찾은 원인에 따라 조치를 취했지만, 여전히 소음이 심하고 이상한 소리가 났다. 추가적인 해결방법으로 옳은 것은?

① 냉장고를 안정적이고 튼튼한 바닥에 재설치하였다.

② 전원코드를 콘센트에 바르게 연결하였다.

③ 온도조절을 '중' 이하로 낮추었다.

④ 냉장고를 가득 채운 식품을 정리하여 적당한 간격을 두고 넣었다.

⑤ 뜨거운 음식은 곧바로 넣지 않고 식혀서 넣었다.

※ 다음은 정수기 사용 설명서이다. 이어지는 질문에 답하시오. [64~66]

〈제품규격〉

모델명	SDWP - 8820
전원	AC 220V / 60Hz
외형치수	260(W)×360(D)×1100(H)(단위 : mm)

〈설치 시 주의사항〉

- 낙수, 우수, 목욕탕, 샤워실, 옥외 등 제품에 물이 닿거나 습기가 많은 장소에는 설치하지 마십시오.
- 급수호스가 꼬이거나 꺾이게 하지 마십시오.
- 화기나 직사광선은 피하십시오.
- 단단하고 평평한 곳에 설치하십시오.
- 제품은 반드시 냉수배관에 연결하십시오.
- 설치 위치는 벽면에서 20cm 이상 띄워 설치하십시오.

〈필터 종류 및 교환시기〉

구분	1단계	2단계	3단계	4단계
필터	세디멘트	프리카본	UF중공사막	실버블록카본
교환시기	약 4개월	약 8개월	약 20개월	약 12개월

〈청소〉

세척 부분	횟수	세척방법
외부	7일 1회	플라스틱 전용 세척제 및 젖은 헝겊으로 닦습니다(신나 및 벤젠은 제품의 변색이나 표면이 상할 우려가 있으므로 사용하지 마십시오).
물받이통	수시	중성세제로 닦습니다.
취수구	1일 1회	히든코크를 시계 반대 방향으로 돌려서 분리하고 취수구를 멸균 면봉을 사용하여 닦습니다. 히든코크는 젖은 헝겊을 사용하여 닦습니다.
피팅(연결구)	2년 1회 이상	필터 교환 시 피팅 또는 튜빙을 점검하고 필요 시 교환합니다.
튜빙(배관)		

〈제품 이상 시 조치방법〉

증상	예상원인	조치방법
온수 온도가 낮음	공급 전원 낮음	공급 전원이 220V인지 확인하고 아니면 전원을 220V로 맞춰 주십시오.
	온수 램프 확인	온수 램프에 전원이 들어오는지 확인하고 제품 뒷면의 온수 스위치가 켜져 있는지 확인하십시오.
냉수가 나오지 않음	공급 전원 낮음	공급 전원이 220V인지 확인하고 아니면 전원을 220V로 맞춰 주십시오.
	냉수 램프 확인	냉수 램프에 전원이 들어오는지 확인하고 제품 뒷면의 냉수 스위치가 켜져 있는지 확인하십시오.
물이 나오지 않음	필터 수명 종료	필터 교환 시기를 확인하고 서비스센터에 연락하십시오.
	연결 호스 꺾임	연결 호스가 꺾인 부분이 있으면 그 부분을 펴 주십시오.
냉수는 나오는데 온수가 나오지 않음	온도 조절기 차단	제품 뒷면의 온수 스위치를 끄고 서비스센터에 연락하십시오.
	히터 불량	

정수물이 너무 느리게 채워짐	필터 수명 종료	서비스센터에 연락하고 필터를 교환받으십시오.
제품에서 누수 발생	조립 부위 불량	원수밸브를 잠근 후 작동을 중지시키고 서비스센터에 연락하십시오.
불쾌한 맛이나 냄새 발생	냉수 탱크 세척 불량	냉수 탱크를 세척하여 주십시오.

64 다음 중 설명서를 기준으로 판단할 때, 정수기 관리법에 대한 설명으로 옳지 않은 것은?

① 정수기 청소는 하루에 최소 2곳을 해야 한다.

② 불쾌한 맛이나 냄새가 발생하면 냉수 탱크를 세척하면 된다.

③ 적정 시기에 필터를 교환하지 않으면 발생할 수 있는 문제는 2가지이다.

④ 정수기의 크기는 가로 26cm, 깊이 36cm, 높이 110cm이다.

⑤ 습기가 많은 곳에는 설치하면 안 된다.

65 다음 중 제품에 문제가 발생했을 때, 서비스센터에 연락하지 않고 해결이 가능한 현상은?

① 정수물이 너무 느리게 채워진다.

② 필터의 수명이 다해 물이 나오지 않는다.

③ 제품에서 누수가 발생한다.

④ 냉수는 나오는데 온수가 나오지 않는다.

⑤ 연결 호스가 꺾여 물이 나오지 않는다.

66 다음 중 설명서를 기준으로 판단할 때, 정수기에 대한 설명으로 옳은 것을 〈보기〉에서 모두 고르면?

─〈보기〉─
ㄱ. 정수기에 사용되는 필터는 총 4개이다.
ㄴ. 급한 경우에는 신나 및 벤젠을 사용하여 정수기 외부를 청소해도 된다.
ㄷ. 3년 사용할 경우 프리카본 필터는 3번 교환해야 한다.
ㄹ. 벽면과의 간격을 10cm로 하여 정수기를 설치하면 문제가 발생할 수 있다.

① ㄱ, ㄴ　　　　　　　　　　② ㄱ, ㄷ

③ ㄱ, ㄹ　　　　　　　　　　④ ㄴ, ㄷ

⑤ ㄷ, ㄹ

※ J병원에서는 환자들의 휴식 시간을 위해 병실마다 벽걸이 TV를 설치하고자 한다. 다음 자료를 보고 이어지는 질문에 답하시오. [67~68]

■ 설치 시 주의사항
  - 반드시 제공하는 구성품 및 부품을 사용해 주세요.
  - 수직 벽면 이외의 장소에는 설치하지 마세요.
  - 진동이나 충격이 가해질 염려가 있는 곳은 제품이 떨어질 수 있으므로 피하세요.
  - 제품의 열을 감지하고 스프링클러가 작동할 수 있으므로 스프링클러 감지기 옆에는 설치하지 마세요.
  - 고압 케이블의 간섭을 받아 화면이 제대로 나오지 않을 수 있으므로 고압 케이블 근처에는 설치하지 마세요.
  - 난방기기 주변은 과열되어 고장의 염려가 있으므로 피하십시오.
  - 벽면의 안정성을 확인하세요.
  - 설치한 후 벽면과 제품 사이의 거리는 최소 15mm 이상 유지하세요.
  - 제품 주변으로 10cm 이상의 공간을 두어 통풍이 잘 되도록 하세요. 제품 내부 온도의 상승은 화재 및 제품 고장의 원인이 될 수 있습니다.

■ 문제해결

증상	해결
전원이 켜지지 않아요.	• 전원코드가 잘 연결되어 있는지 확인하세요. • 안테나 케이블 연결이 제대로 되어 있는지 확인하세요. • 케이블 방송 수신기의 연결이 제대로 되어 있는지 확인하세요.
전원이 갑자기 꺼져요.	• 에너지 절약을 위한 '취침예약'이 설정되어 있는지 확인하세요. • 에너지 절약을 위한 '자동전원끄기' 기능이 설정되어 있는지 확인하세요.
제품에서 뚝뚝 소리가 나요.	• TV 외관의 기구적 수축이나 팽창 때문에 나타날 수 있는 현상이므로 안심하고 사용하세요.
제품이 뜨거워요.	• 제품 특성상 장시간 시청 시 패널에서 열이 발생하므로, 열이 발생하는 것은 결함이나 동작 사용상의 문제가 되는 것이 아니니 안심하고 사용하세요.
리모컨 동작이 안 돼요.	• 새 건전지로 교체해 보세요.

※ 문제가 해결되지 않는다면 가까운 서비스센터로 문의하세요.

67 다음 중 벽걸이 TV를 설치하기 위한 장소 선정 시 고려해야 할 사항으로 적절하지 않은 것은?

① 전동안마기가 비치되어 있는 병실을 확인한다.

② 스프링클러 감지기가 설치되어 있는 곳을 확인한다.

③ 냉방기가 설치되어 있는 곳을 확인한다.

④ 도면으로 고압 케이블이 설치되어 있는 위치를 확인한다.

⑤ 벽면 강도가 약한 경우 벽면을 보강할 수 있는지 확인한다.

68 TV가 제대로 작동되지 않아 A/S를 요청하기 전 간단하게 문제를 해결하고자 한다. 다음 중 문제를 해결하기 위한 방법으로 가장 적절한 것은?

① 전원이 켜지지 않아 전원코드 및 안테나 케이블, 위성 리시버가 잘 연결되어 있는지 확인했다.

② 전원이 갑자기 꺼져 전력 소모를 줄일 수 있는 기능들이 설정되어 있는지 확인했다.

③ 제품에서 뚝뚝 소리가 나서 TV의 전원을 끄고 다시 켰다.

④ 제품이 뜨거워서 분무기로 물을 뿌리고, 마른 천으로 물기를 깨끗이 닦았다.

⑤ 리모컨이 작동하지 않아 분해 후 녹이 슬어 있는 곳이 있는지 확인했다.

69 다음 글의 빈칸에 들어갈 문장으로 적절하지 않은 것은?

> 기술능력은 직업에 종사하기 위해 모든 사람들이 필요로 하는 능력이며, 이것을 넓은 의미로 확대해 보면 기술교양(Technical Literacy)이라는 개념으로 사용될 수 있다. 즉, 기술능력은 기술교양의 개념을 보다 구체화시킨 개념으로 볼 수 있다. 일반적으로 기술교양을 지닌 사람들은 _____

① 기술학의 특성과 역할을 이해한다.
② 기술과 관련된 위험을 평가할 수 있다.
③ 기술에 의한 윤리적 딜레마에 대해 합리적으로 반응할 수 있다.
④ 기술체계가 설계되고, 사용되고, 통제되어지는 방법을 이해한다.
⑤ 기술과 관련된 이익을 가치화하지 않는다.

70 다음 글에서 나타나는 산업재해의 원인으로 가장 적절한 것은?

> J씨는 퇴근하면서 회사 엘리베이터를 이용하던 중 갑자기 엘리베이터가 멈춰 그 안에 20분 동안 갇히는 사고를 당하였다. 20분 후 J씨는 실신한 상태로 구조되었고 바로 응급실로 옮겨졌다. 이후 J씨는 의식을 되찾았지만, 극도의 불안감과 공포감을 느껴 결국 병원에서는 J씨에게 공황장애 진단을 내렸다.

① 교육적 원인   ② 기술적 원인
③ 작업 관리상 원인   ④ 불안전한 행동
⑤ 불안전한 상태

71 다음 사례에 해당하는 벤치마킹으로 옳은 것은?

> 스타벅스코리아는 모바일 앱으로 커피 주문과 결제를 모두 할 수 있는 사이렌 오더를 처음으로 시행하였다. 시행 이후 스타벅스 창업자는 'Fantastic!!'이라는 메일을 보냈고, 이후 스타벅스코리아의 전체 결제 중 17% 이상이 사이렌 오더를 이용하고 있다. 국내뿐 아니라 미국, 유럽, 아시아 등의 여러 국가의 스타벅스 매장에서 이를 벤치마킹하여 사이렌 오더는 스타벅스의 표준이 되었다.

① 글로벌 벤치마킹
② 내부 벤치마킹
③ 비경쟁적 벤치마킹
④ 경쟁적 벤치마킹
⑤ 직접적 벤치마킹

72 다음은 제품 매뉴얼과 업무 매뉴얼에 대한 설명이다. 이를 이해한 내용으로 옳지 않은 것은?

> 제품 매뉴얼이란 사용자를 위해 제품의 특징이나 기능 설명, 사용방법과 고장 조치방법, 유지 보수 및 A/S, 폐기까지 제품에 관련된 모든 서비스에 대해 소비자가 알아야 할 모든 정보를 제공하는 것을 말한다.
> 다음으로 업무 매뉴얼이란 어떤 일의 진행 방식, 지켜야 할 규칙, 관리상의 절차 등을 일관성 있게 여러 사람이 보고 따라할 수 있도록 표준화하여 설명하는 지침서이다.

① 제품 매뉴얼은 제품의 설계상 결함이나 위험 요소를 대변해야 한다.
② '재난대비 국민행동 매뉴얼'은 업무 매뉴얼의 사례로 볼 수 있다.
③ 제품 매뉴얼은 혹시 모를 사용자의 오작동까지 고려하여 만들어져야 한다.
④ 제품 매뉴얼과 업무 매뉴얼 모두 필요한 정보를 빨리 찾을 수 있도록 구성되어야 한다.
⑤ 제품 매뉴얼은 제품의 의도된 안전한 사용과 사용 중 해야 할 일 또는 하지 말아야 할 일까지 정의해야 한다.

※ J제조기업에서는 다음과 같은 사망재해 예방자료를 제작하여 작업현장에 배부하고자 한다. 이어지는 질문에
답하시오. **[73~74]**

〈주요 사망재해 5대 유형〉

① **끼임** : 제조업 전체의 28% 점유
- 사망재해는 이렇게 발생합니다.
  끼임으로 인한 사망재해는 방호장치가 미설치된 기계설비의 작업점, 기어·롤러의 말림점, 벨트·체인 등 동력
  전달부와 회전체 취급 작업 시 면장갑 착용 등으로 인해 주로 발생합니다. 또한, 기계설비의 정비·수리 등의
  작업 시 기계를 정지하지 않거나 타 근로자의 기동스위치 오조작으로 인해 주로 발생합니다.
- 사망재해 예방 대책
  ① 기계설비의 작업점에는 센서, 덮개 등 방호장치 설치
  ② 기어, 롤러의 말림점에는 방호덮개 설치
  ③ 벨트, 체인 등 동력전달부에는 방호덮개 설치
  ④ 회전체 취급 작업 시 면장갑 착용 금지 및 적절한 작업복 착용
  ⑤ 정비·수리 등의 작업 시에는 반드시 기계를 정지한 후 작업을 실시하고, 조작부에는 잠금장치 및 표지판
  설치

② **떨어짐** : 제조업 전체의 20% 점유
- 사망재해는 이렇게 발생합니다.
  떨어짐으로 인한 사망재해는 사다리의 파손·미끄러짐, 지붕 위에서 보수작업 중 선라이트 등 약한 부위 파손,
  화물자동차의 적재·포장작업 및 대형설비나 제품 위에서의 작업 중에 주로 발생합니다.
- 사망재해 예방 대책
  ① 사다리는 파손되지 않는 견고한 것을 사용, 작업자는 안전모를 착용하고, 전도방지 조치를 한 후 사용
  ② 지붕 위 작업 시에는 30cm 이상의 작업발판을 설치하고, 하부에 안전방호망 설치
  ③ 트럭 적재함과 높이가 같은 전용 입·출하장에서 작업하고, 작업 시에는 안전모 착용
  ④ 대형설비나 제품 위에서의 작업 시에는 고소작업대 등 전용승강설비 사용 및 안전발판 설치

③ **부딪힘** : 제조업 전체의 9% 점유
- 사망재해는 이렇게 발생합니다.
  부딪힘으로 인한 사망재해는 작업장 내에서 지게차의 운반작업, 화물자동차의 운행, 백호(Back Hoe) 붐대의
  회전, 크레인으로 중량물 운반 시에 주로 발생합니다.
- 사망재해 예방 대책
  ① 지게차 운행 시에는 운전자 시야를 확보할 수 있도록 적재하고, 제한속도를 지정하여 과속하지 않도록 조치
  ② 사업장 내 화물자동차 운행 시 유도자를 배치하고, 운전자는 유도자의 신호에 따라 운행
  ③ 백호 붐의 작업반경 내에서는 동시 작업 금지
  ④ 크레인으로 중량물 인양 시에는 편심이 되지 않도록 수직으로 인양하고, 무선리모컨 사용 등 작업자가 근접
  하지 않도록 조치

④ **물체에 맞음** : 제조업 전체의 8% 점유
- 사망재해는 이렇게 발생합니다.
  물체에 맞음으로 인해 발생하는 사망재해는 과도한 높이로 불안정하게 적재된 적재물, 적절한 포장이 없는 중
  량물을 지게차로 운반, 크레인의 와이어로프 파손 및 달기기구 이탈, 고속회전체인 숫돌 파손 등으로 인해 주로
  발생합니다.

- 사망재해 예방 대책

　① 지게차 운전자는 유자격자로 하고, 운전자 시야 확보 및 제한속도 지정 등으로 사업장 내 과속 금지

　② 지게차 포크에 화물 적재 시 편하중 금지 및 전용 팰릿(Pallet) 사용

　③ 경사면에서의 급선회 금지, 지게차에 좌석안전띠 설치 및 착용

　④ 지게차 전용 운행통로 확보 및 근로자 출입금지 조치 시행

5 **화재 / 폭발 · 파열 / 누출** : 제조업 전체의 5% 점유

- 사망재해는 이렇게 발생합니다.

　화재 / 폭발 · 파열 / 누출로 인한 사망재해는 화학설비에서 인화성 물질의 누출, 용접 작업 중 불티의 비산, 인화성 물질이 잔류한 폐드럼 절단, 환기가 충분하지 않은 탱크 내부 등에서의 화기작업으로 인해 주로 발생합니다.

- 사망재해 예방 대책

　① 인화성 물질 등을 취급하는 설비, 탱크 등은 누출이 없도록 조치(가스검지기 등 경보장치설치)

　② 용접작업 시 불받이포 등 불티 비산방지 조치 및 소화기 비치

　③ 폐드럼 절단 작업은 잔류 인화성 물질 제거 후 실시

　④ 밀폐공간은 인화성 액체나 증기가 남아있지 않도록 환기 등의 조치 후 화기작업 실시

73 귀하는 상사의 지시에 따라 유형마다 그림을 추가하여 포스터 제작을 마무리하였다. 포스터 인쇄 전 최종 검토하는 과정에서 사망재해 예방 대책이 사망재해 유형과 어울리지 않는 부분이 있는 것을 찾았다. 귀하가 찾은 것은 어느 부분에 있는가?

① 끼임　　　　　　　　　　　　　② 떨어짐

③ 부딪힘　　　　　　　　　　　　④ 물체에 맞음

⑤ 화재 / 폭발 · 파열 / 누출

74 작업장 내에서 사망재해를 줄이고자 자료를 포스터로 제작하여 현장에 부착하고자 한다. 귀하는 '떨어짐' 유형에 대해 삽화를 제작하였다. 다음 중 적절하지 않은 이미지는?

①
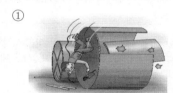

②

③

④

⑤

※ J회사 경영연구팀에서는 새로운 청소기를 구매하려고 한다. C대리는 새 청소기를 구매하기 위해 다음과 같은 제품설명서를 참고하였다. 이어지는 질문에 답하시오. [75~78]

〈제품설명서〉

[제품사양]

모델명		AC3F7LHAR	AC3F7LHBU	AC3F7LHDR	AC3F7LHCD	AC3F7LHSK
전원		단상 AC 220V, 60Hz				
정격입력		1,300W				
본체무게		7.4kg				
본체크기		폭 308mm×길이 481mm×높이 342mm				
모터사양		디지털 인버터(Digital Inverter) 모터				
부속품	살균 브러시	×	×	×	○	○
	침구싹싹 브러시	×	○	×	×	○
	스텔스 브러시	○	○	○	○	×
	투스텝 브러시	○	×	○	○	×
	물걸레 브러시	×	×	○	×	○

• 살균 브러시 / 침구싹싹 브러시 : 침구류 청소용
• 스텔스 브러시 : 일반 청소용
• 투스텝 브러시 : 타일 / 카펫 청소용

[문제해결]

증상	확인	조치
작동이 안 돼요.	전원플러그가 콘센트에서 빠져 있거나 불완전하게 꽂혀 있는지 확인하세요.	전원플러그를 확실하게 꽂아 주세요.
	본체에 호스가 확실하게 꽂혀 있는지 확인하세요.	본체에서 호스를 분리한 후 다시 한 번 확실하게 꽂아 주세요.
	전압이 220V인지 확인하세요.	110V일 경우에는 승압용 변압기를 구입하여 사용하세요.
사용 중에 갑자기 멈췄어요.	먼지통이 가득 찼을 때, 청소기를 동작시키는 경우	모터과열방지 장치가 있어 제품이 일시적으로 멈춥니다. 막힌 곳을 뚫어 주고 2시간 정도 기다렸다가 다시 사용하세요.
	흡입구가 막힌 상태로, 청소기를 동작시키는 경우	
갑자기 흡입력이 약해지고 떨리는 소리가 나요.	흡입구, 호스, 먼지통이 큰 이물질로 막혔거나 먼지통이 꽉 차 있는지 확인하세요.	막혀 있으면 나무젓가락 등으로 큰 이물질을 빼 주세요.
	필터가 더러워졌는지 확인하세요.	필터를 손질해 주세요.
먼지통에서 '딸그락'거리는 소리가 나요.	먼지통에 모래, 돌 등의 딱딱한 이물질이 있는지 확인하세요.	소음의 원인이 되므로 먼지통을 비워 주세요.
청소기 배기구에서 냄새가 나요.	먼지통에 이물질이 쌓였는지, 필터류에 먼지가 꼈는지 확인하세요.	먼지통을 자주 비워 주시고, 필터류를 자주 손질해 주세요.
청소기 소음이 이상해요.	청소기 초기 동작 시에 소음이 커지는지 확인하세요.	모터 보호를 위해 모터가 천천히 회전하며 발생하는 소리로 고장이 아닙니다.

75 제품설명서를 확인한 결과 C대리는 부속품 구성에 따라 가격 차이가 있음을 발견해 필요한 부속품을 파악하려고 한다. 경영연구팀 사무실에는 침구류가 없으며 물걸레 청소는 기존의 비치된 대걸레를 이용하려고 할 때 불필요한 지출 없이 청소기를 구매한다면, C대리가 구입할 청소기는 무엇인가?

① AC3F7LHAR   ② AC3F7LHBU

③ AC3F7LHDR   ④ AC3F7LHCD

⑤ AC3F7LHSK

76 사무실 청소시간에 C대리는 구매한 청소기를 사용하려 했지만 작동하지 않았다. 다음 중 청소기가 작동하지 않을 때 확인할 사항으로 옳지 않은 것은?

① 전압이 220V인지 확인한다.

② 본체에 호스가 확실하게 꽂혀 있는지 확인한다.

③ 전원플러그가 콘센트에서 빠져 있는지 확인한다.

④ 필터가 더러워졌는지 확인한다.

⑤ 전원플러그가 불완전하게 꽂혀 있는지 확인한다.

77 청소기가 작동하지 않는 문제를 해결한 후, C대리가 청소기를 사용하던 중에 갑자기 작동이 멈추었다. 설명서를 참고했을 때, 청소기 작동이 멈춘 원인이 될 수 있는 것은?

① 먼지통에 딱딱한 이물질이 있다.

② 청소기를 장시간 사용했다.

③ 필터에 먼지가 꼈다.

④ 흡입구가 막혔다.

⑤ 먼지통이 제대로 장착되지 않았다.

78 77번 문제에서 C대리가 찾아낸 원인이 맞을 때, 추가적으로 발생할 수 있는 문제로 옳은 것은?

① 먼지통에서 '딸그락'거리는 소리가 난다.

② 청소기 배기구에서 냄새가 난다.

③ 청소기 흡입력이 갑자기 약해진다.

④ 청소기 소음이 커진다.

⑤ 청소기가 작동하기까지 시간이 오래 걸린다.

79 다음 글을 읽고 노와이(Know-why)의 사례로 가장 적절한 것은?

기술은 노하우(Know-how)와 노와이(Know-why)로 구분할 수 있다. 노하우는 특허권을 수반하지 않는 과학자, 엔지니어 등이 가지고 있는 체화된 기술을 의미하며, 노와이는 어떻게 기술이 성립하고 작용하는가에 관한 원리적 측면에 중심을 둔 개념이다.

이 두 가지는 획득과 전수방법에 차이가 있다. 노하우는 경험적이고 반복적인 행위에 의해 얻어지는 것이며, 이러한 성격의 지식을 흔히 Technique 혹은 Art라고 부른다. 반면, 노와이는 이론적인 지식으로서 과학적인 탐구에 의해 얻어진다.

오늘날 모든 기술과 경험이 공유되는 시대에서 노하우는 점점 경쟁력을 잃어가고 있으며, 노와이가 점차 각광받고 있다. 즉, 노하우가 구성하고 있는 환경, 행동, 능력을 벗어나 신념과 정체성, 영성 부분도 관심받기 시작한 것이다. 과거에는 기술에 대한 공급이 부족하고 공유가 잘 되지 않았기 때문에 노하우가 각광받았지만, 현재는 기술에 대한 원인과 결과에 대한 관계를 파악하고, 그것을 통해 목적과 동기를 새로 설정하는 노와이의 가치가 높아졌다. 노와이가 말하고자 하는 핵심은 왜 이 기술이 필요한지를 알아야 기술의 가치가 무너지지 않는다는 것이다.

① 요식업에 종사 중인 S씨는 영업시간 후 자신의 초밥 만드는 비법을 아들인 B군에게 전수하고 있다.

② 자판기 사업을 운영하고 있는 K씨는 이용자들의 화상을 염려하여 화상 방지 시스템을 개발하였다.

③ S사에 근무 중인 C씨는 은퇴 후 중장비학원에서 중장비 운영 기술을 열심히 공부하고 있다.

④ Z병원에서 근무 중인 의사인 G씨는 방글라데시의 의료진에게 자신이 가지고 있는 선진의술을 전수하기 위해 다음 주에 출국할 예정이다.

⑤ D사는 최근에 제조 관련 분야에서 최소 20년 이상 근무해 제조 기술에 있어 장인 수준의 숙련도를 가진 직원 4명을 D사 명장으로 선정하여 수상하였다.

80 기술개발팀에서 근무하는 J씨는 차세대 로봇에 사용할 주행 알고리즘을 개발하고 있다. 다음 주행 알고리즘과 예시를 참고하였을 때, 로봇의 이동 경로로 옳은 것은?

〈주행 알고리즘〉

회전과 전진만이 가능한 로봇이 미로에서 목적지까지 길을 찾아가도록 구성하였다. 미로는 (4단위)×(4단위)의 정방형 단위구역(Cell) 16개로 구성되며 미로 중앙부에는 1단위구역 크기의 도착지점이 있다. 도착지점에 이르기 전 로봇은 각 단위구역과 단위구역 사이를 이동할 때 벽의 유무를 탐지하여 벽이 없음이 감지되는 방향으로 주행한다. 로봇은 주명령을 수행하고, 이에 따라 주행할 수 없을 때만 보조명령을 따른다.
• 주명령 : 현재 단위구역(Cell)에서 로봇은 왼쪽, 앞쪽, 오른쪽 순서로 벽의 유무를 탐지하여 벽이 없음이 감지되는 방향의 단위구역을 과거에 주행한 기록이 없다면 해당 방향으로 한 단위구역만큼 주행한다.
• 보조명령 : 현재 단위구역에서 로봇이 왼쪽, 앞쪽, 오른쪽, 뒤쪽 순서로 벽의 유무를 탐지하여 벽이 없음이 감지되는 방향의 단위구역에 벽이 없음이 감지되는 방향과 반대 방향의 주행기록이 있을 때만, 로봇은 그 방향으로 한 단위구역만큼 주행한다.

〈예시〉

로봇이 A → B → C → B → A로 이동한다고 가정할 때, A에서 C로의 이동은 주명령에 의한 것이고 C에서 A로의 이동은 보조명령에 의한 것이다.

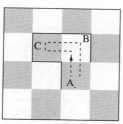

①

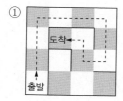

②

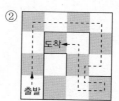

③

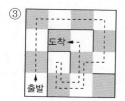

④

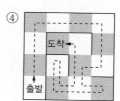

⑤

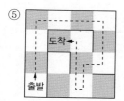

4일 차
기출응용 모의고사

〈문항 및 시험시간〉

평가영역	문항 수	시험시간	모바일 OMR 답안분석		
[사무] 경영 · 경제 · 행정 · 법 [전기] 전기일반 [기계] 기계일반	각 50문항	60분	사무	전기	기계

4일 차 기출응용 모의고사

문항 수 : 각 50문항
시험시간 : 60분

| 01 | 사무

01 다음 중 ESG경영에 대한 설명으로 옳지 않은 것은?

① ESG는 기업의 비재무적 요소인 '환경(Environment), 사회(Social), 지배구조(Governance)'의 약자이다.
② ESG 평가가 높을수록 단순히 사회적 평판이 좋은 기업이라기보다 리스크에 강한 기업이라 할 수 있다.
③ ESG는 기업의 행동이 미치는 영향 등을 구체화하고 그 노력을 측정 가능하도록 지표화하여 투자를 이끌어 낸다.
④ ESG는 기업 재무제표에는 드러나지 않지만, 중장기적 기업 가치에 막대한 영향을 미치는 지속가능성 평가 지표이다.
⑤ ESG경영의 핵심은 이윤 추구를 위한 비용 절감과 효율을 최우선으로 착한 기업을 키워나가는 것을 목적으로 한다.

02 다음 중 마이클 포터(M. Porter)의 가치사슬모델에서 본원적 활동에 해당하지 않는 것은?

① 운영·생산
② 입고·출고
③ 고객서비스
④ 영업·마케팅
⑤ 인적자원관리

03 다음 중 직무분석에 대한 설명으로 옳지 않은 것은?

① 직무분석은 직무와 관련된 정보를 수집·정리하는 활동이다.
② 직무분석을 통해 얻어진 정보는 전반적인 인적자원관리 활동의 기초자료로 활용된다.
③ 직무분석을 통해 직무기술서와 직무명세서가 작성된다.
④ 직무기술서는 지식이나 경험 등 직무를 수행하는 데 필요한 인적요건을 중심으로 작성된다.
⑤ 직무평가는 직무분석을 기초로 이루어진다.

04 다음 중 BCG 매트릭스에 대한 설명으로 옳은 것은?

① 횡축은 시장성장률, 종축은 상대적 시장점유율이다.
② 물음표 영역은 시장성장률이 높고, 상대적 시장점유율은 낮아 계속적인 투자가 필요하다.
③ 별 영역은 시장성장률이 낮고, 상대적 시장점유율은 높아 현상유지를 해야 한다.
④ 자금젖소 영역은 현금창출이 많지만, 상대적 시장점유율이 낮아 많은 투자가 필요하다.
⑤ 개 영역은 시장지배적인 위치를 구축하여 성숙기에 접어든 경우이다.

05 다음 중 투자안 분석기법으로서의 순현가(NPV)법에 대한 설명으로 옳은 것은?

① 순현가는 투자의 결과 발생하는 현금유입의 현재가치에서 현금유입의 미래가치를 차감한 것이다.
② 순현가법은 모든 개별 투자안 간의 상호관계를 고려한다.
③ 순현가법에서는 투자안의 내용연수 동안 발생할 미래의 모든 현금흐름을 반영한다.
④ 순현가법에서는 현금흐름을 최대한 큰 할인율로 할인한다.
⑤ 순현가법에서는 투자의 결과로 발생하는 현금유입이 투자안의 내부수익률로 재투자될 수 있다고 가정한다.

06 다음 중 자본예산기법과 포트폴리오에 대한 설명으로 옳지 않은 것은?

① 포트폴리오의 분산은 각 구성주식의 분산을 투자비율로 가중평균하여 산출한다.
② 비체계적 위험은 분산투자를 통해 제거할 수 있는 위험이다.
③ 단일 투자안의 경우 순현가법과 내부수익률법의 경제성 평가 결과는 동일하다.
④ 포트폴리오 기대수익률은 각 구성주식의 기대수익률을 투자비율로 가중평균하여 산출한다.
⑤ 두 투자안 중 하나의 투자안을 선택해야 하는 경우 순현가법과 내부수익률법의 선택 결과가 다를 수 있다.

07 다음 중 다각화 전략의 장점으로 옳지 않은 것은?

① 새로운 성장동력을 찾아 기업 자체의 성장성을 잃지 않을 수 있다.
② 개별 사업부문들의 경기순환에 의한 리스크를 줄일 수 있다.
③ 범위의 경제성 또는 시너지 효과는 실질적으로 기업의 이익을 증대시킬 수 있다.
④ 글로벌경쟁이 심화될수록 경쟁력이 높아질 수 있다.
⑤ 복합기업들이 여러 시장에 참여하고 있기 때문에 어떤 한 사업분야에서 가격경쟁이 치열하다면, 다른 사업
분야에서 나오는 수익으로 가격경쟁을 가져갈 수 있다.

08 다음 중 델파이 기법에 대한 설명으로 옳지 않은 것은?

① 전문가들을 두 그룹으로 나누어 진행한다.
② 많은 전문가들의 의견을 취합하여 재조정 과정을 거친다.
③ 의사결정 및 의견개진 과정에서 타인의 압력이 배제된다.
④ 전문가들을 공식적으로 소집하여 한 장소에 모이게 할 필요가 없다.
⑤ 미래의 불확실성에 대한 의사결정 및 중장기 예측에 좋은 방법이다.

09 다음 중 마이클 포터가 제시한 경쟁우위 전략에 대한 설명으로 옳지 않은 것은?

① 원가우위 전략은 경쟁기업보다 낮은 비용에 생산하여 저렴하게 판매하는 것을 의미한다.
② 차별화 전략은 경쟁사들이 모방하기 힘든 독특한 제품을 판매하는 것을 의미한다.
③ 집중화 전략은 원가우위에 토대를 두거나 차별화우위에 토대를 둘 수 있다.
④ 원가우위 전략과 차별화 전략은 일반적으로 대기업에서 많이 수행된다.
⑤ 마이클 포터는 기업이 성공하기 위해서는 한 제품을 통하여 원가우위 전략과 차별화 전략 두 가지 전략을 동시에 추구해야 한다고 보았다.

10 다음 〈보기〉 중 리더십이론에 대한 설명으로 옳은 것을 모두 고르면?

───────〈보기〉───────
ㄱ. 변혁적 리더십을 발휘하는 리더는 부하에게 이상적인 방향을 제시하고 임파워먼트(Empowerment)를 실시한다.
ㄴ. 거래적 리더십을 발휘하는 리더는 비전을 통해 단결, 비전의 전달과 신뢰의 확보를 강조한다.
ㄷ. 카리스마 리더십을 발휘하는 리더는 부하에게 높은 자신감을 보이며 매력적인 비전을 제시하지만 위압적이고 충성심을 요구하는 측면이 있다.
ㄹ. 슈퍼리더십을 발휘하는 리더는 부하를 강력하게 지도하고 통제하는 데 역점을 둔다.

① ㄱ, ㄷ   ② ㄱ, ㄹ
③ ㄴ, ㄷ   ④ ㄴ, ㄹ
⑤ ㄷ, ㄹ

11 다음 중 신제품을 가장 먼저 받아들이는 그룹에 이어 두 번째로 신제품의 정보를 수집하여 신중하게 수용하는 그룹은?

① 조기 수용자(Early Adopters)

② 혁신자(Innovators)

③ 조기 다수자(Early Majority)

④ 후기 다수자(Late Majority)

⑤ 최후 수용자(Laggards)

12 다음 〈보기〉 중 자본시장선(CML)에 대한 설명으로 옳은 것을 모두 고르면?

───────〈보기〉───────
ㄱ. 위험자산과 무위험자산을 둘 다 고려할 경우의 효율적 투자 기회선이다.
ㄴ. 자본시장선 아래에 위치하는 주식은 주가가 과소평가된 주식이다.
ㄷ. 개별주식의 기대수익률과 체계적 위험 간의 선형관계를 나타낸다.
ㄹ. 효율적 포트폴리오의 균형가격을 산출하는 데 필요한 할인율을 제공한다.

① ㄱ

② ㄱ, ㄴ

③ ㄱ, ㄹ

④ ㄷ, ㄹ

⑤ ㄴ, ㄷ, ㄹ

13 다음 중 경영통제의 과정을 순서대로 바르게 나열한 것은?

① 표준의 설정 → 편차의 수정 → 실제성과의 측정

② 표준의 설정 → 실제성과의 측정 → 편차의 수정

③ 실제성과의 측정 → 편차의 수정 → 표준의 설정

④ 실제성과의 측정 → 표준의 설정 → 편차의 수정

⑤ 편차의 수정 → 실제성과의 측정 → 표준의 설정

14 다음 중 물가지수에 대한 설명으로 옳지 않은 것은?

① 물가지수를 구할 때 모든 상품의 가중치를 동일하게 반영한다.

② 소비자물가지수는 상품가격 변화에 대한 소비자의 반응을 고려하지 않는다.

③ 물가수준 그 자체가 높다는 것과 물가상승률이 높다는 것은 다른 의미를 가진다.

④ GDP 디플레이터는 국내에서 생산된 상품만을 조사 대상으로 하기 때문에 수입상품의 가격동향을 반영하지 못한다.

⑤ 소비자물가지수는 소비재를 기준으로 측정하고, 생산자물가지수는 원자재 혹은 자본재 등을 기준으로 측정하기 때문에 두 물가지수는 일치하지 않을 수 있다.

15 다음 중 인플레이션에 대한 설명으로 옳은 것은?

① 예상하지 못한 인플레이션 발생의 불확실성이 커지면 장기계약이 활성화되고 단기계약이 위축된다.

② 새 케인스 학파에 의하면 예상된 인플레이션의 경우에는 어떤 형태의 사회적 비용도 발생하지 않는다.

③ 실제 물가상승률이 예상된 물가상승률보다 더 큰 경우, 채권자는 이득을 보고 채무자는 손해를 본다.

④ 실제 물가상승률이 예상된 물가상승률보다 더 큰 경우, 고정된 명목임금을 받는 노동자와 기업 사이의 관계에서 노동자는 이득을 보고 기업은 손해를 보게 된다.

⑤ 피셔가설은 '(명목이자율)=(실질이자율)+(물가상승률)'이라는 명제로, 예상된 인플레이션이 금융거래에 미리 반영됨을 의미한다.

16 다음 〈보기〉 중 노동시장에 대한 설명으로 옳은 것을 모두 고르면?

─────〈보기〉─────
ㄱ. 완전경쟁 노동시장이 수요 독점화되면 고용은 줄어든다.
ㄴ. 단기 노동수요곡선은 장기 노동수요곡선보다 임금의 변화에 비탄력적이다.
ㄷ. 채용비용이 존재할 때 숙련 노동수요곡선은 미숙련 노동수요곡선보다 임금의 변화에 더 탄력적이다.

① ㄱ   ② ㄷ
③ ㄱ, ㄴ   ④ ㄴ, ㄷ
⑤ ㄱ, ㄴ, ㄷ

17 다음 〈보기〉 중 총수요곡선을 우측으로 이동시키는 요인으로 옳은 것을 모두 고르면?

┌─────────────────────〈보기〉─────────────────────┐

ㄱ. 주택담보대출의 이자율 인하
ㄴ. 종합소득세율 인상
ㄷ. 기업에 대한 투자세액공제 확대
ㄹ. 물가수준 하락으로 가계의 실질자산가치 증대
ㅁ. 해외경기 호조로 순수출 증대

└──┘

① ㄱ, ㄴ, ㄹ
② ㄱ, ㄷ, ㅁ
③ ㄱ, ㄹ, ㅁ
④ ㄴ, ㄷ, ㄹ
⑤ ㄴ, ㄷ, ㅁ

18 제품 A만 생산하는 독점기업의 생산비는 생산량에 관계없이 1단위당 60원이고, 제품 A에 대한 시장수요곡선은 $P=100-2Q$이다. 다음 중 이 독점기업의 이윤극대화 가격(P)과 생산량(Q)은?

	P	Q		P	Q
①	40원	30개	②	50원	25개
③	60원	20개	④	70원	15개
⑤	80원	10개			

19 다음 중 소비함수이론과 투자함수이론에 대한 설명으로 옳지 않은 것은?

① 케인스의 절대소득가설에서 소비는 그 당시 소득의 절대적인 크기에 따라 결정된다.
② 상대소득가설에서 소비는 이중적 성격에 따라 장기소비성향과 단기소비성향이 다르다.
③ 국민소득계정상의 투자는 그 나라가 만든 재화 중 기업이 구입한 재화의 가치이다.
④ 딕싯의 투자옵션이론은 미래에 대한 불확실성이 커질수록 기업의 투자는 늘어난다고 주장한다.
⑤ 케인스의 내부수익률법에서 기대 투자수익률은 순현재가치를 0으로 만들어 주는 이자율을 뜻한다.

20 다음은 후생경제학에 대한 내용이다. 빈칸에 들어갈 용어를 바르게 나열한 것은?

- _⑦_ 이론에 따르면 일부의 파레토효율성 조건이 추가로 충족된다고 해서 사회후생이 증가한다는 보장은 없다.
- 파레토효율성을 통해 _⑭_ 을 평가하고, 사회후생함수(사회무차별곡선)를 통해 _⑭_ 을 평가한다.
- 후생경제학 제1정리에 따르면 모든 경제주체가 합리적이고 시장실패 요인이 없으면 _⑭_ 에서 자원배분은 파레토효율적이다.

	⑦	⑭	⑭	⑭
①	차선	효율성	공평성	완전경쟁시장
②	코즈	효율성	공평성	완전경쟁시장
③	차선	효율성	공평성	독점적경쟁장
④	코즈	공평성	효율성	독점적경쟁시장
⑤	차선	공평성	효율성	완전경쟁시장

21 최근 들어 우리나라에서 자동차 부품 생산이 활발하게 이루어지고 있다. 동일한 자동차 부품을 생산하는 5개 기업의 노동투입량과 자동차 부품 생산량 간의 관계가 다음과 같을 때, 평균노동생산성이 가장 낮은 기업은?

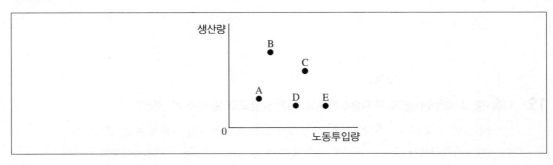

① A   ② B
③ C   ④ D
⑤ E

22 다음 〈보기〉 중 여러 가지 비용곡선에 대한 설명으로 옳은 것을 모두 고르면?

---〈보기〉---
ㄱ. 평균비용곡선은 평균가변비용곡선의 위에 위치한다.
ㄴ. 평균비용곡선이 상승할 때 한계비용곡선은 평균비용곡선 아래에 있다.
ㄷ. 평균고정비용곡선은 우하향한다.
ㄹ. 총가변비용곡선의 기울기와 총비용곡선의 기울기는 다르다.
ㅁ. 평균비용은 평균고정비용에 평균가변비용을 더한 값이다.
---

① ㄱ, ㄴ, ㄷ
② ㄱ, ㄷ, ㅁ
③ ㄱ, ㄹ, ㅁ
④ ㄴ, ㄷ, ㄹ
⑤ ㄴ, ㄹ, ㅁ

23 다음 〈보기〉 중 소득분배에 대한 설명으로 옳은 것을 모두 고르면?

---〈보기〉---
가. 생산물시장 및 생산요소시장이 완전경쟁일 때, 기업이 고용하는 노동의 한계생산력 가치는 임금과 일치한다.
나. 생산요소가 노동과 자본뿐이라고 할 때, 요소의 대체탄력성이 1보다 작다면 노동의 상대가격상승은 자본의 분배비율을 크게 만든다.
다. 10분위분배율의 크기가 크면 클수록, 또는 지니계수의 크기가 작을수록 소득은 더욱 균등하게 분배되었다고 본다.
라. 간접세 비중이 높아지면 지니계수가 낮아진다.
---

① 가, 나
② 가, 다
③ 가, 라
④ 나, 다
⑤ 나, 라

24 J기업이 생산하는 재화에 투입하는 노동의 양을 L이라 하면, 노동의 한계생산은 $27-5L$이다. 이 재화의 가격이 20이고 임금이 40이라면, 이윤을 극대화하는 J기업의 노동수요량은?

① 1
② 2
③ 3
④ 4
⑤ 5

25 다음 중 과점시장의 굴절수요곡선 이론에 대한 설명으로 옳지 않은 것은?

① 한계수입곡선에는 불연속한 부분이 있다.

② 굴절수요곡선은 원점에 대해 볼록한 모양을 갖는다.

③ 한 기업이 가격을 내리면 나머지 기업들도 같이 내리려 한다.

④ 한 기업이 가격을 올리더라도 나머지 기업들은 따라서 올리려 하지 않는다.

⑤ 기업은 한계비용이 일정 범위 내에서 변해도 가격과 수량을 쉽게 바꾸려 하지 않는다.

26 한 경제의 취업자 수는 120만 명이라고 한다. 이 경제의 실업률은 20%이고 노동가능인구(생산가능인구)는 200만 명이라고 할 때, 경제활동참가율은 얼마인가?

① 33.3%   ② 50%

③ 66.7%   ④ 75%

⑤ 85%

27 다음 중 대표관료제에 대한 설명으로 옳지 않은 것은?

① 관료의 행정에 출신배경이 고려되므로 합리적 행정이 저해될 수 있다.

② 행정의 합리성보다는 민주성이 강조되는 제도이다.

③ 공직임용에 소외된 계층에 대한 균형인사가 가능하다.

④ 대표관료제는 실적주의에 입각한 제도이다.

⑤ 사회주체에 의한 외적 통제가 강화된 형태이다.

28 다음 중 규제피라미드에 대한 설명으로 옳은 것은?

① 새로운 위험만 규제하다 보면 사회의 전체 위험 수준은 증가하는 상황이다.

② 규제가 또 다른 규제를 낳은 결과, 피규제자의 비용 부담이 점점 늘어나게 되는 상황이다.

③ 소득재분배를 위한 규제가 오히려 사회적으로 가장 어려운 사람들에게 해를 끼치게 되는 상황이다.

④ 과도한 규제를 무리하게 설정하다 보면 실제로는 규제가 거의 이루어지지 않게 되는 상황이다.

⑤ 기업체에게 상품 정보에 대한 공개 의무를 강화할수록 소비자들의 실질적인 정보량은 줄어들게 되는 상황이다.

29 다음 중 행태주의와 제도주의에 대한 설명으로 옳은 것은?

① 행태주의에서는 인간의 자유와 존엄과 같은 가치를 강조한다.

② 제도주의에서는 사회과학도 엄격한 자연과학의 방법을 따라야 한다고 본다.

③ 행태주의에서는 시대적 상황에 적합한 학문의 실천력을 중시한다.

④ 제도의 변화와 개혁을 지향한다는 점에서 행태주의와 제도주의는 같다.

⑤ 각국에서 채택된 정책의 상이성과 효과를 역사적으로 형성된 제도에서 찾으려는 것은 제도주의 접근의 한 방식이다.

30 다음 중 지방자치법 및 주민소환에 관한 법률상 주민소환제도에 대한 설명으로 옳지 않은 것은?

① 시·도지사의 소환청구 요건은 주민투표권자 총수의 100분의 10 이상이다.

② 비례대표의원은 주민소환의 대상이 아니다.

③ 주민소환투표권자의 연령은 주민소환투표일 현재를 기준으로 계산한다.

④ 주민소환투표권자의 4분의 1 이상이 투표에 참여해야 한다.

⑤ 주민소환이 확정된 때에는 주민소환투표대상자는 그 결과가 공표된 시점부터 그 직을 상실한다.

31 다음 중 막스 베버(M. Weber)가 제시한 이념형 관료제에 대한 설명으로 옳지 않은 것은?

① 관료의 충원 및 승진은 전문적인 자격과 능력을 기준으로 이루어진다.

② 조직 내의 모든 결정행위나 작동은 공식적으로 확립된 법규체제에 따른다.

③ 하급자는 상급자의 지시나 명령에 복종하는 계층제의 원리에 따라 조직이 운영된다.

④ 민원인의 만족 극대화를 위해 업무처리 시 관료와 민원인과의 긴밀한 감정교류가 중시된다.

⑤ 조직 내의 모든 업무는 문서로 처리하는 것이 원칙이다.

32 다음 중 정책결정 모형에 대한 설명으로 옳지 않은 것은?

① 합리모형에서 말하는 합리성은 정치적 합리성을 의미한다.

② 혼합모형은 점증모형의 단점을 합리모형과의 통합으로 보완하려는 시도이다.

③ 점증모형은 이상적이고 규범적인 합리모형과는 대조적으로 실제의 결정상황에 기초한 현실적이고 기술적인 모형이다.

④ 쓰레기통모형에서 가정하는 결정상황은 불확실성과 혼란이 심한 상태로 정상적인 권위구조와 결정규칙이 작동하지 않는 경우이다.

⑤ 사이먼(Simon)은 결정자의 인지능력의 한계, 결정상황의 불확실성 및 시간의 제약 때문에 결정은 제한적 합리성의 조건하에 이루어지게 된다고 주장한다.

33 다음 중 우리나라 지방자치단체의 자치권에 대한 설명으로 옳지 않은 것은?

① 지방자치단체는 자치재정권이 인정되어 조례를 통해서 독립적인 지방 세목을 설치할 수 있다.

② 행정기구의 설치는 대통령령이 정하는 범위 안에서 지방자치단체의 조례로 정한다.

③ 자치사법권이 부여되어 있지 않다.

④ 중앙정부가 분권화시킨 결과가 지방정부의 자치권 확보라고 할 수 있다.

⑤ 중앙과 지방의 기능배분에 있어서 포괄적 예시형 방식을 적용한다.

34 다음 중 행정학의 접근방법에 대한 설명으로 옳지 않은 것은?

① 행태론적 접근방법은 현상에서 가치 문제가 많이 개입되어 있을수록 이론의 적합성이 떨어지기 때문에 의도적으로 이러한 문제를 연구 대상이나 범위에서 제외시킬 수 있다.

② 체제론적 접근방법은 자율적으로 목표를 설정하고 그 방향으로 체제를 적극적으로 변화시켜 나가려는 측면보다 환경 변화에 잘 적응하려는 측면을 강조한다.

③ 신제도주의는 행위 주체의 의도적이고 전략적인 행동이 제도에 영향을 미칠 수 있다는 점을 부정하고, 제도설계와 변화보다는 제도의 안정성 차원에 관심을 보이고 있다.

④ 논변적 접근방법의 진정한 가치는 각자 자신들의 주장에 대한 논리성을 점검하고 상호 타협과 합의를 도출하는 민주적 절차에 있다.

⑤ 법적·제도적 접근방법은 연구가 지나치게 기술적(Descriptive) 수준에 머물고 정태적이라는 비판에 부딪혔다.

35 다음 〈보기〉 중 조직이론에 대한 설명으로 옳은 것을 모두 고르면?

─────〈보기〉─────
ㄱ. 베버(M. Weber)의 관료제론에 따르면 규칙에 의한 규제는 조직에 계속성과 안정성을 제공한다.
ㄴ. 행정관리론에서는 효율적 조직관리를 위한 원리들을 강조한다.
ㄷ. 호손(Hawthorne)실험을 통하여 조직 내 비공식집단의 중요성이 부각되었다.
ㄹ. 조직군 생태이론(Population Ecology Theory)에서는 조직과 환경의 관계를 분석함에 있어 조직의 주도적·능동적 선택과 행동을 강조한다.

① ㄱ, ㄴ   ② ㄱ, ㄴ, ㄷ
③ ㄱ, ㄴ, ㄹ   ④ ㄱ, ㄷ, ㄹ
⑤ ㄴ, ㄷ, ㄹ

36 다음 중 정책의제 설정에 대한 설명으로 옳지 않은 것은?

① 정책의제의 설정은 목표설정기능 및 적절한 정책수단을 선택하는 기능을 하고 있다.

② 일반적으로 정책의제는 정치성, 주관성, 동태성 등의 성격을 가진다.

③ 킹던(J. Kingdon)의 정책의 창 모형은 정책문제의 흐름, 정책대안의 흐름, 정치의 흐름이 어떤 계기로 서로 결합함으로써 새로운 정책의제로 형성되는 것을 말한다.

④ 콥(R.W. Cobb)과 엘더(C.D. Elder)의 이론에 의하면 정책의제 설정과정은 '사회문제 – 사회적 이슈 – 체제의제 – 제도의제'의 순서로 정책의제로 선택됨을 설명하고 있다.

⑤ 정책대안이 아무리 훌륭하더라도 정책문제를 잘못 인지하고 채택하여 정책문제가 여전히 해결되지 않은 상태로 남아있는 현상을 제2종 오류라 한다.

37 다음 중 다면평가제도의 장점에 대한 설명으로 옳지 않은 것은?

① 평가의 객관성과 공정성 제고에 기여할 수 있다.

② 계층제적 문화가 강한 사회에서 조직 간 화합을 제고해준다.

③ 피평가자가 자기의 역량을 강화할 수 있는 기회를 제공해준다.

④ 조직 내 상하 간, 동료 간, 부서 간 의사소통을 촉진할 수 있다.

⑤ 팀워크가 강조되는 현대 사회의 새로운 조직 유형에 부합한다.

38 다음 〈보기〉 중 국회의 예산심의에 대한 설명으로 옳은 것을 모두 고르면?

─────〈보기〉─────

ㄱ. 상임위원회의 예비심사를 거친 예산안은 예산결산특별위원회에 회부된다.

ㄴ. 예산결산특별위원회의 심사를 거친 예산안은 본회의에 부의된다.

ㄷ. 예산결산특별위원회를 구성할 때에는 그 활동기한을 정하여야 한다. 다만, 본회의의 의결로 그 기간을 연장할 수 있다.

ㄹ. 예산결산특별위원회는 소관 상임위원회의 동의없이 새 비목을 설치할 수 있다.

① ㄱ, ㄴ ② ㄱ, ㄷ

③ ㄱ, ㄷ, ㄹ ④ ㄴ, ㄷ, ㄹ

⑤ ㄱ, ㄴ, ㄷ, ㄹ

39 다음 중 노동법의 성질이 다른 하나는?

① 산업안전보건법   ② 남녀고용평등법

③ 산업재해보상보험법   ④ 근로자참여 및 협력증진에 관한 법

⑤ 고용보험법

40 다음 중 근로기준법에 대한 설명으로 옳은 것은?

① 근로자와 사용자는 각자가 단체협약, 취업규칙과 근로계약을 지키고 성실하게 이행할 의무가 있다.

② 사용자는 근로자에게 폭행을 하지 못한다. 그러나 사고의 발생이나 그 밖의 특수한 상황일 경우 가능하다.

③ 사용자는 근로자가 근로시간 중에 선거권, 그 밖의 공민권(公民權) 행사 또는 공(公)의 직무를 집행하기 위하여 필요한 시간을 청구하면 거부할 수 있다.

④ 사용자란 사업주 또는 사업 경영 담당자, 그 밖에 근로자에 관한 사항에 대하여 노동조합을 위하여 행위하는 자를 말한다.

⑤ 사용자는 전차금(前借金)이나 그 밖에 근로할 것을 조건으로 하는 전대(前貸)채권과 임금을 상계할 수 있다.

41 재무정보가 유용하기 위해 갖추어야 할 주요 속성으로는 크게 근본적인 질적 특성인 목적적합성과 충실한 표현, 즉 표현의 충실성으로 볼 수 있다. 다음 중 이러한 근본적 질적 특성을 보강해 주는 보강적 질적 특성에 해당하지 않는 것은?

① 비교가능성   ② 검증가능성

③ 적시성   ④ 생산성

⑤ 이해가능성

42 甲은 자신의 J건물을 乙에게 5천만 원에 매도하는 계약을 체결한 후, J건물을 丙에게 8천만 원에 매도·인도하고 소유권이전등기도 해 주었다. 다음 중 옳지 않은 것은?(단, 다툼이 있는 경우 판례에 따른다)

① 甲과 丙 사이의 매매계약이 유효한 경우, 乙은 채권자취소권을 행사할 수 있다.
② 甲과 丙 사이의 매매계약이 유효한 경우, 乙은 甲에게 채무불이행을 이유로 손해배상을 청구할 수 있다.
③ 甲과 丙 사이의 매매계약이 반사회적 법률행위로 무효인 경우, 乙은 甲을 대위하여 丙에게 J건물에 대한 소유권이전등기의 말소를 청구할 수 있다.
④ 甲과 丙 사이의 매매계약이 반사회적 법률행위로 무효인 경우, 甲은 소유권에 기하여 丙에게 J건물의 반환을 청구할 수 없다.
⑤ 丙이 甲과 乙 사이의 매매사실을 알면서 甲의 배임행위에 적극 가담하여 甲과 계약을 체결한 경우, 甲과 丙 사이의 매매계약은 무효이다.

43 J주식회사의 2024년도 매입액이 ₩150,000이었고, 부가가치율이 25%였다면 해당 연도의 매출액은 얼마인가?

① ₩180,000　　　　　　② ₩200,000
③ ₩220,000　　　　　　④ ₩240,000
⑤ ₩260,000

44 다음 중 재단법인에 대한 설명으로 옳은 것은?(단, 다툼이 있는 경우 판례에 따른다)

① 재단법인은 유언으로 설립할 수 없다.
② 재단법인이 기본재산을 처분할 경우 주무관청의 허가를 얻어야 한다.
③ 재단법인의 출연자는 착오를 이유로 출연의 의사표시를 취소할 수 없다.
④ 재단법인의 출연자가 출연재산과 그 목적을 정하지 않고 사망한 때에는 주무관청이 이를 정한다.
⑤ 재단법인의 목적을 달성할 수 없는 경우, 이사는 설립자의 동의가 있으면 주무관청의 허가 없이 그 목적을 변경할 수 있다.

45 다음 중 근로기준법상 근로시간과 휴식에 대한 설명으로 옳지 않은 것은?

① 1일의 근로시간은 휴게시간을 제외하고 8시간을 초과할 수 없다.

② 사용자는 근로자에게 1주에 평균 1회 이상의 유급휴일을 보장하여야 한다.

③ 사용자는 연장근로에 대하여는 통상임금의 100분의 50 이상을 가산하여 근로자에게 지급하여야 한다.

④ 사용자는 야간근로에 대하여는 통상임금의 100분의 80 이상을 가산하여 근로자에게 지급하여야 한다.

⑤ 사용자는 8시간 이내의 휴일근로에 대하여는 통상임금의 100분의 50 이상을 가산하여 근로자에게 지급하여야 한다.

46 다음 중 액면가가 10,000원, 만기가 5년, 표면이자율이 0%인 순할인채 채권의 듀레이션은?

① 5년
② 6년
③ 7년
④ 8년
⑤ 9년

47 다음 중 근로3권에 대한 설명으로 옳지 않은 것은?(단, 다툼이 있는 경우 대법원 및 헌법재판소 판례에 따른다)

① 노동조합으로 하여금 행정관청이 요구하는 경우 결산결과와 운영상황을 보고하도록 하고 그 위반 시 과태료에 처하도록 하는 것은 노동조합의 단결권을 침해하는 것이 아니다.

② 근로자에게 보장된 단결권의 내용에는 단결할 자유뿐만 아니라 노동조합을 결성하지 아니할 자유나 노동조합에 가입을 강제당하지 아니할 자유, 그리고 가입한 노동조합을 탈퇴할 자유도 포함된다.

③ 노동조합 및 노동관계조정법상의 근로자성이 인정되는 한, 출입국관리 법령에 의하여 취업활동을 할 수 있는 체류자격을 얻지 아니한 외국인 근로자도 노동조합의 결성 및 가입이 허용되는 근로자에 해당된다.

④ 국가비상사태하에서라도 단체교섭권·단체행동권이 제한되는 근로자의 범위를 구체적으로 제한함이 없이 그 허용 여부를 주무관청의 조정결정에 포괄적으로 위임하고 이에 위반할 경우 형사처벌하도록 규정하는 것은 근로3권의 본질적인 내용을 침해하는 것이다.

⑤ 하나의 사업 또는 사업장에 두 개 이상의 노동조합이 있는 경우 단체교섭에 있어 그 창구를 단일화하도록 하고 교섭대표가 된 노동조합에게만 단체교섭권을 부여한 교섭창구단일화제도는 교섭대표노동조합이 되지 못한 노동조합의 단체교섭권을 침해하는 것이 아니다.

48 다음 중 비례대표제에 대한 설명으로 옳지 않은 것은?

① 사표를 방지하여 소수자의 대표를 보장한다.

② 군소정당의 난립이 방지되어 정국의 안정을 가져온다.

③ 득표수와 정당별 당선의원의 비례관계를 합리화시킨다.

④ 그 국가의 정당사정을 고려하여 채택하여야 한다.

⑤ 명부의 형태에 따라 고정명부식, 가변명부식, 자유명부식으로 구분할 수 있다.

49 다음 중 항고소송의 대상이 되는 처분에 대한 대법원 판례의 입장으로 옳지 않은 것은?

① 조례가 집행행위의 개입 없이도 그 자체로써 국민의 구체적인 권리·의무나 법적 이익에 영향을 미치는 등 법률상 효과를 발생시키는 경우 그 조례는 항고소송의 대상이 되는 처분이다.

② 내부행위나 중간처분이라도 그로써 실질적으로 국민의 권리가 제한되거나 의무가 부과되면 항고소송의 대상이 되는 처분이다. 따라서 개별공시지가결정은 처분이다.

③ 상표권의 말소등록이 이루어져도 법령에 따라 회복등록이 가능하고 회복신청이 거부된 경우에는 그에 대한 항고소송이 가능하므로 상표권의 말소등록행위 자체는 항고소송의 대상이 될 수 없다.

④ 국·공립대학교원 임용지원자가 임용권자로부터 임용거부를 당하였다면 이는 거부처분으로서 항고소송의 대상이 된다.

⑤ 어업면허에 선행하는 우선순위결정은 최종적인 법적 효과를 가져오는 것이 아니므로 처분이 아니지만, 어업면허우선순위결정 대상탈락자 결정은 최종적인 법적 효과를 가져오므로 처분이다.

50 다음 중 신공공관리론에 대한 설명으로 옳은 것을 〈보기〉에서 모두 고르면?

━━━━━━〈보기〉━━━━━━

ㄱ. 기업경영의 논리와 기법을 정부에 도입·접목하려는 노력이다.

ㄴ. 정부 내의 관리적 효율성에 초점을 맞추고, 규칙 중심의 관리를 강조한다.

ㄷ. 거래비용이론, 공공선택론, 주인－대리인이론 등을 이론적 기반으로 한다.

ㄹ. 중앙정부의 감독과 통제의 강화를 통해 일선공무원의 책임성을 강화시킨다.

ㅁ. 효율성을 지나치게 강조하는 과정에서 민주주의의 책임성이 결여될 수 있다는 한계가 있다.

① ㄱ, ㄴ, ㄷ   ② ㄱ, ㄷ, ㄹ

③ ㄱ, ㄷ, ㅁ   ④ ㄴ, ㄷ, ㅁ

⑤ ㄴ, ㄹ, ㅁ

01 어떤 회로에 $V=15+j4$V의 전압을 가하면 $I=40+j20$A의 전류가 흐른다. 이 회로의 유효전력은?

① 640W ② 650W

③ 660W ④ 670W

⑤ 680W

02 어떤 커패시터에 가하는 전압을 2배로 늘릴 때 커패시터 용량의 변화는?(단, 전하량은 변하지 않는다)

① 4배 감소한다.

② 2배 감소한다.

③ 변하지 않는다.

④ 2배 증가한다.

⑤ 4배 증가한다.

03 면적이 100cm^{2}이고 간극이 1mm인 평행판 콘덴서 사이에 비유전율이 4인 유전체를 채우고 10kV의 전압을 가할 때, 극판에 저장되는 전하량은?

① $1.87 \times 10^{-6} C$ ② $3.54 \times 10^{-6} C$

③ $5.23 \times 10^{-6} C$ ④ $1.05 \times 10^{-4} C$

⑤ $2.23 \times 10^{-4} C$

04 어떤 전위 함수가 $V(x, y, z)=5x+6y^2$로 주어질 때, 점(2, -1, 3)에서 전계의 세기는?

① 10V/m ② 12V/m

③ 13V/m ④ 15V/m

⑤ 16V/m

05 다음과 같은 회로에서 $a - b$ 사이에 걸리는 전압의 크기는?

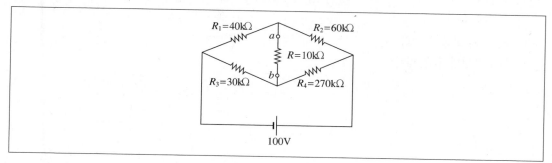

① 0V

② 15V

③ 30V

④ 45V

⑤ 60V

06 다음 〈보기〉 중 저항 R의 크기에 대한 설명으로 옳은 것을 모두 고르면?

―〈보기〉―
ㄱ. 저항은 고유저항에 비례한다.
ㄴ. 저항은 단면적의 넓이에 비례한다.
ㄷ. 저항은 길이에 비례한다.
ㄹ. 저항의 길이가 n배, 단면적의 넓이가 n배 증가하면 저항의 크기는 n^2배 증가한다.

① ㄱ, ㄷ

② ㄴ, ㄷ

③ ㄱ, ㄷ, ㄹ

④ ㄴ, ㄷ, ㄹ

⑤ ㄱ, ㄴ, ㄷ, ㄹ

07 다음 중 발전기의 안정도를 향상시킬 수 있는 방안으로 옳지 않은 것은?

① 제동권선을 설치한다.

② 속응여자방식을 채택한다.

③ 조속기의 감도를 예민하게 한다.

④ 단락비를 크게 하여 동기리액턴스의 크기를 감소시킨다.

⑤ 전압변동률을 작게 하여 동기리액턴스의 크기를 감소시킨다.

08 다음 중 전류에 의한 자계의 세기와 관계가 있는 법칙은 무엇인가?

① 비오 – 사바르의 법칙   ② 렌츠의 법칙

③ 키르히호프의 법칙   ④ 옴의 법칙

⑤ 플레밍의 왼손 법칙

09 소모 전력이 150kW인 어떤 공장의 부하역률이 60%일 때, 역률을 90%로 개선하기 위해 필요한 전력용 콘덴서의 용량은?

① 약 67.1kVA   ② 약 86.7kVA

③ 약 103.9kVA   ④ 약 112.1kVA

⑤ 약 127.3kVA

10 다음 중 동기발전기를 병렬로 운전할 수 있는 조건으로 옳지 않은 것은?

① 기전력의 크기가 같을 것   ② 기전력의 위상이 같을 것

③ 기전력의 주파수가 같을 것   ④ 발전기의 초당 회전수가 같을 것

⑤ 기련력의 상회전 방향이 같을 것

11 다음 중 무손실 선로의 분포 정수 회로에서 감쇠정수(α)와 위상정수(β)의 값은?

	α	β
①	0	$\omega\sqrt{LC}$
②	0	$\dfrac{1}{\sqrt{LC}}$
③	$\sqrt{RG}$	$\omega\sqrt{LC}$
④	$\sqrt{LG}$	$\dfrac{1}{\sqrt{LC}}$
⑤	$G\sqrt{RL}$	$\sqrt{\dfrac{L}{C}}$

12 다음은 리플프리(Ripple-Free) 직류에 대한 설명이다. 빈칸에 들어갈 수로 옳은 것은?

> 리플프리 직류란 직류 성분에 대하여 _____%를 넘지 않는 실횻값을 갖는 직류 전압을 말한다. 공칭 전압
> 120V 리플프리 직류 전원 시스템에서 최고 첨두치 전압은 140V를 넘지 않으며, 리플프리 직류 전원 60V에서
> 최고 첨두치 전압은 70V를 넘지 않는다.

① 1
② 2
③ 5
④ 10
⑤ 37

13 30극, 360rpm의 3상 동기 발전기가 있다. 전 슬롯수 240, 2층권 각 코일의 권수 6, 전기자 권선은 성형으로, 단자 전압 6,600V인 경우 1극의 자속은 얼마인가?(단, 권선 계수는 0.85라 한다)

① 약 0.035Wb
② 약 0.375Wb
③ 약 0.066Wb
④ 약 0.762Wb
⑤ 약 0.085Wb

14 인덕턴스가 100mH인 코일에 전류가 0.5초 사이에 10A에서 20A로 변할 때, 이 코일에 유도되는 평균기전력과 자속의 변화량은?(단, 코일은 1회 감겨 있다)

	평균기전력[V]	자속의 변화량[Wb]
①	1	0.5
②	1	1
③	2	0.5
④	2	1
⑤	3	2

15 다음 회로에서 두 점 a, b의 전위차는?

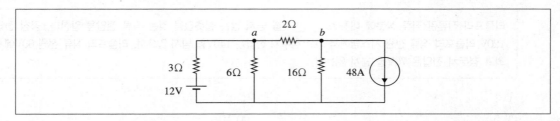

① 33.2V ② 46.2V
③ 68.8V ④ 77.6V
⑤ 80.8V

16 다음 중 충전된 대전체를 대지(大地)에 연결하면 대전체는 어떻게 되는가?

① 방전된다. ② 반발한다.
③ 충전이 계속된다. ④ 반발과 흡인을 반복한다.
⑤ 대전한다.

17 N회 감긴 환상코일의 단면적이 $S\mathrm{m}^2$이고 평균길이가 $l\mathrm{m}$일 때, 이 코일의 권수는 3배로 증가시키고 인덕턴스를 일정하게 유지하기 위한 조건으로 옳은 것은?

① 단면적을 $\dfrac{1}{9}$배로 좁힌다.

② 비투자율을 $\dfrac{1}{3}$배로 조정한다.

③ 비투자율을 3배로 조정한다.

④ 전류의 세기를 9배로 늘린다.

⑤ 길이를 3배로 늘린다.

18 실횻값 7A, 주파수 fHz, 위상 60°인 전류의 순시값 i를 수식으로 바르게 표현한 것은?

① $7\sqrt{2}\,sin\left(2\pi ft+\dfrac{\pi}{6}\right)$ ② $7sin\left(2\pi ft+\dfrac{\pi}{6}\right)$

③ $7\sqrt{2}\,sin\left(2\pi ft-\dfrac{\pi}{3}\right)$ ④ $7\sqrt{2}\,sin\left(2\pi ft+\dfrac{\pi}{3}\right)$

⑤ $7sin\left(2\pi ft+\dfrac{\pi}{3}\right)$

19 함수 $f(t) = 2t^4$에 대한 $\mathcal{L}[f(t)]$는?

① $\dfrac{10}{s^5}$

② $\dfrac{48}{s^5}$

③ $\dfrac{8}{s^4}$

④ $\dfrac{24}{s^4}$

⑤ $\dfrac{6}{s^3}$

20 다음 〈보기〉 중 비유전율에 대한 설명으로 옳은 것은 모두 몇 개인가?

---〈보기〉---

ㄱ. 모든 유전체의 비유전율은 1보다 크다.

ㄴ. 비유전율의 단위는 [C/m]이다.

ㄷ. 어떤 물질의 비유전율은 진공 중의 유전율에 대한 물질의 유전율의 비이다.

ㄹ. 비유전율은 절연물의 종류에 따라 다르다.

ㅁ. 산화티탄 자기의 비유전율이 유리의 비유전율보다 크다.

ㅂ. 진공 중의 비유전율은 0이다.

ㅅ. 진공 중의 유전율은 $\dfrac{1}{36\pi} \times 10^9$[F/m]로 나타낼 수 있다.

---

① 없음

② 1개

③ 2개

④ 3개

⑤ 4개

21 다음 〈보기〉 중 가공지선의 설치 목적으로 옳은 것을 모두 고르면?

---〈보기〉---

ㄱ. 직격뢰로부터의 차폐

ㄴ. 선로정수의 평형

ㄷ. 유도뢰로부터의 차폐

ㄹ. 통신선유도장애 경감

---

① ㄴ, ㄹ

② ㄱ, ㄴ, ㄹ

③ ㄱ, ㄷ, ㄹ

④ ㄴ, ㄷ, ㄹ

⑤ ㄱ, ㄴ, ㄷ, ㄹ

22 다음 중 동기발전기 전기자 반작용에 대한 설명으로 옳은 것은?

① 유기 기전력과 전기자 전류가 동상인 경우 직축 반작용을 한다.

② 뒤진역률일 경우, 즉 전류가 전압보다 90° 뒤질 때는 증자작용을 한다.

③ 전기자 전류에 의해 발생한 자기장이 계자 자속에 영향을 주는 현상이다.

④ 계자전류에 의한 자속이 전기자전류에 의한 자속에 영향을 주는 현상이다.

⑤ 앞선역률일 경우, 즉 전류가 전압보다 90° 앞설 때는 교차 자화 작용을 한다.

23 도전율 σ, 투자율 μ인 도체에 주파수가 f인 교류전류가 흐를 때, 표피효과에 대한 설명으로 옳은 것은?

① σ가 클수록, μ, f가 작을수록 표피효과는 커진다.

② μ가 클수록, σ, f가 작을수록 표피효과는 커진다.

③ μ, f가 클수록 σ가 작을수록 표피효과는 커진다.

④ σ, μ, f가 작을수록 표피효과는 커진다.

⑤ σ, μ, f가 클수록 표피효과는 커진다.

24 저항이 $5\,\Omega$인 $R-L$ 직렬회로에 실횻값 200V인 정현파 전원을 연결하였다. 이때 실횻값 10A의 전류가 흐른다면 회로의 역률은?

① 0.25
② 0.4
③ 0.5
④ 0.75
⑤ 0.8

25 어떤 회로에 전압 100V를 인가하였다. 이때 유효전력이 300W이고 무효전력이 400Var라면 회로에 흐르는 전류는?

① 2A
② 3A
③ 4A
④ 5A
⑤ 6A

26 자기장의 코일이 있다. 권수 $N=2,000$, 저항 $R=12\,\Omega$으로 전류 $I=10$A를 통했을 때의 자속이 $\Phi=6\times10^{-2}$Wb이다. 이 회로의 시상수는?

① 0.01초   ② 0.1초

③ 1초   ④ 10초

⑤ 60초

27 다음 회로의 역률과 유효전력을 바르게 짝지은 것은?

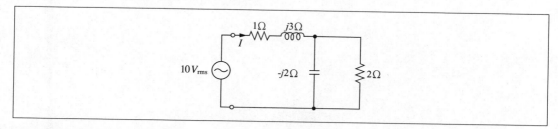

	역률	유효전력[W]
①	0.5	25
②	0.5	50
③	$\dfrac{\sqrt{2}}{2}$	25
④	$\dfrac{\sqrt{2}}{2}$	50
⑤	1	25

28 다음 〈보기〉 중 저항 R, 인덕터 L, 커패시터 C 등의 회로 소자들을 직렬회로로 연결했을 경우에 나타나는 특성에 대한 설명으로 옳은 것을 모두 고르면?

─〈보기〉─

ㄱ. 인덕터 L만으로 연결된 회로에서 유도 리액턴스 $X_L=\omega L\,\Omega$이고, 전류는 전압보다 위상이 90° 앞선다.

ㄴ. 저항 R과 인덕터 L를 직렬로 연결했을 때의 합성임피던스는 $|Z|=\sqrt{R^2+(wL)^2}\,\Omega$이다.

ㄷ. 저항 R과 커패시터 C를 직렬로 연결했을 때의 합성임피던스는 $|Z|=\sqrt{R^2+(wC)^2}\,\Omega$이다.

ㄹ. 저항 R, 인덕터 L, 커패시터 C를 직렬로 연결했을 때의 양호도는 $Q=\dfrac{1}{R}\sqrt{\dfrac{L}{C}}$으로 정의한다.

① ㄱ, ㄴ   ② ㄴ, ㄹ

③ ㄱ, ㄷ, ㄹ   ④ ㄴ, ㄷ, ㄹ

⑤ ㄱ, ㄴ, ㄷ, ㄹ

29 다음 중 유전체의 경계면 조건에 대한 설명으로 옳지 않은 것은?

① 완전유전체 내에서는 자유전하가 존재하지 않는다.

② 유전율이 서로 다른 두 유전체의 경계면에서 전계의 수평(접선) 성분이 같다.

③ 유전체의 경계면에서 전속밀도의 수직(법선) 성분은 서로 다르고 불연속적이다.

④ 유전체의 표면전하 밀도는 유전체 내의 구속전하의 변위 현상에 의해 발생한다.

⑤ 경계면에 외부 전하가 있으면 유전체의 외부와 내부의 전하는 평형을 이루지 않는다.

30 다음 〈보기〉 중 RLC 병렬회로의 동작에 대한 설명으로 옳은 것을 모두 고르면?

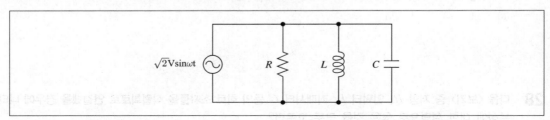

─────〈보기〉─────

ㄱ. 각 소자 R, L, C의 양단에 걸리는 전압은 전원전압과 같다.

ㄴ. 회로의 어드미턴스 $Y = \dfrac{1}{R} + j\left(\omega L - \dfrac{1}{\omega C}\right)$ 이다.

ㄷ. ω를 변화시켜 공진일 때 전원에서 흘러나오는 모든 전류는 R에만 흐른다.

ㄹ. L에 흐르는 전류와 C에 흐르는 전류는 동상(In Phase)이다.

ㅁ. 모든 에너지는 저항 R에서만 소비된다.

① ㄱ, ㅁ   ② ㄱ, ㄴ, ㄹ

③ ㄱ, ㄷ, ㅁ   ④ ㄴ, ㄷ, ㄹ

⑤ ㄴ, ㄹ, ㅁ

31 다음 중 직류 및 교류 송전에 대한 설명으로 옳지 않은 것은?

① 교류 송전은 유도장해가 발생한다.

② 직류 송전은 비동기 연계가 가능하다.

③ 직류 송전은 코로나손 및 전력손실이 작다.

④ 교규 송전은 차단 및 전압의 승압과 강압이 쉽다.

⑤ 직류 송전은 차단기 설치 및 전압의 변성이 쉽다.

32 다음 송전선로의 코로나 손실을 나타내는 Peek의 계산식에서 E_0가 의미하는 것은?

$$P = \frac{241}{\delta}(f+25)\sqrt{\frac{d}{2D}}(E-E_0)^2 \times 10^{-5}$$

① 송전단 전압   ② 수전단 전압

③ 코로나 임계전압   ④ 기준충격 절연강도 전압

⑤ 전선에 걸리는 대지전압

33 다음은 교류 정현파의 최댓값과 다른 값들과의 상관관계를 나타낸 자료이다. 실횻값(A)과 파고율(B)은?

파형	최댓값	실횻값	파형률	파고율
교류 정현파	V_m	(A)	$\dfrac{\pi}{2\sqrt{2}}$	(B)

        (A)   (B)

① $\dfrac{V_m}{\sqrt{2}}$ $\dfrac{1}{\sqrt{2}}$

② $\dfrac{V_m}{\sqrt{2}}$ $\sqrt{2}$

③ $\sqrt{2}\,V_m$ $\dfrac{1}{\sqrt{2}}$

④ $\sqrt{2}\,V_m$ $\sqrt{2}$

⑤ $2\sqrt{2}\,V_m$ $\dfrac{1}{\sqrt{2}}$

34 RLC 병렬회로에서 저항 10Ω, 인덕턴스 100H, 정전용량 $10^4\mu F$일 때, 공진 현상이 발생하였다. 이때, 공진 주파수는?

① $\dfrac{1}{2\pi}\times10^{-3}\mathrm{Hz}$

② $\dfrac{1}{2\pi}\mathrm{Hz}$

③ $\dfrac{1}{\pi}\mathrm{Hz}$

④ $\dfrac{10}{\pi}\mathrm{Hz}$

⑤ $\pi\,\mathrm{Hz}$

35 3상 변압기의 임피던스가 Z이고, 선간 전압이 V, 정격 용량이 P일 때, $\%Z$의 값은?

① $\dfrac{PZ}{V}$

② $\dfrac{10PZ}{V}$

③ $\dfrac{PZ}{10\,V^2}$

④ $\dfrac{PZ}{100\,V^2}$

⑤ $\dfrac{PZ}{1,000\,V^2}$

36 다음 중 권선형 유도 전동기와 농형 유도 전동기를 비교한 내용으로 옳은 것은?

① 권현형 유도 전동기는 농형 유도 전동기보다 저렴하다.
② 권선형 유도 전동기는 농형 유도 전동기보다 용량이 크다.
③ 권선형 유도 전동기는 농형 유도 전동기보다 구동토크가 크다.
④ 권선형 유도 전동기는 농형 유도 전동기보다 기동전류가 크다.
⑤ 권선형 유도 전동기는 농형 유도 전동기보다 구조가 복잡하다.

37 다음 중 고압회로의 큰 전류를 적은 전류로 변성하여 사용하는 전류 변성기는?

① PT

② CT

③ OVR

④ OCR

⑤ DSR

38 다음 중 정상특성과 응답속응성을 동시에 개선할 수 있는 제어동작은?

① 비례동작(P동작)

② 적분동작(I동작)

③ 비례미분동작(PD동작)

④ 비례적분동작(PI동작)

⑤ 비례적분미분동작(PID동작)

39 다음 중 배전방식에 대한 설명으로 옳지 않은 것은?

① 망상식 방식은 건설비가 비싸다.

② 망상식 방식은 무정전 공급이 가능하다.

③ 환상식 방식은 전류 통로에 대한 융통성이 있다.

④ 뱅킹 방식은 전압 강하 및 전력 손실을 경감한다.

⑤ 수지식 방식은 전압 변동이 크고 정전 범위가 좁다.

40 다음 중 정전계 내 도체가 있을 때, 이에 대한 설명으로 옳지 않은 것은?

① 도체표면은 등전위면이다.

② 도체내부의 정전계 세기는 0이다.

③ 등전위면의 간격이 좁을수록 정전계 세기가 크게 된다.

④ 도체표면상에서 정전계 세기는 모든 점에서 표면의 접선방향으로 향한다.

⑤ 도체에 작용하는 전기력선은 서로 교차하지 않으며, 양에서 음으로 향한다.

41 다음 중 논리식 $f = A \overline{B} + \overline{A} B + A B$를 간단히 하면?

① $f = \overline{A} + \overline{B}$

② $f = A B$

③ $f = \overline{A} B + \overline{B} A$

④ $f = A + B$

⑤ $f = \overline{A} (A + B) +$

42 다음 중 펄스 파형에서 오버슈트의 정의로 옳은 것은?

① 상승 파형에서 이상적인 펄스의 파형보다 높은 부분이다.
② 펄스의 파형 중 이상적인 펄스 진폭의 50%를 넘는 부분이다.
③ 이상적인 파형에 비하여 10%의 크기가 되는 데 걸리는 시간이다.
④ 증폭기에서 고역 차단 주파수와 저역 차단 주파수 사이의 주파수 폭이다.
⑤ 하강 파형에서 이상적인 펄스파의 기본 레벨보다 아래로 내려가는 높이다.

43 다음 중 신호파의 변화를 반송파의 주파수 변화로 변조하여 전송하는 변조 방식은?

① 위상 변조   ② 진폭 변조
③ 델타 변조   ④ 펄스 코드 변조
⑤ 주파수 변조

44 다음 그림과 같은 회로의 명칭은?

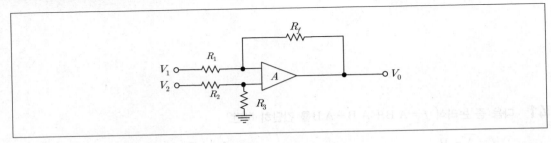

① 가산 증폭기   ② 미분 증폭기
③ 부호 변환 증폭기   ④ 차동 증폭기
⑤ 적분 증폭기

45 다음 중 함수 $f(t)$와 라플라스 변환한 $\mathcal{L}(f)$의 값이 옳지 않은 것은?

	$f(t)$	$\mathcal{L}(f)$
①	$4\cos wt - 3\sin wt$	$\dfrac{4s - 3w}{s^2 + w^2}$
②	$3t^2 - 4t + 1$	$\dfrac{18}{s^3} - \dfrac{8}{s^2} + \dfrac{1}{s}$
③	$e^{2t} + 5e^t - 6$	$\dfrac{1}{s-2} + \dfrac{5}{s-1} - \dfrac{6}{s}$
④	$\cosh 5t$	$\dfrac{s}{s^2 - 25}$
⑤	3	$\dfrac{3}{s}$

46 $e = \sqrt{2}\,\mathrm{V}\sin\theta$의 단상 전압을 SCR 한 개로 반파 정류하여 부하에 전력을 공급하는 경우, $\alpha = 60°$에서 점호하면 직류분 전압은?

① 0.338V
② 0.395V
③ 0.672V
④ 0.785V
④ 0.826V

47 다음 그림과 같은 단상 전파 정류에서 직류 전압 100V를 얻는 데 필요한 변압기 2차 한상의 전압은?(단, 부하는 순저항으로 하고 변압기 내의 전압 강하는 무시하며, 정류기의 전압 강하는 10V로 한다)

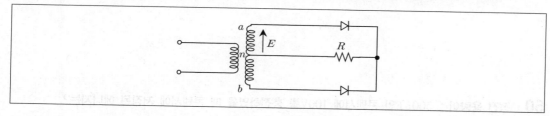

① 약 108V
② 약 122V
③ 약 136V
④ 약 150V
⑤ 약 164V

48 다음 그림과 같은 단상 반파 정류 회로에서 R에 흐르는 직류 전류는?(단, $V = 100V$, $R = 10\sqrt{2}$ 이다)

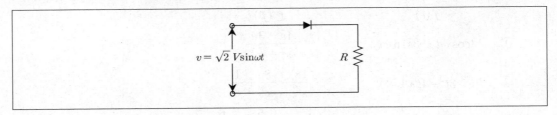

$v = \sqrt{2}\, V\sin\omega t \qquad R$

① 약 2.28A 　　　　　　　　　② 약 3.2A
③ 약 4.5A 　　　　　　　　　④ 약 7.07A
⑤ 약 10.01A

49 다음 중 PN접합 다이오드의 역할로 옳은 것은?

① 증폭작용 　　　　　　　　　② 발진작용
③ 정류작용 　　　　　　　　　④ 변조작용
⑤ 승압작용

50 정전 용량이 $2{,}500\mu F$인 콘덴서에 100V를 충전하였을 때 콘덴서에 저장된 에너지는?

① 5J 　　　　　　　　　　　　② 12.5J
③ 25J 　　　　　　　　　　　④ 125J
⑤ 250J

| 03 | 기계

01 다음 중 정적 가열과 정압 가열이 동시에 이루어지는 고속 디젤 엔진의 사이클은?

① 오토 사이클　　　　　　　　　　② 랭킨 사이클

③ 브레이턴 사이클　　　　　　　　④ 사바테 사이클

⑤ 카르노 사이클

02 허용인장강도 600MPa의 연강봉에 50kN의 축방향 인장하중이 작용할 때 안전율이 7이라면, 강봉의 최소 지름은?

① 약 2.7cm　　　　　　　　　　② 약 3.4cm

③ 약 5.7cm　　　　　　　　　　④ 약 7.3cm

⑤ 약 9.4cm

03 다음 중 탄성계수(E), 전단탄성계수(G), 푸아송비(ν)의 관계로 옳은 것은?

① $G = \dfrac{E}{(1+2\mu)}$　　　　　　② $G = \dfrac{3E}{2(1+\mu)}$

③ $G = \dfrac{2E}{(1+\mu)}$　　　　　　④ $G = \dfrac{E}{2(1+\mu)}$

⑤ $G = \dfrac{2(1+\mu)}{E}$

04 수면에 떠 있는 선체의 저항 측정시험과 풍동실험을 통해 자동차 공기저항 측정시험을 하고자 한다. 이때, 모형과 원형 사이에 서로 역학적 상사를 이루려면 두 시험에서 공통적으로 고려해야 하는 무차원수는?

① 마하수(Ma)　　　　　　　　② 레이놀즈수(Re)

③ 오일러수(Eu)　　　　　　　④ 프루드수(Fr)

⑤ 웨버수(We)

05 다음 중 강의 담금질 열처리에서 냉각속도가 가장 느린 경우에 나타나는 조직은?

① 소르바이트
② 잔류 오스테나이트
③ 트루스타이트
④ 마텐자이트
⑤ 베이나이트

06 나무토막의 절반이 물에 잠긴 채 떠 있다. 이 나무토막에 작용하는 부력과 중력에 대한 설명으로 옳은 것은?

① 알 수 없다.
② 부력과 중력의 크기가 같다.
③ 부력에 비해 중력의 크기가 더 크다.
④ 중력에 비해 부력의 크기가 더 크다.
⑤ 물의 온도에 따라 어떤 것이 더 큰지 다르다.

07 이상적인 역 카르노 냉동사이클에서 응축온도가 330K, 증발온도가 270K일 때, 성능계수는 얼마인가?

① 1.8
② 2.7
③ 3.3
④ 4.5
⑤ 5.2

08 어떤 기체의 정압비열이 1.075kJ/kg · K이다. 이 기체의 정적비열은?(단, 기체상수는 0.287kJ/kg · K이다)

① 0.9315kJ/kg · K
② 0.788kJ/kg · K
③ 0.6445kJ/kg · K
④ 0.501kJ/kg · K
⑤ 0.3575kJ/kg · K

09 다음 중 점성계수가 μ인 유체가 지름이 D인 원형 직관 안에서 Q의 유량으로 흐르고 있다. 길이 L을 지나는 동안 발생한 압력 손실의 크기는?

① $\dfrac{32\mu QL}{\pi D^4}$

② $\dfrac{48\mu QL}{\pi D^4}$

③ $\dfrac{64\mu QL}{\pi D^4}$

④ $\dfrac{128\mu QL}{\pi D^4}$

⑤ $\dfrac{256\mu QL}{\pi D^4}$

10 구동풀리의 직경이 250mm, 종동풀리의 직경이 600mm이고, 구동풀리와 종동풀리의 축간 거리가 1,000mm 일 때, 벨트로 두 풀리를 평행걸기로 연결한다면 벨트의 길이는?(단, $\pi = 3$이다)

① 약 2,555.6mm

② 약 2,705.6mm

③ 약 3,305.6mm

④ 약 3,455.7mm

⑤ 약 3,687.6mm

11 다음 중 정상유동이 일어나는 경우는?

① 유체의 위치에 따른 속력의 변화가 0일 때
② 유체의 시간에 따른 속력의 변화가가 일정할 때
③ 유체의 유동상태가 시간에 따라 점차적으로 변화할 때
④ 유체의 모든 순간에 유동상태가 이웃하는 점들과 같을 때
⑤ 유체의 유동상태가 모든 점에서 시간에 따라 변화하지 않을 때

12 다음 중 자동차의 안정적인 선회를 위해 사용하는 차동 기어 장치에서 찾아볼 수 없는 것은?

① 링기어

② 베벨기어

③ 스퍼기어

④ 유성기어

⑤ 태양기어

13 다음 중 표준대기압이 아닌 것은?

① 14.7psi

② 760mmHg

③ 1.033mAq

④ 1.013bar

⑤ 1,013hPa

14 다음 〈보기〉 중 동점성계수에 대한 설명으로 옳은 것을 모두 고르면?

─────〈보기〉─────

ㄱ. 유체의 압력을 밀도로 나눈 값이다.

ㄴ. 유체의 점성계수를 밀도로 나눈 값이다.

ㄷ. 단위는 Poise(P)이다.

ㄹ. 단위는 Stoke(St)이다.

ㅁ. 단위로는 cm/s^2를 사용한다.

① ㄱ, ㄷ

② ㄱ, ㅁ

③ ㄴ, ㄷ

④ ㄴ, ㄹ

⑤ ㄹ, ㅁ

15 압력 50kPa, 온도 25℃인 일정량의 이상기체가 있다. 부피를 일정하게 유지하면서 압력이 처음의 1.5배가 되었을 때, 기체의 온도는 몇 ℃가 되는가?

① 약 37.51℃

② 약 78.18℃

③ 약 122.33℃

④ 약 174.08℃

⑤ 약 207.52℃

16 다음 중 공작물의 회전운동에 의하여 절삭이 이루어지는 공작기계는?

① 선반

② 슬로터

③ 프레스

④ 플레이너

⑤ 드릴링 머신

17 다음 〈보기〉 중 절삭 시 발생하는 칩에 대한 설명으로 옳은 것을 모두 고르면?

─────〈보기〉─────

ㄱ. 칩이 공구의 날 끝에 붙어 원활하게 흘러가지 못하면 균열형 칩이 생성된다.

ㄴ. 메짐성이 큰 재료를 저속으로 절삭하면 열단형 칩이 생성된다.

ㄷ. 공구의 진행 방향 위쪽으로 압축되면서 불연속적인 미끄럼이 생기면 전단형 칩이 생성된다.

ㄹ. 연성재료에서 절삭조건이 맞고 절삭저항 변동이 작으면 유동형 칩이 생성된다.

① ㄱ, ㄴ   ② ㄱ, ㄹ

③ ㄴ, ㄷ   ④ ㄴ, ㄹ

⑤ ㄷ, ㄹ

18 다음과 같이 바깥지름이 5cm이고 안지름이 3cm인 원의 극관성모멘트(I_P)는?

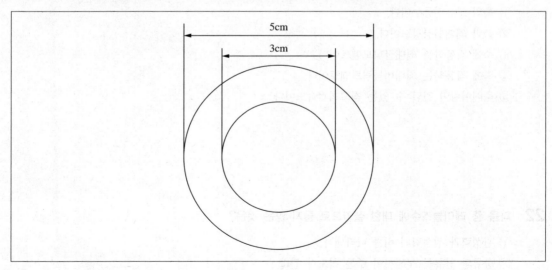

① 약 45.2cm^4 ② 약 53.4cm^4

③ 약 61.3cm^4 ④ 약 69.7cm^4

⑤ 약 75.4cm^4

19 전단 탄성계수가 80GPa인 강봉에 전단응력이 1kPa이 발생했다면 이 부재에 발생한 전단변형률 γ은?

① 12.5×10^{-3}

② 12.5×10^{-6}

③ 12.5×10^{-9}

④ 12.5×10^{-12}

⑤ 12.5×10^{-15}

20 다음 중 사각형의 단면계수를 구하는 식으로 옳은 것은?

① $Z = \dfrac{bh^2}{3}$

② $Z = \dfrac{bh^3}{30}$

③ $Z = \dfrac{\pi d^3}{32}$

④ $Z = \dfrac{bh^2}{6}$

⑤ $Z = \dfrac{bh^3}{36}$

21 다음 중 축의 위험속도에 대한 설명으로 옳은 것은?

① 축의 고유진동수이다.

② 축의 최대인장강도이다.

④ 축에 작용하는 최대굽힘모멘트이다.

④ 축에 작용하는 최대비틀림모멘트이다.

⑤ 축베어링이 견딜 수 있는 최고회전속도이다.

22 다음 중 레이놀즈수에 대한 설명으로 옳지 않은 것은?

① 관성력과 점성력의 비를 나타낸다.

② 층류와 난류를 구별하여 주는 척도가 된다.

③ 유동단면의 형상이 변하면 임계 레이놀즈수도 변한다.

④ 레이놀즈수가 작은 경우에는 점성력이 크게 영향을 미친다.

⑤ 층류에서 난류로 변하는 레이놀즈수를 하임계 레이놀즈수라고 한다.

23 직경이 50cm인 어떤 관에 동점성계수가 $5\text{cm}^2/\text{s}$인 기름이 층류로 흐를 때, 기름의 유속은?(단, 관마찰계수는 0.04이다)

① 1.2m/s

② 1.4m/s

③ 1.6m/s

④ 1.8m/s

⑤ 2m/s

24 어떤 관의 직경이 0.5m이고 관의 길이가 10m이며, 유체가 10m/s의 속도로 흐르고 있다. Darcy−Weisbach 식에 의한 마찰손실이 4.5m일 때, 이 유체의 레이놀즈수는?(단, 유체의 흐름상태는 층류이다)

① 약 1,165

② 약 1,286

③ 약 1,451

④ 약 1,512

⑤ 약 1,763

25 지름이 600mm인 드럼 브레이크의 축에 $4,500\text{N} \cdot \text{cm}$의 토크가 작용하고 있을 때, 이 축을 정지시키는 데 필요한 최소 제동력은?

① 15N

② 75N

③ 150N

④ 300N

⑤ 400N

26 지름이 30mm이고 길이가 100cm인 연강봉에 인장하중이 50kN이 작용할 때, 탄성에너지의 크기는?(단, 연강봉의 탄성계수는 303.8GPa이다)

① 약 1.59J

② 약 2.91J

③ 약 5.82J

④ 약 8.73J

⑤ 약 11.64J

27 다음 중 안전율을 가장 크게 고려해야 하는 하중은?

① 정하중
② 교번하중
③ 반복하중
④ 충격하중
⑤ 모두 같다.

28 다음 중 유압회로에서 회로 내 압력이 설정치 이상이 되면 그 압력에 의하여 밸브를 전개하여 압력을 일정하게 유지시키는 역할을 하는 밸브는?

① 시퀀스 밸브
② 유량 제어 밸브
③ 릴리프 밸브
④ 감압 밸브
⑤ 체크 밸브

29 다음 중 공압 시스템에 대한 설명으로 옳지 않은 것은?

① 유압 시스템에 비해 먼지나 습기에 민감하다.
② 유압 시스템에 비해 온도에 영향을 적게 받는다.
③ 유압 시스템에 비해 압축성이 크므로 응답속도가 늦다.
④ 유압 시스템에 비해 점성이 작으므로 압력 강하가 적다.
⑤ 유압 시스템에 비해 마찰이 적으므로 급유를 할 필요가 없다.

30 다음 중 조밀육방격자들로만 이루어진 금속은?

① W, Ni, Mo, Cr

② Mg, Ce, Ti, Co

③ V, Li, Ce, Zn

④ Mg, Ti, Zn, Cr

⑤ Zn, Ag, Ni, Y

31 다음 중 소성가공에서 가공법에 대한 설명으로 옳은 것은?

① 노칭(Notching)은 전단가공의 한 종류이다.

② 냉간가공은 재결정온도 이상의 온도에서 가공한다.

③ 가공경화는 소성가공 중 재료가 약해지는 현상이다.

④ 열간가공은 금속을 가열해 단단하게 해서 가공하는 방법이다.

⑤ 압연 시 압하율이 크면 롤 간격에서의 접촉호가 길어지므로 최고압력이 감소한다.

32 다음 중 탄성한도, 허용응력 및 사용응력 사이의 관계로 옳은 것은?

① 탄성한도 > 허용응력 ≥ 사용응력

② 탄성한도 > 사용응력 ≥ 허용응력

③ 허용응력 ≥ 사용응력 > 탄성한도

④ 사용응력 ≥ 허용응력 > 탄성한도

⑤ 사용응력 ≥ 허용응력 > 탄성한도

33 밑변이 20cm이고 높이가 30cm인 삼각형 단면이 있다. 이 삼각형의 밑변과 평행하고 도심을 지나는 축에 대한 단면 2차 모멘트의 크기는?

① $5,000\text{cm}^4$

② $15,000\text{cm}^4$

③ $25,000\text{cm}^4$

④ $35,000\text{cm}^4$

⑤ $45,000\text{cm}^4$

34 다음 중 인성(Toughness)에 대한 설명으로 옳은 것은?

① 국부 소성변형에 대한 재료의 저항성이다.

② 파괴가 일어나기까지의 재료의 에너지 흡수력이다.

③ 탄성변형에 따른 에너지 흡수력과 하중 제거에 따른 에너지의 회복력이다.

④ 파괴가 일어날 때까지의 소성변형의 정도이다.

⑤ 점성이 약하고 충격에 잘 견디는 성질이다.

35 다음과 같은 벤추리관에 비중이 γ_{oil}인 기름이 흐를 때, 2지점에서의 속력(v_2)을 D_1, D_2, h, γ_{oil}, γ_m으로 바르게 표현한 것은?

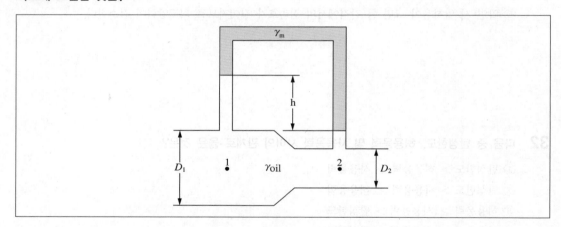

① $\sqrt{\dfrac{gh\left(\dfrac{\gamma_m}{\gamma_{oil}}-1\right)}{1-\left(\dfrac{D_2}{D_1}\right)^4}}$

② $\sqrt{\dfrac{2gh\left(\dfrac{\gamma_m}{\gamma_{oil}}-1\right)}{1-\left(\dfrac{D_2}{D_1}\right)^4}}$

③ $\sqrt{\dfrac{gh\left(\dfrac{\gamma_m}{\gamma_{oil}}-1\right)}{1-\left(\dfrac{D_2}{D_1}\right)^2}}$

④ $\sqrt{\dfrac{2gh\left(\dfrac{\gamma_m}{\gamma_{oil}}-1\right)}{1-\left(\dfrac{D_2}{D_1}\right)^2}}$

⑤ $2\sqrt{\dfrac{gh\left(\dfrac{\gamma_m}{\gamma_{oil}}-1\right)}{1-\left(\dfrac{D_2}{D_1}\right)^2}}$

36 다음 중 증기압축식 냉동기에서 냉매가 움직이는 경로를 순서대로 바르게 나열한 것은?

① 압축기 → 증발기 → 응축기 → 팽창밸브 → 압축기
② 압축기 → 증발기 → 팽창밸브 → 응축기 → 압축기
③ 압축기 → 응축기 → 증발기 → 팽창밸브 → 압축기
④ 압축기 → 응축기 → 팽창밸브 → 증발기 → 압축기
⑤ 압축기 → 팽창밸브 → 증발기 → 응축기 → 압축기

37 다음 중 합금강에 첨가하는 원소와 얻을 수 있는 효과를 바르게 연결한 것은?

① W : 경도를 낮추어 가공성을 강화시킨다.
② Ni : 내식성이 증가되고 크리프 저항을 증가시킨다.
③ Mn : 청열 메짐을 방지하고 내마모성을 증가시킨다.
④ Cr : 전자기적 성질을 개선하고 내마멸성을 증가시킨다.
⑤ Mo : 담금질 깊이를 깊게 하고 크리프 저항을 증가시킨다.

38 다음 중 Y합금의 주요 성분을 바르게 나열한 것은?

① Al – Cu – Ni
② Al – Cu – Cr
③ Co – Cr – W – Ni
④ Al – Cu – Mg – Ni
⑤ Al – Cu – Mg – Mn

39 다음 중 알루미늄에 많이 적용되며 다양한 색상의 유기염료를 사용하여 소재표면에 안정되고 오래가는 착색 피막을 형성하는 표면처리방법은?

① 침탄법 ② 화학증착법
③ 양극산화법 ④ 크로마이징
⑤ 고주파경화법

40 실린더 내부 유체가 외부로부터 68kJ/kg의 일을 받아 외부로 36kJ/kg의 열을 방출하였다. 이때, 유체의 내부에너지의 변화로 옳은 것은?

① 내부에너지는 32kJ/kg 증가하였다.
② 내부에너지는 32kJ/kg 감소하였다.
③ 내부에너지는 36kJ/kg 증가하였다.
④ 내부에너지는 104kJ/kg 감소하였다.
⑤ 내부에너지는 104kJ/kg 증가하였다.

41 다음 중 분자량이 30인 에탄의 기체상수는?

① 약 0.033J/g · K ② 약 0.277J/g · K
③ 약 2.499J/g · K ④ 약 2.778J/g · K
⑤ 약 249.92J/g · K

42 다음 중 1냉동톤(1RT)에 대한 정의로 옳은 것은?

① 4℃인 물 1kg을 1시간 동안 0℃의 얼음으로 만들 때 냉각해야 할 열량이다.

② 0℃인 물 1kg을 1시간 동안 0℃의 얼음으로 만들 때 냉각해야 할 열량이다.

③ 0℃인 물 1kg을 24시간 동안 0℃의 얼음으로 만들 때 냉각해야 할 열량이다.

④ 0℃인 물 1,000kg을 1시간 동안 0℃의 얼음으로 만들 때 냉각해야 할 열량이다.

⑤ 0℃인 물 1,000kg을 24시간 동안 0℃의 얼음으로 만들 때 냉각해야 할 열량이다.

43 다음 중 고압 증기터빈에서 저압 증기터빈으로 유입되는 증기의 건도를 높여 상대적으로 높은 보일러압력을 사용할 수 있게 하고, 터빈일을 증가시키며 터빈출구의 건도를 높이는 사이클은?

① 재열 사이클   ② 재생 사이클

③ 과열 사이클   ④ 스털링 사이클

⑤ 카르노 사이클

44 다음 중 절삭가공에 대한 설명으로 옳은 것은?

① 경질재료일수록 절삭저항이 감소하여 표면조도가 양호하다.

② 절삭속도를 증가시키면 유동형 칩이 생성되어 수명이 연장된다.

③ 절삭깊이를 감소시키면 구성인선이 감소하여 표면조도가 양호하다.

④ 절삭속도를 증가시키면 절삭저항이 증가하여 표면조도가 불량하다.

⑤ 절삭속도를 감소시키면 구성인선이 감소하여 표면조도가 양호하다.

45 다음 오토 사이클의 P - V 선도에서 단열과정에 해당하는 과정을 모두 고르면?

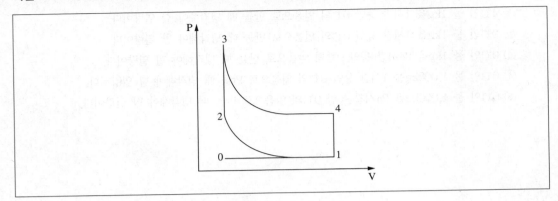

① 0 → 1, 1 → 0

② 1 → 2, 2 → 3

③ 1 → 2, 3 → 4

④ 2 → 3, 4 → 1

⑤ 3 → 4, 4 → 1

46 어떤 사무실에 열전도율이 0.6W/(m · K)이며 두께가 1cm이고 면적이 $10m^2$인 유리벽이 있다. 이 사무실의 실내와 실외의 온도 차이가 10℃일 때, 1시간 동안 실외에서 유리를 통해 실내로 들어오는 열량은?(단, 실내온도가 더 낮고 실내에서 실외로 빠져나가는 열은 없으며 1J=0.24cal이다)

① 약 4,965kcal

② 약 5,038kcal

③ 약 5,097kcal

④ 약 5,184kcal

⑤ 약 5,241kcal

47 모터사이클의 현가시스템의 구성과 응답이 다음과 같을 때, 이 시스템에 해당하는 감쇠비로 옳은 것은?

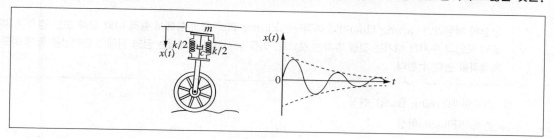

① $\zeta < 0$

② $\zeta = 0$

③ $0 < \zeta < 1$

④ $\zeta = 1$

⑤ $\zeta > 1$

48 다음 카르노 사이클의 $T - S$ 선도에서 단열압축이 발생한 후의 온도는?

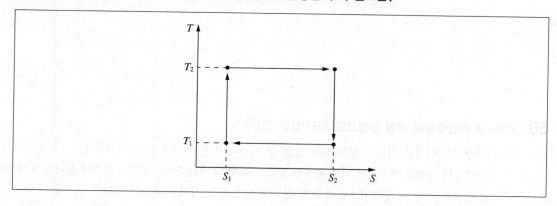

① T_1

② $\frac{1}{2}(T_1 + T_2)$

③ T_2

④ $S_1 + S_2$

⑤ $(S_2 - S_1)(T_2 - T_1)$

49 다음은 사출성형품의 불량 원인과 대책에 대한 설명이다. 이에 해당하는 현상은 무엇인가?

> 금형의 파팅라인(Parting Line)이나 이젝터핀(Ejector Pin) 등의 틈에서 흘러 나와 고화 또는 경화된 얇은 조각 모양의 수지가 생기는 것을 말하는 것으로, 이를 방지하기 위해서는 금형 자체의 밀착성을 좋게 하도록 체결력을 높여야 한다.

① 스프링백(Spring Back) 현상
② 플래시(Flash) 현상
③ 웰드마크(Weld Mark) 현상
④ 플로마크(Flow Mark) 현상
⑤ 싱크마크(Sink Mark) 현상

50 다음 중 가단주철에 대한 설명으로 옳지 않은 것은?

① 가단주철은 연성을 가진 주철을 얻는 방법 중 시간과 비용이 적게 드는 공정이다.
② 가단주철의 연성이 백주철에 비해 좋아진 것은 조직 내의 시멘타이트의 양이 줄거나 없어졌기 때문이다.
③ 가단주철은 파단 시 단면감소율이 10% 정도에 이르며, 연성이 우수하다.
④ 조직 내에 존재하는 흑연의 모양은 회주철에 존재하는 흑연처럼 날카롭지 않고 비교적 둥근 모양으로 연성을 증가시킨다.
⑤ 백주철을 고온에서 장시간 열처리를 하여 시멘타이트조직을 분해하거나 소실시켜 조직의 인성과 연성을 개선한 주철이다.

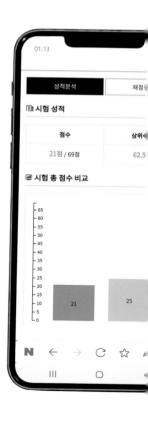

시대에듀

공기업 취업을 위한 NCS
직업기초능력평가 시리즈

NCS부터 전공까지 완벽 학습 "통합서" 시리즈

공기업 취업의 기초부터 차근차근! 취업의 문을 여는 Master Key!

NCS 영역 및 유형별 체계적 학습 "집중학습" 시리즈

영역별 이론부터 유형별 모의고사까지! 단계별 학습을 통한 Only Way!

2025
최신판

사이다 기출응용
모의고사 시리즈

사일 동안
이것만 풀면
다 합격!

사이다

한국전력기술
NCS + 전공
4회분 | 정답 및 해설

모바일 OMR
답안채점 / 성적분석
서비스

—

NCS
핵심이론 및
대표유형 PDF

—

[합격시대]
온라인 모의고사
무료쿠폰

—

무료
NCS
특강

SDC

SDC는 시대에듀 데이터 센터의 약자로 약 30만 개의 NCS · 적성 문제
데이터를 바탕으로 최신 출제경향을 반영하여 문제를 출제합니다.

편저 | SDC(Sidae Data Center)

시대에듀

기출응용 모의고사
정답 및 해설

1일 차 기출응용 모의고사 정답 및 해설

|01| 공통

01	02	03	04	05	06	07	08	09	10
①	④	④	⑤	①	①	④	③	④	④
11	12	13	14	15	16	17	18	19	20
②	⑤	①	①	⑤	③	②	④	②	①
21	22	23	24	25	26	27	28	29	30
④	①	①	③	④	①	③	⑤	①	③
31	32	33	34	35	36	37	38	39	40
①	⑤	⑤	⑤	②	③	④	①	②	④
41	42	43	44	45	46	47	48	49	50
⑤	④	③	④	②	③	④	①	③	①
51	52	53	54	55	56	57	58	59	60
③	①	②	④	②	④	⑤	②	②	⑤

01
정답 ①

제시문은 급격하게 성장하는 호주의 카셰어링 시장을 언급하면서 이러한 성장 원인에 대해 분석하고 있으며, 호주 카셰어링 시장의 성장 가능성과 이에 따른 전망을 이야기하고 있다. 따라서 제시문의 제목으로 ①이 가장 적절하다.

02
정답 ④

네 번째 문단을 보면 호주에서 차량 2대를 소유한 가족의 경우 차량 구매 금액을 비롯하여 차량 유지비에 쓰는 비용이 최대 연간 18,000호주 달러에 이른다고 하였다. 따라서 18,000호주 달러는 차량 2대를 소유한 가족 기준 차량 유지비이다.

03
정답 ④

제시문의 두 번째 문단에서 '꼭 필요한 부위에만 접착제와 대나무 못을 사용하여 목재가 수축·팽창하더라도 뒤틀림과 휘어짐이 최소화될 수 있도록 하였다.'라고 하였다. 따라서 접착제와 대나무 못을 사용하면 수축과 팽창이 발생하지 않게 된다는 것은 적절하지 않은 내용이다.

04
정답 ⑤

제시문은 빠른 사회변화 속 다양해지는 수요에 맞춘 주거복지 정책의 예로 예술인을 위한 공동주택, 창업 및 취업자를 위한 주택, 의료안심주택을 들고 있다. 따라서 제시문의 주제로 가장 적절한 것은 '다양성을 수용하는 주거복지 정책'이다.

05
정답 ①

제시문은 상대방에 대한 부정적인 판단 때문에 상대방의 말을 듣지 않는 사례로, 이에 해당하는 것은 '판단하기'이다.

오답분석
② 조언하기 : 다른 사람의 문제를 본인이 해결해 주고자 하는 것이다.
③ 언쟁하기 : 반대하고 논쟁하기 위해서만 상대방의 말에 귀를 기울이는 것이다.
④ 걸러내기 : 듣고 싶지 않은 것들을 막아버리는 것이다.
⑤ 비위 맞추기 : 상대방을 위로하기 위해서 혹은 비위를 맞추기 위해서 너무 빨리 동의하는 것을 말한다.

06
정답 ①

제시문은 2,500년 전 인간과 현대의 인간의 공통점을 언급하며, 2,500년 전에 쓰인『논어』가 현대에서 지니는 가치에 대하여 설명하고 있다. 따라서 (가)『논어』가 쓰인 2,500년 전 과거와 현대의 차이점 → (마) 2,500년 전의 책인『논어』가 폐기되지 않고 현대에서도 읽히는 이유에 대한 의문 → (나) 인간이라는 공통점을 지닌 2,500년 전 공자와 우리들 → (다) 2,500년의 시간이 흐르는 동안 인간의 달라진 부분과 달라지지 않은 부분에 대한 설명 → (라) 시대가 흐름에 따라 폐기될 부분을 제외하더라도 여전히 오래된 미래로서의 가치를 지니는『논어』 순으로 나열해야 한다.

07
정답 ④

탄소배출권거래제는 의무감축량을 초과 달성했을 경우 초과분을 거래할 수 있는 제도이다. 그러므로 온실가스의 초과 달성분을 구입 혹은 매매할 수 있음을 추론할 수 있으며, 빈칸 이후 문단에서도 탄소배출권을 일종의 현금화가 가능한 자산으로 언급함으로써 이러한 추론을 돕고 있다. 따라서 빈칸에 들어갈 내용으로 가장 적절한 것은 ④이다.

① 청정개발체제에 대한 설명이다.
② 제시문에 탄소배출권거래제가 가장 핵심적인 유연성체제라고
는 언급되어 있지 않다.
③ 제시문에서 탄소배출권거래제가 6대 온실가스 중 이산화탄소
를 줄이는 것을 특히 중요시한다는 내용은 확인할 수 없다.
⑤ 탄소배출권거래제가 탄소배출권이 사용되는 배경이라고는 볼
수 있으나, 다른 감축의무국가를 도움으로써 탄소배출권을 얻
을 수 있다는 내용은 제시문에서 확인할 수 없다.

08
정답 ③

보고서는 업무 진행 과정에서 쓰는 경우가 대부분이므로 무엇을
도출하고자 했는지 핵심 내용을 구체적으로 제시해야 한다. 내용
의 중복을 피하고 산뜻하고 간결하게 작성하며, 복잡한 내용일 때
에는 도표나 그림을 활용한다. 또한 보고서는 개인의 능력을 평가
하는 기본요인이므로 제출하기 전에 최종점검을 해야 한다. 따라
서 J사원이 작성해야 할 문서는 보고서이다.

09
정답 ④

㉠의 주장을 요약하면 저작물의 공유 캠페인과 신설된 공정 이용
규정으로 인해 저작권자들의 정당한 권리가 침해받고, 이 때문에
창작물을 창조하는 사람들의 동기가 크게 감소한다는 것이다. 이
에 따라 활용 가능한 저작물이 줄어들게 되어 이용자들도 피해를
당한다고 말한다. 따라서 ㉠은 저작권자의 권리를 인정해 주는 것
이 결국 이용자에게도 도움이 된다고 주장함을 추론할 수 있다.

10
정답 ④

제시문에서는 인간에게 사회성과 반사회성이 공존하고 있다고 설
명하고 있으며, 이 중 반사회성이 없다면 재능을 꽃피울 수 없다고
하였다. 따라서 사회성만으로도 자신의 재능을 키울 수 있다는 주
장인 ④가 제시문에 대한 반론이 될 수 있다.

② 반사회성이 재능을 계발한다는 주장을 포함하는 동시에 반사
회성을 포함한 다른 어떤 요소가 있어야 한다는 주장이다. 따
라서 제시문에 대한 직접적인 반론은 될 수 없다.

11
정답 ②

제시문을 통해 조선 시대 금속활자는 왕실의 위엄과 권위를 상징하
는 것임을 알 수 있다. 특히 정조는 왕실의 위엄을 나타내기 위한
을묘원행을 기념하는 의궤 인쇄를 정리자로 인쇄하고, 화성 행차의
의미를 부각하기 위해 그 해의 방목만을 정리자로 간행했다. 이를
통해 정리자는 정조가 가장 중시한 금속활자였다는 것을 알 수 있
다. 따라서 빈칸에 들어갈 내용으로 가장 적절한 것은 ②이다.

12
정답 ⑤

피드백은 상대방이 원하는 경우 대인관계에 있어서 그의 행동을
개선할 수 있는 기회를 제공해 줄 수 있다. 하지만 부정적이고 비
판적인 피드백만을 계속적으로 주는 경우에는 오히려 역효과가 나
타날 수 있다. 따라서 피드백을 줄 때에는 상대방의 긍정적인 면과
부정적인 면을 균형 있게 전달하도록 유의하여야 한다.

13
정답 ①

제시문은 낙수 이론에 대해 설명하고, 그 실증적 효과를 언급한
후에 비판을 제기하고 있다. 따라서 낙수 이론의 실증적 효과에
대해 설명하는 (가)가 제시된 문단 바로 뒤에 와야 하며, 다음으로
비판을 제기하는 (나)가 그 뒤에 와야 한다. 또한, (라)에서는 제일
많이 제기되는 비판에 대해 다루고 있고, (다)에서는 '또한 제기된
다.'라는 표현을 사용하고 있으므로 (라)가 (다) 앞에 오는 것이 적절
하다. 따라서 이어질 문단을 순서대로 바르게 나열한 것은 ①이다.

14
정답 ①

제시문에서는 냉전의 기원을 서로 다른 관점에서 바라보고 있는
전통주의, 수정주의, 탈수정주의에 대해 각각 설명하고 있다. 따
라서 제시문의 서술상 특징으로 가장 적절한 것은 ①이다.

15
정답 ⑤

제시된 기사문은 미세먼지 특별법 제정과 시행 내용에 대해 설명
하고 있다. 따라서 ⑤가 기사의 제목으로 가장 적절하다.

16
정답 ③

총성과급을 x만 원이라 하자.

· A의 성과급 : $\left(\dfrac{1}{3}x+20\right)$만 원

· B의 성과급 : $\dfrac{1}{2}\left[x-\left(\dfrac{1}{3}x+20\right)\right]+10=\dfrac{1}{3}x$만 원

· C의 성과급 : $\dfrac{1}{3}\left[x-\left(\dfrac{1}{3}x+20+\dfrac{1}{3}x\right)\right]+60$

$=\left(\dfrac{1}{9}x+\dfrac{160}{3}\right)$만 원

· D의 성과급 : $\dfrac{1}{2}\left[x-\left(\dfrac{1}{3}x+20+\dfrac{1}{3}x+\dfrac{1}{9}x+\dfrac{160}{3}\right)\right]+70$

$=\left(\dfrac{1}{9}x+\dfrac{100}{3}\right)$만 원

$x=\dfrac{1}{3}x+20+\dfrac{1}{3}x+\dfrac{1}{9}x+\dfrac{160}{3}+\dfrac{1}{9}x+\dfrac{100}{3}$

$\therefore x=960$

따라서 총성과급은 960만 원이다.

17
정답 ②

영국은 2023년 1분기에는 2022년보다 고용률이 하락했고, 2023년 2분기에는 1분기 고용률이 유지되었다.

오답분석

① 자료를 통해 확인할 수 있다.
③ 2024년 1분기 고용률이 가장 높은 국가는 독일이고, 가장 낮은 국가는 프랑스이다. 두 국가의 고용률의 차는 $74.4-64.2=10.2\%$p이다.
④ 프랑스와 한국의 2024년 1분기와 2분기의 고용률은 변하지 않았다.
⑤ • 2023년 2분기 OECD 전체 고용률 : 66.1%
  • 2024년 2분기 OECD 전체 고용률 : 66.9%
  ∴ 2024년 2분기 OECD 전체 고용률의 작년 동기 대비 증가율
  : $\dfrac{66.9-66.1}{66.1}\times100 ≒ 1.21\%$
  • 2024년 1분기 OECD 전체 고용률 : 66.8%
  ∴ 2024년 2분기 OECD 전체 고용률의 직전 분기 대비 증가율
  : $\dfrac{66.9-66.8}{66.8}\times100 ≒ 0.15\%$

18
정답 ④

• 5% 소금물 600g에 들어있는 소금의 양 : $\dfrac{5}{100}\times600=30$g
• 10분 동안 가열한 후 남은 소금물의 양
 : $600-(10\times10)=500$g
• 가열 후 남은 소금물의 농도 : $\dfrac{30}{500}\times100=6\%$

여기에 더 넣은 소금물 200g의 농도를 $x\%$라 하면 다음과 같다.

$\dfrac{6}{100}\times500+\dfrac{x}{100}\times200=\dfrac{10}{100}\times700$

→ $2x+30=70$

∴ $x=20$

따라서 더 넣은 소금물의 농도는 20%이다.

19
정답 ②

최초 투입한 원유의 양을 aL라 하자.
• LPG를 생산하고 남은 원유의 양 : $(1-0.05a)=0.95a$L
• 휘발유를 생산하고 남은 원유의 양 : $0.95a(1-0.2)=0.76a$L
• 등유를 생산하고 남은 원유의 양 : $0.76a(1-0.5)=0.38a$L
• 경유를 생산하고 남은 원유의 양 : $0.38a(1-0.1)=0.342a$L
따라서 아스팔트의 생산량은 $0.342a\times0.04=0.01368a$L이고, 아스팔트는 최초 투입한 원유량의 $0.01368\times100=1.368\%$가 생산된다.

20
정답 ①

㉠ • 1시간 미만 운동하는 3학년 남학생 수 : 87명
  • 4시간 이상 운동하는 1학년 여학생 수 : 46명
  따라서 옳은 설명이다.
㉡ 제시된 자료에서 남학생 중 1시간 미만 운동하는 남학생의 비율이 여학생 중 1시간 미만 운동하는 여학생의 비율보다 각 학년에서 모두 낮음을 확인할 수 있다.

오답분석

㉢ 남학생과 여학생 모두 학년이 높아질수록 3시간 이상 4시간 미만 운동하는 학생의 비율은 낮아진다. 그러나 남학생과 여학생 모두 학년이 높아질수록 4시간 이상 운동하는 학생의 비율은 높아지므로 옳지 않은 설명이다.
㉣ 3학년 남학생의 경우 3시간 이상 4시간 미만 운동하는 학생의 비율은 4시간 이상 운동하는 학생의 비율보다 낮다.

21
정답 ④

5만 달러 미만에서 10만 ~ 50만 달러 미만의 투자건수 비율을 합하면 된다. 따라서 $28+20.9+26=74.9\%$이다.

22
정답 ①

100만 ~ 500만 달러 미만에서 500만 달러 미만의 투자건수 비율을 합하면 된다. 따라서 $11.9+4.5=16.4\%$이다.

23
정답 ①

나영이와 현지가 같이 간 거리는 $150\times30=4,500$m이고, 집에서 공원까지의 거리는 $150\times50=7,500$m이다. 나영이가 집에 가는데 걸린 시간은 $4,500\div300=15$분이고, 다시 공원까지 가는데 걸린 시간은 $7,500\div300=25$분이다.
따라서 둘이 헤어진 후 현지가 공원에 도착하기까지 걸린 시간은 20분이고, 나영이가 걸린 시간은 40분이므로 나영이는 현지가 도착하고 20분 후에 공원에 도착한다.

24
정답 ③

(마름모의 넓이)
$=$(한 대각선의 길이)$\times$(다른 대각선의 길이)$\times\dfrac{1}{2}$

따라서 두 마름모의 넓이의 차는 $\left(9\times6\times\dfrac{1}{2}\right)-\left(4\times6\times\dfrac{1}{2}\right)=27-12=15$이다.

25
정답 ④

첫 번째 날 또는 일곱 번째 날에 총무부 소속의 팀이 봉사활동을 하게 될 확률은 1에서 마케팅부 소속의 팀이 첫 번째 날과 일곱 번째 날에 반드시 봉사활동을 할 확률을 뺀 것과 같다.

마케팅부 소속의 5팀 중 첫 번째 날과 일곱 번째 날에 봉사활동을 할 팀을 배치하는 순서의 경우의 수는 $_5P_2=5\times4=20$가지이고, 총무부 2팀을 포함한 5팀을 배치하는 경우의 수는 5!가지이므로 총 $(20\times5!)$가지이다.

첫 번째 날과 일곱 번째 날에 마케팅부 소속의 팀이 봉사활동을 할 확률은 $\dfrac{20\times5!}{7!}=\dfrac{20\times5\times4\times3\times2\times1}{7\times6\times5\times4\times3\times2\times1}=\dfrac{10}{21}$이므로 첫 번째 날 또는 일곱 번째 날에 총무부 소속의 팀이 봉사활동을 할 확률은 $1-\dfrac{10}{21}=\dfrac{11}{21}$이다.

따라서 $a-b=21-11=10$이다.

26
정답 ①

2000년 아시아의 소비실적이 1,588Moe이었으므로, 3배 이상이 되려면 4,764Moe 이상이 되어야 한다.

27
정답 ③

5장의 카드에서 2장을 뽑아 두 자리 정수를 만드는 경우의 수 : $4\times4=16$가지($\because$ 십의 자리에는 0이 올 수 없음)

일의 자리는 반드시 짝수여야 하므로 십의 자리가 홀수일 때와 짝수일 때를 나누어 생각해 보자.

• 십의 자리가 홀수, 일의 자리가 짝수일 경우의 수 : $2\times3=6$가지
• 십의 자리가 짝수, 일의 자리가 짝수일 경우의 수 : $2\times2=4$가지

따라서 구하는 확률은 $\dfrac{6+4}{16}=\dfrac{5}{8}$이다.

28
정답 ⑤

살인 신고건수에서 여성 피해자가 남성 피해자의 2배일 때, 남성 피해자의 살인 신고건수는 $1.32\div3=0.44$백 건이다. 따라서 남성 피해자 전체 신고건수인 $132\times0.088=11.616$백 건에서 살인 신고건수가 차지하는 비율은 $\dfrac{0.44}{11.616}\times100\fallingdotseq3.8\%$로, 3% 이상이다.

오답분석

① 데이트 폭력 신고건수는 피해유형별 신고건수를 모두 합하면 총 $81.84+22.44+1.32+6.6+19.8=132$백 건이다. 또한, 신고유형별 신고건수는 총 $5.28+14.52+10.56+101.64=132$백 건임을 알 수 있다.

② 112 신고로 접수된 건수는 체포감금, 협박 피해자로 신고한 건수의 $\dfrac{101.64}{22.44}\fallingdotseq4.5$배이다.

③ 남성 피해자의 50%가 폭행, 상해 피해자로 신고했을 때 신고건수는 $132\times0.088\times0.5=5.808$백 건이다. 이는 폭행, 상해의 전체 신고건수 중 $\dfrac{5.808}{81.84}\times100\fallingdotseq7.1\%$이다.

④ 방문신고 건수의 25%가 성폭행 피해자일 때 신고건수는 $14.52\times0.25=3.63$백 건이다. 이는 전체 신고건수 중에서 $\dfrac{3.63}{132}\times100\fallingdotseq2.8\%$를 차지한다.

29
정답 ①

구매 방식별 비용을 구하면 다음과 같다.

• 스마트폰앱 : $12,500\times0.75=9,375$원
• 전화 : $(12,500-1,000)\times0.9=10,350$원
• 회원카드와 쿠폰 : $(12,500\times0.9)\times0.85\fallingdotseq9,563$원
• 직접 방문 : $(12,500\times0.7)+1,000=9,750$원
• 교환권 : $10,000$원

따라서 피자 1판을 가장 싸게 살 수 있는 구매 방식은 스마트폰앱이다.

30
정답 ③

2014~2023년 평균 부채 비율은 $(61.6+100.4+86.5+80.6+79.9+89.3+113.1+150.6+149.7+135.3)\div10=104.7\%$이므로 10년간의 평균 부채 비율은 90% 이상이다.

오답분석

① 전년 대비 2018년 자본금 증가폭은 $33,560-26,278=7,282$억 원으로, 2015~2023년 중 자본금의 변화가 가장 크다.

② 전년 대비 부채 비율이 증가한 해는 2015년, 2019년, 2020년, 2021년이고 연도별 부채 비율 증가폭을 계산하면 다음과 같다.
  • 2015년 : $100.4-61.6=38.8\%$p
  • 2019년 : $89.3-79.9=9.4\%$p
  • 2020년 : $113.1-89.3=23.8\%$p
  • 2021년 : $150.6-113.1=37.5\%$p
  따라서 부채 비율이 전년 대비 가장 많이 증가한 해는 2015년이다.

④ 2023년의 자산과 자본은 10년 중 가장 많았지만, 그만큼 부채도 가장 많은 것을 확인할 수 있다.

⑤ J공사의 자산과 부채는 2016년부터 8년간 꾸준히 증가한 것을 확인할 수 있다.

31
정답 ①

주어진 조건에 따라 직원 A~H가 원탁에 앉을 수 있는 경우는 'A-B-D-E-C-F-H-G'이다. 여기서 D와 E의 자리를 서로 바꿔도 모든 조건이 성립하고, 'A-G-H'와 'D-E-C'의 자리를 바꿔도 모든 조건이 성립한다. 따라서 가능한 모든 경우의 수는 $2\times2=4$가지이다.

32

정답 ⑤

먼저 갑의 진술을 기준으로 경우의 수를 나누어 보면 다음과 같다.

i) A의 근무지는 광주이다(○), D의 근무지는 서울이다(×).

진술의 대상이 중복되는 병의 진술을 먼저 살펴보면, A의 근무지가 광주라는 것이 이미 고정되어 있으므로 앞 문장인 'C의 근무지는 광주이다.'는 거짓이 된다. 따라서 뒤 문장인 'D의 근무지는 부산이다.'가 참이 되어야 한다. 다음으로 을의 진술을 살펴보면, 앞 문장인 'B의 근무지는 광주이다.'는 거짓이며, 뒤 문장인 'C의 근무지는 세종이다.'가 참이 되어야 한다. 이를 정리하면 다음과 같다.

A	B	C	D
광주	서울	세종	부산

ii) A의 근무지는 광주이다(×), D의 근무지는 서울이다(○).

역시 진술의 대상이 중복되는 병의 진술을 먼저 살펴보면, 뒤 문장인 'D의 근무지는 부산이다.'는 거짓이 되며, 앞 문장인 'C의 근무지는 광주이다.'는 참이 된다. 다음으로 을의 진술을 살펴보면, 앞 문장인 'B의 근무지는 광주이다.'가 거짓이 되므로, 뒤 문장인 'C의 근무지는 세종이다.'는 참이 되어야 한다. 그런데 이미 C의 근무지는 광주로 확정되어 있기 때문에 모순이 발생한다. 따라서 이 경우는 성립하지 않는다.

A	B	C	D
		광주 세종(모순)	서울

따라서 가능한 경우는 i)뿐이므로 반드시 참인 것은 ㄱ, ㄴ, ㄷ이다.

33

정답 ⑤

- 두 번째 요건에 따라 $1,500m^2$에 2대를 설치해야 하므로 발전기 1기당 필요면적이 $750m^2$를 초과하는 D발전기는 제외한다.
- 세 번째 요건에 따라 에너지 발전단가가 97.5원/kWh를 초과하는 C발전기는 제외한다.
- 네 번째 요건에 따라 탄소배출량이 91g/kWh로 가장 많은 B발전기는 제외한다.
- 다섯 번째 요건에 따라 발전기 1기당 중량이 3,600kg인 A발전기는 제외한다.

따라서 후보 발전기 중 설치될 발전기는 E발전기이다.

34

정답 ⑤

E는 교양 수업을 신청한 A보다 나중에 수강한다고 하였으므로 목요일 또는 금요일에 강의를 들을 수 있다. 이때, 목요일과 금요일에는 교양 수업이 진행되므로 'E는 반드시 교양 수업을 듣는다.'는 항상 참이 된다.

오답분석

① A가 수요일에 강의를 듣는다면 E는 교양2 또는 교양3 강의를 들을 수 있다.

② B가 수강하는 전공 수업의 정확한 요일을 알 수 없으므로 C는 전공1 또는 전공2 강의를 들을 수 있다.

③ C가 화요일에 강의를 듣는다면 D는 교양 강의를 듣는다. 이때, 교양 수업을 듣는 A는 E보다 앞선 요일에 수강하므로 E는 교양2 또는 교양3 강의를 들을 수 있다.

구분	월 (전공1)	화 (전공2)	수 (교양1)	목 (교양2)	금 (교양3)
경우 1	B	C	D	A	E
경우 2	B	C	A	D	E
경우 3	B	C	A	E	D

④ D는 전공 수업을 신청한 C보다 나중에 수강하므로 전공 또는 교양 수업을 들을 수 있다.

35

정답 ②

접근 연상이 아닌 대비 연상에 해당한다.

> **자유연상법의 유형**
> - 접근 연상 : 주제와 관련이 있는 대상이나 과거의 경험을 떠올리는 것이다.
> - 대비 연상 : 주제와 반대되는 대상을 생각하는 것이다.
> - 유사 연상 : 주제와 유사한 대상이나 경험을 떠올려 보는 활동이다.

36

정답 ③

브레인스토밍은 '질보다 양'의 규칙을 따라 심사숙고하는 것보다 가능한 많은 아이디어를 생각하는 것이 바람직하다.

37

정답 ④

게임 규칙과 결과를 토대로 경우의 수를 따져보면 다음과 같다.

(단위 : 개)

라운드	벌칙 제외	총 퀴즈 개수
3	A	15
4	B	19
5	C	21
	D	
	C	22
	E	
	D	22
	E	

ㄴ. 총 22개의 퀴즈가 출제되었다면, E가 정답을 맞혀 벌칙에서 제외된 것이다.

ㄷ. 게임이 종료될 때까지 총 21개의 퀴즈가 출제되었다면 C, D가 벌칙에서 제외된 경우로 5라운드에서 E에게는 정답을 맞힐 기회가 주어지지 않았다. 따라서 퀴즈를 푸는 순서가 벌칙을 받을 사람 선정에 영향을 미친다.

오답분석

ㄱ. 5라운드까지 4명의 참가자가 벌칙에서 제외되었으므로 정답을 맞힌 퀴즈는 8개, 벌칙을 받을 사람은 5라운드까지 정답을 맞힌 퀴즈는 0개나 1개이므로 총 정답을 맞힌 퀴즈는 8개나 9개이다.

38　　　　　　　　　　　　　　　　정답 ①

자동차의 용도별 구분을 보면 비사업용 자동차에 사용할 수 있는 문자 기호는 'ㅏ, ㅓ, ㅗ, ㅜ'이다. 따라서 '겨'라고 한 ①은 옳지 않다.

39　　　　　　　　　　　　　　　　정답 ②

'84배 7895'는 사업용인 택배차량이다.

오답분석

①·③·④·⑤ 비사업용 화물차량이다.

40　　　　　　　　　　　　　　　　정답 ④

• (가) 하드 어프로치 : 상이한 문화적 토양을 가지고 있는 구성원을 가정하고, 서로의 생각을 직설적으로 주장하고 논쟁이나 협상을 통해 서로의 의견을 조정해 가는 방법이다.
• (나) 퍼실리테이션 : 퍼실리테이션이란 '촉진'을 의미하며, 어떤 그룹이나 집단이 의사결정을 잘 하도록 도와주는 일을 의미한다. 깊이 있는 커뮤니케이션을 통해 서로의 문제점을 이해하고 공감함으로써 창조적인 문제해결을 도모한다.
• (다) 소프트 어프로치 : 대부분의 기업에서 볼 수 있는 전형적인 스타일로, 조직구성원들을 같은 문화적 토양을 가지고 이심전심으로 서로를 이해하는 상황을 가정한다.

41　　　　　　　　　　　　　　　　정답 ⑤

조건의 주요 명제들을 순서대로 논리 기호화하면 다음과 같다.
• 두 번째 명제 : 머그컵 → ~노트
• 세 번째 명제 : 노트
• 네 번째 명제 : 태블릿PC → 머그컵
• 다섯 번째 명제 : ~태블릿PC → (가습기 ∧ ~컵받침)
세 번째 명제에 따라 노트는 반드시 선정되며, 두 번째 명제의 대우(노트 → ~머그컵)에 따라 머그컵은 선정되지 않는다. 그리고 네 번째 명제의 대우(~머그컵 → ~태블릿PC)에 따라 태블릿PC도 선정되지 않으며, 다섯 번째 명제에 따라 가습기는 선정되고 컵받침은 선정되지 않는다. 따라서 총 3종류의 경품을 선정한다고 하였으므로 노트, 가습기와 함께 펜이 경품으로 선정된다.

42　　　　　　　　　　　　　　　　정답 ④

제시문에 따르면 J부서에 근무하는 신입사원은 단 한 명이며, 신입사원은 단 한 지역의 출장에만 참가한다. 따라서 갑과 단둘이 가는 한 번의 출장에만 참가하는 을이 신입사원임을 알 수 있다. 이때, 네 지역으로 모두 출장을 가는 총괄 직원도 단 한 명뿐이므로 을과 단둘이 출장을 간 갑이 총괄 직원임을 알 수 있다. 또한, 신입사원을 제외한 모든 직원은 둘 이상의 지역으로 출장을 가야 하므로 병과 정이 함께 같은 지역으로 출장을 가면 무는 남은 두 지역 모두 출장을 가야 한다. 이때, 병과 정 역시 남은 두 지역 중 한 지역으로 각각 출장을 가야 한다. 따라서 다섯 명의 직원이 출장을 가는 경우를 정리하면 다음과 같다.

지역	직원	
	경우 1	경우 2
A	갑, 을	갑, 을
B	갑, 병, 정	갑, 병, 정
C	갑, 병, 무	갑, 정, 무
D	갑, 정, 무	갑, 병, 무

따라서 정은 두 곳으로만 출장을 가므로 정이 총 세 곳에 출장을 간다는 ④는 항상 거짓이 된다.

오답분석

① 갑은 총괄 직원이다.
② 두 명의 직원만이 두 광역시에 모두 출장을 간다고 하였으므로 을의 출장 지역은 광역시에 해당하지 않는다.
③·⑤ 위의 표를 통해 확인할 수 있다.

43　　　　　　　　　　　　　　　　정답 ③

한글 자음과 한글 모음의 치환 규칙은 다음과 같다.
• 한글 자음

ㄱ	ㄴ	ㄷ	ㄹ	ㅁ	ㅂ	ㅅ
a	b	c	d	e	f	g
ㅇ	ㅈ	ㅊ	ㅋ	ㅌ	ㅍ	ㅎ
h	i	j	k	l	m	n

• 한글 모음

ㅏ	ㅑ	ㅓ	ㅕ	ㅗ	ㅛ	ㅜ
A	B	C	D	E	F	G
ㅠ	ㅡ	ㅣ		ㅢ		
H	I	J				

• 6 : 토요일
• hJd ㅐ cE : 이래도
• aAenJ : 감히
• aIeaEdId : 금고를
• hDdgG : 열 수
• hJㅆcAaE : 있다고
6hJd ㅐ cEaAenJaIeaEdIdhDdgGhJㅆcAaE
→ 이래도 감히 금고를 열 수 있다고

44
정답 ④

① 7hEeFnAcA → 일요일의 암호 '오묘하다'
② 3iJfh ㅔaAbcA → 수요일의 암호 '집에간다'
③ 2bAaAbEdcA → 화요일의 암호 '나가놀다'
⑤ 1kAbjEgGiCh → 월요일의 암호 '칸초수정'

45
정답 ②

고급 포장과 스토리텔링은 모두 수제 초콜릿의 강점에 해당되므로 SWOT 분석에 의한 마케팅 전략으로 볼 수 없다. SO전략과 ST전략으로 보일 수 있으나, 기회를 포착하거나 위협을 회피하는 모습을 보이지 않으므로 적절하지 않다.

① 수제 초콜릿의 풍부한 맛(강점)을 알리고, 맛을 보기 전에는 알 수 없는 일반 초콜릿과의 차이(위협)도 알리는 ST전략에 해당한다.
③ 수제 초콜릿의 스토리텔링(강점)을 포장에 명시하여 소비자들의 요구를 충족(기회)시키는 SO전략에 해당한다.
④ 수제 초콜릿의 존재를 모르는 점(약점)을 마케팅 강화하여 보완하고 대기업과의 경쟁(위협)을 이겨내는 WT전략에 해당한다.
⑤ 값비싼 포장(약점)을 보완하여 좋은 식품에 대한 인기(기회)에 발맞춰 홍보하는 WO전략에 해당한다.

46
정답 ③

제시된 자료와 조건을 이용해 출장자들의 출장여비를 구하면 다음과 같다.
• 갑의 출장여비
 － 숙박비 : 145×3=$435(∵ 실비 지급)
 － 식비 : 72×4=$288(∵ 마일리지 미사용)
 그러므로 갑의 출장여비는 435+288=$723이다.
• 을의 출장여비
 － 숙박비 : 170×3×0.8=$408(∵ 정액 지급)
 － 식비 : 72×4×1.2=$345.6(∵ 마일리지 사용)
 그러므로 을의 출장여비는 408+345.6=$753.6이다.
• 병의 출장여비
 － 숙박비 : 110×3=$330(∵ 실비 지급)
 － 식비 : 60×5×1.2=$360(∵ 마일리지 사용)
 그러므로 병의 출장여비는 330+360=$690이다.
• 정의 출장여비
 － 숙박비 : 100×4×0.8=$320(∵ 정액 지급)
 － 식비 : 45×6=$270(∵ 마일리지 미사용)
 그러므로 정의 출장여비는 320+270=$590이다.
• 무의 출장여비
 － 숙박비 : 75×5=$375(∵ 실비 지급)
 － 식비 : 35×6×1.2=$252(∵ 마일리지 사용)
 그러므로 무의 출장여비는 375+252=$627이다.

따라서 출장여비를 많이 지급받는 출장자부터 순서대로 나열하면 '을－갑－병－무－정' 순서이다.

47
정답 ④

주말 예약 현황과 고객의 조건을 서로 비교하여 가능한 날이 있는지 판단하면 된다. 7일(토)의 경우에는 16시에 세이지 연회장이 예약되어 있지만, 동시간대 인력이 30명이 남기 때문에 라벤더 연회장을 함께 사용할 수 있다. 라벤더 연회장은 수용인원이 300명까지이고, 세팅 및 정리시간을 포함하여 이용시간을 고려했을 때 오후 7시 전까지 행사를 진행할 수 있으므로 고객의 요구사항에 모두 부합한다. 반면, 1일(일), 8일(일), 14일(토)은 동시간대 사용가능한 연회장이 없으므로 예약이 불가능하다.

① 고객이 12월 초에 예약할 수 있기를 원하므로 최대한 첫 번째 주에 예약을 할 수 있도록 돕는 것은 옳은 판단이다.
② 고객이 250명을 수용할 수 있는 연회장을 요구하였으므로 세이지를 제외한 나머지 연회장이 가능하다는 판단은 옳다.
③ 고객이 정오부터 오후 7시 사이에 행사가 진행되길 원하므로 옳은 판단이다.
⑤ 팬지를 기준으로 했을 때 수용 가능 인원인 250명에는 최소 투입인력 25명이 필요하므로 옳은 판단이다.

48
정답 ①

• A사원 : 7일(3월－2일, 5월－3일, 7월－1일, 9월－1일)
• B사원 : 10일(1월－3일, 3월－3일, 5월－3일, 9월－1일)
• C사원 : 8일(1월－1일, 3월－1일, 5월－3일, 7월－3일)
• D사원 : 9일(1월－2일, 3월－3일, 7월－3일, 9월－1일)
• E사원 : 8일(1월－1일, 3월－2일, 5월－3일, 7월－2일)
따라서 A사원이 총 7일로 연차를 가장 적게 썼다.

49
정답 ③

J공사에서는 연차를 한 달에 3일로 제한하고 있으므로, 11월에 휴가를 쓸 수 없다면 앞으로 총 6일(10월－3일, 12월－3일)의 연차만을 쓸 수 있다. 따라서 휴가에 대해 손해를 보지 않으려면 이미 9일 이상의 연차를 소진했어야 하며, 이에 해당하는 사원은 B와 D이다.

50
정답 ①

현재 갑의 부서배치는 갑의 성격을 고려하지 않은 배치로, 갑의 업무 능력을 감소시킨다. 따라서 팀의 효율성을 높이기 위해 팀원의 능력·성격을 고려해 배치하는 적재적소 배치 방법이 필요하다.

② 능력 배치 : 개인에게 능력을 발휘할 수 있는 기회와 장소를 부여한 뒤, 그 성과를 바르게 평가하고 평가된 능력과 실적에 대해 상응하는 보상을 하는 원칙을 말한다.

③ 균형 배치 : 모든 팀원에 대한 평등한 적재적소, 즉 팀 전체의 적재적소를 고려하는 것이다. 이는 팀 전체의 능력향상, 의식개혁, 사기양양 등을 도모하는 의미에서 전체와 개체의 균형을 이루도록 하는 배치이다.

④ 양적 배치 : 작업량과 조업도, 여유 또는 부족 인원을 감안하여 소요 인원을 결정하고 배치하는 것을 말한다.

⑤ 적성 배치 : 팀원의 적성 및 흥미에 따라 배치하는 것으로, 적성에 맞고 흥미를 가질 때 성과가 높아진다는 것을 가정한 배치 방법이다.

51
정답 ③

대표적인 직접비용으로는 재료비, 원료와 장비비, 시설비, 여행(출장)비와 잡비, 인건비가 있고, 간접비용으로는 보험료, 건물관리비, 광고비, 통신비, 사무비품비, 각종 공과금이 있다. 따라서 ③은 직접비용에 해당한다.

오답분석

①·②·④·⑤ 간접비용에 해당한다.

52
정답 ①

두 번째 조건에서 경유지는 서울보다 +1시간, 출장지는 경유지보다 −2시간이므로 서울과 −1시간 차이다.

김대리가 서울에서 경유지를 거쳐 출장지까지 가는 과정을 서울시 각 기준으로 정리하면 다음과 같다.

서울 5일 오후 1시 35분 출발 → 오후 1시 35분+3시간 45분=오후 5시 20분 경유지 도착 → 오후 5시 20분+3시간 50분(대기시간)=오후 9시 10분 경유지에서 출발 → 오후 9시 10분+9시간 25분=6일 오전 6시 35분 출장지 도착

따라서 출장지에 도착했을 때 현지 시각은 서울보다 1시간 느리므로 오전 5시 35분이다.

53
정답 ②

• (총공급전력량)$=8,600$만$+(150$만$\times3)=9,050$만kW
• (최대전력수요)$=7,300$만$\times(1-0.03)=7,081$만kW
• (전력예비율)$=\dfrac{9,050만-7,081만}{7,081만}\times100 ≒27.81\%$

따라서 정책목표인 30%에 미치지 않으므로 적절하지 않은 정책 대안이다.

오답분석

① • (총공급전력량)$=8,600$만$+(150$만$\times1)=8,750$만kW
   • (최대전력수요)$=7,300$만$\times(1-0.1)=6,570$만kW
   • (전력예비율)$=\dfrac{8,750만-6,570만}{6,570만}\times100 ≒33.18\%$

③ • (총공급전력량)$=8,600$만$+(150$만$\times6)=9,500$만kW
   • (최대전력수요)$=7,300$만$\times(1-0.01)=7,227$만kW
   • (전력예비율)$=\dfrac{9,500만-7,227만}{7,227만}\times100 ≒31.45\%$

④ • (총공급전력량)$=8,600$만$+(150$만$\times8)=9,800$만kW
   • (최대전력수요)$=7,300$만kW
   • (전력예비율)$=\dfrac{9,800만-7,300만}{7,300만}\times100 ≒34.25\%$

⑤ • (총공급전력량)$=8,600$만kW
   • (최대전력수요)$=7,300$만$\times(1-0.12)=6,424$만kW
   • (전력예비율)$=\dfrac{8,600만-6,424만}{6,424만}\times100 ≒33.87\%$

54
정답 ④

라벨지와 1단 받침대, 블루투스 마우스 가격을 차례대로 계산하면 $(18,000\times2)+24,000+(27,000\times5)=195,000$원이다. 이때 블루투스 마우스를 3개 이상 구매하면 건전지 3SET를 무료로 증정하기 때문에 AAA건전지는 2SET만 더 구매하면 된다.

따라서 총 주문 금액은 $195,000+(4,000\times2)=203,000$원이다.

55
정답 ②

라벨지는 91mm로 사이즈 변경 시 SET당 5%를 가산하기 때문에 가격은 $18,000\times(1+0.05)\times4=75,600$원이다. 또한 3단 받침대의 가격은 1단 받침대에 2,000원을 추가하므로, $(24,000+2,000)\times2=52,000$원이다. 그리고 블루투스 마우스의 가격은 $27,000\times3=81,000$원이고, 마우스 3개 이상 구매 시 AAA건전지 3SET를 무료로 증정하기 때문에 따로 주문하지 않는다. 마지막으로 탁상용 문서수동세단기 가격인 36,000원을 더해 총 주문 금액을 계산하면 $75,600+52,000+81,000+36,000=244,600$원이다.

56
정답 ④

사원수를 a명, 사원 1명당 월급을 b만 원이라고 가정하면, 월급 총액은 $(a\times b)$만 원이 된다.

두 번째 정보에서 사원수가 10명 늘어나면 월급은 100만 원 적어지고, 월급 총액은 기존의 80%로 준다고 하였으므로, 이에 따라 식을 세우면 다음과 같다.

$(a+10)\times(b-100)=(a\times b)\times0.8 \cdots ㉠$

세 번째 정보에서 사원이 20명 줄어들면 월급은 동일하고 월급 총액은 60%로 준다고 했으므로 사원 20명의 월급 총액은 기존 월급 총액의 40%임을 알 수 있다. 이를 식으로 정리하면 다음과 같다.

$20b=(a\times b)\times0.4 \cdots ㉡$

㉡에서 사원수 a를 구하면 다음과 같다.

$20b=(a\times b)\times0.4$
$→ 20=a\times0.4$
$\therefore a=\dfrac{20}{0.4}=50$

⊙에 사원수 a를 대입하여 월급 b를 구하면 다음과 같다.
$(a+10) \times (b-100) = (a \times b) \times 0.8$
→ $60 \times (b-100) = 40b$
→ $20b = 6,000$
∴ $b = 300$
따라서 사원수는 50명이며, 월급 총액은 $(a \times b)$만 원=50×300만=1억 5천만 원이다.

57
정답 ⑤

오답분석
① 헝가리가 오전 4시로 업무 시작 전이므로 회의가 불가능하다.
② 헝가리가 오전 5시로 업무 시작 전이므로 회의가 불가능하다.
③ 헝가리가 오전 7시로 업무 시작 전이므로 회의가 불가능하다.
④ 헝가리가 오전 8시로 업무 시작 전이므로 회의가 불가능하다.

58
정답 ②

유사성의 원칙은 유사품을 인접한 장소에 보관하는 것을 말한다. 같은 장소에 보관하는 것은 동일한 물품이다.

오답분석
① 물적자원관리 과정에서 첫 번째로 해야 할 일은 사용 물품과 보관 물품의 구분이며, 이는 물품 활용의 편리성과 반복 작업 방지를 위해 필요한 작업이다.
③ 물품 분류가 끝나면 보관장소를 선정해야 하는데, 물품의 특성에 맞게 분류하여 보관하는 것이 바람직하다. 이때 재질의 차이에 따라 분류하는 방법도 옳은 방법이다.
④ 회전대응 보관의 원칙에 대한 옳은 설명이다. 물품 보관 장소까지 선정이 끝나면 차례로 정리하면 된다. 이때 회전대응 보관의 원칙을 지켜야 물품 활용도가 높아질 수 있다.
⑤ 물품 보관 장소를 선정할 때 무게와 부피에 따라 분류하는 방법도 중요하다. 만약 다른 약한 물품들과 같이 놓게 되면 무게가 무겁거나 부피가 큰 물품에 의해 다른 물품이 파손될 가능성이 크기 때문이다.

59
정답 ②

제시문에서는 시간계획의 기본 원칙으로 '60 : 40의 원칙'을 정의하였다. 따라서 ⊙은 계획 행동, ⓒ은 계획 외 행동, ⓒ은 자발적 행동이다.

60
정답 ⑤

완성품 납품 수량은 총 100개이다. 완성품 1개당 부품 A는 10개가 필요하므로 총 1,000개가 필요하고, B는 300개, C는 500개가 필요하다. 따라서 A는 500개, B는 120개, C는 250개의 재고를 가지고 있으므로 부족한 나머지 부품, 즉 각 500개, 180개, 250개를 주문해야 한다.

02 사무

61	62	63	64	65	66	67	68	69	70
①	②	②	④	③	③	④	④	②	④
71	72	73	74	75	76	77	78	79	80
③	③	④	④	④	①	④	⑤	③	②

61
정답 ①

제품의 질은 우수하나 브랜드의 저가 이미지 때문에 매출이 좋지 않은 것이므로 선입견을 제외하고 제품의 우수성을 증명할 수 있는 블라인드 테스트를 통해 인정을 받는다. 그리고 그 결과를 홍보의 수단으로 사용하는 것이 가장 적절하다.

62
정답 ②

경영활동을 구성하는 요소는 경영목적, 인적자원, 자금, 경영전략이다. (나)의 경우와 같이 봉사활동을 수행하는 일은 목적과 인력, 자금 등이 필요한 일이지만 정해진 목표를 달성하기 위한 조직의 관리, 전략, 운영활동이라고 볼 수 없으므로 경영활동이 아니다.

63
정답 ②

J사는 기존에 수행하지 않던 해외 판매 업무가 추가될 것이므로 그에 따른 해외영업팀 등의 신설 조직이 필요하게 된다. 해외에 공장 등의 조직을 보유하게 됨으로써 이를 관리하는 해외관리팀이 필요할 것이며, 물품의 수출에 따른 통관 업무를 담당하는 통관물류팀, 외화 대금 수취 및 해외 조직으로부터의 자금 이동 관련 업무를 담당할 외환업무팀, 국제 거래상 발생하게 될 해외 거래 계약 실무를 담당할 국제법무팀 등이 필요하게 된다. 기업회계팀은 J사의 해외 사업과 상관없이 기존 회계를 담당하는 조직이라고 볼 수 있다.

64
정답 ④

한정 판매 마케팅 기법은 한정판 제품의 공급을 통해 의도적으로 공급의 가격탄력성을 0에 가깝게 조정한 것이다. 이는 판매 기업의 입장에서는 이윤 증대를 위한 경영 혁신이지만, 소비자의 합리적 소비를 저해할 수 있다.

65
정답 ③

⊙ 전결권자인 전무가 출장 중인 경우 대결권자가 이를 결재하고 전무가 후결을 하는 것이 바람직하다.
ⓒ 부서장이 전결권자이므로, 해당 직원을 채용하는 부서(영업부, 자재부 등)의 부서장이 결재하는 것이 바람직하다.
ⓔ 교육훈련 대상자 선정은 이사에게 전결권이 있으므로, 이사가 결재하는 것이 바람직하다.

66
정답 ③

일 년에 한두 권밖에 안 팔리는 책일지라도 이러한 책들의 매출이 모이고 모이면 베스트셀러 못지않은 수익을 낼 수 있다.

67
정답 ④

문제 발생의 원인은 회의내용을 통해 알 수 있다.

오답분석

① 회의에 참가한 인원이 6명일 뿐 조직의 인원은 회의록에서 알 수 없다.
② 회의 참석자는 생산팀 2명, 연구팀 2명, 마케팅팀 2명으로 총 6명이다.
③ 마케팅팀에서 제품을 전격 회수하고, 연구팀에서 유해성분을 조사하기로 했다.
⑤ 연구팀에서 유해성분을 조사하기로 결정했을 뿐 결과는 알 수 없다.

68
정답 ④

회의 후 가장 먼저 해야 할 일은 '주문량이 급격히 증가한 일주일 동안 생산된 제품 파악'이다. 문제가 발생한 제품이 전부 회수되어야 포장 재질 및 인쇄된 잉크 유해성분을 조사한 뒤 적절한 조치가 가능해지기 때문이다.

69
정답 ②

C주임은 최대 작업량을 잡아 업무를 진행하면 능률이 오를 것이라는 오해를 하고 있다. 하지만 이럴 경우 시간에 쫓기게 되어 오히려 능률이 떨어질 가능성이 있다. 실현 가능한 목표를 잡고 우선순위를 세워 진행하는 것이 옳다.

70
정답 ④

㉠ 집중화 전략에 해당한다.
㉡ 원가우위 전략에 해당한다.
㉢ 차별화 전략에 해당한다.

71
정답 ③

제시문을 통해 J전자는 성장성이 높은 LCD 사업 대신에 익숙한 PDP 사업에 더욱 몰입하였으나, 점차 LCD의 경쟁력이 높아짐으로써 PDP는 무용지물이 되었다는 것을 알 수 있다. 따라서 J전자는 LCD 시장으로 사업전략을 수정할 수 있었지만 보다 익숙한 PDP 사업을 선택하고 집중하였기 때문에 시장에서 경쟁력을 잃는 결과를 얻게 되었다.

72
정답 ③

제시된 사례의 쟁점은 재고 처리이며, K씨는 J사에 대하여 경쟁전략(강압전략)을 사용하고 있다. 강압전략은 'Win – Lose'전략, 즉 내가 승리하기 위해서 당신은 희생되어야 한다는 전략인 'I Win, You Lose' 전략이다. 이는 명시적 또는 묵시적으로 강압적 위협이나 강압적 설득, 처벌 등의 방법으로 상대방을 굴복시키거나 순응시킨다. 자신의 주장을 확실하게 상대방에게 제시하고 상대방에게 이를 수용하지 않으면 보복이 있을 것이며 협상이 결렬될 것이라는 등의 위협을 가한다. 즉, 강압전략은 일방적인 의사소통으로 일방적인 양보를 받아내려는 것이다.

73
정답 ④

김본부장과 이팀장의 대화를 살펴보면 이팀장은 정직하게 업무에 임하는 자세를 중요하게 생각하기 때문에 개인과 조직의 일과 관계에 대해 윤리적 갈등을 겪고 있다. 근로윤리 중 정직은 신뢰를 형성하고 유지하는 데 필요한 가장 기본적이고 필수적인 규범이다.

74
정답 ④

이팀장은 김본부장과의 대화에서 조직 내 관계의 측면에서는 사실대로 보고할지 김본부장의 말을 따를지 고민하는 진실 대 충성의 갈등, 조직의 업무 측면에 있어서는 단기 대 장기, 개인 대 집단의 갈등으로 고민하는 것을 알 수 있다.

75
정답 ④

J주임이 가장 먼저 해야 하는 일은 오늘 오후 2시에 예정된 팀장 회의 일정을 P팀장에게 전달하는 것이다. 다음으로 내일 진행될 언론홍보팀과의 회의 일정에 대한 답변을 오늘 내로 전달해달라는 요청을 받았으므로 익일 업무 일정을 확인한 후 회의 일정에 대한 답변을 전달해야 한다. 이후 메일을 통해 회의 전에 미리 숙지해야 할 자료를 확인하는 것이 적절하다.

76
정답 ①

피터의 법칙(Peter's Principle)이란 무능력이 개인보다는 위계조직의 메커니즘에서 발생한다고 보는 이론으로, 무능력한 관리자를 빗대어 표현한다. 우리 사회에서 많이 볼 수 있는 무능력, 무책임으로 인해 우리는 많은 불편을 겪으며 막대한 비용을 지출하게 된다. 그렇지만 이러한 무능력은 사라지지 않고 있으며, 오히려 무능한 사람들이 계속 승진하고 성공하는 모순이 발생하고 있다. 대부분의 사람은 무능과 유능이 개인의 역량에 달려 있다고 생각하기 쉬우나, 로렌스 피터(Laurence J. Peter)와 레이몬드 헐(Raymond Hull)은 우리 사회의 무능이 개인보다는 위계조직의 메커니즘에서 발생한다고 주장하였다.

77   정답 ④

맥킨지의 3S 기법은 상대방의 감정을 최대한 덜 상하게 하면서 거절하는 커뮤니케이션 기법이다. 그중 Situation(Empathy)은 상대방의 마음을 이해하고 있음을 표현하고, 공감을 형성하는 기법이다.

오답분석

① · ⑤ Sorry(Sincere)에 해당한다.
② · ③ Suggest(Substitute)에 해당한다.

> **맥킨지의 3S 기법**
> • Situation(Empathy) : 상대방의 마음을 잘 이해하고 있음을 표현하고, 공감을 형성한다.
> • Sorry(Sincere) : 거절에 대한 유감과 거절할 수밖에 없는 이유를 솔직하게 표현한다.
> • Suggest(Substitute) : 상대방의 입장을 생각하여 새로운 대안을 역으로 제안한다.

78   정답 ⑤

비품은 기관의 비품이나 차량 등을 관리하는 총무지원실에 신청해야 하며, 교육 일정은 사내 직원의 교육 업무를 담당하는 인사혁신실에서 확인해야 한다.

오답분석

기획조정실은 전반적인 조직 경영과 조직문화 형성, 예산 업무, 이사회, 국회 협력 업무, 법무 관련 업무를 담당한다.

79   정답 ③

제시문에서 설명하는 방법은 브레인스토밍이다.

오답분석

① 만장일치 : 회의의 모든 사람이 같은 의견에 도달하는 방법이다.
② 다수결 : 회의에서 많은 구성원이 찬성하는 의안을 선정하는 방법이다.
④ 의사결정나무 : 의사결정에서 나무의 가지를 가지고 목표와 상황과의 상호 관련성을 나타내어 최종적인 의사결정을 하는 불확실한 상황에서의 의사결정 방법이다.
⑤ 델파이 기법 : 여러 전문가의 의견을 되풀이해 모으고 교환하고 발전시켜 미래를 예측하는 질적 예측 방법이다.

80   정답 ②

시각, 청각, 후각, 촉각, 미각의 다섯 가지 감각을 통해 만들어진 감각 마케팅의 사례로, 개인화 마케팅의 사례로는 적절하지 않다.

오답분석

① 고객들의 개인적인 사연을 기반으로 광고 서비스를 제공함으로써 개인화 마케팅의 사례로 적절하다.
③ 고객들이 자신이 직접 사과를 받는 듯한 효과를 얻게 되므로 개인화 마케팅의 사례로 적절하다.
④ 댓글 작성자의 이름을 기반으로 이벤트를 진행하므로 개인화 마케팅의 사례로 적절하다.
⑤ 고객의 이름을 불러서 서비스를 제공하므로 개인화 마케팅의 사례로 적절하다.

| 03 | 전기 · 기계

61	62	63	64	65	66	67	68	69	70
④	③	③	④	②	①	⑤	②	③	①
71	72	73	74	75	76	77	78	79	80
④	③	④	④	③	⑤	①	④	③	②

61
정답 ④

제품설명서 중 A/S 신청 전 확인 사항을 살펴보면, 비데 기능이 작동하지 않을 경우 수도필터가 막혔거나 착좌센서 오류가 원인이라고 제시되어 있다. 그러므로 K사원으로부터 접수받은 현상의 원인을 파악하려면 수도필터의 청결 상태를 확인하거나 비데의 착좌센서의 오류 여부를 확인해야 한다. 따라서 ④가 가장 적절하다.

62
정답 ③

61번 문제에서 확인한 사항(원인)은 수도필터의 청결 상태이다. 이때 수도필터의 청결 상태가 원인이 되는 또 다른 현상은 수압이 약할 경우이다. 따라서 ③이 가장 적절하다.

63
정답 ③

가정에 있을 경우 전력수급 비상단계를 신속하게 극복하기 위해 전력기기 등의 전원을 차단하거나 사용을 중지하는 것이 필요하나, 4번 항목에 따르면 안전, 보안 등을 위한 최소한의 조명까지 소등할 필요는 없다.

오답분석
① 가정에 있을 경우 TV, 라디오 등을 통해 재난상황을 파악하여 대처하라고 하였으므로, 전력수급 비상단계 발생 시 대중매체를 통해 재난상황에 대한 정보를 파악할 수 있다는 것을 알 수 있다.
② 사무실에 있을 경우 즉시 사용이 필요하지 않은 사무기기의 전원을 차단하여야 한다.
④ 공장에서는 비상발전기의 가동을 점검하고 준비해야 한다.
⑤ 전력수급 비상단계가 발생할 경우 컴퓨터, 프린터 등 긴급하지 않은 모든 사무기기의 전원을 차단하여야 하므로 한동안 사무실의 업무가 중단될 수 있다.

64
정답 ④

ⓒ 사무실에서의 행동요령에 따르면 본사의 중앙보안시스템은 긴급한 설비로 볼 수 있다. 따라서 3번 항목의 예외에 해당하므로 중앙보안시스템의 전원을 즉시 차단해 버린 이주임의 행동은 적절하지 않다고 볼 수 있다.
ⓔ 상가에서의 행동요령에 따르면 식재료의 부패와 관련 없는 가전제품의 가동을 중지하거나 조정하도록 설명되어 있다. 하지만 최사장은 횟감을 포함한 식재료를 보관 중인 모든 냉동고의 전원을 차단하였으므로 이는 적절하지 않은 행동이다.

오답분석
⑤ 집에 있던 중 세탁기 사용을 중지하고 실내조명을 최소화한 김사원의 행동은 행동요령에 따른 적절한 행동이다.
ⓒ 공장에 있던 중 공장 내부 조명 밝기를 최소화한 박주임의 행동은 행동요령에 따른 적절한 행동이다.

65
정답 ②

공기청정기를 약하고 기울어진 바닥에 두면 이상 소음 및 진동이 생길 수 있으므로 단단하고 평평한 바닥에 두어야 한다. 따라서 공기청정기를 부드러운 매트 위에 놓는 것은 적절하지 않다.

66
정답 ①

프리필터는 청소주기에 따라 1개월에 2회 이상 청소해야 한다.

오답분석
②・③ 탈취필터와 헤파필터의 교체주기는 6개월~1년이지만 사용 환경에 따라 차이가 날 수 있으며, 필터 교체 표시등을 확인하여 교체해야 한다.
④ 프리필터는 반영구적으로 사용하는 것이므로 교체할 필요가 없다.
⑤ 냄새가 심하게 날 경우 탈취필터를 확인하여 교체해야 한다.

67
정답 ⑤

스마트에어 서비스 기기 등록 시 스마트폰의 Wi-Fi 고급설정 모드에서 '개방형 Wi-Fi' 관련 항목이 아닌 '신호 약한 Wi-Fi 끊기 항목'과 '신호 세기'와 관련된 기능을 확인해야 한다.

68
정답 ②

지속가능한 기술은 이용 가능한 자원과 에너지를 고려하고, 자원의 사용과 그것이 재생산되는 비율의 조화를 추구하며, 자원의 질을 생각하고, 자원이 생산적인 방식으로 사용되는가에 주의를 기울이는 기술이라고 할 수 있다. 즉, 지속가능한 기술은 되도록 태양 에너지와 같이 고갈되지 않는 자연 에너지를 활용하며, 낭비적인 소비 형태를 지양하고, 기술적 효용만이 아닌 환경효용(Eco-Efficiency)을 추구하는 것이다. ⑤・ⓒ・ⓔ의 사례는 낭비적인 소비 형태를 지양하고, 환경효용도 추구하므로 지속가능한 기술의 사례로 볼 수 있다.

오답분석
ⓒ・ⓜ 환경효용이 아닌 생산수단의 체계를 인간에게 유용하도록 발전시키는 사례로, 기술발전에 해당한다.

69

기술 발전에 있어 환경 보호를 추구하는 점을 볼 때, 지속가능한 개발의 사례로 볼 수 있다. 지속가능한 개발은 경제 발전과 환경 보전의 양립을 위하여 새롭게 등장한 개념으로 볼 수 있으며, 미래 세대가 그들의 필요를 충족시킬 수 있는 가능성을 손상시키지 않는 범위에서 현재 세대의 필요를 충족시키는 개발이다.

오답분석

① 개발독재 : 개발도상국에서 개발이라는 이름으로 행해지는 정치적 독재를 말한다.
② 연구개발 : 자연과학기술에 대한 새로운 지식이나 원리를 탐색하고 해명하여, 그 성과를 실용화하는 일을 말한다.
④ 개발수입 : 기술이나 자금을 제3국에 제공하여 미개발자원 등을 개발하거나 제품화하여 수입하는 것을 말한다.
⑤ 조직개발 : 기업이 생산능률을 높이기 위하여 기업조직을 개혁하는 일을 말한다.

70
정답 ①

상향식 기술선택은 기술자들로 하여금 자율적으로 기술을 선택하게 함으로써 기술자들의 흥미를 유발할 수 있고, 이를 통해 그들의 창의적인 아이디어를 활용할 수 있는 장점이 있다.

오답분석

② 상향식 기술선택은 기술자들로 하여금 자율적으로 기술을 선택하게 함으로써 시장에서 불리한 기술이 선택될 수 있다.
③ 상향식 기술선택은 기술자들이 자신의 과학기술 전문 분야에 대한 지식과 흥미만을 고려하여 기술을 선택하게 함으로써 시장의 고객들이 요구하는 제품이나 서비스를 개발하는 데 부적합한 기술이 선택될 수 있다.
④ 하향식 기술선택은 기술에 대한 체계적인 분석을 한 후, 기업이 획득해야 하는 대상기술과 목표기술수준을 결정한다.
⑤ 하향식 기술선택은 먼저 기업이 직면하고 있는 외부환경과 기업의 보유 자원에 대한 분석을 통해 기업의 중장기적인 사업목표를 설정하고, 이를 달성하기 위해 확보해야 하는 핵심고객층과 그들에게 제공하고자 하는 제품과 서비스를 결정한다.

71
정답 ④

Index 뒤의 문자 SOPENTY와 File 뒤의 문자 ATONEMP에서 일치하는 알파벳은 O, P, E, N, T로 총 5개이다. 따라서 판단 기준에 따라 Final Code는 Nugre이다.

72
정답 ③

기술선택 방식

• 상향식 기술선택(Bottom Up Approach) : 기업 전체 차원에서 필요한 기술에 대한 체계적인 분석이나 검토 없이 연구자나 엔지니어들이 자율적으로 기술을 선택하는 것이다.
• 하향식 기술선택(Top Down Approach) : 기술경영진과 기술기획담당자들에 의한 체계적인 분석을 통해 기업이 획득해야 하는 대상기술과 목표기술수준을 결정하는 것이다.

73
정답 ④

내부역량 분석은 기술능력, 생산능력, 마케팅 및 영업능력, 재무능력 등에 대한 분석이다. 제시문에 따르면 이미 분석한 내용이다.

기술선택을 위한 절차	내용
외부환경 분석	수요 변화 및 경쟁자 변화, 기술 변화 등 분석
중장기 사업목표 설정	기업의 장기비전, 중장기 매출목표 및 이익목표 설정
내부역량 분석	기술능력, 생산능력, 마케팅 및 영업능력, 재무능력 등 분석
사업전략 수립	사업 영역 결정, 경쟁우위 확보 방안 수립
요구기술 분석	제품 설계 및 디자인 기술, 제품 생산공정 · 원재료 및 부품 제조기술 분석
기술전략 수립	기술 획득 방법 결정, 핵심기술 선택

74
정답 ④

벽걸이형 난방기구를 설치하기 위해서는 거치대를 먼저 벽에 고정시킨 뒤 평행을 맞춰 제품을 거치대에 고정시키고, 거치대의 고정나사를 단단히 조여 흔들리지 않도록 해야 한다.

오답분석

① 벽걸이용 거치대의 상단에 대한 내용은 설명서에 나타나 있지 않다.
② 스탠드는 벽걸이형이 아닌 스탠드형 설치에 필요한 제품이다.
③ 벽이 단단한 콘크리트나 타일일 경우 전동드릴로 구멍을 내어 거치대를 고정시킨다.
⑤ 스탠드가 아닌 거치대의 고정 나사를 조여 흔들리지 않도록 고정시킨다.

75
정답 ③

실내온도가 설정온도보다 약 2~3℃ 내려가면 히터가 다시 작동한다. 따라서 실내온도가 20℃라면 설정온도를 20℃보다 2~3℃ 높게 조절해야 히터가 작동한다.

76

작동하고 있는 히터를 손으로 만지는 것은 화상을 입을 수 있는 등의 위험한 행동이지만, 난방기 고장의 원인으로 보기에는 거리가 멀다.

77
정답 ①

제시문에서 나타난 A, B, C사가 수행한 기술선택 방법은 벤치마킹이다.

오답분석

④ 비교대상에 따른 벤치마킹의 종류

비교대상에 따른 분류	내용
내부 벤치마킹	같은 기업 내의 다른 지역, 타 부서, 국가 간의 유사한 활용을 비교 대상으로 하는 방법
경쟁적 벤치마킹	동일 업종에서 고객을 직접적으로 공유하는 경쟁기업을 대상으로 하는 방법
비경쟁적 벤치마킹	제품, 서비스 및 프로세스의 단위 분야에 있어 가장 우수한 실무를 보이는 비경쟁적 기업 내의 유사 분야를 대상으로 하는 방법
글로벌 벤치마킹	프로세스에 있어 최고로 우수한 성과를 보유한 동일 업종의 비경쟁적 기업을 대상으로 하는 방법

⑤ 수행방식에 따른 벤치마킹의 종류

수행방식에 따른 분류	내용
직접적 벤치마킹	벤치마킹 대상을 직접 방문하여 수행하는 방법
간접적 벤치마킹	인터넷 검색 및 문서 형태의 자료를 통해 수행하는 방법

78
정답 ④

ⓒ 비경쟁적 관계에 있는 신문사를 대상으로 한 비경쟁적 벤치마킹을 수행하였다.
ⓔ 직접 방문을 통한 직접적 벤치마킹을 수행하였다.

오답분석

ⓐ 내부 벤치마킹에 대한 설명이다.
ⓑ 경쟁적 벤치마킹에 대한 설명이다.
ⓓ 간접적 벤치마킹에 대한 설명이다.

79
정답 ③

제시된 기사는 공공연해진 야근 문화와 이로 인한 과로사에 대한 내용으로, 산업재해의 기본적 원인 중 작업 관리상 원인에 속한다. 작업 관리상 원인에는 안전 관리 조직의 결함, 안전 수칙 미지정, 작업 준비 불충분, 인원 배치 및 작업 지시 부적당 등이 있다.

오답분석

① 충분하지 못한 OJT는 산업재해의 기본적 원인 중 교육적인 원인이지만, 제시된 기사의 산업재해 원인으로는 적절하지 않다.
② 노후화된 기기의 오작동으로 인한 작업 속도 저하는 산업재해의 기본적 원인 중 기술적 원인에 속하고, 기기의 문제로 작업 속도가 저하되면 야근을 초래할 수 있지만, 제시된 기사의 산업재해 원인으로는 적절하지 않다.
④ 작업 내용 미저장, 하드웨어 미점검 등은 산업재해의 직접적 원인 중 불안전한 행동에 속하며, 야근을 초래할 수 있지만, 제시된 기사의 산업재해 원인으로는 적절하지 않다.
⑤ 시설물 자체 결함, 복장·보호구의 결함은 산업재해의 직접적 원인 중 불안전한 상태에 속하며, 제시된 기사의 산업재해 원인으로는 적절하지 않다.

80
정답 ②

제시문은 기술의 S곡선에 대한 설명이다. 이는 기술이 등장하고 처음에는 완만히 향상되다가 일정 수준이 되면 급격히 향상되고, 한계가 오면서 다시 완만해지다가 이후 다시 발전할 수 없는 상태가 되는 모양이 S모양과 유사하여 붙여진 용어이다.

오답분석

① 바그너 법칙 : 경제가 성장할수록 국민총생산(GNP)에서 공공지출의 비중이 높아진다는 법칙이다.
③ 빅3 법칙 : 분야별 빅3 기업들이 시장의 70 ~ 90%를 장악한다는 경험 법칙이다.
④ 생산비의 법칙 : 완전경쟁에서 가격·한계비용·평균비용이 일치함으로써 균형상태에 도달한다는 법칙이다.
⑤ 기술경영 : 과학 기술과 경영 원리를 결합하여 실무 능력을 갖춘 전문 인력을 양성하는 프로그램이다.

2일 차 기출응용 모의고사 정답 및 해설

| 01 | 공통

01	02	03	04	05	06	07	08	09	10
①	②	④	②	①	②	⑤	⑤	⑤	⑤
11	12	13	14	15	16	17	18	19	20
③	④	③	②	②	①	②	④	③	③
21	22	23	24	25	26	27	28	29	30
③	②	②	④	④	⑤	③	③	④	③
31	32	33	34	35	36	37	38	39	40
③	⑤	②	①	③	①	④	②	③	④
41	42	43	44	45	46	47	48	49	50
②	④	②	①	⑤	②	③	④	③	①
51	52	53	54	55	56	57	58	59	60
①	③	④	⑤	②	③	②	③	④	④

01 정답 ①

제시문에서는 '전통'의 의미를 '상당히 이질적인 것이 교차하여 겹고 튼 끝에 이루어진 것', '어느 것이나 우리화시켜 받아들인 것'으로 규정하고, '전통의 혼미란 곧 주체 의식의 혼미란 뜻에 지나지 않는다.'라는 주장을 하고 있다. 따라서 빈칸에 들어갈 내용으로 가장 적절한 것은 ①이다.

02 정답 ②

제시문은 '탈원전·탈석탄 공약에 맞는 제8차 전력공급기본계획 (안) 수립 → 분산형 에너지 생산시스템으로의 정책 방향 전환 → 분산형 에너지 생산시스템에 대한 대통령의 강한 의지 → 중앙집중형 에너지 생산시스템의 문제점 노출 → 중앙집중형 에너지 생산시스템의 비효율성'의 순으로 전개되고 있다. 즉, 제시문은 일관되게 '에너지 분권의 필요성과 나아갈 방향을 모색해야 한다.'고 말하고 있다. 따라서 제시문의 주제로 가장 적절한 것은 ②이다.

오답분석
① · ③ 제시문에서 언급되지 않았다.
④ 다양한 사회적 문제점들과 기후, 천재지변 등에 의한 문제점들을 언급하고 있으나, 이는 글의 주제를 뒷받침하기 위한 내용이므로 글 전체의 주제로 보기는 어렵다.
⑤ 전력수급기본계획의 수정 방안을 제시하고 있지는 않다.

03 정답 ④

제시문은 정부가 제공하는 공공 데이터를 활용한 앱 개발에 대한 글이다. 따라서 먼저 다양한 앱을 개발하려는 사람들을 통해 화제를 제시한 (라) 문단이 오는 것이 적절하며, 이러한 앱 개발에 있어 부딪히는 문제들을 제시한 (가) 문단이 그 뒤에 오는 것이 적절하다. 다음으로 이러한 문제들을 해결하기 위한 방법으로 공공 데이터를 제시하는 (나) 문단이 오고, 공공 데이터에 대한 추가 설명으로 공공 데이터를 위한 정부의 노력인 (다) 문단이 마지막으로 오는 것이 적절하다.

04 정답 ②

B사원은 현재 문제 상황과 관련이 없는 A사원의 업무 스타일을 근거로 들며, A사원의 의견을 무시하고 있다. 즉, 상대방에 대한 부정적인 판단 때문에 상대방의 말을 듣지 않는 태도가 B사원의 경청을 방해하고 있는 것이다.

오답분석
① 짐작하기 : 상대방의 말을 듣고 받아들이기보다 자신의 생각에 들어맞는 단서들을 찾아 자신의 생각을 확인하는 것이다.
③ 조언하기 : 지나치게 다른 사람의 문제를 본인이 해결하고자 상대방의 말끝마다 조언하며 끼어드는 것이다.
④ 비위 맞추기 : 상대방을 위로하기 위해서 혹은 비위를 맞추기 위해서 너무 빨리 동의하는 것이다.
⑤ 대답할 말 준비하기 : 상대방의 말을 듣고 곧 자신이 다음에 할 말을 생각하기에 바빠 상대방이 말하는 것을 잘 듣지 않는 것이다.

05 정답 ①

제시문에서는 유럽과 신대륙 간 필요한 자원의 가치에 따라 교환이 일어나고 있는 상황을 설명한다. 이는 자원의 특징 중 상대성에 해당하는 내용이므로 ①이 가장 적절하다.

오답분석
② · ④ 자원의 유한성에 대한 설명이다.
③ 자원의 가변성에 대한 설명이다.
⑤ 자원의 희소성에 대한 설명이다.

06
정답 ②

제시문에 따르면 인터넷 뉴스를 유료화하면 인터넷 뉴스를 보는 사람의 수가 줄어들 것이므로 ②는 적절하지 않다.

07
정답 ⑤

뉴스의 품질이 떨어지는 원인이 근본적으로 독자에게 있다거나, 그 해결 방안이 종이 신문 구독이라는 반응은 제시문을 바르게 이해했다고 보기 어렵다.

08
정답 ⑤

쇼펜하우어는 표상의 세계 안에서의 이성의 역할, 즉 시간과 공간, 인과율을 통해서 세계를 파악하는 주인의 역할을 함에도 불구하고 이 이성이 다시 의지에 종속됨으로써 제한적이며 표면적일 수밖에 없다는 한계를 지적하고 있다.

오답분석
① 세계의 본질은 의지의 세계라는 내용은 쇼펜하우어 주장의 핵심 내용이지만, 제시문의 중심 내용은 주관 또는 이성 인식으로 만들어내는 표상의 세계는 결국 한계를 가질 수밖에 없다는 것이다.
② 제시문에서는 표상 세계의 한계를 지적했을 뿐, 표상 세계의 극복과 그 해결 방안에 대한 내용은 나타나지 않는다.
③ 제시문에서 의지의 세계와 표상 세계는 의지가 표상을 지배하는 종속관계라는 차이를 파악할 수는 있으나, 중심 내용으로는 적절하지 않다.
④ 쇼펜하우어가 주관 또는 이성을 표상의 세계를 이끌어 가는 능력으로 주장하고 있다는 점에서 타당하나, 글의 중심 내용은 아니다.

09
정답 ⑤

ㄴ. B는 공직자의 임용 기준을 개인의 능력·자격·적성에 두고 공개경쟁 시험을 통해 공무원을 선발한다면, 정실 개입의 여지가 줄어든다고 주장하고 있다. 따라서 공직자 임용과정의 공정성을 높일 필요성이 부각된다면, B의 주장은 설득력을 얻는다.
ㄷ. C는 사회를 구성하는 모든 지역 및 계층으로부터 인구 비례에 따라 공무원을 선발해야 한다고 주장하고 있다. 따라서 지역 편향성을 완화할 필요성이 제기된다면, C의 주장은 설득력을 얻는다.

오답분석
ㄱ. A는 대통령 선거에서 승리한 정당이 공직자 임용의 권한을 가져야 한다고 주장하였다. 이는 정치적 중립성이 보장되지 않는 것이므로 A의 주장은 설득력을 잃는다.

10
정답 ⑤

문서 작성 시 의미 전달에 중요하지 않은 경우에는 한자 사용을 자제하도록 하며, 상용한자의 범위 내에서 사용하여야 상대방의 문서 이해에 도움이 된다.

11
정답 ③

종교적·주술적 성격의 동물은 대개 초자연적인 강대한 힘을 가지고 인간 세계를 지배하거나 수호하는 신적인 존재이다.

오답분석
① 미술 작품 속에 등장하는 동물에는 해태나 봉황 등 인간의 상상에서 나온 동물도 적지 않다.
② 미술 작품에 등장하는 동물은 성격에 따라 구분할 수 있으나, 이 구분은 엄격한 것이 아니다.
④ 인간의 이지가 발달함에 따라 신적인 기능이 감소한 종교적·주술적 동물은 신이 아닌 인간에게 봉사하는 존재로 전락한다.
⑤ 신의 위엄을 뒷받침하고 신을 도와 치세의 일부를 분담하기 위해 이용되는 동물들 역시 현실 이상의 힘을 가지며 신성시되지만, 이는 신의 권위를 강조하기 위함이다.

12
정답 ④

B대리는 A사원의 질문에 대해 명료한 대답을 하지 않고 모호한 태도를 보이고 있으므로 협력의 원리 중 태도의 격률을 어기고 있음을 알 수 있다.

13
정답 ③

제시문에서는 개념을 이해하면서도 개념의 사례를 식별하지 못하는 경우, 개념의 사례를 식별할 수 있으나 개념을 이해하지 못하는 경우를 통해 개념의 사례를 식별하는 능력과 개념을 이해하는 능력은 서로 필요충분조건이 아니라고 주장한다. ③은 개념을 이해하지 못하면 개념의 사례를 식별하지 못하는 인공지능의 사례로, 개념의 사례를 식별해야만 개념을 이해할 수 있다는 주장을 강화한다. 따라서 제시문의 논지를 약화시키는 내용으로 ③이 가장 적절하다.

오답분석
① 개념을 이해하지 못해도 개념의 사례를 식별할 수 있다는 사례로, 제시문의 논지를 강화한다.
② 개념의 사례를 식별할 수 있으나 개념을 이해하지 못할 수 있다는 사례로, 제시문의 논지를 강화한다.
④ 침팬지가 정육면체 상자를 구별하는 것이 아니라 숨겨진 과자를 찾아내는 사례로, 제시문의 내용과 관련이 없다.
⑤ 개념의 사례를 식별할 수 없어도 개념을 이해할 수 있다는 사례로, 제시문의 논지를 강화한다.

14

제시문은 강이 붉게 물들고 산성으로 변화하는 이유인 티오바실러스와 강이 붉어지는 것을 막기 위한 방법에 대해 설명하고 있다. 따라서 (가) 철2가 이온(Fe^{2+})과 철3가 이온(Fe^{3+})의 용해도가 침전물 생성에 중요한 역할을 함 → (라) 티오바실러스가 철2가 이온(Fe^{2+})을 산화시켜 만든 철3가 이온(Fe^{3+})이 붉은 침전물을 만듦 → (나) 티오바실러스는 이황화철(FeS_2)을 산화시켜 철2가 이온(Fe^{2+})과 철3가 이온(Fe^{3+})을 얻음 → (다) 티오바실러스에 의한 이황화철(FeS_2)의 가속적인 산화를 막기 위해서는 광산의 밀폐가 필요함의 순서대로 나열하는 것이 가장 적절하다.

15
정답 ②

㉠ 작성 주체에 의한 구분 : 문서는 작성 주체에 따라 공문서와 사문서로 구분한다.
 – 공문서 : 행정기관에서 공무상 작성하거나 시행하는 문서와 행정기관이 접수한 모든 문서
 – 사문서 : 개인이 사적인 목적을 위하여 작성한 문서
㉡ 유통 대상에 의한 구분 : 외부로 유통되지 않는 내부결재문서와 외부로 유통되는 문서인 대내문서, 대외문서 등으로 구분한다.
 – 외부로 유통되지 않는 문서 : 행정기관이 내부적으로 계획수립, 결정, 보고 등을 하기 위하여 결재를 받는 내부결재문서
 – 외부 유통 문서 : 기관 내부에서 보조기관 상호 간 협조를 위하여 수신 · 발신하는 대내문서, 다른 행정기관에 수신 · 발신하는 대외문서, 발신자와 수신자 명의가 다른 문서
㉢ 문서의 성질에 의한 분류 : 성질에 따라 법규문서, 지시문서, 공고문서, 비치문서, 민원문서, 일반문서로 구분한다.
 – 법규문서 : 법규사항을 규정하는 문서
 – 지시문서 : 행정기관이 하급기관이나 소속 공무원에 대하여 일정한 사항을 지시하는 문서
 – 공고문서 : 고시 · 공고 등 행정기관이 일정한 사항을 알리기 위한 문서
 – 비치문서 : 행정기관 내부에 비치하면서 업무에 활용하는 문서
 – 민원문서 : 민원인이 행정기관에 특정한 행위를 요구하는 문서와 그에 대한 처리문서
 – 일반문서 : 위의 각 문서에 속하지 않는 모든 문서

16
정답 ①

9월 말 이후의 지표가 모두 하향곡선을 그리고 있다.

오답분석
② 환율이 하락하면 반대로 원화가치가 높아진다.
③ · ⑤ 지표를 통해 확인할 수 있다.
④ 유가 범위는 125 ~ 85 사이의 변동 폭을 보이고 있다.

17
정답 ②

월간 용돈을 5만 원 미만으로 받는 비율은 중학생 89.4%, 고등학생 60%이므로 중학생이 고등학생보다 높다.

오답분석
① 용돈을 받는 남학생과 여학생의 비율은 각각 82.9%, 85.4%이다. 따라서 여학생이 더 높다.
③ 고등학교 전체 인원을 100명이라 한다면 그중에 용돈을 받는 학생은 약 80.8명이다. 80.8명 중에 용돈을 5만 원 이상 받는 학생의 비율은 40%이므로 80.8×0.4≒32.3명이다.
④ 전체에서 금전출납부의 기록, 미기록 비율은 각각 30%, 70%이다. 따라서 기록하는 비율이 더 낮다.
⑤ 용돈을 받지 않는 중학생과 고등학생 비율은 각각 12.4%, 19.2%이다. 따라서 용돈을 받지 않는 고등학생 비율이 더 높다.

18
정답 ④

정확한 값을 계산하기보다 우선 자료를 통해 적절하지 않은 선택지를 제거하는 방식으로 접근하는 것이 좋다.
먼저 효과성을 기준으로 살펴보면, 1순위인 C부서의 효과성은 3,000÷1,500=2이고, 2순위인 B부서의 효과성은 1,500÷1,000=1.5이다. 따라서 3순위 A부서의 효과성은 1.5보다 낮아야 한다는 것을 알 수 있다. 그러므로 A부서의 목표량 (가)는 500÷(가)<1.5 → (가)>333.3…으로 적어도 333보다는 커야 한다. 즉, (가)가 300인 ①은 제외된다.
효율성을 기준으로 살펴보면, 2순위인 A부서의 효율성은 500÷(200+50)=2이다. 따라서 1순위인 B부서의 효율성은 2보다 커야 한다는 것을 알 수 있다. 그러므로 B부서의 인건비 (나)는 1,500÷[(나)+200]>2 → (나)<550으로 적어도 550보다는 작아야 한다. 즉, (나)가 800인 ② · ⑤는 제외된다.
남은 선택지 중 ③부터 대입해 보면 C부서의 효율성이 3,000÷(1,200+300)=2로 2순위인 A부서의 효율성과 같다. 따라서 빈칸에 들어갈 수치로 옳은 것은 ④이다.

19
정답 ③

• 첫 번째 문제를 맞힐 확률 : $\frac{1}{5}$

• 첫 번째 문제를 틀릴 확률 : $1-\frac{1}{5}=\frac{4}{5}$

• 두 번째 문제를 맞힐 확률 : $\frac{2}{5}\times\frac{1}{4}=\frac{1}{10}$

• 두 번째 문제를 틀릴 확률 : $1-\frac{1}{10}=\frac{9}{10}$

∴ 두 문제 중 하나만 맞힐 확률
 : $\frac{1}{5}\times\frac{9}{10}+\frac{4}{5}\times\frac{1}{10}=\frac{13}{50}=26\%$

20

정답 ③

- 1인 1일 사용량에서 영업용 사용량이 차지하는 비중
  : $\frac{80}{282} \times 100 \fallingdotseq 28.37\%$

- 1인 1일 가정용 사용량의 하위 두 항목이 차지하는 비중
  : $\frac{20+13}{180} \times 100 \fallingdotseq 18.33\%$

21

정답 ③

부산(1.9%) 및 인천(2.5%) 지역은 증가율이 상대적으로 낮게 나와 있으나, 이는 서울(1.1%) 또한 마찬가지이다.

오답분석

㉠·㉡ 자료를 통해 확인할 수 있다.

㉣ 2024년 에너지 소비량은 경기(9,034천 TOE), 충남(4,067천 TOE), 서울(3,903천 TOE)의 순서이다.

㉤ 전국 에너지 소비량은 2014년이 28,588천 TOE, 2024년이 41,594천 TOE로, 10년 사이에 13,006천 TOE의 증가를 보이고 있다.

22

정답 ②

제시된 자료에 의하면 수도권은 서울과 인천·경기를 합한 지역을 의미한다. 따라서 전체 마약류 단속 건수 중 수도권의 마약류 단속 건수의 비중은 22.1+35.8=57.9%이다.

오답분석

① • 대마 단속 전체 건수 : 167건
  • 코카인 단속 전체 건수 : 65건
  $65 \times 3 = 195 > 167$이므로 옳지 않은 설명이다.

③ 코카인 단속 건수가 없는 지역은 강원, 충북, 제주로 3곳이다.

④ • 대구·경북 지역의 향정신성의약품 단속 건수 : 138건
  • 광주·전남 지역의 향정신성의약품 단속 건수 : 38건
  $38 \times 4 = 152 > 138$이므로 옳지 않은 설명이다.

⑤ • 강원 지역의 향정신성의약품 단속 건수 : 35건
  • 강원 지역의 대마 단속 건수 : 13건
  $13 \times 3 = 39 > 35$이므로 옳지 않은 설명이다.

23

정답 ②

A의 집과 B의 집 사이의 거리를 $x$km, A의 집에서 전시회 주차장까지 걸린 시간을 y시간이라고 하자.

A의 집과 B의 집 사이의 거리와 B의 집에서 전시회 주차장까지 거리를 구하면 다음과 같다.

$$70 \times \left(y + \frac{30}{60} \right) - 55 \times y = x \cdots ㉠$$

$$70 \times \left(y + \frac{30}{60} \right) = 49 \text{km}$$

$$\rightarrow y + \frac{30}{60} = \frac{49}{70}$$

$$\rightarrow y + 0.5 = 0.7$$

$$\therefore y = 0.2$$

㉠에 y를 대입하여 x를 구하면 다음과 같다.

$$\therefore x = 49 - 55 \times 0.2 = 38$$

따라서 A의 집과 B의 집 사이의 거리는 38km이다.

24

정답 ④

A, B, E구의 1인당 소비량을 각각 a, b, $e$kg이라고 하자. 제시된 조건을 식으로 나타내면 다음과 같다.

- 첫 번째 조건 : $a + b = 30 \cdots ㉠$
- 두 번째 조건 : $a + 12 = 2e \cdots ㉡$
- 세 번째 조건 : $e = b + 6 \cdots ㉢$

㉢을 ㉡에 대입하여 식을 정리하면

$$a + 12 = 2(b + 6) \rightarrow a - 2b = 0 \cdots ㉣$$

㉠ - ㉣을 하면

$$3b = 30$$

$$\therefore b = 10, \ a = 20, \ e = 16$$

A ~ E구의 변동계수를 구하면 다음과 같다.

- A구 : $\frac{5}{20} \times 100 = 25\%$
- B구 : $\frac{4}{10} \times 100 = 40\%$
- C구 : $\frac{6}{30} \times 100 = 20\%$
- D구 : $\frac{4}{12} \times 100 \fallingdotseq 33.33\%$
- E구 : $\frac{8}{16} \times 100 = 50\%$

따라서 변동계수가 세 번째로 큰 곳은 D구이다.

25

정답 ④

소설책을 읽은 화요일의 수를 x일, 4쪽씩 읽은 화요일이 아닌 날의 수를 y일이라고 하자.

$$6x + 4y = 100 \rightarrow y = 25 - \frac{3}{2}x \cdots ㉠$$

화요일은 한 달에 4번 또는 5번이 있으므로 x는 최대 5이다. 이때 x, y는 자연수이고, ㉠에 의해 $x = 2$ 또는 4인데 $x = 2$는 요일상 불가능하므로 $x = 4$, $y = 19$이다. 즉, 화요일이 4번 있었고, 월요일에 끝마쳤으므로 마지막 화요일의 6일 후에 끝마친 것이다. 또한 최대한 빨리 읽었다고 하였으므로 화요일에 시작하여 넷째 주 화요일의 6일 후인 월요일에 마쳤다. 즉, 화요일에 시작하여 다섯째 주 월요일에 끝났으므로 총 28일간 읽었다. 따라서 소설책을 다 읽은 날은 9월 28일이다.

26

정답 ⑤

세 번 안에 승패가 가려질 확률은 1−(세 번 모두 승패가 가려지지
않을 확률)이다.

- 한 번의 가위바위보에서 세 사람이 낼 수 있는 경우의 수
  : 3×3×3=27가지
- 승패가 가려지지 않는 경우의 수
  − 모두 같은 것을 내는 경우 : 3가지
  − 모두 다른 것을 내는 경우 : 6가지
- 한 번의 가위바위보에서 승패가 가려지지 않을 확률 : $\frac{9}{27} = \frac{1}{3}$

따라서 세 번 안에 승자와 패자가 가려질 확률은 $1 - \left(\frac{1}{3}\right)^3 = \frac{26}{27}$
이다.

27

정답 ③

동남아 국제선의 도착 운항 1편당 도착 화물량은 $\frac{36,265.7}{16,713} ≒$
2.17톤이므로 옳은 설명이다.

① 중국 국제선의 출발 여객 1명당 출발 화물량은 $\frac{31,315.8}{1,834,699}$

  ≒0.017톤이고, 도착 여객 1명당 도착 화물량은 $\frac{25,217.6}{1,884,697}$

  ≒0.013톤이므로 옳지 않은 설명이다.
② 미주 국제선의 전체 화물 중 도착 화물이 차지하는 비중은
  $\frac{106.7}{125.1} \times 100 ≒ 85.3\%$로, 90%보다 작다.
④ 중국 국제선의 도착 운항편수는 12,427편으로, 일본 국제선의
  도착 운항편수의 70%인 21,425×0.7≒14,997.5편 미만이다.
⑤ 각 국제선의 전체 화물 중 도착 화물이 차지하는 비중은 일본
  국제선이 $\frac{49,302.6}{99,114.9} \times 100 ≒ 49.7\%$이고, 동남아 국제선이
  $\frac{36,265.7}{76,769.2} \times 100 ≒ 47.2\%$이다. 따라서 동남아 국제선이 일본
  국제선보다 비중이 낮다.

28

정답 ③

성별 및 경제활동별 매우 노력함과 약간 노력함의 비율 합은 다음
과 같다.

구분	남성	여성	취업	실업 및 비경제활동
비율	13.6+43.6 =57.2%	23.9+50.1 =74.0%	16.5+47.0 =63.5%	22.0+46.6 =68.6%

따라서 남성보다 여성이 비율이 높고, 취업자보다 실업 및 비경제
활동자의 비율이 높다.

① 10세 이상 국민들 중 '전혀 노력하지 않음'과 '매우 노력함'은
  '약간 노력함'과 '별로 노력하지 않음'에 비해 비율의 숫자의
  크기가 현저히 작음을 알 수 있다. 따라서 '약간 노력함'과 '별
  로 노력하지 않음'만 정확하게 계산해 보면 된다.
  - 약간 노력함 : 41.2+39.9+46.7+52.4+50.4+46.0+
    44.8=321.4%
  - 별로 노력하지 않음 : 39.4+42.9+36.0+29.4+25.3+
    21.6+20.9=215.5%
  따라서 약간 노력하는 사람 비율의 합이 더 높은 것을 알 수
  있다.
② 20 ~ 29세 연령층에서는 별로 노력하지 않는 사람의 비중이
  제일 높다.
④ 10세 이상 국민들 중 환경오염 방지를 위해 매우 노력하는 사
  람의 비율이 가장 높은 연령층은 31.3%인 70세 이상이다.
⑤ 우리나라 국민들 중 환경오염 방지를 위해 전혀 노력하지 않는
  사람의 비율이 가장 높은 연령층은 6.4%인 20 ~ 29세이다.

29

정답 ④

일본의 R&D 투자 총액은 1,508억 달러이며, 이는 GDP의 3.44%
이므로 $3.44 = \frac{1,508}{(GDP \text{ 총액})} \times 100$이다.

따라서 일본의 GDP 총액은 $\frac{1,508}{0.0344} ≒ 43,837$억 달러이다.

30

정답 ③

2주 동안 듣는 강연은 총 5회이다. 그러므로 금요일 강연이 없는
주의 월요일에 첫 강연을 들었다면 5주 차 월요일 강연을 듣기 전
까지 10개의 강연을 듣게 된다. 즉, 5주 차 월요일, 수요일 강연을
듣고 6주 차 월요일의 강연이 13번째 강연이 된다.
따라서 6주 차 월요일이 13번째 강연을 듣는 날이므로 8월 1일
월요일을 기준으로 35일 후가 된다. 8월은 31일까지 있기 때문에
1+35−31=5일, 즉 9월 5일이 된다.

31

정답 ③

ㄱ. 유통 중인 농·수·축산물도 수거검사 대상임을 알 수 있다.
ㄴ. 수산물의 경우에도 총수은, 납 등과 함께 항생물질을 검사하
  고 있다.
ㄹ. 식품수거검사 결과 적발한 위해 정보는 식품의약안전청 홈페
  이지에서 확인할 수 있다.

ㄷ. 월별 정기와 수시 수거검사가 있다.

32　　　　　　　　　　　　　　정답 ⑤

• 갑이 화장품 세트를 구매하는 데 든 비용
 - 화장품 세트 : 29,900원
 - 배송비 : 3,000원(∵ 일반배송상품이지만 화장품 상품은 30,000원 미만 주문 시 배송비 3,000원 부과)
• 을이 책 3권을 구매하는 데 든 비용
 - 책 3권 : 30,000원
 - 배송비 : 무료(∵ 일반배송상품이며, 도서상품은 배송비 무료)
따라서 물건을 구매하는 데 갑은 32,900원, 을은 30,000원이 들었다.

33　　　　　　　　　　　　　　정답 ②

• 사과 한 박스의 가격 : 32,000×0.75(25% 할인)=24,000원
• 배송비 : 무료(∵ 일반배송상품이며, 도서지역에 해당되지 않음)
• 최대 배송 날짜 : 일반배송상품은 결제완료 후 평균 2~4일 이내 배송되므로(공휴일 및 연휴 제외) 금요일 결제 완료 후 토요일, 일요일을 제외하고 늦어도 12일 목요일까지 배송된다.

34　　　　　　　　　　　　　　정답 ①

제시된 상황은 고객의 요구가 빠르게 변화하는 사회에서 현재의 상품에 안주하다가는 최근 냉동핫도그 고급화 전략을 내세우는 곳들에게 뒤처질 수 있다는 문제를 인식하고, 그에 대한 문제 상황을 해결하기 위해 신제품 개발에 대해 논의하는 내용이다.

문제해결 절차 5단계

문제인식	'What'을 결정하는 단계로, 해결해야 할 전체 문제를 파악하여 우선순위를 정하고, 선정문제에 대한 목표를 명확히 하는 단계
문제도출	선정된 문제를 분석하여 해결해야 할 것이 무엇인지를 명확히 하는 단계
원인분석	파악된 핵심문제에 대한 분석을 통해 근본 원인을 도출해 내는 단계
해결안 개발	문제로부터 도출된 근본 원인을 효과적으로 해결할 수 있는 최적의 해결방안을 수립하는 단계
해결안 실행 및 평가	해결안 개발에서 수립된 실행계획을 실제 상황에 적용하는 활동으로, 당초 장애가 되는 문제 원인들을 해결안을 사용하여 제거해 나가는 단계

35　　　　　　　　　　　　　　정답 ③

제시된 문제를 해결하기 위해서는 고급화에 맞춰 시장을 공략하기 위해 새로운 관점으로 사고를 전환하는 능력이 필요하다.

문제해결을 위한 기본적 사고

전략적 사고	문제와 해결방안이 상위 시스템 또는 다른 문제와 어떻게 연결되어 있는지를 생각하는 것
분석적 사고	전체를 각각의 요소로 나누어 그 요소의 의미를 도출한 다음 우선순위를 부여하고 구체적인 문제 해결 방법을 실행하는 것
발상의 전환	기존의 사물과 세상을 바라보는 인식의 틀을 전환하여 새로운 관점에서 바라보는 사고를 지향
내외부 자원의 효과적 활용	문제해결 시 기술, 재료, 방법, 사람 등 필요한 자원 확보 계획을 수립하고 모든 자원을 효과적으로 활용하는 것

36　　　　　　　　　　　　　　정답 ①

제시된 정보를 수식으로 정리하면 다음과 같다.
$A>B$, $D>C$, $F>E>A$, $E>B>D$
$\therefore\ F>E>A>B>D>C$
따라서 옳은 것은 ①이다.

37　　　　　　　　　　　　　　정답 ④

보기의 시리얼 번호를 생산한 공장을 기준으로 분류할 경우 중국, 필리핀, 멕시코, 베트남, 인도네시아 5개로 분류할 수 있다.

38　　　　　　　　　　　　　　정답 ②

생산한 시대를 기준으로 생산연도가 잘못 표시된 경우는 다음과 같다.
• CY87068506(1990년대)
• VA27126459(2010년대)
• MY03123268(1990년대)
• CZ11128465(2000년대)
• MX95025124(1980년대)
• VA07107459(2010년대)
• CY12056487(1990년대)
생산월을 기준으로 1~12월의 번호가 잘못 표시된 경우는 다음과 같다.
• VZ08203215
• IA12159561
• CZ05166237
• PZ04212359
따라서 잘못 기입된 시리얼 번호는 11개이다.

39

주어진 조건에 의하면 D면접자와 E면접자는 2번과 3번 의자에 앉아 있고, A면접자는 1번과 8번 의자에 앉을 수 없다. B면접자는 6번 또는 7번 의자에 앉을 수 있다는 점과 A면접자와 C면접자 사이에는 2명이 앉지 않는다는 조건까지 모두 고려하면 A면접자와 B면접자가 서로 이웃해 있을 때, 다음과 같은 두 가지 경우를 확인할 수 있다.

• B면접자가 6번에 앉을 경우

구분	1	2	3	4	5	6	7	8
경우 1		D	E		A	B		C
경우 2		D	E	C		B	A	
경우 3		D	E	A		B	C	
조건	A (×) C (×)							A (×)

• B면접자가 7번에 앉을 경우

구분	1	2	3	4	5	6	7	8
경우 1		D	E	C (×)		A	B	
경우 2		D	E			A	B	C (×)
경우 3		D	E		A		B	C
조건	A (×) C (×)							A (×)

B면접자가 7번에 앉는 경우 1과 경우 2에서는 A면접자와 C면접자 사이에 2명이 앉는다는 조건이 성립되지 않는다.
따라서 A면접자와 B면접자가 서로 이웃해 앉는다면 C면접자는 4번 또는 8번 의자에 앉을 수 있다.

오답분석

① 주어진 조건에 의하면 A면접자는 1번과 8번 의자에 앉지 않고, 2번과 3번 의자는 D면접자와 E면접자로 확정되어 있다. 그리고 C면접자와의 조건 때문에 6번 의자에도 앉을 수 없다. 따라서 A면접자는 4번, 5번, 7번 의자에 앉을 수 있으므로 A면접자가 4번에 앉는 것이 항상 옳다고 볼 수는 없다.
② 주어진 조건에서 C면접자는 D면접자와 이웃해 앉지 않는다고 하였다. D면접자는 2번 의자로 확정되어 있으므로 C면접자는 1번 의자에 앉을 수 없다.
④ B면접자가 7번 의자에 앉고 A면접자와 B면접자 사이에 2명이 앉도록 하면, A면접자는 4번 의자에 앉아야 한다. 그런데 A면접자와 C면접자 사이에 2명이 앉지 않는다는 조건이 성립되려면 C면접자는 1번 의자에 앉아야 하는데, C면접자는 D면접자와 이웃해 있지 않다고 하였으므로 옳지 않다.

⑤ C면접자가 8번에 앉는 것과는 상관없이 B면접자는 6번 또는 7번 의자에 앉을 수 있다. 따라서 B면접자가 6번에 앉는다는 것은 항상 옳다고 볼 수는 없다.

40

주어진 조건에서 적어도 한 사람은 반대를 한다고 하였으므로, 한 명씩 반대한다고 가정하고 접근한다.

• A가 반대한다고 가정하는 경우
첫 번째 조건에 의해 C는 찬성하고 E는 반대한다. 네 번째 조건에 의해 E가 반대하면 B도 반대한다. 이때, 두 번째 조건에서 B가 반대하면 A가 찬성하므로 모순이 발생한다. 따라서 A는 찬성이다.
• B가 반대한다고 가정하는 경우
두 번째 조건에 의해 A는 찬성하고 D는 반대한다. 세 번째 조건에 의해 D가 반대하면 C도 반대한다. 이때, 첫 번째 조건의 대우에 의해 C가 반대하면 D가 찬성하므로 모순이 발생한다. 따라서 B는 찬성이다.

위의 두 경우에서 도출한 결론과 네 번째 조건의 대우를 함께 고려해보면 B가 찬성하면 E가 찬성하고 첫 번째 조건의 대우에 의해 D도 찬성이다. 따라서 A, B, D, E 모두 찬성이며, 마지막 조건에 의해 적어도 한 사람은 반대하므로 나머지 C가 반대임을 알 수 있다.

41

경쟁자의 시장 철수로 인한 새로운 시장 진입 가능성은 J공사가 가지고 있는 내부환경의 약점이 아닌 외부환경에서 비롯되는 기회에 해당한다.

42

알파벳 순서에 따라 숫자로 변환하면 다음과 같다.

A	B	C	D	E	F	G	H	I	J	K	L	M
1	2	3	4	5	6	7	8	9	10	11	12	13
N	O	P	Q	R	S	T	U	V	W	X	Y	Z
14	15	16	17	18	19	20	21	22	23	24	25	26

'INTELLECTUAL'의 품번을 규칙에 따라 정리하면 다음과 같다.
• 1단계 : 9(I), 14(N), 20(T), 5(E), 12(L), 12(L), 5(E), 3(C), 20(T), 21(U), 1(A), 12(L)
• 2단계 : $9+14+20+5+12+12+5+3+20+21+1+12 = 134$
• 3단계 : $|(14+20+12+12+3+20+12)-(9+5+5+21+1)| = |93-41| = 52$
• 4단계 : $(134+52) \div 4+134 = 46.5+134 = 180.5$
• 5단계 : 180.5를 소수점 첫째 자리에서 버림하면 180이다.
따라서 제품의 품번은 180이다.

43
정답 ②

도색이 벗겨진 차선과 지워지기 직전의 흐릿한 차선은 현재 직면하고 있으면서 바로 해결 방법을 찾아야 하는 문제이므로 눈에 보이는 발생형 문제에 해당한다. 발생형 문제는 기준을 이탈함으로써 발생하는 이탈 문제와 기준에 미달하여 생기는 미달 문제로 나누어 볼 수 있다. 제시된 기사에서는 정해진 규격 기준에 미달하는 불량 도료를 사용하여 문제가 발생하였다고 하였으므로 이를 미달 문제로 분류할 수 있다. 따라서 기사에 나타난 문제는 발생형 문제로, 미달 문제에 해당한다.

44
정답 ①

첫 번째 조건에 따라 1982년생인 B는 채용에서 제외되며, 두 번째 조건에 따라 영문학과 출신인 D와 1년의 경력을 지닌 E도 채용에서 제외된다.
세 번째 조건에 따라 A와 C의 평가 점수를 계산하면 다음과 같다.

(단위 : 점)

구분	A	C
예상 출퇴근 소요시간 점수	6	9
희망연봉 점수	38	36
총 평가 점수	44	45

따라서 총 평가 점수가 낮은 사람의 순으로 채용을 고려하므로 점수가 더 낮은 A를 채용한다.

45
정답 ⑤

첫 번째 조건에 따라 1988년생인 A와 1982년생인 B, 1990년생인 D가 채용에서 제외된다.
세 번째 조건에 따라 C와 E의 평가 점수를 계산하면 다음과 같다.

(단위 : 점)

구분	C	E
예상 출퇴근 소요시간 점수	27	9
희망연봉 점수	72	64
경력 점수	−10	−5
전공 점수	−30	−30
총 평가 점수	59	38

따라서 총 평가 점수가 낮은 사람 순서로 채용을 고려하므로 점수가 더 낮은 E를 채용한다.

46
정답 ②

편리성 추구는 너무 편한 방향으로 자원으로 활용하는 것을 의미한다. 일회용품을 사용하는 것, 늦잠을 자는 것, 주위 사람들에게 멋대로 대하는 것 등이 이에 포함된다. 지나친 편리성 추구는 물적 자원뿐만 아니라 시간과 돈의 낭비를 초래할 수 있으며, 주위의 인맥도 줄어들게 될 수 있다.

오답분석
① 비계획적 행동 : 자원을 어떻게 활용할 것인가에 대한 계획이 없는 것으로, 충동적이고 즉흥적으로 행동하여 자원을 낭비하게 된다.
③ 자원에 대한 인식 부재 : 자신이 가지고 있는 중요한 자원을 인식하지 못하는 것으로, 무의식적으로 자원을 낭비하게 된다.
④ 노하우 부족 : 자원관리의 중요성을 인식하면서도 자원관리에 대한 경험이나 노하우가 부족하여 자원을 효과적으로 활용할 줄 모르는 경우를 말한다.

47
정답 ③

엘리베이터는 한 번에 최대 세 개 층을 이동할 수 있으며, 올라간 다음에는 반드시 내려와야 한다는 조건에 따라 청원경찰이 최소 시간으로 6층을 순찰하고, 다시 1층으로 돌아올 수 있는 방법은 다음과 같다.
1층 → 3층 → 2층 → 5층 → 4층 → 6층 → 3층 → 4층 → 1층
이때, 이동에만 소요되는 시간은 총 2+1+3+1+2+3+1+3=16분이다.
따라서 청원경찰이 6층을 모두 순찰하고 1층으로 돌아오기까지 소요되는 시간은 총 60(10분×6층)+16=76분=1시간 16분이다.

48
정답 ④

제시된 자료를 이용해 총점과 순위를 구하면 다음과 같다.

(단위 : 점)

업체	품질 점수	가격 점수	직원규모 점수	총점(순위)
갑	44	38.4	9.7	92.1(2위)
을	42.5	40	9.7	92.2(1위)
병	43.5	38.4	9.4	91.3(3위)

병이 현재보다 직원규모를 10명 더 늘리면 직원규모 점수가 0.3점 올라가 갑과 가격 점수 및 직원규모 점수는 동일하지만, 품질 점수에서 0.5점이 뒤처지므로 갑보다 더 높은 총점을 받을 수 없다.

오답분석
② 직원규모 점수가 9.7점으로 같다.
③ 가격 점수가 0.8점 올라가므로 옳은 내용이다.

49
정답 ③

면담 추가료를 x원, 청구항당 심사청구료를 y원이라고 하자.
• 대기업 : (기본료)+20x+2y=70,000 … ㉠
• 중소기업 : (기본료)+20x+3y=90,000 … ㉡
 (∵ 중소기업은 50% 감면 후 수수료가 45,000원)
㉡−㉠을 하면 y=20,0000이다.
따라서 청구항당 심사청구료는 20,000원이다.

50
정답 ①

면당 추가료를 x원, 청구항당 심사청구료를 y원이라고 하자.
- 대기업 : (기본료)$+20x+2y=70,000 \cdots$ ㉠
- 개인 : (기본료)$+40x+2y=90,000 \cdots$ ㉡
  ($\because$ 개인은 70% 감면 후 수수료가 27,000원)

㉡$-$㉠을 하면 $20x=20,000$이므로 $x=1,000$이다.
따라서 면당 추가료는 1,000원이다.

51
정답 ①

면당 추가료는 1,000원, 청구항당 심사청구료는 20,000원이다. 대기업 특허출원 수수료는 70,000원으로 (기본료)$+20\times1,000+2\times20,000$이므로 기본료는 10,000원이다.

52
정답 ③

- J연수원 견적금액 산출
  - 교육은 두 곳에서 진행된다. 인원은 총 50명이므로 세미나 1, 2호실에서 나누어 진행하는 것이 적절하며, 숙박은 하지 않으므로 인당 15,000원의 이용료가 발생한다.
    $\therefore$ $15,000\times50=750,000$원($\because$ 강의실 기본요금은 인당 1만 원 기준으로 계산되어 있으므로 별도로 고려할 필요 없음)
  - 예산이 가능하다면 저녁은 차림식으로 한다는 점을 고려한다.
    경우 1) 두 끼 식사가 자율식일 경우
    : $8,000\times50\times2=800,000$원
    경우 2) 자율식 한 끼, 차림식 한 끼일 경우
    : $8,000\times50+15,000\times50=1,150,000$원
    → 예산이 2백만 원이므로 경우 2가 가능하다.
    $\therefore$ J연수원 견적금액 : $750,000+1,150,000=1,900,000$원
- 사전예약 10% 할인 적용
  : $1,900,000\times(1-0.1)=1,710,000$원
- 계약금 계산(견적금액의 10%)
  : $1,710,000\times0.1=171,000$원

53
정답 ④

워크숍을 진행하기 10일 전에 취소하였으므로 위약금이 발생되며, 견적금액의 50%가 위약금이 된다.
따라서 위약금은 $1,710,000\times0.5=855,000$원이다.

54
정답 ⑤

시간관리를 통해 스트레스 감소, 균형적인 삶, 생산성 향상, 목표 성취 등의 효과를 얻을 수 있다.

시간관리를 통해 얻을 수 있는 효과
• 스트레스 감소 : 사람들은 시간이 부족하면 스트레스를 받기 때문에 모든 시간 낭비 요인은 잠재적인 스트레스 유발 요인이라 할 수 있다. 따라서 시간관리를 통해 시간을 제대로 활용한다면 스트레스 감소 효과를 얻을 수 있다.
• 균형적인 삶 : 시간관리를 통해 일을 수행하는 시간을 줄인다면 일 외에 자신의 다양한 여가를 즐길 수 있다. 또한, 시간관리는 삶에 있어서 수행해야 할 다양한 역할들이 균형 잡힐 수 있도록 도와준다.
• 생산성 향상 : 한정된 자원인 시간을 적절히 관리하여 효율적으로 일을 하게 된다면 생산성 향상에 큰 도움이 될 수 있다.
• 목표 성취 : 목표를 성취하기 위해서는 시간이 필요하고, 시간은 시간관리를 통해 얻을 수 있다.

55
정답 ②

하루에 6명 이상 근무해야 하기 때문에 2명까지만 휴가를 중복으로 쓸 수 있다. G사원이 4일 동안 휴가를 쓰면서 최대 휴가 인원이 2명만 중복되게 하려면 6 ~ 11일만 가능하다.

오답분석
① G사원은 4일 이상 휴가를 사용해야 하기 때문에 3일인 7 ~ 11일은 불가능하다.
③ㆍ④ㆍ⑤ 4일 이상 휴가를 사용하지만 하루에 6명 미만의 인원이 근무하게 되어 불가능하다.

56
정답 ③

㉠ 각 팀장이 매긴 순위에 대한 가중치는 모두 동일하다고 했으므로 1, 2, 3, 4순위의 가중치를 각각 4, 3, 2, 1점으로 정해 네 사람의 면접점수를 산정하면 다음과 같다.
- 갑 : $2+4+1+2=9$점
- 을 : $4+3+4+1=12$점
- 병 : $1+1+3+4=9$점
- 정 : $3+2+2+3=10$점

면접점수가 높은 을, 정 중 한 명이 입사를 포기하면 갑, 병 중 한 명이 채용된다. 갑과 병의 면접점수는 9점으로 동점이지만 조건에 따라 인사팀장이 부여한 순위가 높은 갑을 채용하게 된다.

㉢ 경영관리팀장이 갑과 병의 순위를 바꿨을 때, 네 사람의 면접점수를 산정하면 다음과 같다.
- 갑 : $2+1+1+2=6$점
- 을 : $4+3+4+1=12$점
- 병 : $1+4+3+4=12$점
- 정 : $3+2+2+3=10$점

따라서 을과 병이 채용되므로 정은 채용되지 못한다.

© 인사팀장이 을과 정의 순위를 바꿨을 때, 네 사람의 면접점수를 산정하면 다음과 같다.
- 갑 : 2+4+1+2=9점
- 을 : 3+3+4+1=11점
- 병 : 1+1+3+4=9점
- 정 : 4+2+2+3=11점

따라서 을과 정이 채용되므로 갑은 채용되지 못한다.

57 정답 ②

대화 내용에서 각자 연차 및 교육 일정을 정리하면 다음과 같다.

10월 달력						
일요일	월요일	화요일	수요일	목요일	금요일	토요일
	1	2 B사원 연차	3 개천절	4	5	6
7	8	9 한글날	10 A과장 연차	11 B대리 교육	12 B대리 교육	13
14	15 A사원 연차	16	17 B대리 연차	18 A대리 교육	19 A대리 교육	20
21	22	23	24 A대리 연차	25	26	27
28	29 워크숍	30 워크숍	31			

달력을 통해 세 번째 주에 3명의 직원이 연차 및 교육을 신청했다는 것을 알 수 있다. 이때 A대리와 A사원이 먼저 신청했으므로 B대리가 옳지 않음을 알 수 있고, 대화 내용 중 A대리가 자신이 교육받는 주에 다른 사람 2명이 신청 가능할 것 같다고 한 말은 네 번째 조건에 어긋난다.

따라서 옳지 않은 말을 한 직원은 A대리와 B대리이다.

58 정답 ③

각각의 조건을 고려하여 공장입지마다 총운송비를 산출한 후 이를 비교한다.

- A가 공장입지일 경우
  - 원재료 운송비 : (3톤×4km×20만/km·톤)+(2톤×8km×50만 원/km·톤)=1,040만 원
  - 완제품 운송비 : 1톤×0km×20만/km·톤=0원
  - ∴ 총운송비 : 1,040만+0=1,040만 원
- B가 공장입지일 경우
  - 원재료 운송비 : (3톤×0km×20만/km·톤)+(2톤×8km×50만/km·톤)=800만 원

- 완제품 운송비 : 1톤×4km×20만/km·톤=80만 원
- ∴ 총운송비 : 800만+80만=880만 원
- C가 공장입지일 경우
  - 원재료 운송비 : (3톤×8km×20만/km·톤)+(2톤×0km×50만/km·톤)=480만 원
  - 완제품 운송비 : 1톤×8km×20만/km·톤=160만 원
  - ∴ 총운송비 : 480만+160만=640만 원
- D가 공장입지일 경우
  - 원재료 운송비 : (3톤×4km×20만/km·톤)+(2톤×4km×50만/km·톤)=640만 원
  - 완제품 운송비 : 1톤×6km×20만/km·톤=120만 원
  - ∴ 총 운송비 : 640만+120만=760만 원
- E가 공장입지일 경우
  - 원재료 운송비 : (3톤×3km×20만/km·톤)+(2톤×6km×50만/km·톤)=780만 원
  - 완제품 운송비 : 1톤×3km×20만/km·톤=60만 원
  - ∴ 총운송비 : 780만+60만=840만 원

따라서 총운송비를 최소화할 수 있는 공장입지는 C이다.

59 정답 ④

모델별로 총광고효과를 정리하면 다음과 같다.

구분	1년 광고비	1년 광고횟수	1회당 광고효과	총광고 효과
지후	3,000-1,000 =2,000만 원	2,000÷20 =100회	100+100 =200	200×100 =20,000
문희	3,000-600 =2,400만 원	2,400÷20 =120회	60+100 =160	160×120 =19,200
석이	3,000-700 =2,300만 원	2,300÷20 =115회	60+110 =170	170×115 =19,550
서현	3,000-800 =2,200만 원	2,200÷20 =110회	50+140 =190	190×110 =20,900
슬이	3,000-1,200 =1,800만 원	1,800÷20 =90회	110+110 =220	220×90 =19,800

따라서 총광고효과가 가장 큰 모델은 서현이다.

60 정답 ④

주로 사용하는 용지가 A3, A4, B5이므로 사용 가능 용지에 A3, A4, B5가 포함되어 있지 않는 B, E, F, H는 제외한다.
또한 주로 컬러 인쇄를 사용하므로 C도 제외한다.
남은 A, D, G 중에서 컬러 인쇄의 분당 출력 매수가 15매 미만인 D를 제외한다.
A와 G 중에서 24개월 기준으로 G복합기를 24개월 대여했을 때 비용은 12×24=288만 원이고 A복합기를 구매하면 300만 원이다.
따라서 조건을 모두 만족하는 복합기는 G복합기이다.

| 02 | 사무

61	62	63	64	65	66	67	68	69	70
④	③	④	②	④	②	③	⑤	④	⑤

71	72	73	74	75	76	77	78	79	80
⑤	③	③	①	①	⑤	②	①	④	④

61   정답 ④

주어진 자료의 분장업무는 영리를 목적으로 하는 영업과 관련된 업무로 볼 수 있다. 따라서 영업부가 가장 적절하다.

오답분석

① 총무부 : 전체적이며 일반적인 행정 실무를 맡아보는 부서로, 분장업무로는 문서 및 직인관리, 주주총회 및 이사회개최 관련 업무, 의전 및 비서업무, 사무실 임차 및 관리, 사내외 행사 관련 업무, 복리후생 업무 등을 담당한다.
② 인사부 : 구성원들의 인사, 상벌, 승진 등의 일을 맡아보는 부서로, 분장업무로는 조직기구의 개편 및 조정, 업무분장 및 조정, 인력수급계획 및 관리, 노사관리, 상벌관리, 인사발령, 평가관리, 퇴직관리 등을 담당한다.
③ 기획부 : 조직의 업무를 계획하여 일을 맡아보는 부서로, 분장업무로는 경영계획 및 전략 수립·조정, 전사기획업무 종합 및 조정, 경영정보 조사 및 기획 보고, 종합예산수립 및 실적관리, 사업계획, 손익추정, 실적관리 및 분석 등을 담당한다.
⑤ 자재부 : 필요한 재료를 구입하고 마련하는 일을 맡아보는 부서로, 구매계획 및 구매예산의 편성, 시장조사 및 구입처 조사검토, 견적의뢰 및 검토, 구입계약 및 발주, 재고조사 및 재고통제, 보관 및 창고관리 등의 업무를 담당한다.

62   정답 ③

J사원이 처리해야 하는 업무를 순서대로 나열하면 '회의실 예약 – PPT 작성 – 메일 전송 – 수정사항 반영 – B주임에게 조언 구하기 – 브로슈어에 최종본 입력 – D대리에게 파일 전달 – 인쇄소 방문'이다.

63   정답 ④

경영참가제도의 가장 큰 목적은 경영의 민주성을 제고하는 것이다. 근로자 또는 노동조합이 경영과정에 참여하여 자신의 의사를 반영함으로써 공동으로 문제를 해결하고, 노사 간의 세력 균형을 이룰 수 있다.

오답분석

① 근로자와 노동조합이 경영과정에 참여함으로써 경영자의 고유한 권리인 경영권은 약화된다.
②·⑤ 경영능력이 부족한 근로자가 경영에 참여할 경우 합리적인 의사결정이 어렵고, 의사결정이 늦어질 수 있다.
③ 노동조합의 대표자가 소속 조합원의 노동조건과 기타 요구조건에 관하여 경영자와 대등한 입장에서 교섭하는 노동조합의

단체교섭 기능은 경영참가제도를 통해 경영자의 고유한 권리인 경영권을 약화시키고, 경영참가제도를 통해 분배문제를 해결함으로써 약화될 수 있다.

64   정답 ②

브레인스토밍은 비판이나 반박 없이 최대한 다양한 의견을 도출하는 방법이므로, 상대방이 제시한 아이디어를 비판하고 있는 B대리는 브레인스토밍에 적합하지 않은 태도를 보였다.

65   정답 ④

교육 홍보물의 교육내용은 '연구개발의 성공을 보장하는 R&D 기획서 작성'과 'R&D 기획서 작성 및 사업화 연계'이므로 J사원이 속한 부서의 업무는 R&D 연구 기획과 사업 연계이다. 따라서 장비 활용 지원은 부서의 업무로 적절하지 않다.

66   정답 ②

교육을 바탕으로 기획서를 작성하여 성과를 내는 것은 교육의 효과성이다. 이는 교육을 받은 회사 또는 사람의 역량이 가장 중요하다. 따라서 홍보물과 관련이 적은 성과에 대한 질문은 J사원이 답하기에는 어려운 질문이다.

67   정답 ③

조직의 역량 강화 및 조직문화 구축은 제시된 교육과 관련이 없는 영역이다. J사원은 조직의 사업과 관련된 내용을 발표해야 한다.

68   정답 ⑤

조직체계 구성 요소 중 규칙 및 규정은 조직의 목표나 전략에 따라 수립되며, 조직구성원들의 활동범위를 제약하고 일관성을 부여하는 기능을 한다. 인사규정·총무규정·회계규정 등이 이에 해당한다.

오답분석

① 조직목표 : 조직이 달성하려는 장래의 상태로, 대기업, 정부부처, 종교단체를 비롯하여 심지어 작은 가게도 달성하고자 하는 목표를 가지고 있다. 조직의 목표는 미래지향적이지만 현재의 조직행동의 방향을 결정해 주는 역할을 한다.
② 경영자 : 조직의 전략, 관리 및 운영활동을 주관하며, 조직구성원들과 의사결정을 통해 조직이 나아갈 바를 제시하고 조직의 유지와 발전에 대해 책임을 지는 사람이다.
③ 조직문화 : 조직이 지속되게 되면서 조직구성원들 간의 생활양식이나 가치를 서로 공유하게 되는 것을 말하며, 조직구성원들의 사고와 행동에 영향을 미치며 일체감과 정체성을 부여하고 조직이 안정적으로 유지되게 한다.
④ 조직구조 : 조직 내의 부문 사이에 형성된 관계로 조직목표를 달성하기 위한 조직구성원들의 상호작용을 보여준다.

69

정답 ④

홈페이지 운영 등은 정보사업팀에서 한다.

① 1개의 감사실과 11개의 팀으로 되어 있다.
② 예산 기획과 경영 평가는 전략기획팀에서 관리한다.
③ 경영 평가(전략기획팀), 성과 평가(인재개발팀), 품질 평가(평가관리팀) 등 각각 다른 팀에서 담당한다.
⑤ 감사실을 두어 감사, 부패방지 및 지도 점검을 하게 하였다.

70

정답 ⑤

품질 평가에 대한 관련 민원은 평가관리팀이 담당하고 있다.

71

정답 ⑤

영리조직의 사례로는 이윤 추구를 목적으로 하는 다양한 사기업을 들 수 있으며, 비영리조직으로는 정부조직, 병원, 대학, 시민단체, 종교단체 등을 들 수 있다.

72

정답 ③

조직 변화에 있어서 실현 가능성과 구체성은 중요한 요소이다.

① 조직 변화는 조직에 영향을 주는 환경 변화를 인지하는 것에서부터 시작된다. 영향이 있는 변화들로 한정하지 않으면 지나치게 방대한 요소를 고려하게 되어 비효율이 발생한다.
② 변화를 실행하려는 조직은 기존 규정을 개정해서라도 환경에 적응하여야 한다.
④ 조직구성원들이 현실에 안주하고 변화를 기피하는 경향이 강할수록 환경 변화를 인지하지 못한다.
⑤ 조직 변화는 '환경 변화 인지 – 조직 변화 방향 수립 – 조직 변화 실행 – 변화 결과 평가' 순으로 이루어진다.

73

정답 ③

• B : 사장 직속으로 4개의 본부가 있다는 설명은 옳지만, 인사를 전담하고 있는 본부는 없으므로 옳지 않다.
• C : 감사실이 분리되어 있다는 설명은 옳지만, 사장 직속이 아니므로 옳지 않다.

74

정답 ①

J공사의 사내 봉사 동아리이기 때문에 공식이 아닌 비공식조직에 해당한다. 비공식조직의 특징에는 인간관계에 따라 형성된 자발적인 조직, 내면적 · 비가시적 · 비제도적 · 감정적, 사적 목적 추구, 부분적 질서를 위한 활동 등이 있다.

② 영리조직에 대한 설명이다.
③ · ④ 공식조직에 대한 설명이다.
⑤ 비영리조직에 대한 설명이다.

75

정답 ①

외부경영활동은 조직 외부에서 이루어지는 활동이므로 기업의 경우 주로 시장에서 이루어지는 활동으로 볼 수 있다. 마케팅 활동은 시장에서 상품 혹은 용역을 소비자에게 유통시키는 데 관련된 대외적인 이윤추구 활동이므로 외부경영활동으로 볼 수 있다.

② · ③ · ④ · ⑤ 인사관리에 해당하는 내부경영활동이다.

76

정답 ⑤

세계적 기업인 맥킨지에 의해 개발된 7S 모형은 조직의 내부역량을 분석하는 도구이다. 조직문화를 구성하고 있는 7S는 전략, 공유가치, 관리기술, 시스템, 스태프, 스타일, 조직구조를 말한다. 7S 모형은 기업, 부서나 사업뿐만 아니라 지방자치단체, 국가 등 큰 조직을 진단하고 변혁할 때도 사용된다.

7S 모형
• 상위 3S : 경영전략의 목표와 지침이 되는 항목
  – 전략(Strategy) : 조직의 장기적인 목적과 계획, 이를 달성하기 위한 장기적인 행동지침
  – 공유가치(Shared Value) : 조직구성원들의 행동이나 사고를 특정 방향으로 이끌어 가는 원칙이나 기준
  – 관리기술(Skill) : 하드웨어는 물론 이를 사용하는 소프트웨어 기술을 포함하는 요소
• 하위 4S : 상위 3S를 지원하는 하위 지원요소
  – 시스템(System) : 조직 운영의 의사 결정과 일상 운영의 틀이 되는 각종 시스템
  – 스태프(Staff) : 조직의 인력 구성, 구성원들의 능력과 전문성 · 가치관과 신념 · 욕구와 동기 · 지각과 태도 · 행동패턴
  – 스타일(Style) : 구성원들을 이끌어 나가는 전반적인 조직관리 스타일
  – 조직구조(Structure) : 조직의 전략을 수행하는 데 필요한 틀로써 구성원의 역할과 그들 간의 상호관계를 지배하는 공식요소

77

정답 ②

조직목표는 조직체제의 다양한 구성요소들과 상호관계를 가지고 있기 때문에 다양한 원인들에 의하여 변동되거나 없어지고 새로운 목표로 대치되기도 한다.

① 조직목표들은 위계적 상호 관계가 있어서 서로 상하 관계에 있으면서 영향을 주고받는다.
③ 조직목표는 수립 이후에 변경되거나 필요성이 소멸됨에 따라 사라지기도 한다.
④ 조직은 복수 혹은 단일의 조직목표를 갖고 있을 수 있다. 하지만 어느 경우가 더 바람직하다고 평가할 수는 없다.
⑤ 조직목표의 변화를 야기하는 조직 내적 요인으로는 리더의 결단, 조직 내 권력구조 변화, 목표형성 과정 변화 등이 있고, 조직 외적 요인으로는 경쟁업체의 변화, 조직자원의 변화, 경제정책의 변화 등이 있다.

78
정답 ①

Tuckman 팀 발달 모형
• 형성기 : 목표를 설정하고 이해하며, 관계를 형성하는 단계이다. 목적, 구조, 리더십 등의 불확실성이 높다. 지시형 리더가 명확한 역할 설정을 해야 한다. → (나)
• 격동기 : 갈등 단계로, 역할 및 책임 등에 대해 갈등목표를 설정하거나 이해하는 단계이다. 의사소통에 어려움이 있을 수 있기 때문에 코치형 리더가 관계 개선을 위해 노력해야 한다. → (가)
• 규범기 : 정보를 공유하고 서로 다른 조건을 수용하는 단계로, 규칙 등이 만들어진다. 리더는 지시가 아닌 지원적 태도를 보여야 한다. → (라)
• 성취기 : 팀이 기능화되는 단계로, 목표를 위해 사람들이 자신의 역할을 알고 수행한다. 리더는 위임 등을 행하며 일과 관계유지의 균형을 추구해야 한다. → (다)

79
정답 ④

전략목표를 먼저 설정하고 환경을 분석해야 한다.

80
정답 ④

'(가) 비서실 방문'은 브로슈어 인쇄를 위해 미리 파일을 받아야 하므로 '(라) 인쇄소 방문'보다 먼저 이루어져야 한다. '(나) 회의실, 마이크 체크'는 내일 오전 '(마) 업무 보고' 전에 준비해야 할 사항이다. '(다) 케이터링 서비스 예약'은 내일 3시 팀장 회의를 위해 준비하는 것이므로 24시간 전인 오늘 3시 이전에 실시하여야 한다. 따라서 업무를 순서대로 정리하면 (다) - (가) - (라) - (나) - (마)가 되는데, 이때 (다)가 (가)보다 먼저 이루어져야 하는 이유는 현재 시각이 2시 50분이기 때문이다. 비서실까지 가는 데 걸리는 시간이 15분이므로 비서실에 갔다 오면 3시가 지난다. 따라서 케이터링 서비스 예약을 먼저 하는 것이 적절하다.

| 03 | 전기 · 기계

61	62	63	64	65	66	67	68	69	70
①	②	⑤	④	①	③	③	①	④	①
71	72	73	74	75	76	77	78	79	80
⑤	④	③	④	①	③	①	②	④	③

61
정답 ①

유 · 무상 수리 기준에 따르면 J전자 서비스센터 외에서 수리한 후 고장이 발생한 경우 고객 부주의에 해당하므로 무상 수리를 받을 수 없다. 따라서 해당 고객이 수리를 요청할 경우 유상 수리 건으로 접수해야 한다.

62
정답 ②

서비스 요금 안내에 따르면 서비스 요금은 부품비, 수리비, 출장비의 합계액으로 구성된다. 전자레인지 부품 마그네트론의 가격은 20,000원이라고 제시되어 있고, 출장비는 평일 18시 이전에 방문하였으므로 18,000원이 적용된다. 따라서 전자레인지의 수리비는 $53,000-(20,000+18,000)=15,000$원이다.

63
정답 ⑤

예외사항에 따르면 제품사용 빈도가 높은 기숙사 등에 설치하여 사용한 경우 제품의 보증기간이 $\frac{1}{2}$로 단축 적용된다. 따라서 기숙사 내 정수기의 보증기간은 6개월이므로 8개월 전 구매한 정수기는 무상 수리 서비스를 받을 수 없다.

① · ② · ④ 보증기간인 6개월이 지나지 않았으므로 무상으로 수리가 가능하다.
③ 휴대폰 소모성 액세서리의 경우 유상 수리 후 2개월간 품질이 보증되므로 무상으로 수리가 가능하다.

64
정답 ④

동일한 업종이지만 윤리적 문제가 발생할 여지가 없는 이유는 고객을 공유하지 않는 비경쟁적 관계에 해당하기 때문이다. 또한 문화와 제도적 차이가 있다는 내용을 통해 국가가 다른 '글로벌 벤치마킹'에 해당된다는 것을 추론할 수 있다.

65
정답 ①

기술시스템(Technological System)은 개별 기술이 네트워크로 결합하는 것을 말한다. 인공물의 집합체만이 아니라 투자회사, 법적 제도, 정치, 과학, 자연자원을 모두 포함하는 것으로, 사회기술시스템이라고도 한다.

66 정답 ③

전자레인지를 사용하면서 불꽃이 튀는 경우와 조리 상태가 나쁠 때 확인해야 할 사항에 사무실, 전자레인지의 전압을 확인해야 한다는 내용은 명시되어 있지 않다.

67 정답 ③

기술능력이 뛰어난 사람의 특징
• 실질적 해결을 필요로 하는 문제를 인식한다.
• 인식된 문제를 위한 다양한 해결책을 개발하고 평가한다.
• 실제적 문제를 해결하기 위해 지식이나 기타 자원을 선택하고 최적화시키며 적용한다.
• 주어진 한계 속에서 제한된 자원을 가지고 일한다.
• 기술적 해결에 대한 효용성을 평가한다.
• 여러 상황 속에서 기술의 체계와 도구를 사용하고 배울 수 있다.

68 정답 ①

영상이 희미한 경우 리모컨 메뉴창의 초점 조절 기능을 이용하여 초점을 조절하거나, 투사거리가 초점에서 너무 가깝거나 멀리 떨어져 있지 않은지 확인해야 한다.

오답분석
② 메뉴가 선택되지 않을 때는 메뉴의 글자가 회색으로 나와 있지 않은지 확인해야 한다. 외부기기 연결 상태 확인은 외부기기가 선택되지 않을 때의 조치사항이다.
③ 이상한 소리가 계속해서 날 경우 사용을 중지하고 서비스 센터로 문의해야 한다.
④ 화면 잔상은 일정시간 정지된 영상을 지속적으로 표시하면 나타날 수 있다. 제품 및 리모컨의 배터리 충전 상태와는 무관하다.
⑤ 전원이 자동으로 꺼지는 것은 제품을 20시간 지속 사용하여 전원이 자동 차단된 것으로 확인할 수 있다. 발열이 심한 경우는 화면이 나오지 않는 문제의 원인이다.

69 정답 ④

하인리히의 법칙은 큰 사고로 인해 산업재해가 일어나기 전에 작은 사고나 징후인 '불안전한 행동 및 상태'가 보인다는 주장이다.

70 정답 ①

벤치마킹 데이터를 수집하고 분석하는 과정에서는 여러 보고서를 동시에 보고 붙이고 자르는 작업을 용이하게 해주는 문서 편집 시스템을 이용하는 것이 매우 유용하다.

71 정답 ⑤

벤치마킹은 비교 대상에 따라 내부·경쟁적·비경쟁적·글로벌 벤치마킹으로 분류된다. 네스프레소는 뛰어난 비경쟁 기업의 유사 분야를 대상으로 벤치마킹하는 비경쟁적 벤치마킹을 하고 있다. 비경쟁적 벤치마킹은 아이디어 창출 가능성은 높으나, 가공하지 않고 사용하면 실패할 가능성이 높다.

오답분석
① 내부 벤치마킹에 대한 설명이다.
②·③ 글로벌 벤치마킹에 대한 설명이다.
④ 경쟁적 벤치마킹에 대한 설명이다.

72 정답 ④

기술 시스템의 발전 단계는 기술 시스템이 탄생하고 성장하며(발명·개발·혁신의 단계), 이후 성공적인 기술이 다른 지역으로 이동하고(기술 이전의 단계), 기술 시스템 사이의 경쟁이 발생하며(기술 경쟁의 단계), 경쟁에서 승리한 기술 시스템이 관성화되면서(기술 공고화 단계) 나타난다.

73 정답 ③

1~2월 이앙기 관리 방법에 모두 방청유를 발라 녹 발생을 방지하는 내용이 있다.

오답분석
① 트랙터의 브레이크 페달 작동 상태는 2월의 점검 목록이다.
② 이앙기에 커버를 씌워 먼지 및 이물질에 의한 부식을 방지하는 것은 1월의 점검 목록이다.
④ 트랙터의 유압실린더와 엔진 누유 상태의 점검은 트랙터 사용 전 점검이 아니라 보관 중 점검 목록이다.
⑤ 매뉴얼에 없는 내용이다.

74 정답 ③

사용 전 알아두기에 따르면 제습기의 물통이 가득 찰 경우 작동이 멈춘다고 하였으므로 서비스센터에 연락해야 한다.

오답분석
① 실내 온도가 18℃ 미만일 때 냉각기에 결빙이 시작되어 제습량이 줄어들 수 있다.
② 컴프레서 작동으로 실내 온도가 올라갈 수 있다.
④ 제습기가 작동하지 않는 경우 10분 꺼두었다가 다시 켜서 작동하면 정상이라고 하였다.
⑤ 희망 습도에 도달하면 운전이 멈추고, 습도가 높아지면 다시 자동 운전으로 작동한다.

75 정답 ①

보증서가 없으면 영수증이 대신하는 것이 아니라, 제조일로부터 3개월이 지난 날이 보증기간 시작일이 된다.

오답분석

② 제품 보증기간은 제조사 또는 제품 판매자가 소비자에게 정상적인 상태에서 자연 발생한 품질 성능 기능 하자에 대하여 무료 수리해 주겠다고 약속한 기간이므로 옳은 내용이다.
③・④ 제습기 보증기간은 일반제품을 기준으로 1년이고, 2017년 이전에 구입한 제품은 2년이다.
⑤ 제습기 부품 보증기간에 따르면 2016년 1월 이후 생산된 인버터 컴프레서의 보증기간은 10년이다.

76 정답 ③

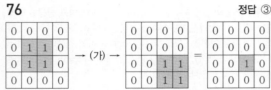

패턴 A, 패턴 B 모두 1인 경우에만 결괏값이 1이 되므로 AND 연산자가 사용되었다.

77 정답 ①

NOR(부정논리합) : 둘 다 거짓일 때만 참, 나머지 모두 거짓

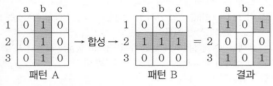

따라서 결과로 옳은 것은 ①이다.

78 정답 ②

기술 시스템의 발전 단계

발명(Invention)・개발(Development)・혁신(Innovation)의 단계 → 기술 이전(Transfer)의 단계 → 기술 경쟁(Competition)의 단계 → 기술 공고화(Consolidation) 단계

79 정답 ④

기술 시스템의 발전 단계별 중요 역할자

단계	중요 역할자
발명・개발・혁신의 단계	기술자
기술 이전의 단계	기술자
기술 경쟁의 단계	기업가
기술 공고화 단계	자문 엔지니어, 금융 전문가

80 정답 ③

추운 지역의 LPG는 따뜻한 지역보다 프로판 비율이 높다.

3일 차 기출응용 모의고사 정답 및 해설

| 01 | 공통

01	02	03	04	05	06	07	08	09	10
④	④	②	⑤	⑤	④	⑤	④	①	①
11	12	13	14	15	16	17	18	19	20
⑤	①	④	⑤	②	②	③	④	④	⑤
21	22	23	24	25	26	27	28	29	30
①	⑤	②	②	②	⑤	②	④	②	④
31	32	33	34	35	36	37	38	39	40
④	①	③	①	①	③	②	①	②	③
41	42	43	44	45	46	47	48	49	50
②	②	④	③	①	④	⑤	⑤	②	②
51	52	53	54	55	56	57	58	59	60
④	④	③	③	④	④	③	③	②	⑤

01
정답 ④

보기의 '묘사'는 '어떤 대상이나 현상 따위를 있는 그대로 언어로 서술하거나 그림으로 그려서 나타내는 것'이다. 따라서 보기의 앞에는 어떤 모습이나 장면이 나와야 하므로 (다) 다음의 '분주하고 정신없는 장면'이 와야 한다. 또한, 보기에서 묘사는 '본 사람이 무엇을 중요하게 판단하고, 무엇에 흥미를 가졌느냐에 따라 크게 다르다.'고 했으므로 보기 뒤에는 (다) 다음의 장면 중 '어느 부분에 주목하고, 또 어떻게 그것을 해석했는지에 따라 즐겁기도 하고 무섭기도 하다.'는 구체적 내용인 (라) 다음 부분이 이어져야 한다. 그러므로 보기의 문장은 (라)에 들어가는 것이 가장 적절하다.

02
정답 ④

마이크로비드는 '면역체계 교란, 중추신경계 손상 등의 원인이 되는 잔류성유기오염물질을 흡착한다.'고 설명하고 있다.

03
정답 ②

제시된 문단에서는 광고의 정의에 대해 이야기하고 있다. 따라서 이어질 문단은 광고에 대한 구체적인 설명과 단점에 대해서 이야기하는 (가), 광고의 첫 번째 사례에 대해서 이야기하는 (다), 광고의 두 번째 사례를 이야기하는 (나), 광고를 보는 소비자가 가져야 할 자세에 대해 이야기하는 (라) 순으로 나열해야 한다.

04
정답 ⑤

연예인 혹은 유명인이 광고를 했다고 회사는 품질과 성능을 담보하지 않는다. 또한, 해당 연예인이 사용하지 않았지만 사용했다고 언급하지 않는 이상 광고료를 지불받은 광고 모델일 뿐 문제가 되지 않는다. 따라서 적절하지 않은 사례는 ⑤이다.

05
정답 ⑤

PET(양전자 단층 촬영술)는 CT 이후 방사성 의약품을 이용해 인체의 생화학적 상태를 3차원 영상으로 나타내는 기술로, 방사성 포도당이라는 의약품을 투여하여야 영상을 얻을 수 있다. 반면에 CT(컴퓨터 단층 촬영)는 X선을 이용한 기술로 별도의 의약품 없이도 영상을 얻을 수 있다.

06
정답 ④

- C사원 : 문서의 첨부 자료는 반드시 필요한 자료 외에는 첨부하지 않도록 해야 하므로 옳지 않다.
- D사원 : 문서를 작성한 후에는 다시 한 번 내용을 검토해야 하지만, 문장 표현은 작성자의 성의가 담기도록 경어나 단어 사용에 신경을 써야 하므로 낮춤말인 '해라체'로 고쳐 쓰는 것은 옳지 않다.

07
정답 ⑤

(마) 문단의 주제는 공포증을 겪는 사람들의 상황 해석 방식과 공포증에서 벗어나는 방법이다. 공포증을 겪는 사람들의 행동 유형은 나타나 있지 않다.

08
정답 ④

충전지를 최대 용량을 넘어서 충전할 경우 발열로 인한 누액이나 폭발의 위험이 있다. 충전지를 충전하는 과정에서 충전지의 온도가 과도하게 상승한다면 최대 용량을 넘은 과충전을 의심할 수 있으므로 충전을 중지하는 것이 좋다.

오답분석
① 충전지를 크게 만들면 충전 용량과 방전 전류 세기를 증가시킬 수 있으나, 전극의 물질을 바꾸지 않는 한 공칭 전압은 변하지 않는다.

② 충전기의 전원 전압은 충전지의 공칭 전압보다 높아야 한다. 이때, 용량과 관계없이 리튬 충전지의 공칭 전압은 3.6V이므로 전원 전압이 3.6V보다 높은 충전기를 사용해야 한다.

③ 충전지를 방전 하한 전압 이하까지 방전시키면 충전지의 수명이 줄어들기 때문에 오래 사용하기 위해서는 방전 하한 전압 이하까지 방전시키지 않는 것이 좋으나, 니켈카드뮴 충전지의 경우 메모리 효과로 인해 완전히 방전되기 전 충전을 반복하면 충·방전 용량이 줄어든다.

⑤ 충전기로 리튬 충전지를 충전할 경우 만충전 전압에 이르면 정전압 회로로 전환하여 정해진 시간 동안 충전지에 공급하는 전압을 일정하게 유지한다. 그러나 공칭 전압은 변화하는 단자 전압의 평균일 뿐이므로 리튬 충전지의 만충전 전압이 3.6V인 것은 아니다.

09 정답 ①

조직은 다양한 사회적 경험과 사회적 지위를 토대로 한 개인의 집단이므로 동일한 내용을 제시하더라도 각 구성원은 서로 다르게 받아들이고 반응한다. 그렇기 때문에 조직 내에서 적절한 의사소통을 형성한다는 것은 결코 쉬운 일이 아니다.

오답분석
② 메시지는 고정되고 단단한 덩어리가 아니라 유동적이고 가변적인 요소이기 때문에 상호작용에 따라 다양하게 변형될 수 있다.
③·④·⑤ 제시된 갈등 상황에서는 표현 방식의 문제보다는 서로 다른 의견이 문제가 되고 있으므로 적절하지 않다.

10 정답 ①

제시문은 '발전'에 대한 개념을 설명하고 있다. 빈칸 앞에서는 발전에 대해 '모든 형태의 변화가 전부 발전에 해당하는 것은 아니다.'라고 하면서 '교통신호등'을 예로 들고, 빈칸 뒤에서는 '사태의 진전 과정에서 나중에 나타나는 것은 적어도 그 이전 단계에 내재적으로나마 존재했던 것의 전개에 해당한다는 것이다.'라고 서술하고 있다. 여기에 첫 번째 문장까지 고려한다면 빈칸에 들어갈 내용으로는 ①이 가장 적절하다.

11 정답 ⑤

네 번째 문단을 통해 물의 비열은 변하는 것이 아니라 고유한 특성이라는 내용을 확인할 수 있다.

12 정답 ①

제시문은 말하는 사람과 듣는 사람이 각각 잘 전달했는지, 잘 이해했는지를 서로 확인하지 않고 그 순간을 넘겨버려 엇갈린 정보를 갖게 되는 상황에 대한 설명이다. 따라서 서로 간의 상호작용이 부족한 것으로 볼 수 있다.

오답분석
② 서로가 엇갈린 정보를 가진 것은 맞으나, 책임에 대한 내용은 글에서 찾을 수 없다.
③ 많은 정보를 담는 복잡한 메시지로 인한 문제가 아닌 서로의 상호작용이 부족해 발생하는 문제이다.
④ 서로 모순된 내용이 문제가 아닌 서로 상호작용이 부족한 것으로 인한 문제이다.
⑤ 의사소통에 대한 잘못된 선입견이란 말하지 않아도 안다는 것으로, 글의 내용과 맞지 않다.

13 정답 ②

제시문에서 옵트인 방식은 수신 동의 과정에서 발송자와 수신자 모두에게 비용이 발생한다고 했으므로 수신자의 경제적 손실을 막을 수 있다는 ②는 적절하지 않다.

14 정답 ⑤

먼저 '빅뱅 이전에는 아무것도 없었다.'는 '영겁의 시간 동안 우주는 단지 진공이었을 것이다.'를 의미한다는 (라) 문단이 오는 것이 적절하며, 다음으로 '이런 식으로 사고하려면', 즉 우주가 단지 진공이었다면 왜 우주가 탄생하게 되었는지를 설명할 수 없다는 (다) 문단이 이어져야 한다. 다음으로 우주 탄생 원인을 설명할 수 없는 이유를 이야기하는 (나) 문단과 이와 달리 아예 다른 방식으로 해석하는 (가) 문단이 순서대로 오는 것이 적절하다. 따라서 (라) − (다) − (나) − (가) 순으로 나열해야 한다.

15 정답 ②

제시문은 기계화·정보화의 부정적인 측면을 부각시키고 있으므로 기계화·정보화가 인간의 삶의 질 개선에 기여하고 있음을 경시한다고 비판할 수 있다.

16 정답 ②

철수가 A지점에서 C지점까지 가는 데 걸리는 시간은 $\frac{200}{80}$ =2시간 30분이다. 만수는 철수보다 2시간 30분 늦게 도착했으므로 걸리는 시간은 5시간이다. 따라서 만수의 속력은 $\frac{300}{5}$ =60km/h이다.

17 정답 ③

전체 실적은 45+50+48+42=185억 원이며, 1 ~ 2분기와 3 ~ 4분기의 실적의 비중을 각각 구하면 다음과 같다.

• 1 ~ 2분기 비중 : $\frac{45+50}{185} \times 100 = 51.4\%$

• 3 ~ 4분기 비중 : $\frac{48+42}{185} \times 100 = 48.6\%$

18

ㄴ. 2020년 대비 2023년 모든 분야의 침해사고 건수는 감소하였으나, 50% 이상 줄어든 것은 스팸릴레이 한 분야이다.

ㄹ. 기타 해킹 분야의 2023년 침해사고 건수는 2021년 대비 증가했으므로 옳지 않은 설명이다.

오답분석

ㄱ. 단순침입시도 분야의 침해사고는 매년 스팸릴레이 분야의 침해사고 건수의 두 배 이상인 것을 확인할 수 있다.

ㄷ. 2022년 홈페이지 변조 분야의 침해사고 건수가 차지하는 비중은 $\frac{5,216}{16,135} \times 100 \fallingdotseq 32.3\%$로, 35% 이하이다.

19

정답 ④

세제 1스푼의 양을 xg이라 하자.

$$\frac{5}{1,000} \times 2,000 + 4x = \frac{9}{1,000} \times (2,000 + 4x)$$

$$\therefore x = \frac{2,000}{991}$$

물 3kg에 들어갈 세제의 양을 yg이라 하자.

$$y = \frac{9}{1,000} \times (3,000 + y)$$

$$\to 1,000y = 27,000 + 9y$$

$$\therefore y = \frac{27,000}{991}$$

따라서 $\dfrac{\dfrac{27,000}{991}}{\dfrac{2,000}{991}} = 13.5$스푼을 넣어야 한다.

20

정답 ⑤

사망자가 30명 이상인 사고를 제외한 나머지 사고는 A, C, D, F이다. 네 사고를 화재규모가 큰 순, 복구비용이 많은 순으로 각각 나열하면 다음과 같으므로 ⑤는 옳은 설명이다.

• 화재규모 : A − D − C − F
• 복구비용 : A − D − C − F

오답분석

① 터널길이가 긴 순, 사망자가 많은 순으로 사고를 각각 나열하면 다음과 같다.
  • 터널길이 : A − D − B − C − F − E
  • 사망자 수 : E − B − C − D − A − F
  따라서 터널길이와 사망자 수는 관계가 없다.

② 화재규모가 큰 순, 복구기간이 긴 순으로 사고를 각각 나열하면 다음과 같다.
  • 화재규모 : A − D − C − E − B − F
  • 복구기간 : B − E − F − A − C − D
  따라서 화재규모와 복구기간은 관계가 없다.

③ 사고 A를 제외하고 복구기간이 긴 순, 복구비용이 많은 순으로 사고를 각각 나열하면 다음과 같다.
  • 복구기간 : B − E − F − C − D
  • 복구비용 : B − E − D − C − F
  따라서 옳지 않은 설명이다.

④ 사고 A ~ E의 사고비용을 구하면 다음과 같다.
  • 사고 A : 4,200억+1×5억=4,205억 원
  • 사고 B : 3,276억+39×5억=3,471억 원
  • 사고 C : 72억+12×5억=132억 원
  • 사고 D : 312억+11×5억=367억 원
  • 사고 E : 570억+192×5억=1,530억 원
  • 사고 F : 18억+0×5억=18억 원
  따라서 사고 A의 사고비용이 가장 많다.

21

정답 ①

A지점에서 B지점까지의 거리를 $5a$km라 하고, J열차의 처음 속도를 $x$km/min이라 하면 G열차의 속도는 $(x-3)$km/min이다.

$$\frac{5a}{x-3} = \frac{4a}{x} + \frac{a}{x-5}$$

$$\to \frac{5}{x-3} = \frac{4}{x} + \frac{1}{x-5}$$

$$\to 5x(x-5) = 4(x-3)(x-5) + x(x-3)$$

$$\to 5x^2 - 25x = 4(x^2 - 8x + 15) + x^2 - 3x$$

$$\to 10x = 60$$

$$\therefore x = 6$$

따라서 J열차의 처음 출발 속도는 6km/min이다.

22

정답 ⑤

신용카드의 공제율은 15%이고, 체크카드의 공제율은 30%이기 때문에 공제받을 금액은 체크카드를 사용했을 때 더 유리하다.

오답분석

② 연봉의 25%를 초과 사용한 범위가 공제의 대상에 해당된다. 연봉 35,000,000원의 25%는 8,750,000원이므로 현재까지 사용한 금액 6,000,000원에 2,750,000원을 초과하여 더 사용해야 공제받을 수 있다.

③ 사용한 금액 5,000,000원에서 더 사용해야 하는 금액인 2,750,000원을 뺀 2,250,000원이 공제대상금액이 된다. 이는 체크카드 사용금액 내에 포함되므로 공제율 30%를 적용하여 675,000원이 소득공제금액이다.

④ 사용한 금액 5,750,000원에서 더 사용해야 하는 금액인 2,750,000원을 뺀 3,000,000원이 공제대상금액이 된다. 이는 체크카드 사용금액 내에 포함되므로 공제율 30%를 적용하여 900,000원이 소득공제금액이다.

23 정답 ②

J씨의 신용카드 사용금액은 총 6,500,000원이고, 추가된 현금영수증 금액은 5,000,000원이다. 그리고 변경된 연봉의 25%는 $40,000,000 \times 0.25 = 10,000,000$원이다. 즉, 15,000,000원에서 10,000,000원을 차감한 5,000,000원에 대해 공제가 가능하며, 현금영수증 사용금액 내에 포함되므로 공제율 30%를 적용한 1,500,000원이 소득공제금액이 된다. 제시된 과표에 따르면 연봉 40,000,000원에 해당하는 세율은 15%이고, 이를 소득공제금액에 적용하면 세금은 $1,500,000 \times 0.15 = 225,000$원이다.

24 정답 ②

상품A의 누적거래량은 매달 증가하는 추이를 보인다.

오답분석

㉠·㉢·㉣ 단위가 만 원이므로 5조 원, 6조 원, 1조 원이 옳다.

25 정답 ②

㉠ 근로자가 총 90명이고 전체에게 지급된 임금의 총액이 2억 원이므로 근로자당 평균 월 급여액은 $\dfrac{2억\ 원}{90명} ≒ 222만$ 원이다.

따라서 평균 월 급여액은 230만 원 이하이다.

㉡ 월 210만 원 이상 급여를 받는 근로자 수는 $26+12+8+4=50$명이다. 따라서 총 90명의 절반인 45명보다 많다.

오답분석

㉢ 월 180만 원 미만의 급여를 받는 근로자 수는 $6+4=10$명이다.

따라서 전체에서 $\dfrac{10}{90} ≒ 11\%$의 비율을 차지하고 있으므로 옳지 않은 설명이다.

㉣ '월 240만 원 이상 월 270만 원 미만'의 구간에서 월 250만 원 이상 받는 근로자의 수는 주어진 자료만으로는 확인할 수 없다. 따라서 옳지 않은 설명이다.

26 정답 ⑤

편의를 위해 선택지를 바꾸면, 'GDP 대비 에너지 사용량은 B국이 A국보다 낮다.'로 나타낼 수 있다. 이때 GDP 대비 에너지 사용량은 원점에서 해당 국가를 연결한 직선의 기울기이므로 그래프에서 이를 살펴보면 B국이 A국보다 더 크다는 것을 알 수 있다. 따라서 옳지 않은 내용이다.

오답분석

① 에너지 사용량이 가장 많은 국가는 최상단에 위치한 A국이고, 가장 적은 국가는 최하단에 위치한 D국이므로 옳은 내용이다.

② 원의 면적이 각 국가의 인구수에 정비례한다고 하였으므로 C국과 D국의 인구수는 거의 비슷하다는 것을 알 수 있다. 그런데 총 에너지 사용량은 C국이 D국에 비해 많으므로 1인당 에너지 사용량은 C국이 D국보다 많음을 알 수 있다.

③ GDP가 가장 낮은 국가는 가장 왼쪽에 위치한 D국이고, 가장 높은 국가는 가장 오른쪽에 위치한 A국이므로 옳은 내용이다.

④ 분모가 되는 인구수는 B국이 더 크고, 분자가 되는 GDP는 B국이 더 작으므로 1인당 GDP는 H국이 B국보다 높다는 것을 알 수 있다.

27 정답 ②

사과와 배와 귤을 각각 20개씩 구입한다면 사과는 $120 \times 20 = 2,400$원, 배는 $260 \times 20 = 5,200$원, 귤은 $40 \times 20 = 800$원의 금액이 필요하다. 총예산에서 이 금액을 제외하면 $20,000 - (2,400 + 5,200 + 800) = 11,600$원이 남는다. 남은 돈에서 사과와 배, 귤을 똑같은 개수씩 더 구입한다면 $11,600 \div (120+260+40) ≒ 27.6$이므로 27개씩 구입이 가능하다. 사과와 배, 귤을 각각 27개씩 추가로 구입한다면 $27 \times (120+260+40) = 11,340$원이므로 각각 47개씩 구입하고 남은 금액은 $11,600 - 11,340 = 260$원이 된다. 이때, 남은 금액은 한 개의 배(260원)를 구입할 수 있는 금액이므로 배를 가장 많이 구입했을 때 배의 최소 개수는 $20+27+1=48$개이다.

28 정답 ④

ㄱ. 풍력의 경우 2021 ~ 2023년 동안 출원 건수와 등록 건수가 매년 증가하였으므로 옳지 않은 설명이다.

ㄷ. 2023년 등록 건수가 많은 상위 3개 분야의 등록 건수 합은 2,126건($=950+805+371$)으로 2023년 전체 등록 건수(3,166건)의 약 67%를 차지한다. 따라서 옳지 않은 설명이다.

ㄹ. 2023년 출원 건수가 전년 대비 50% 이상 증가한 기술 분야는 태양광/열/전지, 석탄가스화, 풍력, 지열로 4개이므로 옳지 않은 설명이다.

오답분석

ㄴ. 2022년에 출원 건수가 전년 대비 감소한 기술 분야는 태양광/열/전지, 수소바이오/연료전지, 석탄가스화로 3개이다. 모두 2023년 등록 건수도 전년 대비 감소하였으므로 옳은 설명이다.

29 정답 ②

중국의 의료 빅데이터 시장 규모의 전년 대비 성장률을 구하면 다음과 같다.

구분	2016년	2017년	2018년	2019년	2020년
성장률(%)	–	56.3	90.0	60.7	93.2

구분	2021년	2022년	2023년	2024년	2025년
성장률(%)	64.9	45.0	35.0	30.0	30.0

따라서 옳은 그래프는 ②이다.

30
정답 ④

미국의 점수 총합은 4.2+1.9+5.0+4.3=15.4점으로, 프랑스의 총점인 5.0+2.8+3.4+3.7=14.9점보다 높다.

오답분석

① 기술력 분야에서는 프랑스의 점수가 제일 높다.
② 성장성 분야에서 점수가 가장 높은 국가는 한국이고, 시장지배력 분야에서 점수가 가장 높은 국가는 미국이다.
③ 브랜드파워 분야에서 각국 점수 중 최댓값과 최솟값의 차이는 4.3-1.1=3.2점이다.
⑤ 시장지배력 분야의 점수는 일본이 1.7점으로, 3.4점인 프랑스보다 낮다.

31
정답 ④

지원자 4의 진술이 거짓이면 지원자 5의 진술도 거짓이고, 지원자 4의 진술이 참이면 지원자 5의 진술도 참이다. 즉, 1명의 진술만 거짓이므로 지원자 4, 5의 진술은 참이다. 그러면 지원자 1과 지원자 2의 진술이 모순이 된다.

ⅰ) 지원자 1의 진술이 참인 경우

지원자 2는 A부서에 선발이 되었고, 지원자 3은 B 또는 C부서에 선발되었다. 이때, 지원자 3의 진술에 따라 지원자 4가 B부서, 지원자 3이 C부서에 선발되었다.
- A - 지원자 2
- B - 지원자 4
- C - 지원자 3
- D - 지원자 5

ⅱ) 지원자 2의 진술이 참인 경우

지원자 3은 A부서에 선발이 되었고, 지원자 3의 진술에 따라 지원자 4가 B부서, 지원자 2가 C부서에 선발되었다.
- A - 지원자 3
- B - 지원자 4
- C - 지원자 2
- D - 지원자 5

따라서 항상 옳은 것은 ④이다.

32
정답 ①

제시된 자료는 J섬유회사의 SWOT 분석을 통해 강점(S), 약점(W), 기회(O), 위기(T) 요인을 분석한 것으로, ㄱ과 ㄷ은 각각 SO전략과 WO전략이며, 발전 방안으로서 적절하다.

오답분석

ㄴ. ST전략으로 경쟁업체에 특허 기술을 무상 이전하는 것은 경쟁이 더 심화될 수 있으므로 적절하지 않다.
ㄹ. WT전략에서는 기존 설비에 대한 재투자보다는 수요에 맞게 다양한 제품을 유연하게 생산할 수 있는 신규 설비에 대한 투자가 필요하다.

33
정답 ③

- (가) : 부산에서 서울로 가는 버스터미널은 2곳이므로 바르게 안내해 주었다.
- (다) : 소요 시간을 고려하여 도착시간에 맞게 출발하는 버스 시간을 바르게 안내해 주었다.
- (라) : 도로 교통 상황에 따라 소요 시간에 차이가 있다는 사실을 바르게 안내해 주었다.

오답분석

- (나) : 고객의 집은 부산 동부 터미널이 가깝다고 하였으므로 출발해야 되는 시간 등을 물어 부산 동부 터미널에 적당한 차량이 있는지 확인하고, 없을 경우 부산 터미널을 권유해야 한다. 단지 배차간격이 많다는 이유만으로 부산 터미널을 이용하라고 안내하는 것은 옳지 않다.
- (마) : 우등 운행요금만 안내해 주었고, 일반 운행요금에 대한 안내를 하지 않았다.

34
정답 ①

오답분석

② a → c → b 순서로 진행할 때 가장 많이 소요되며, 작업 시간은 10시간이 된다.
③·④ 순차적으로 작업할 경우 첫 번째 공정에서 시간이 가장 적게 걸리는 것을 먼저 선택하고, 두 번째 공정에서 시간이 가장 적게 걸리는 것을 맨 뒤에 선택한다. 즉, b → c → a가 최소 제품 생산 시간이 된다.
⑤ b작업 후 1시간의 유휴 시간이 있어 1시간 더 용접을 해도 전체 작업 시간에는 변함이 없다.

35
정답 ①

최단시간으로 가는 방법은 택시만 이용하는 방법이고, 최소비용으로 가는 방법은 버스만 이용하는 방법이다.

- 최단시간으로 가는 방법의 비용 : 2,000(기본요금)+100×4(추가요금)=2,400원
- 최소비용으로 가는 방법의 비용 : 500원

∴ (최단시간으로 가는 방법의 비용)-(최소비용으로 가는 방법의 비용)=2,400-500=1,900원

36
정답 ③

대중교통 이용 방법이 정해져 있을 경우, 비용을 최소화하기 위해서는 회의장에서의 대기시간을 최소화하는 동시에 지각하지 않아야 한다. 거래처에서 회의장까지 2분이 소요되므로 정민이는 오후 1시 58분에 거래처에 도착해야 한다. J공사에서 B지점까지는 버스를, B지점에서 거래처까지는 택시를 타고 이동한다고 하였으므로 환승시간을 포함하여 걸리는 시간은 3×2(버스 소요시간)+2(환승 소요시간)+1×3(택시 소요시간)=11분이다. 따라서 오후 1시 58분-11분=오후 1시 47분에 출발해야 한다.

37
정답 ②

- 혜정이의 비용 : 500(버스요금)+800(환승 비용)+1,600(회의장에서의 대기 비용)=2,900원
- 진선이의 비용 : 2,300(택시요금)+800(환승 비용)+500(버스요금)+600(회의장에서의 대기 비용)=4,200원

따라서 혜정이와 진선이의 비용 차는 4,200−2,900=1,300원이다.

38
정답 ①

문제란 발생한 상황 자체를 의미하는 것으로 그 상황이 발생한 원인인 문제점과 구분된다. 따라서 사례에서 발생한 상황은 '아이의 화상' 자체이다.

오답분석

②·③·④·⑤ 아이의 화상이라는 문제가 발생한 것에 대한 원인을 나타내는 것으로, 문제점에 해당한다.

39
정답 ②

서울 지점의 C씨에게 배송할 제품과 경기남부 지점의 B씨에게 배송할 제품에 대한 기호를 모두 기록해야 한다.

- C씨 : MS11EISS
  - 재료 : 연강(MS)
  - 판매량 : 1box(11)
  - 지역 : 서울(E)
  - 윤활유 사용 : 윤활작용(I)
  - 용도 : 스프링(SS)
- B씨 : AHSS00SSST
  - 재료 : 초고강도강(AHSS)
  - 판매량 : 1set(00)
  - 지역 : 경기남부(S)
  - 윤활유 사용 : 밀폐작용(S)
  - 용도 : 타이어코드(ST)

40
정답 ③

제시된 사례에 따르면 혼잡한 시간대에도 같은 노선의 앞차를 앞지르지 못하는 버스 운행 규칙으로 인해 버스의 배차 간격이 일정하지 않은 문제가 나타났다.

41
정답 ②

분류코드에서 알 수 있는 정보를 순서대로 나열하면 다음과 같다.

- 발송코드 : c4(충청지역에서 발송)
- 배송코드 : 304(경북지역으로 배송)
- 보관코드 : HP(고가품)
- 운송코드 : 115(15톤 트럭으로 배송)
- 서비스코드 : 01(당일 배송 서비스 상품)

따라서 분류코드에서 확인할 수 없는 정보는 ②이다.

42
정답 ②

제품 A의 분류코드는 앞에서부터 순서대로 수도권인 경기도에서 발송되었으므로 a1, 울산지역으로 배송되므로 062, 냉동보관이 필요하므로 FZ, 5톤 트럭으로 운송되므로 105, 배송일을 7월 7일로 지정하였으므로 02로 구성된 'a1062FZ10502'이다.

43
정답 ②

두 번째와 세 번째 조건에 따라 A는 가위를 내지 않았고 B는 바위를 내지 않았다. 따라서 A가 바위를 내고 B가 가위를 낸 경우, A가 바위를 내고 B가 보를 낸 경우, A가 보를 내고 B가 가위를 낸 경우, A와 B가 둘 다 보를 낸 경우 총 4가지로 나누어 조건을 따져보면 다음과 같다.

구분	A	B	C	D	E	F
경우 1	바위	가위	바위	가위	바위	보
경우 2	바위	보	바위	보	가위	보
경우 3	보	가위	보	가위	바위	가위
경우 4	보	보	보	보	가위	가위

따라서 A와 B가 모두 보를 낸 경우에만 모든 조건을 만족하므로, E와 F가 이겼다.

44
정답 ③

ㄴ. 제시문은 어떤 기계를 선택해야 비용을 최소화할 수 있는지에 대해 고려하고 있다.

ㄷ. • A기계를 선택하는 경우
  - (비용)=(임금)+(임대료)=(8,000×10)+10,000 =90,000원
  - (이윤) : 100,000−90,000=10,000원
- B기계를 선택하는 경우
  - (비용)=(임금)+(임대료)=(7,000×8)+20,000 =76,000원
  - (이윤) : 100,000−76,000=24,000원

따라서 합리적인 선택은 B기계를 선택하는 경우로 24,000원의 이윤이 발생한다.

오답분석

ㄱ. B기계를 선택하는 경우가 14,000원(=24,000−10,000)의 이윤이 더 발생한다.

ㄹ. A기계를 선택하는 경우 비용은 90,000원이다.

45
정답 ①

오답분석

② 서랍장의 가로 길이와 붙박이 수납장 문을 여는 데 필요한 간격과 폭을 더한 길이는 각각 1,100mm, 1,200mm(=550+650)이고, 사무실 문을 여닫는 데 필요한 1,000mm의 공간을 포함하면 총 길이는 3,300mm이다. 따라서 사무실의 가로 길이인 3,000mm를 초과하므로 불가능한 배치이다.

③ 서랍장과 캐비닛의 가로 길이는 각각 1,100mm, 1,000mm이고, 사무실 문을 여닫는 데 필요한 1,000mm의 공간을 포함하면 총 길이는 3,100mm이다. 따라서 사무실의 가로 길이인 3,000mm를 초과하므로 불가능한 배치이다.

④ 회의 탁자의 세로 길이와 서랍장의 가로 길이는 각각 2,110mm, 1,100mm이고, 붙박이 수납장 문을 여는 데 필요한 간격과 폭을 더한 길이인 1,200mm(=550+650)를 포함하면 총 길이는 4,410mm이다. 따라서 사무실의 세로 길이인 3,400mm를 초과하므로 불가능한 배치이다.

⑤ 회의 탁자의 가로 길이와 서랍장의 가로 길이는 각각 1,500mm, 1,100mm이고, 사무실 문을 여닫는 데 필요한 1,000mm의 공간을 포함하면 총 길이는 3,600mm이다. 따라서 사무실의 세로 길이인 3,400mm를 초과하므로 불가능한 배치이다.

46
정답 ④

7월 19 ~ 20일에 연차를 쓴다면 작년투자현황 조사를 1, 4일에, 잠재력 심층조사를 6, 7일에, 1차 심사를 11 ~ 13일에, 2차 심사를 15, 18, 21일에 하더라도, 최종결정과 선정결과 발표 사이에 두어야 하는 하루의 간격이 부족하다. 따라서 신규투자처 선정 일정에 지장이 가게 되므로 불가능하다.

47
정답 ⑤

최대한 일정을 당겨서 작년투자현황 조사를 1, 4일에, 잠재력 심층조사를 6, 7일에, 1차 심사를 11 ~ 13일에, 2차 심사를 15, 18, 19일에 해야만 신규투자처 선정 일정에 지장이 가지 않는다. 따라서 19일까지는 연차를 쓸 수 없으므로 19일까지 2차 심사를 마치고 20 ~ 21일에 연차를 사용한다면 22일에 최종결정, 25일 혹은 26일에 발표를 할 수 있다.

48
정답 ⑤

사람들은 마감 기한보다 결과의 질을 중요하게 생각하는 경향이 있으나, 어떤 일이든 기한을 넘겨서는 안 된다. 완벽에 가깝지만 기한을 넘긴 일은 완벽하지는 않지만 기한 내에 끝낸 일보다 인정을 받기 어렵다. 따라서 시간관리에 있어서 주어진 기한을 지키는 것이 가장 중요하다.

오답분석
① A사원 : 시간관리는 상식에 불과하다는 오해를 하고 있다.
② B사원 : 시간에 쫓기면 일을 더 잘한다는 오해를 하고 있다.
③ C사원 : 시간관리는 할 일에 대한 목록만으로 충분하다는 오해를 하고 있다.
④ D사원 : 창의적인 일을 하는 사람에게는 시간관리가 맞지 않다는 오해를 하고 있다.

49
정답 ②

조건에 따라 점수를 산정하면 다음과 같다.

업체명	프로그램	1차 점수	2차 점수
A업체	집중GX	31점	36점
B업체	필라테스	32점	39점
C업체	자율 웨이트	25점	–
D업체	근력운동	24점	–
E업체	스피닝	32점	36점

따라서 B업체가 최종적으로 선정된다.

50
정답 ③

C사의 직접적인 관리가 불가능한 기술적 오류에 따라 발생한 사례이므로 자원의 낭비 사례로 볼 수 없다.

오답분석
① 비계획적 행동에 따른 자원의 낭비 사례에 해당한다. 예산의 용도를 적절한 수준에서 세부적으로 설정해 두어야 집행부서가 용도별 한도에 맞게 예산을 사용할 수 있다.
② 편리성 추구로 인한 자원의 낭비 사례에 해당한다. 개인의 인적관계망이 인적자원에 포함되듯, 협력업체와의 관계도 기업의 자원에 해당한다. 휴일의 편의를 누리느라 협력업체의 신뢰를 잃었으므로 자원의 낭비 사례로 볼 수 있다.
④ 보유자원에 대한 인식 부재로 인한 자원의 낭비 사례에 해당한다. 보유 중인 물품의 재고량을 제대로 파악하지 못하여 재고를 처리하지 못하는 것은 자원 관리의 실패로 볼 수 있다.
⑤ 노하우 부족에 따른 자원의 낭비 사례에 해당한다. 자원관리에 대한 경험이나 노하우가 부족한 경우 교육 및 훈련 프로그램을 통해 효과적인 자원관리가 이루어질 수 있도록 해야 한다.

51
정답 ④

행낭 배송 운행속도는 시속 60km로 일정하므로 A지점에서 G지점까지의 최단거리를 구한 뒤 소요시간을 구하면 된다. 우선 배송요청에 따라 지점 간의 순서 변경과 생략이 가능하므로 거치는 지점을 최소화하여야 한다. 앞서 언급한 조건들을 고려하여 구한 최단거리는 다음과 같다.
A → B → D → G ⇒ 6km+2km+8km=16km ⇒ 16분
(∵ 60km/h=1km/min)
따라서 대출신청 서류가 A지점에 다시 도착할 최소시간은 16분(A → G)+30분(작성)+16분(G → A)=1시간 2분이다.

52

사고 건수당 벌점을 고려해 직원별 벌점을 계산하면 다음과 같다.

(단위 : 점)

직원	수신물 오분류	수신물 분실	미발송	발신물 분실	벌점 차감 혜택	총 벌점
A	–	2×4 $=8$	–	4×6 $=24$	×	32
B	2×2 $=4$	3×4 $=12$	3×4 $=12$	–	○ (-5)	23
C	2×2 $=4$	–	3×4 $=12$	1×6 $=6$	×	22
D	–	2×4 $=8$	2×4 $=8$	2×6 $=12$	×	28
E	1×2 $=2$	–	3×4 $=12$	2×6 $=12$	×	26

B, E는 전분기 총사고 건수가 0건으로 이번 분기 차감 혜택이 적용되어야 하지만, E의 경우 이번 분기 발신사고 건수가 5건으로 혜택을 받지 못한다. 따라서 두 번째로 높은 벌점을 부여받는 직원은 D직원이다.

53

벌점이 낮을수록 등수가 높으므로 이를 고려해 각 직원이 지급받을 성과급을 계산하면 다음과 같다.

직원	총 벌점	등수	지급비율	성과급 지급액
A	32점	5	50% (30점 초과)	50만 원
B	23점	2	90%	90만 원
C	22점	1	100%	100만 원
D	28점	4	80%	80만 원
E	26점	3	90%	90만 원

따라서 B직원과 E직원이 지급받을 성과급 총액은 90+90=180만 원이다.

54

사장은 최소비용으로 최대인원을 채용하는 것을 목적으로 하고 있다. 가장 낮은 임금의 인원을 최우선으로 배치하되, 동일한 임금의 인원은 가용한 시간 내에 분배하여 배치하는 것이 해당 목적을 달성하는 방법이다. 이를 적용하면 다음과 같이 인원을 배치할 수 있다.

구분	월	화	수	목	금
08:00	기존직원	김갑주	기존직원	김갑주	기존직원	김갑주
09:00		김갑주		김갑주		김갑주
10:00		한수미		한수미		한수미
11:00		한수미		한수미		한수미
12:00		조병수		조병수		조병수
13:00		조병수		조병수		조병수
14:00		조병수		조병수		조병수
15:00	강을미		강을미		강을미	
16:00	강을미	채미나	강을미	채미나	강을미	채미나
17:00	강을미	채미나	강을미	채미나	강을미	채미나
18:00	강을미	채미나	강을미	채미나	강을미	채미나
19:00	강을미	채미나	강을미	채미나	강을미	채미나

8시부터 근무는 김갑주가 임금이 가장 낮다. 이후 10시부터는 임금이 같은 한수미도 근무가 가능하므로, 최대인원을 채용하는 목적에 따라 한수미가 근무한다. 그다음 중복되는 12시부터는 조병수가 임금이 더 낮으므로 조병수가 근무하며, 임금이 가장 낮은 강을미는 15시부터 20시까지 근무한다. 조병수 다음으로 중복되는 14시부터 가능한 최강현은 임금이 비싸므로 근무하지 않는다(최소비용을 최대인원보다 우선하기 때문이다). 그다음으로 중복되는 16시부터는 채미나가 조병수와 임금이 같으므로 채미나가 근무한다.

55

- 기존 직원 : 8,000원×7시간=56,000원
- 김갑주, 한수미 : 8,000원×2시간=16,000원
- 조병수, 채미나 : 7,500원×4시간=30,000원
- 강을미 : 7,000원×5시간=35,000원
  → 56,000+(16,000×2)+(30,000×2)+35,000=183,000원
  ∴ (임금)=183,000원×5일=915,000원

56

- ㉠ A는 음식점이 가까운 거리에 있음에도 불구하고 배달료를 지불해야 하는 배달 앱을 통해 음식을 주문하고 있으므로 편리성을 추구하는 (나)에 해당한다.
- ㉡ B는 의자 제작에 필요한 재료들인 물적자원만 고려하고 시간은 고려하지 않았으므로 시간이라는 자원에 대한 인식 부재인 (다)에 해당한다.
- ㉢ C는 자원관리의 중요성을 인식하고 프로젝트를 완성하기 위해 나름의 계획을 세워 수행하였지만, 경험이 부족하여 계획한 대로 진행하지 못하였으므로 노하우 부족인 (라)에 해당한다.
- ㉣ D는 홈쇼핑 시청 중 충동적으로 계획에 없던 여행 상품을 구매하였으므로 비계획적 행동인 (가)에 해당한다.

57

C씨는 지붕의 수선이 필요한 주택비용 지원 대상에 선정되었다. 지붕 수선은 대보수에 해당하며, 대보수의 주택당 보수비용 지원 한도액은 950만 원이다. 또한, C씨는 중위소득 40%에 해당하므로 지원한도액의 80%를 차등 지원받게 된다. 따라서 C씨가 지원받을 수 있는 주택보수비용의 최대 액수는 950×0.8=760만 원이다.

58

• 임사원 : 물품의 체계적 분류는 인적자원관리가 아닌 물적자원관리에 해당한다.
• 박대리 : 직원들의 복지 확대는 재정 지출을 수반하지만, 직원들의 생산성을 개선시키므로 인적자원관리에 긍정적인 영향을 미친다.

오답분석

• 최과장 : 본사 로비에서 각 사무실까지의 동선을 줄이는 것은 이동 시간을 단축시킬 수 있으므로 직원들의 시간관리에 도움이 된다.
• 김주임 : 예산의 극소화에만 집중하여 증액을 기피하는 것은 적절하지 않으므로 합리적인 기준에서 예산안을 증액하여 효율적으로 자원을 관리해야 한다.

59

B버스(9시 출발, 소요시간 40분) → KTX(9시 45분 출발, 소요시간 1시간 32분) → 도착 시각 오전 11시 17분으로 가장 먼저 도착한다.

오답분석

① A버스(9시 20분 출발, 소요시간 24분) → 새마을호(9시 45분 출발, 소요시간 3시간) → 도착 시각 오후 12시 45분
③ 지하철(9시 30분 출발, 소요시간 20분) → KTX(10시 30분 출발, 소요시간 1시간 32분) → 도착 시각 오후 12시 2분
④ B버스(9시 출발, 소요시간 40분) → 새마을호(9시 40분 출발, 소요시간 3시간) → 도착 시각 오후 12시 40분
⑤ 지하철(9시 30분 출발, 소요시간 20분) → 새마을호(9시 50분 출발, 소요시간 3시간) → 도착 시각 오후 12시 50분

60

제시된 조건에 따라 경제적 효율성을 계산하면 다음과 같다.

• A자동차 : $\left(\frac{2,000}{11\times500}+\frac{10,000}{51,000}\right)\times100 ≒ 55.97\%$

• B자동차 : $\left(\frac{2,000}{12\times500}+\frac{10,000}{44,000}\right)\times100 ≒ 56.06\%$

• C자동차 : $\left(\frac{1,500}{14\times500}+\frac{10,000}{29,000}\right)\times100 ≒ 55.91\%$

• D자동차 : $\left(\frac{1,500}{13\times500}+\frac{10,000}{31,000}\right)\times100 ≒ 55.33\%$

• E자동차 : $\left(\frac{900}{7\times500}+\frac{10,000}{33,000}\right)\times100 ≒ 56.02\%$

경제적 효율성이 가장 높은 자동차는 B자동차이지만 외부 손상이 있으므로 선택할 수 없고, B자동차 다음으로 효율성이 높은 자동차는 E자동차이며, 외부 손상이 없다. 따라서 S사원이 매입할 자동차는 E자동차이다.

| 02 | 사무

61	62	63	64	65	66	67	68	69	70
②	④	③	③	④	③	④	④	①	②
71	72	73	74	75	76	77	78	79	80
⑤	②	④	③	①	②	④	①	③	⑤

61　　　　　　　　　　　　　　　　　　　정답 ②
업무 순서를 나열하면 회사 홈페이지, 관리자 페이지 및 업무용 메일 확인 – 외주업체로부터 브로슈어 샘플 디자인 받기 – 회의실 예약 후 마이크 및 프로젝터 체크 – 팀 회의 참석 – 지출결의서 총무부 제출이다. 따라서 출근 후 두 번째로 해야 할 일은 외주업체로부터 브로슈어 샘플 디자인 받기이다.

62　　　　　　　　　　　　　　　　　　　정답 ④
회사와 팀의 업무 지침은 변화하는 환경 속에서 그 일의 전문가들에 의해 확립된 것이므로 기본적으로 지켜야 할 것은 지키되, 그 속에서 자신의 방식을 발견해야 한다. 따라서 본인이 속한 팀의 업무 지침이 마음에 들지 않는다는 이유로 이를 지키지 않고 본인만의 방식을 찾겠다는 D대리의 행동전략은 적절하지 않다.

63　　　　　　　　　　　　　　　　　　　정답 ③
백화점에 모여 있는 직원과 고객은 조직의 특징인 조직의 목적과 구조가 없고, 목적을 위해 서로 협동하는 모습도 볼 수 없으므로 조직의 사례로 적절하지 않다.

64　　　　　　　　　　　　　　　　　　　정답 ③
빈칸에 들어갈 용어는 '조직변화' 또는 '조직혁신'이다. 조직변화는 구성원들의 사고방식이나 가치체계를 변화시키는 것이다. 즉, 조직의 목적과 일치시키기 위해 문화를 유도하는 문화 변화의 모습을 가진다.

65　　　　　　　　　　　　　　　　　　　정답 ④
기업이 공익을 침해할 경우 우선 합리적인 절차에 따라 문제 해결을 해야 하며, 기업 활동의 해악이 심각할 경우 근로자 자신이 피해를 볼지라도 신고할 윤리적 책임이 있다.

오답분석
ㄱ. 신고자의 동기가 사적인 욕구나 이익을 충족시켜서는 안 된다.

66　　　　　　　　　　　　　　　　　　　정답 ③
집단에서 일련의 과정을 거쳐 의사가 결정되었다고 해서 최선의 결과라고 단정지을 수는 없다.

67　　　　　　　　　　　　　　　　　　　정답 ④
김팀장의 업무 지시에 따르면 이번 주 금요일 회사 창립 기념일 행사가 끝난 후 진행될 총무팀 회식의 장소 예약은 목요일 퇴근 전까지 처리되어야 한다. 따라서 이대리는 ⑩을 목요일 퇴근 전까지 처리해야 한다.

68　　　　　　　　　　　　　　　　　　　정답 ④
제시된 프로세스 모델은 린 스타트업(Lean Startup)의 제품 개발 프로세스로, 먼저 단기간 동안 시제품을 만들어 시장에 내놓고 반응과 성과를 측정하여 이를 제품 개선에 반영한다. 이러한 과정을 반복하며 시장에서의 성공 확률을 높인다. 제품 개발이 끝날 때까지 전 과정을 비밀로 하는 것은 린 스타트업 이전의 기존 전략에 해당한다.

69　　　　　　　　　　　　　　　　　　　정답 ①
스톡옵션제도에 대한 설명으로, 자본참가 유형에 해당한다.

오답분석
② 스캔런 플랜에 대한 설명으로, 성과참가 유형에 해당한다.
③ 러커 플랜에 대한 설명으로, 성과참가 유형에 해당한다.
④ 노사협의제도에 대한 설명으로, 의사결정참가 유형에 해당한다.
⑤ 노사공동결정제도에 대한 설명으로, 의사결정참가 유형에 해당한다.

70　　　　　　　　　　　　　　　　　　　정답 ②
조직목표의 특징
• 공식적 목표와 실제적 목표가 다를 수 있다.
　조직목표는 조직이 존재하는 이유와 관련된 조직의 사명과 사명을 달성하기 위한 세부목표를 가지고 있다. 조직의 사명은 조직의 비전, 가치와 신념, 조직의 존재이유 등을 공식적인 목표로 표현한 것이다. 반면에 세부목표는 조직이 실제적인 활동을 통해 달성하고자 하는 것으로, 사명에 비해 측정 가능한 형태로 기술되는 단기적인 목표이다.
• 다수의 조직목표를 추구할 수 있다.
• 조직목표 간에는 위계적 상호관계가 있다.
　조직은 다수의 조직목표를 추구할 수 있으며, 이러한 조직목표들은 위계적 상호관계가 있어 서로 상하관계에 있으면서 영향을 주고받는다.
• 가변적 속성을 가진다.
　조직목표는 한번 수립되면 달성될 때까지 지속되는 것이 아니라 환경이나 조직 내의 다양한 원인들에 의하여 변동되거나 없어지고, 새로운 목표로 대치되기도 한다.
• 조직의 구성요소와 상호관계를 가진다.
　조직목표는 조직의 구조, 조직의 전략, 조직의 문화 등과 같은 조직체제의 다양한 구성요소들과 상호관계를 가지고 있다.

71
정답 ⑤

기계적 조직과 유기적 조직의 특징을 통해 안정적이고 확실한 환경에서는 기계적 조직이, 급변하는 환경에서는 유기적 조직이 적합함을 알 수 있다.

기계적 조직과 유기적 조직

기계적 조직	• 구성원들의 업무가 분명하게 정의된다. • 많은 규칙과 규제들이 있다. • 상하 간 의사소통이 공식적인 경로를 통해 이루어진다. • 엄격한 위계질서가 존재한다. • 대표적인 기계조직으로 군대를 들 수 있다.
유기적 조직	• 의사결정 권한이 조직의 하부구성원들에게 많이 위임되어 있다. • 업무가 고정되지 않고, 공유 가능하다. • 비공식적인 상호의사소통이 원활하게 이루어진다. • 규제나 통제의 정도가 낮아 변화에 따라 의사결정이 쉽게 변할 수 있다.

72
정답 ②

간트차트(Gantt Chart)는 1919년 간트(Gantt)가 고안한 작업진도 도표이다. 단계별로 업무의 시작부터 끝나는 데까지 걸리는 시간을 바(Bar) 형식으로 표시한다. 전체 일정 및 단계별 소요 시간, 각 업무 활동 사이의 관계 등을 한눈에 볼 수 있는 장점이 있다.

오답분석
① 업무계획표(Business Planner) : 업무 진행 계획을 기재한 표 형식의 문서이다.
③ 체크리스트(Checklist) : 업무 단계 각각의 수행 수준을 스스로 점검할 수 있는 도구이다.
④ 워크플로시트(Work Flow Sheet) : 각 과정을 도형으로 나타내어 일의 흐름을 동적으로 보여주는 도구이다.
⑤ 플로차트(Flow Chart) : 문제의 범위를 정하여 분석하고, 그 해법을 명확하게 하기 위해서 필요한 작업이나 사무처리 순서를 통일된 기호와 도형을 사용해서 도식적으로 표시한 것이다.

73
정답 ④

부서 명칭만 듣고도 대략 어떤 업무를 담당하는지 알고 있어야 한다. 인사팀의 주요 업무는 근태관리 · 채용관리 · 인사관리 등이 있다. 인사기록카드 작성은 인사팀의 업무인 인사관리에 해당하는 부분이므로, 인사팀에 제출하는 것이 적절하다. 한편, 총무팀은 회사의 재무와 관련된 전반적 업무를 총괄한다. 회사의 부서 구성을 보았을 때, 비품 구매는 총무팀의 소관 업무로 보는 것이 적절하다.

74
정답 ③

ㄴ. 기계적 조직의 조직 내 의사소통은 비공식적 경로가 아닌 공식적 경로를 통해 주로 이루어진다.
ㄷ. 유기적 조직은 의사결정 권한이 조직 하부구성원들에게 많이 위임되어 있으나, 업무내용은 기계적 조직에 비해 가변적이다.

오답분석
ㄱ. 기계적 조직은 위계질서 및 규정, 업무분장이 모두 명확하게 확립되어 있는 조직이다.
ㄹ. 유기적 조직에서는 비공식적인 상호의사소통이 원활히 이루어지며, 규제나 통제의 정도가 낮아 변화에 따라 쉽게 변할 수 있는 특징을 가진다.

75
정답 ①

J씨의 행동을 살펴보면, 무계획적인 업무처리로 인하여 일이 늦어지거나 누락되는 경우가 많다는 것을 알 수 있다. 따라서 이러한 행동에 대한 피드백으로는 업무를 계획적으로 진행하라는 ①이 가장 적절하다.

76
정답 ②

소금이나 후추 등이 다른 사람 손에 거치면 좋지 않다는 풍습을 볼 때, 소금과 후추가 필요할 때는 웨이터를 부르는 것보다 자신이 직접 가져오는 것이 적절한 행동이다.

77
정답 ④

제시된 시장 조사 결과 보고서를 보면 소비자의 건강에 대한 관심이 커지고 있어 가격보다는 제품의 기능을 중시해야 하고, 취급 점포를 체계적으로 관리하며 상품의 가격을 조절해야 할 필요성이 나타나고 있다. 따라서 고급화 전략과 전속적 또는 선택적 유통 전략의 마케팅 전략을 구사하는 것이 적절하다.

78
정답 ①

사무인수인계는 문서에 의함을 원칙으로 하나, 기밀에 속하는 사항은 구두 또는 별책으로 인수인계할 수 있도록 한다.

79

정답 ③

J사원에게 현재 가장 긴급한 업무는 미팅 장소를 변경하는 것이다. 미리 안내했던 장소를 사용할 수 없으므로 11시에 사용 가능한 다른 회의실을 예약해야 한다. 그 후 바로 거래처 직원에게 미팅 장소가 변경된 것을 안내해야 하므로 ⓒ이 ⓒ보다 먼저 이루어져야 한다. 거래처 직원과의 11시 미팅 이후에는 오후 2시에 예정된 B팀장과의 면담이 이루어져야 한다. B팀장과의 면담 시간은 미룰 수 없으므로 이미 예정되었던 시간에 맞춰 면담을 진행한 후 C부장이 요청한 문서 작업 업무를 처리하는 것이 적절하다. 따라서 ⓒ → ⓒ → ㉠ → ㉢ → ㉤의 순서로 업무를 처리해야 한다.

80

정답 ⑤

외부환경 모니터링은 정보적 역할에 해당된다.

민츠버그의 경영자 역할에 따른 분류

대인적 역할	조직의 대표자, 조직의 리더, 상징자, 지도자
정보적 역할	외부환경 모니터링, 변화전달, 정보전달자
의사결정적 역할	문제 조정, 대외적 협상 주도, 분쟁조정자, 자원 배분자, 협상가

| 03 | 전기 · 기계

61	62	63	64	65	66	67	68	69	70
③	③	①	①	⑤	③	③	②	⑤	②
71	72	73	74	75	76	77	78	79	80
②	①	④	②	①	④	④	④	③	②	④

61

정답 ③

주위 온도가 높으면 냉각력이 떨어지고 전기료가 많이 나오므로 냉장고를 설치한 주변의 온도를 확인할 필요가 있다.

오답분석

① 접지단자가 없으면 구리판에 접지선을 연결한 후 땅속에 묻어야 하므로 누전차단기가 아닌 구리판과 접지선을 준비해야 한다.
② 접지할 수 없는 장소일 경우 누전차단기를 콘센트에 연결해야 하므로 구리판이 아닌 누전차단기를 준비해야 한다.
④ 냉장고가 주위와의 간격이 좁으면 냉각력이 떨어지고 전기료가 많이 나오므로 주위에 적당한 간격을 두어 설치하여야 한다.
⑤ 냉장고는 바람이 완전히 차단되는 곳이 아닌 통풍이 잘 되는 곳에 설치해야 한다.

62

정답 ③

소음이 심하고 이상한 소리가 날 때는 냉장고 뒷면이 벽에 닿는지 확인하고, 주위와 적당한 간격을 둘 수 있도록 한다.

오답분석

①·②·④ 냉동, 냉장이 잘 되지 않을 때의 원인이다.
⑤ 냉장실 식품이 얼 때의 원인이다.

63

정답 ①

소음이 심하고 이상한 소리가 날 때는 냉장고 설치장소의 바닥이 약하거나, 불안정하게 설치되어 있는지 확인할 필요가 있다.

오답분석

② 냉동, 냉장이 전혀 되지 않을 때의 해결방법이다.
③·⑤ 냉장실 식품이 얼 때의 해결방법이다.
④ 냉동, 냉장이 잘 되지 않을 때의 해결방법이다.

64

정답 ①

'수시'는 '일정하게 정하여 놓은 때 없이 그때그때 상황에 따름'을 의미한다. 즉, 하루에 한 번 청소할 수도 있고, 아닐 수도 있다. 따라서 정수기 청소는 하루에 1곳만 할 수도 있다.

오답분석

② '제품 이상 시 조치방법' 맨 마지막에 설명되어 있다.
③ 적정 시기에 필터를 교환하지 않으면 물이 나오지 않거나 정수 물이 너무 느리게 채워지는 문제가 발생한다.

④ 10mm＝1cm이므로, 외형치수를 환산하면 옳은 설명임을 알 수 있다.
⑤ 설치 시 주의사항에 설명되어 있다.

65 정답 ⑤
필터 수명이 종료됐을 때와 연결 호스가 꺾였을 때는 물이 나오지 않는다. 연결 호스의 꺾인 부분을 펴면 서비스센터에 연락하지 않고도 해결이 가능하다.

66 정답 ③
ㄱ. 정수기에 사용되는 필터는 세디멘트 필터, 프리카본 필터, UF중공사막 필터, 실버블록카본 필터이다.
ㄹ. 설치 시 주의사항에 따르면 벽면에서 20cm 이상 띄워 설치하라고 했다. 따라서 지켜지지 않을 경우 문제가 발생할 수 있다.

오답분석
ㄴ. 신나 및 벤젠은 제품의 변색이나 표면이 상할 우려가 있으므로 사용하지 말라고 명시되어 있다. 따라서 급한 경우라도 사용하지 않는 것이 옳다.
ㄷ. 프리카본 필터의 교환주기는 약 8개월이다. 3년은 36개월이므로, 4번 교환해야 한다.

67 정답 ③
설치 시 주의사항에 따르면 난방기기 주변은 과열되어 고장의 염려가 있으므로 피해야 한다. 냉방기에 대한 언급은 없으므로 ③은 장소 선정 시 고려되어야 할 사항과 거리가 멀다.

68 정답 ②
전원이 갑자기 꺼진다면 전력 소모를 줄일 수 있는 기능인 '취침예약'이나 '자동전원끄기' 기능이 설정되어 있는지 확인해야 한다.

오답분석
① 전원이 켜지지 않을 경우 전원코드, 안테나 케이블, 케이블 방송 수신기의 연결이 제대로 되어 있는지 확인해야 하지만, 위성 리시버는 문제해결에서 확인할 수 없다.
③ 제품에서 뚝뚝 소리가 나는 것은 TV 외관의 기구적 수축이나 팽창 때문에 나타날 수 있는 현상이므로 안심하고 사용해도 된다.
④ 제품 특성상 장시간 시청 시 패널에서 열이 발생하므로, 열이 발생하는 것은 결함이나 동작 사용상의 문제가 되는 것이 아니니 안심하고 사용해도 된다.
⑤ 리모컨 동작이 되지 않을 때는 새 건전지로 교체하고, 교체 후에도 문제가 해결되지 않는다면 서비스센터로 문의해야 한다.

69 정답 ⑤
기술교양을 지닌 사람들의 특징
• 기술학의 특성과 역할을 이해한다.
• 기술과 관련된 이익을 가치화하고 위험을 평가할 수 있다.
• 기술에 의한 윤리적 딜레마에 대해 합리적으로 반응할 수 있다.
• 기술체계가 설계되고, 사용되고, 통제되는 방법을 이해한다.

70 정답 ②
J씨가 공황장애를 진단받은 원인은 엘리베이터의 고장(시설물 결함)으로 인한 것이므로, 산업재해 중 기술적 원인으로 볼 수 있다.

오답분석
① 해당 산업재해가 안전 지식이나 경험, 작업방법 등에 대해 충분히 교육이 이루어지지 않아 발생한 것이어야 한다.
③ 해당 산업재해가 안전 관리 조직의 결함 또는 안전 수칙이나 작업 준비의 불충분 및 인원 배치가 부적당한 이유로 인해 발생한 것이어야 한다.
④ 재해당사자의 위험 장소 접근, 안전장치 기능 제거, 보호 장비 미착용 또는 잘못된 착용 등의 행위를 함으로써 산업재해가 발생한 것이어야 한다.
⑤ 시설물이 구조적으로 불안정하거나 충분한 안전장치를 갖추지 못하는 등의 이유로 인해 산업재해가 발생한 것이어야 한다.

71 정답 ②
벤치마킹은 특정 분야에서 뛰어난 업체나 상품, 기술, 경영 방식 등을 배워 합법적으로 응용하는 것이다. 비교대상에 따라 내부·경쟁적·비경쟁적·글로벌 벤치마킹으로 분류되고, 수행 방식에 따라 직접적·간접적 벤치마킹으로 분류된다. 스타벅스코리아의 사례는 같은 기업 내의 다른 지역, 타 부서, 국가 간의 유사한 활용을 비교 대상으로 한 내부 벤치마킹이다.

오답분석
① 글로벌 벤치마킹 : 프로세스에 있어 최고로 우수한 성과를 보유한 동일업종의 비경쟁적 기업을 대상으로 하는 벤치마킹이다.
③ 비경쟁적 벤치마킹 : 제품, 서비스 및 프로세스의 단위 분야에 있어 가장 우수한 실무를 보이는 비경쟁적 기업 내의 유사 분야를 대상으로 하는 벤치마킹이다.
④ 경쟁적 벤치마킹 : 동일 업종에서 고객을 직접적으로 공유하는 경쟁기업을 대상으로 하는 벤치마킹이다.
⑤ 직접적 벤치마킹 : 벤치마킹 대상을 직접 방문하여 자료를 입수하고 조사하는 벤치마킹이다.

72 정답 ①
제품 매뉴얼은 제품의 설계상 결함이나 위험 요소를 대변해서는 안 된다.

73
정답 ④

'④ 물체에 맞음'에 해당하는 사고발생 원인과 사망재해 예방 대책의 내용이 서로 관계성이 낮다는 것을 알 수 있다. 물론 지게차와 관련한 사고발생 원인으로 언급한 부분은 있으나, 전반적인 원인과 대조해 보았을 때 예방 대책을 모두 포괄하고 있다고 보기는 어렵다.

74
정답 ②

와이어로프가 파손되어 중량물이 떨어지는 사고를 나타낸 그림이다. 해당 그림은 '④ 물체에 맞음'에 더 적합하다.

오답분석
① 대형설비나 제품 위에서 작업 중에 떨어지는 사고를 나타낸 그림이다.
③ 화물자동차 위에서 적재 및 포장작업을 하는 과정에서 떨어지는 사고를 나타낸 그림이다.
④ 사다리에 올라가 작업하는 도중 미끄러져 떨어지는 사고를 나타낸 그림이다.
⑤ 지붕 위에서 보수작업 등을 하는 과정에서 선라이트가 부서져 떨어지는 사고를 나타낸 그림이다.

75
정답 ①

경영연구팀 사무실에는 침구류가 없다. 그러므로 살균 브러시와 침구싹싹 브러시는 필요하지 않다. 또한 물걸레 청소는 기존의 비치된 대걸레를 이용하므로 물걸레 브러시도 제외한다.
따라서 조건에 따라 C대리가 구입할 청소기는 'AC3F7LHAR'이다.

76
정답 ④

필터가 더러워졌는지 확인할 때는 흡입력이 약해지고 떨리는 소리가 날 때이다.

77
정답 ④

먼지통이 가득 차거나 흡입구가 막힌 상태로 청소기를 작동하는 경우 갑자기 작동이 멈출 수 있다.

78
정답 ③

흡입구가 막힌 상태로 청소기를 작동하는 경우 흡입력이 갑자기 약해지고 떨리는 소리가 날 수 있다.

79
정답 ②

화상 방지 시스템을 개발한 이유가 이용자들의 화상을 염려하였다는 점을 볼 때, 기술이 필요한 이유를 설명하는 노와이(Know-why)의 사례로 가장 적절하다.

80
정답 ④

주행 알고리즘에 따른 로봇의 이동 경로를 그림으로 나타내면 다음과 같다.

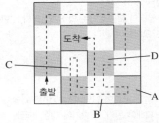

따라서 A에서 B, C에서 D로 이동할 때는 보조명령을 통해 이동했으며, 그 외의 구간은 주명령을 통해 이동했음을 알 수 있다.

4일 차 기출응용 모의고사 정답 및 해설

| 01 | 사무

01	02	03	04	05	06	07	08	09	10
⑤	⑤	④	②	③	①	④	①	⑤	①
11	12	13	14	15	16	17	18	19	20
①	③	②	①	⑤	③	②	⑤	④	①
21	22	23	24	25	26	27	28	29	30
⑤	②	②	⑤	②	④	④	②	⑤	④
31	32	33	34	35	36	37	38	39	40
④	①	①	③	②	⑤	①	①	④	①
41	42	43	44	45	46	47	48	49	50
④	①	②	②	④	①	②	②	④	③

01
정답 ⑤

ESG경영의 주된 목적은 착한 기업을 키우는 것이 아니라 불확실성 시대의 환경, 사회, 지배구조라는 복합적 리스크에 얼마나 잘 대응하고 지속적 경영으로 이어나갈 수 있느냐 하는 것이다.

02
정답 ⑤

마이클 포터는 기업의 가치 창출 활동을 본원적 활동(Primary Activities)과 지원 활동(Support Activities)의 2가지 범주로 구분하고 있다.
- 본원적 활동(Primary Activities) : 입고(Inbound Logistics), 운영·생산(Operations), 출고(Outbound Logistics), 마케팅·영업(Marketing & Sales), 서비스(Services) 활동
- 지원 활동(Support Activities) : 회사 인프라(Firm Infrastructure), 인적자원관리(HRM), 기술개발(Technology Development), 구매 활동(Procurement)

03
정답 ④

직무기술서와 직무명세서

구분	직무기술서	직무명세서
개념	• 직무수행과 관련된 과업 및 직무 행동을 직무요건을 중심으로 기술한 양식	• 특정 직무를 수행하기 위해 요구되는 지식, 기능, 육체적 정신적 능력 등 인적요건을 중심으로 기술한 양식
포함내용	• 직무 명칭, 직무코드, 소속 직군, 직렬 • 직급(직무등급), 직무의 책임과 권한 • 직무를 이루고 있는 구체적 과업의 종류 및 내용	• 요구되는 교육 수준 • 요구되는 지식, 기능, 기술, 경험 • 요구되는 정신적, 육체적 능력 • 인정 및 적성, 가치, 태도
작성요건	• 명확성, 단순성, 완전성, 일관성	

04
정답 ②

오답분석
① 횡축은 상대적 시장점유율, 종축은 시장성장률이다.
③ 별 영역은 시장성장률이 높고, 상대적 시장점유율도 높다.
④ 자금젖소 영역은 시장점유율이 높아 자금투자보다 자금산출이 많다.
⑤ 개 영역은 시장성장률과 상대적 시장점유율이 낮은 쇠퇴기에 접어든 경우이다.

05
정답 ③

순현가법에서는 내용연수 동안의 모든 현금흐름을 통해 현가를 비교한다.

오답분석
① 순현가는 현금유입의 현가를 현금유출의 현가로 나눈 것이다.
② 순현가법은 개별 투자안 간 상호관계를 고려할 수 없는 한계가 있다.
④ 최대한 큰 할인율이 아니라 적절한 할인율로 할인한다.
⑤ 투자의 결과로 발생하는 현금유입이 투자안의 내부수익률로 재투자될 수 있다고 가정하는 것은 내부수익률법이다.

06

포트폴리오의 분산은 각 구성자산과 포트폴리오 간의 공분산을 각 자산의 투자비율로 가중평균하여 계산한다.

> **자본예산기법**
> 자본예산이란 투자효과가 장기적으로 나타나는 투자의 총괄적인 계획으로, 투자대상에 대한 각종 현금흐름을 예측하고 투자안의 경제성분석을 통해 최적 투자결정을 내리는 것을 말한다.
> - 회수기간법 : 투자시점에서 발생한 비용을 회수하는 데 걸리는 기간을 기준으로 투자안을 선택하는 방법이다.
>   - 상호독립적 투자안 : 회수기간＜목표회수기간 → 채택
>   - 상호배타적 투자안 : 회수기간이 가장 짧은 투자안 채택
> - 회계적이익률법 : 투자를 원인으로 나타나는 장부상의 연평균 순이익을 연평균 투자액으로 나누어 회계적 이익률을 계산하고 이를 이용하여 투자안을 평가하는 방법이다.
>   - 상호독립적 투자안 : 투자안의 ARR＞목표ARR → 채택
>   - 상호배타적 투자안 : ARR이 가장 큰 투자안 채택
> - 순현가법 : 투자로 인하여 발생할 미래의 모든 현금흐름을 적절한 할인율로 할인한 현가로 나타내 투자결정에 이용하는 방법이다.
>   - 상호독립적 투자안 : NPV＞0 → 채택
>   - 상호배타적 투자안 : NPV가 가장 큰 투자안 채택
> - 내부수익률법 : 미래현금유입의 현가와 현금유출의 현가를 같게 만드는 할인율인 내부수익률을 기준으로 투자안을 평가하는 방법이다.
>   - 상호독립적 투자안 : IRR＞자본비용 → 채택
>   - 상호배타적 투자안 : IRR이 가장 큰 투자안 채택

07

글로벌경쟁이 심화될수록 해당 사업에 경쟁력이 낮아지며, 다각화 전략보다 집중화 현상이 심해진다.

08

델파이 기법은 예측하려는 현상에 대하여 관련 있는 전문가나 담당자들로 위원회를 구성하고 개별적 질의를 통해 의견을 수집하여 종합·분석·정리하고 의견이 일치될 때까지 개별적 질의 과정을 되풀이하는 예측기법이다.

09

마이클 포터는 원가우위 전략과 차별화 전략을 동시에 추구하는 것을 이도저도 아닌 어정쩡한 상황이라고 언급하였으며, 둘 중 한 가지를 선택하여 추구하는 것이 효과적이라고 주장했다.

10

ㄱ. 변혁적 리더십은 거래적 리더십에 대한 비판으로, 현상 탈피, 변화 지향성, 내재적 보상의 강조, 장기적 관점이 특징이다.

ㄷ. 카리스마 리더십은 부하에게 높은 자신감을 보이며 매력적인 비전을 제시한다.

오답분석

ㄴ. 거래적 리더십은 현상 유지, 안정 지향성, 즉각적이고 가시적인 보상체계, 단기적 관점이 특징이다.

ㄹ. 슈퍼리더십은 부하들이 역량을 최대한 발휘하여 셀프 리더가 될 수 있도록 환경을 조성하고 동기부여를 하는 리더이다.

11

신제품 수용자 유형
- 혁신자(Innovators) : 신제품 도입 초기에 제품을 수용하는 소비자. 모험적, 새로운 경험 추구
- 조기 수용자(Early Adopters) : 혁신자 다음으로 수용하는 소비자. 의견선도자 역할
- 조기 다수자(Early Majority) : 대부분의 일반 소비자. 신중한 편
- 후기 다수자(Late Majority) : 대부분의 일반 소비자. 신제품 수용에 의심 많음
- 최후 수용자(Laggards) : 변화를 싫어하고 전통을 중시함

12

오답분석

ㄴ. 개별주식의 기대 수익률이 증권시장선 위쪽에 위치하면 주가가 과소평가된 상태이다.

ㄷ. 자본시장의 기대수익과 위험 간의 선형적인 관계를 나타낸다.

13

경영통제란 기업에서 결정한 목표 달성을 위해 업무의 실행이 제대로 이루어지고 있는지를 확인하여 시정하도록 하는 행위이다. 계획화, 조직화, 지휘화 기능에 이어 경영자가 마지막으로 수행하게 되는 기본적인 경영활동이며, 경영통제의 과정은 '표준의 설정 → 실제성과의 측정 → 편차의 수정' 순서이다.

14

물가지수를 구할 때 상품에 대해 각각의 가중치를 부여한 후 합계를 내어 계산한다.

15 정답 ⑤

① 예상하지 못한 인플레이션 발생의 불확실성이 커지면 단기계약이 활성화되고 장기계약이 위축된다.
② 새 케인스 학파는 비용인상 인플레이션을 긍정하였다.
③ 예상한 것보다 높은 인플레이션이 발생했을 경우에는 그만큼 실질이자율이 하락하게 되어, 채무자가 이득을 보고 채권자는 손해를 보게 된다.
④ 예상치 못한 인플레이션 발생했을 경우 실질임금이 하락하므로 노동자는 불리해지며, 고정된 임금을 지급하는 기업은 유리해진다.

16 정답 ③

ㄷ. 채용비용이 존재할 때는 숙련 노동수요곡선보다 미숙련 노동수요곡선이 임금의 변화에 더 탄력적이다.

17 정답 ②

IS곡선 혹은 LM곡선이 우측으로 이동하면 AD곡선도 우측으로 이동한다.

IS곡선	우측 이동요인	소비 증가, 투자 증가, 정부지출 증가, 수출 증가
	좌측 이동요인	조세 증가, 수입 증가, 저축 증가
LM곡선	우측 이동요인	통화량 증가
	좌측 이동요인	화폐수요 증가, 물가 상승, 실질 통화량 감소

ㄱ. 주택담보대출의 이자율 인하 → 투자 증가 → IS곡선 우측 이동
ㄷ. 기업에 대한 투자세액공제 확대 → 투자 증가 → IS곡선 우측 이동
ㅁ. 해외경기 호조로 순수출 증대 → 수출 증가 → IS곡선 우측 이동

ㄴ. 종합소득세율 인상 → 조세 증가 → IS곡선 좌측 이동
ㄹ. 물가의 변화는 LM곡선의 이동요인이나, AD곡선의 이동요인은 아니다(AD곡선상 이동요인임).

18 정답 ⑤

총수입 TR은 다음과 같이 나타낼 수 있다.
$TR = P \times Q = (100 - 2Q) \times Q = 100Q - 2Q^2$
이윤극대화의 조건은 한계수입과 한계비용이 같아야 하기 때문에 $MR = MC$가 된다.
한계비용은 1단위당 60원이므로 $MC = 60$이 된다.

$MR = \dfrac{\Delta TR}{\Delta Q} = 100 - 4Q$이므로
$100 - 4Q = 60$
$\rightarrow 4Q = 40$
$\therefore Q = 10$
이 값을 시장 수요 곡선식인 $P = 100 - 2Q$에 대입하면 $P = 80$이다.
따라서 이 독점기업의 이윤극대화 가격은 80원이고, 생산량은 10개이다.

19 정답 ④

소비함수이론에는 케인스의 절대소득가설, 쿠즈네츠의 실증분석, 상대소득가설, 피셔의 2기간 모형, 항상소득가설, 생애주기가설, 랜덤워크 가설이 해당한다. 반대로 투자함수이론에는 현재가치법, 내부수익률법, 신고전학파의 투자결정이론, 가속도 원리, 신축적 가속도 원리, 투자옵션이론, Q 이론이 해당한다. 이때 딕싯(Dixit)의 투자옵션이론은 투자함수이론에 해당하며, 미래에 대한 불확실성이 커질수록 기업의 투자는 줄어든다고 주장한다.

20 정답 ①

차선이론이란 모든 파레토효율성 조건이 동시에 충족되지 못하는 상황에서 더 많은 효율성 조건이 충족된다고 해서 더 효율적인 자원배분이라는 보장이 없다는 이론이다. 차선이론에 따르면 점진적인 제도개혁을 통해서 일부의 효율성 조건을 추가로 충족시킨다고 해서 사회후생이 증가한다는 보장이 없다. 한편, 후생경제학에서 효율성은 파레토효율성을 통하여 평가하고, 공평성은 사회후생함수(사회무차별곡선)를 통해 평가한다. 후생경제학의 제1정리를 따르면 모든 경제주체가 합리적이고 시장실패 요인이 없으면 완전경쟁시장에서 자원배분은 파레토효율적이다.

21 정답 ⑤

노동생산성은 단위시간 동안에 생산한 재화나 서비스의 양을 생산에 투입된 노동량으로 나눈 비율을 의미한다. 따라서 생산량이 가장 낮고 노동투입량은 제일 높은 E기업이 평균노동생산성이 가장 낮다.

22 정답 ②

ㄴ. 평균비용곡선이 상승할 때 한계비용곡선은 평균비용곡선 위에 있다.
ㄹ. 총가변비용곡선을 총고정비용만큼 상방으로 이동시키면 총비용곡선이 도출되므로 총가변비용곡선의 기울기와 총비용곡선의 기울기는 같다.

23 정답 ②

가. 생산물시장과 생산요소시장이 완전경쟁일 때는 $W = MP_L \times P = VMP_L$이 성립한다.

다. 10분위 분배율은 0과 2 사이의 값을 나타내며, 그 값이 클수록 소득분배가 균등하다. 한편, 지니계수는 0과 1 사이의 값을 나타내며, 그 값이 작을수록 소득분배가 균등하다.

오답분석

나. 요소의 대체탄력성이 1보다 작은 경우에는 임금이 1% 상승하더라도 노동고용량은 1% 미만으로 감소하므로 노동소득분배비율이 증가한다.

라. 간접세의 역진적 성격에 따라 간접세 비중이 높아지면 소득분배가 불균등해지기 때문에 지니계수가 높아진다.

24 정답 ⑤

한계생산물 가치와 임금의 값이 같을 때 기업의 이윤이 극대화가 된다. 따라서 식으로 표현하면 $VMP_L = MP_L \times P = w$ 이 된다. (VMP_L : 한계생산물 가치, MP_L : 노동의 한계생산, P : 재화의 가격, w : 임금)

$MP_L \times P = w$

$\rightarrow (27 - 5L) \times 20 = 10$

따라서 $L = 5$이므로 재화의 가격이 20이고 임금이 40일 때, J기업이 생산하는 재화에 투입하는 노동의 양은 5이고, J기업의 노동수요량은 5가 된다.

25 정답 ②

굴절수요곡선

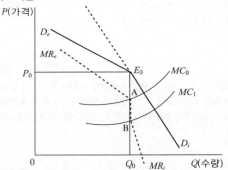

어떤 과점기업의 생산물 가격을 P_0 라고 가정한다면 그보다 가격을 인상하여도 다른 기업은 가격을 유지할 것이며, 이 과점기업에 대한 수요곡선은 P_0 점보다 위에서는 매우 탄력적이다. 그러나 이 기업이 가격을 내리면 다른 기업도 따라서 가격을 내릴 것이므로 P_0 점보다 아래의 수요곡선은 비탄력적으로 될 것이다. 따라서 수요곡선은 P_0 점에서 굴절하고, 굴절수요곡선($D_e - D_i$)에서 도출되는 한계수입곡선($MR_e - MR_i$)은 불연속이 된다.

26 정답 ④

실업률이 20%이고 취업자 수가 120만 명이라면 실업자 수와 경제활동인구는 다음과 같이 구한다.

$$(\text{실업률}) = \frac{(\text{실업자 수})}{(\text{경제활동인구})} \times 100$$

$$= \frac{(\text{실업자 수})}{(\text{취업자 수}) + (\text{실업자 수})} \times 100$$

$$20\% = \frac{(\text{실업자 수})}{120\text{만 명} + (\text{실업자 수})} \times 100$$

(실업자 수) = 30만 명

(경제활동인구) = (취업자 수) + (실업자 수)

= 120만 명 + 30만 명 = 150만 명

즉, 실업자 수가 30만 명, 경제활동인구가 150만 명이므로 경제활동참가율은 다음과 같다.

$$(\text{경제활동참가율}) = \frac{(\text{경제활동인구})}{(\text{노동가능인구})} \times 100$$

$$= \frac{150\text{만 명}}{200\text{만 명}} \times 100 = 75\%$$

27 정답 ④

대표관료제는 한 사회의 모든 계층 및 집단을 공평하게 관료제에 반영하려는 것으로, 실적주의 이념에는 배치되는 특성을 갖는다.

28 정답 ②

규제피라미드는 규제가 규제를 낳은 결과 피규제자의 규제 부담이 점점 증가하는 현상이다.

오답분석

①·③·④·⑤ 규제의 역설에 대한 설명이다.

29 정답 ⑤

역사학적 신제도주의는 각국에서 채택된 정책의 상이성과 효과를 역사적으로 형성된 제도에서 찾으려는 접근방법을 말한다.

오답분석

① 행태론은 인간을 사물과 같은 존재로 인식하기 때문에 인간의 자유와 존엄을 강조하기보다는 인간을 수단적 존재로 인식한다.

② 자연현상과 사회현상을 동일시하여 자연과학적인 논리실증주의를 강조한 것은 행태론적 연구의 특성이다.

③ 후기 행태주의의 입장이다.

④ 행태주의는 객관적인 사실에 입각한 일반법칙적인 연구에만 몰두하는 보수적인 이론이며, 제도변화와 개혁을 지향하지 않는다.

행태론과 신제도론의 비교

구분	행태론	신제도론
차이점	방법론적 개체주의, 미시주의	거시와 미시의 연계
	제도의 종속변수성 (제도는 개인행태의 단순한 집합)	제도의 독립변수성 (제도와 같은 집합적 선호가 개인의 선택에 영향을 줌)
	정태적	동태적 (제도의 사회적 맥락과 영속성 강조)

30
정답 ④

주민소환투표권자 총수의 3분의 1 이상의 투표와 유효투표 총수 과반수의 찬성으로 확정된다.

오답분석

① 시·도지사의 주민소환투표의 청구 서명인 수는 해당 지방자치단체 주민소환청구권자 총수의 100분의 10 이상이다.
② 주민이 직선한 공직자가 주민소환투표 대상이다.
③ 주민소환투표권자는 주민소환투표인명부 작성기준일 현재 해당 지방자치단체의 장과 지방의회의원에 대한 선거권을 가지고 있는 자로 한다.
⑤ 주민소환이 확정된 때에는 주민소환투표대상자는 그 결과가 공표된 시점부터 그 직을 상실한다.

주민소환투표의 청구요건
- 특별시장·광역시장·도지사 : 해당 지방자치단체의 주민소환투표권자 총수의 100분의 10 이상
- 시장·군수·자치구의 구청장 : 해당 지방자치단체의 주민소환투표권자 총수의 100분의 15 이상
- 지역구 시·도의회의원 및 지역구 자치구·시·군의회의원 : 해당 지방의회의원의 선거구 안의 주민소환투표권자 총수의 100분의 20 이상

31
정답 ④

관료제는 업무의 수행은 안정적이고 세밀하게 이루어져야 하며, 규칙과 표준화된 운영절차에 따라 이루어지도록 되어 있다. 따라서 이념형으로서의 관료는 직무를 수행하는 데 감정을 갖지 않는 비정의성(Impersonality)이며, 형식 합리성의 정신에 따라 수행해야 한다.

32
정답 ①

합리모형에서 말하는 합리성은 경제적 합리성을 말한다. 정치적 합리성은 점증모형에서 중시하는 합리성이다.

합리모형과 점증모형

구분	합리모형	점증모형
합리성 최적화 정도	• 경제적 합리성(자원 배분의 효율성) • 전체적·포괄적 분석	• 정치적 합리성(타협·조정과 합의) • 부분적 최적화
목표와 수단	• 목표 – 수단 분석을 함 • 목표는 고정됨(목표와 수단은 별개) • 수단은 목표에 합치	• 목표 – 수단 분석을 하지 않음 • 목표는 고정되지 않음 • 목표는 수단에 합치
정책결정	• 근본적·기본적 결정 • 비분할적·포괄적 결정 • 하향적 결정 • 단발적 결정(문제의 재정의가 없음)	• 지엽적·세부적 결정 • 분할적·한정적 결정 • 상향적 결정 • 연속적 결정(문제의 재정의가 빈번)
정책특성	• 비가분적 정책에 적합	• 가분적 정책에 적합
접근방식과 정책 변화	• 연역적 접근 • 쇄신적·근본적 변화 • 매몰비용은 미고려	• 귀납적 접근 • 점진적·한계적 변화 • 매몰비용 고려
적용국가	• 상대적으로 개도국에 적용 용이	• 다원화된 선진국에 주로 적용
배경이론 및 참여	• 엘리트론 • 참여 불인정(소수에 의한 결정)	• 다원주의 • 참여 인정(다양한 이해관계자 참여)

33
정답 ①

조세법률주의는 국세와 지방세 구분 없이 적용된다. 지방세의 종목과 세율은 국세와 마찬가지로 법률로 정한다.

34
정답 ③

신제도주의는 행위 주체의 의도적이고 전략적인 행동이 제도에 영향을 미칠 수 있다는 점을 인정하고, 제도의 안정성보다는 제도설계와 변화 차원에 관심을 보이고 있다.

오답분석

① 행태론적 접근방법은 이론의 과학성 추구를 위해 가치의 문제를 배제하려는 가치중립성을 특징으로 한다.
④ 논변적 접근방법은 행정현상과 같은 가치측면의 규범성을 연구할 때는 결정에 대한 주장의 정당성을 갖추는 것이 중요하다고 보고, 행정에서 진정한 가치는 자신들의 주장에 대한 논리성을 점검하고 상호 타협과 합의를 도출하는 민주적 절차에 있다고 본다.

35
정답 ②

ㄱ. 베버의 관료제론은 규칙과 규제가 조직에 계속성을 제공하여 조직을 예측 가능성이 있는 조직, 안정적인 조직으로 유지시킨다고 보았다.

ㄴ. 행정관리론은 모든 조직에 적용시킬 수 있는 효율적 조직관리의 원리들을 연구하였다.

ㄷ. 호손실험으로 인간관계에서의 비공식적 요인이 업무의 생산성에 큰 영향을 끼친다는 것이 확인되었다.

오답분석

ㄹ. 조직군 생태이론은 조직과 환경의 관계에서 조직군이 환경에 의해 수동적으로 결정된다는 환경결정론적 입장을 취한다.

거시조직 이론의 유형

구분		결정론	임의론
조직군		• 조직군 생태론 • 조직경제학(주인 – 대리인 이론, 거래비용 경제학) • 제도화이론	• 공동체 생태론
개별조직		• 구조적 상황론	• 전략적 선택론 • 자원의존이론

36
정답 ⑤

정책문제 자체를 잘못 인지한 상태에서 계속 해결책을 모색하여 정책문제가 해결되지 못하고 남아있는 상태는 제3종 오류라고 한다. 제1종 오류는 옳은 가설을 틀리다고 판단하고 기각하는 오류이고, 제2종 오류는 틀린 가설을 옳다고 판단하여 채택하는 오류이다.

37
정답 ②

경직된 분위기의 계층제적 사회에서는 부하와 동료의 평정을 받는 다면평가제가 조직원들의 강한 불쾌감을 불러올 수 있고, 이로 인해 조직 내 갈등상황이 불거질 수 있다.

38
정답 ①

오답분석

ㄷ. 예산결산특별위원회는 상설특별위원회이기 때문에 따로 활동기한을 정하지 않는다.

ㄹ. 예산결산특별위원회는 소관 상임위원회가 삭감한 세출예산의 금액을 증액하거나 새 비목을 설치하려는 경우에는 소관 상임위원회의 동의를 얻어야 한다.

39
정답 ④

근로자참여 및 협력증진에 관한 법은 집단적 노사관계법으로, 노동조합과 사용자단체 간의 노사관계를 규율한 법이다. 이에는 노동조합 및 노동관계조정법, 근로자참여 및 협력증진에 관한 법, 노동위원회법, 교원의 노동조합설립 및 운영 등에 관한 법률, 공무원직장협의회법 등이 해당한다. 나머지는 근로자와 사용자의 근로계약을 체결하는 관계에 대해 규율한 법으로, 개별적 근로관계법이라고 한다. 이에는 근로기준법, 최저임금법, 산업안전보건법, 직업안정법, 남녀고용평등법, 선원법, 산업재해보상보험법, 고용보험법 등이 해당한다.

40
정답 ①

근로자와 사용자는 각자가 단체협약, 취업규칙과 근로계약을 지키고 성실하게 이행할 의무가 있다(근로기준법 제5조).

오답분석

② 사용자는 사고의 발생이나 그 밖의 어떠한 이유로도 근로자에게 폭행을 하지 못한다(근로기준법 제8조).

③ 사용자는 근로자가 근로시간 중에 선거권, 그 밖의 공민권(公民權) 행사 또는 공(公)의 직무를 집행하기 위하여 필요한 시간을 청구하면 거부하지 못한다(근로기준법 제10조).

④ 사용자란 사업주 또는 사업 경영 담당자, 그 밖에 근로자에 관한 사항에 대하여 사업주를 위하여 행위하는 자를 말한다(근로기준법 제2조 제1항 제2호).

⑤ 사용자는 전차금(前借金)이나 그 밖에 근로할 것을 조건으로 하는 전대(前貸)채권과 임금을 상계하지 못한다(근로기준법 제21조).

41
정답 ④

보강적 질적 특성으로는 비교가능성, 검증가능성, 적시성, 이해가능성이 있다.

42
정답 ①

채권자취소권을 특정물에 대한 소유권이전등기청구권을 보전하기 위하여 행사하는 것은 허용되지 않으므로 부동산의 제1양수인(乙)은 자신의 소유권이전등기청구권 보전을 위하여 양도인(甲)과 제3자(丙) 사이에 이루어진 이중양도행위에 대하여 채권자취소권을 행사하지 못한다(대판 1999.4.27., 98다56690).

오답분석

② 乙은 甲에게 등기청구권의 이행불능을 이유로 계약을 해제하고 손해배상을 청구할 수 있다.

③ 반사회적 법률행위로 甲과 丙의 계약이 무효이게 되면 乙은 甲을 대위하여 丙에게 J건물에 대한 소유권이전등기의 말소를 청구할 수 있다.

④ 甲과 丙 사이의 매매계약이 반사회적 법률행위로 무효인 경우, 양자의 급여는 불법원인급여가 되므로 甲은 소유권에 기하여 丙에게 J건물의 반환을 청구할 수 없다.

⑤ 丙이 甲과 乙 사이의 매매사실을 알면서 甲의 배임행위에 적극 가담하여 甲과 계약을 체결한 경우, 그 계약은 민법 제103조 위반으로 무효이다.

43
정답 ②

$$(부가가치율)=\frac{(매출액)-(매입액)}{(매출액)}\times100$$

$$25\%=\frac{r-150,000}{r}\times100$$

$$\therefore\ r=200,000$$

따라서 매출액은 ₩200,000이다.

44
정답 ②

판례(대판 2008.7.10., 2008다12453)에 따르면 재단법인 정관에 기재한 기본재산은 재단법인의 실체이며 목적을 수행하기 위한 기본적인 수단으로, 그러한 기본재산을 처분하는 것은 재단법인의 실체가 없어지는 것을 의미하므로 함부로 처분할 수 없고 정관의 변경 절차를 필요로 한다. 정관의 변경은 민법상 주무관청의 허가를 얻어야 효력이 있으므로 재단법인이 기본재산을 처분할 경우에는 주무관청의 허가를 얻어야 한다.

오답분석
① 재단법인의 설립은 유언으로 가능하다(민법 제48조 제2항 참고).
③ 재단법인의 출연자는 착오를 이유로 출연의 의사표시를 취소할 수 있다(대판 1999.7.9., 98다9045).
④ 재단법인의 설립자가 그 명칭, 사무소 소재지 또는 이사 임면의 방법을 정하지 아니하고 사망한 때에는 이해관계인 또는 검사의 청구에 의하여 법원이 이를 보충할 수 있다(민법 제44조). 이때 목적에 대한 사항은 보충의 대상이 아니다.
⑤ 재단법인의 목적을 달성할 수 없는 경우, 이사는 주무관청의 허가를 얻어 그 목적을 변경할 수 있다(민법 제46조 참고).

45
정답 ④

사용자는 야간근로에 대하여는 통상임금의 100분의 50 이상을 가산하여 근로자에게 지급하여야 한다(근로기준법 제56조 제3항).

46
정답 ①

순할인채의 듀레이션은 만기와 일치한다. 따라서 주어진 순할인채의 듀레이션은 5년이다.

47
정답 ②

근로자가 노동조합을 결성하지 아니할 자유나 노동조합에 가입을 강제당하지 아니할 자유, 그리고 가입한 노동조합을 탈퇴할 자유는 근로자에게 보장된 단결권의 내용에 포섭되는 권리로서가 아니라 헌법 제10조의 행복추구권에서 파생되는 일반적 행동의 자유 또는 제21조 제1항의 결사의 자유에서 그 근거를 찾을 수 있다(헌재2005.11.24., 2002헌바95).

오답분석
① 노동조합의 재정 집행과 운영에 있어서의 적법성, 민주성 등을 확보하기 위해서는 조합자치 또는 규약자치에만 의존할 수는 없고 행정관청의 감독이 보충적으로 요구되는 바, 이 사건 법률조항은 노동조합의 재정 집행과 운영의 적법성, 투명성, 공정성, 민주성 등을 보장하기 위한 것으로서 정당한 입법목적을 달성하기 위한 적절한 수단이다(헌재결 2013.7.25., 2012헌바116).
③ 사용종속관계하에서 근로를 제공하고 그 대가로 임금 등을 받아 생활하는 사람은 노동조합법상 근로자에 해당하고, 노동조합법상의 근로자성이 인정되는 한, 그러한 근로자가 외국인인지 여부나 취업자격의 유무에 따라 노동조합법상 근로자의 범위에 포함되지 아니한다고 볼 수는 없다(대판 2015.6.25., 2007두4995).
④ 헌재결 2015.3.26., 2014헌가5
⑤ 노동조합 및 노동관계조정법상의 교섭창구단일화제도는 근로조건의 결정권이 있는 사업 또는 사업장 단위에서 복수 노동조합과 사용자 사이의 교섭절차를 일원화하여 효율적이고 안정적인 교섭체계를 구축하고, 소속 노동조합과 관계없이 조합원들의 근로조건을 통일하기 위한 것으로, 교섭대표노동조합이 되지 못한 소수 노동조합의 단체교섭권을 제한하고 있지만, 소수 노동조합도 교섭대표노동조합을 정하는 절차에 참여하게 하여 교섭대표노동조합이 사용자와 대등한 입장에 설 수 있는 기반이 되도록 하고 있으며, 그러한 실질적 대등성의 토대 위에서 이뤄낸 결과를 함께 향유하는 주체가 될 수 있도록 하고 있으므로 노사대등의 원리 하에 적정한 근로조건의 구현이라는 단체교섭권의 실질적인 보장을 위한 불가피한 제도라고 볼 수 있다. … 따라서 위 '노동조합 및 노동관계조정법' 조항들이 과잉금지원칙을 위반하여 청구인들의 단체교섭권을 침해한다고 볼 수 없다(헌재결 2012.4.24., 2011헌마338).

48
정답 ②

비례대표제는 각 정당에게 그 득표수에 비례하여 의석을 배분하는 대표제이다. 군소정당의 난립을 가져와 정국의 불안을 가져온다는 것이 일반적 견해이다.

49 정답 ④

대법원에 의하면 국·공립대학교원 임용지원자는 임용권자에게 임용 여부에 대한 응답을 신청할 법규상 또는 조리상 권리가 없으므로 국·공립대학교원 임용지원자가 임용권자로부터 임용거부를 당하였다면 이는 거부처분으로서 항고소송의 대상이 되지 않는다(대판 2003.10.23., 2002두12489).

오답분석

① 대판 1996.9.20., 95누8003
② 대법원에 의하면 개별공시지가결정은 내부행위나 중간처분이지만 그로써 실질적으로 국민의 권리가 제한되거나 의무가 부과되는 행위이므로 항고소송의 대상이 되는 처분이다(대판 1993.1.15., 92누12407).
③ 대법원에 의하면 상표원부에 상표권자인 법인에 대한 청산종결등기가 되었음을 이유로 상표권의 말소등록이 이루어졌다고 해도 이는 상표권이 소멸하였음을 확인하는 사실적·확인적 행위에 지나지 않고, 말소등록으로 비로소 상표권 소멸의 효력이 발생하는 것이 아니어서, 상표권의 말소등록은 국민의 권리의무에 직접적으로 영향을 미치는 행위라고 할 수 없다. 한편, 상표권 설정등록이 말소된 경우에도 등록령 제27조에 따른 회복등록의 신청이 가능하고, 회복신청이 거부된 경우에는 거부처분에 대한 항고소송이 가능하다. 이러한 점들을 종합하면, 상표권자인 법인에 대한 청산종결등기가 되었음을 이유로 한 상표권의 말소등록행위는 항고소송의 대상이 될 수 없다(대판 2015.10.29., 2014두2362).
⑤ 대법원에 의하면 어업권면허에 선행하는 우선순위결정은 행정청이 우선권자로 결정된 자의 신청이 있으면 어업권면허처분을 하겠다는 것을 약속하는 행위로서 강학상 확약에 불과하고 행정처분은 아니다(대판 1995.1.20., 94누6529). 그러나 어업면허우선순위결정 대상탈락자 결정은 최종 법적 효과를 가져오기 때문에 행정처분이다.

50 정답 ③

ㄱ. 신공공관리론은 기업경영의 논리와 기법을 정부에 도입·접목하려는 노력이다.
ㄷ. 신공공관리론은 거래비용이론, 공공선택론, 주인 – 대리인이론 등을 이론적 기반으로 한다.
ㅁ. 신공공관리론은 가격과 경쟁에 의한 행정서비스 공급으로 공공서비스의 생산성을 강조하기 때문에 민주주의의 책임성이 결여될 수 있다.

오답분석

ㄴ. 신공공관리론은 법규나 규칙 중심의 관리보다는 임무와 사명 중심의 관리를 강조한다.
ㄹ. 중앙정부의 감독과 통제를 강화하는 것은 전통적인 관료제 정부의 특징이다. 반면 신공공관리론은 분권을 강조한다.

| 02 | 전기

01	02	03	04	05	06	07	08	09	10
⑤	②	②	③	③	①	③	①	⑤	④
11	12	13	14	15	16	17	18	19	20
①	④	①	④	④	①	①	④	②	⑤
21	22	23	24	25	26	27	28	29	30
③	③	⑤	①	④	③	③	②	③	③
31	32	33	34	35	36	37	38	39	40
⑤	③	②	②	②	②	②	⑤	⑤	④
41	42	43	44	45	46	47	48	49	50
④	①	③	④	②	①	②	②	③	②

01 정답 ⑤

$$P = V \times \overline{I}$$
$$= (15 + j4) \times (40 - j20)$$
$$= (600 + 80) + j(160 - 300)$$
$$= 680 - j140W$$

따라서 유효전력은 680W이다.

02 정답 ②

$C = \dfrac{Q}{V}$ 에서

$V \rightarrow 2V$ 이므로

$C' = \dfrac{Q}{2V} = \dfrac{1}{2} C$ 이다.

따라서 커패스터의 용량은 2배 감소한다.

03 정답 ②

$$Q = CV = \epsilon \frac{S}{d} V = \epsilon_0 \epsilon_s \frac{S}{d} V$$
$$= (8.85 \times 10^{-12}) \times 4 \times \frac{100 \times 10^{-4}}{1 \times 10^{-3}} \times 10 \times 10^3$$
$$= 3.54 \times 10^{-6} C$$

04 정답 ③

$$E = -\nabla V$$
$$= \left(\frac{\partial}{\partial x} \hat{i} + \frac{\partial}{\partial y} \hat{y} + \frac{\partial}{\partial z} \hat{z} \right)(5x + 6y^2)$$
$$= \left[\frac{\partial}{\partial x}(5x + 6y^2)\hat{i} + \frac{\partial}{\partial y}(5x + 6y^2)\hat{y} + \frac{\partial}{\partial z}(5x + 6y^2)\hat{z} \right]$$
$$= 5\hat{i} + 12\hat{y}$$
$$\therefore |E| = \sqrt{5^2 + 12^2} = 13V/m$$

05
정답 ③

전원과 $R_1 - R_2$, $R_3 - R_4$는 서로 병렬로 연결되어 있으므로 R_1, R_2에 걸리는 전압과 R_3, R_4에 걸리는 전압의 크기는 100V로 같다.

- a에 걸리는 전압의 크기

  R_1, R_2에 걸리는 전압이 100V이고 $R_1 : R_2 = 2 : 3$이므로 각 저항에 걸리는 전압의 비 또한 $2 : 3$이다. 따라서 a에 걸리는 전압의 크기는 40V이다.

- b에 걸리는 전압의 크기

  R_3, R_4에 걸리는 전압 또한 100V이고 $R_3 : R_4 = 1 : 9$이므로 각 저항에 걸리는 전압의 비 또한 $1 : 9$이다. 따라서 b에 걸리는 전압의 크기는 10V이다.

따라서 $a - b$ 사이에 걸리는 전압의 크기는 $40 - 10 = 30$V이다.

06
정답 ①

오답분석

ㄴ. 저항은 단면적의 넓이와 반비례한다.

ㄹ. 저항의 길이가 n배, 단면적의 넓이가 n배 증가하면 $R' = \rho \frac{nl}{nS} = \rho \frac{l}{S}$ 이므로, 저항의 크기는 변하지 않는다.

저항의 크기

$$[\text{전기저항}(R)] = \rho \frac{l}{S}$$

(ρ : 고유저항, l : 저항의 길이, S : 저항의 단면적의 넓이)

07
정답 ③

발전기는 조속기의 감도를 둔감하게 해야 안정도가 향상된다.

안전도 향상 대책

- 발전기
  - 조속기의 감도를 적당히 둔감하게 한다.
  - 제동권선을 설치한다(난조 방지).
  - 속응여자방식을 채용한다.
  - 단락비를 크게 한다.
  - 전압변동률을 작게 한다.
  - 동기리액턴스를 감소시킨다.
- 송전선
  - 리액턴스를 감소시킨다.
  - 복도체(다도체)를 사용한다.
  - 병행 2회선 방식을 채용한다.
  - 고속도 재폐로 방식을 채용한다.
  - 고속 차단기를 설치한다.

08
정답 ①

비오 – 사바르의 법칙이란 일정한 크기와 방향의 정상전류가 흐르는 도선 주위의 자기장 세기를 구할 수 있는 법칙을 말한다.

09
정답 ⑤

$$Q_c = P(\tan\theta_1 - \tan\theta_2) = P\left(\frac{\sin\theta_1}{\cos\theta_1} - \frac{\sin\theta_2}{\cos\theta_2}\right)$$

$$= 150 \times \left(\frac{\sqrt{1 - 0.6^2}}{0.6} - \frac{\sqrt{1 - 0.9^2}}{0.9}\right) \fallingdotseq 127.3 \text{kVA}$$

10
정답 ④

발전기의 초당 회전수가 다르더라도 동기발전기의 극수에 의해 주파수가 같아지면 병렬로 운전할 수 있다.

동기발전기 병렬운전 시 필요조건

- 유기기전력의 주파수가 같을 것

$$\left[f = \frac{p}{2}n(f : \text{주파수}, \ p : \text{극수}, \ n : \text{초당 회전수})\right]$$

- 유기기전력의 크기가 같을 것
- 유기기전력의 위상이 같을 것
- 유기기전력의 파형이 같을 것
- 유기기전력의 상회전의 방향이 같을 것

11
정답 ①

$$[\text{전파정수}(\gamma)] = \sqrt{ZY} = \sqrt{(R + j\omega L) \times (G + j\omega C)}$$

$$\fallingdotseq \frac{1}{2}\left(R\sqrt{\frac{C}{L}} + G\sqrt{\frac{L}{C}}\right) + j\omega\sqrt{LC}$$

$\alpha + j\beta$에서 무손실 선로이므로 $R = G = 0$이다.

따라서 무손실 선로에서의 감쇠정수(α)는 0이고, 위상정수(β)는 $\omega\sqrt{LC}$이다.

12
정답 ④

리플프리(Ripple-Free) 전류는 전압 및 전류 변동이 거의 없는 전류를 말하며, 직류 성분에 대하여 10%를 넘지 않는다. 즉, 리플프리 직류 시스템에서는 120V 직류 전원일 때 변동이 발생하여도 140V를 넘을 수 없고, 60V 직류 전원일 때 변동이 발생하여도 70V를 넘을 수 없다.

13
정답 ①

$$E = \frac{6,600}{\sqrt{3}} ≒ 3,810.5V$$

$$f = \frac{pN_s}{120} = \frac{30 \times 480}{240} = 60Hz$$

$$\omega = \frac{240 \times 6}{3} = 480$$

(∵ 슬롯의 수 : 240, 각 코일의 권수 : 6, 3상 동기발전기)

$$\therefore \Phi = \frac{E}{4.44 \times Kf\omega} = \frac{3,810.5}{4.44 \times 0.85 \times 60 \times 480} ≒ 0.035Wb$$

14
정답 ④

유도기전력의 크기는 $E = -L\frac{di}{dt} = -N\frac{d\phi}{dt}$ 으로 정의한다.

따라서 $E = -(100 \times 10^{-3}) \times \frac{(20-10)}{0.5} = -2V$이다.

또한 자속의 변화량은 $-2 = -N\frac{d\phi}{dt}$ 이므로

$$d\phi = \frac{2}{N} \times dt = 2 \times 0.5 = 1Wb$$이다.

15
정답 ④

중첩의 정리에 의해서 다음과 같다.
1) 전류원을 개방하는 경우

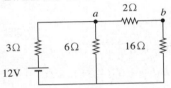

a, b에 흐르는 전류의 방향은 오른쪽이고 $\frac{12}{3+4.5} \times \frac{6}{6+18}$

$=0.4A$의 세기로 흐르므로, $0.8V$의 전위차가 생긴다.
2) 전압원을 단락하는 경우

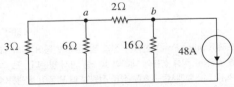

a, b에 흐르는 전류의 방향은 오른쪽이고 $48 \times \frac{16}{16+4} =$

$38.4A$의 세기로 흐르므로, $76.8V$의 전위차가 생긴다.
따라서 a, b 두 점의 전위차는 1)+2)$=0.8+76.8=77.6V$이다.

16
정답 ①

충전된 대전체를 대지에 연결하면 대전체의 전하들은 대지로 이동하여 대전체는 방전된다.

17
정답 ①

환상코일의 인덕턴스인 경우

$L = \frac{\mu SN^2}{l}$ 이고, $L' = \frac{\mu S(3N)^2}{l} = \frac{9\mu SN^2}{l} = 9L$이다.

따라서 $L' = L$이 되기 위해서는 비투자율을 $\frac{1}{9}$ 배로 조정하거나

단면적을 $\frac{1}{9}$ 배로 좁히거나 길이를 9배 늘리면 된다.

18
정답 ④

교류의 실횻값이 7A이므로, 최댓값은 $I_m = \sqrt{2}I_s = 7\sqrt{2}$ 이다.

$$\therefore i(t) = 7\sqrt{2}sin(2\pi ft + 60°) = 7\sqrt{2}sin\left(2\pi ft + \frac{\pi}{3}\right)$$

19
정답 ②

$\mathcal{L}[f(at)] = a\mathcal{L}[f(t)]$이고 $\mathcal{L}(t^n) = \frac{n!}{s^{n+1}}$ 이므로

$$F(s) = \mathcal{L}(2t^4) = 2 \times \frac{4!}{s^{4+1}} = \frac{48}{s^5}$$ 이다.

20
정답 ⑤

[유전율(ϵ)]$=\epsilon_0\epsilon_s$ 에서 ϵ_s 는 비유전율이고, ϵ_0 는 진공에서의 유전율이며, $\epsilon_0 = 8.855 \times 10^{-12}$[F/m]으로 정의한다.
ㄱ. 모든 유전체의 비유전율은 1보다 크다.
ㄷ. 어떤 물질의 비유전율은 진공 중의 유전율에 대한 물질의 유전율의 비이다.
ㄹ. 비유전율은 절연물의 종류에 따라 다르다.
ㅁ. 산화티탄 자기의 비유전율이 유리의 비유전율보다 크다(산화티탄 : 115 ~ 5,000, 유리 : 5.4 ~ 9.9).
따라서 옳은 설명은 4개이다.

오답분석

ㄴ. 비유전율은 비율을 나타내는 무차원수이므로 단위는 없다.
ㅂ. 진공, 공기 중의 비유전율은 1이다.
ㅅ. 진공 중의 유전율은 $\frac{1}{36\pi} \times 10^{-9}$[F/m]으로 나타낼 수 있다.

21
정답 ③

ㄴ. 선로정수의 평형은 연가의 사용목적이다.

가공지선의 설치 목적
- 직격뢰로부터의 차폐
- 유도뢰로부터의 차폐
- 통신선유도장애 경감

22
정답 ③

① 유기 기전력과 전기자 전류가 동상인 경우 횡축 반작용을 한다.
② 뒤진역률일 경우, 즉 전류가 전압보다 90° 뒤질 때는 감자작용을 한다.
④ 계자전류에 의한 자속이 전기자자속에 영향을 주는 현상이 아니라 전기자전류에 의한 자기장이 계자자속에 영향을 주는 현상이다.
⑤ 앞선역률일 경우, 즉 전류가 전압보다 90° 앞설 때는 증자작용을 한다.

전기자 반작용
전기자 전류가 흘러 생긴 전기자 자속이 계자 자속에 영향을 주는 현상이다.
- 역률 1일 때(전압과 전류가 동상인 전류, 저항부하) : 교차 자화작용(횡축반작용)
- 뒤진역률(지상 전류, 유도성부하) : 감자작용(직축반작용)
- 앞선역률(진상 전류, 용량성부하) : 증자작용(직축반작용)

23
정답 ⑤

표피효과는 도체에 주파수가 큰 교류를 송전하면 내부에 전류가 표피로 집중하여 흐르는 현상이다. 이는 도전율(σ), 투자율(μ), 주파수(f)가 클수록 커진다.

24
정답 ①

- 임피던스 $Z = \dfrac{V}{I}[\Omega] = \dfrac{200}{10} = 20\,\Omega$
- 역률 $\cos\theta = \dfrac{R}{|Z|} = \dfrac{5}{20} = 0.25$

25
정답 ④

- 피상전력 $P_a = \sqrt{(P)^2 + (P_r)^2}$
  $= \sqrt{(300)^2 + (400)^2} = 500\text{VA}$
- 전류 $P_a = VI$ 에서 $I = \dfrac{P_a}{V}$ 이므로 $\dfrac{500}{100} = 5\text{A}$

26
정답 ③

코일의 인덕턴스는 $L = N\dfrac{\Phi}{I} = \dfrac{2,000 \times 6 \times 10^{-2}}{10} = 12\text{H}$이다.

따라서 시상수는 $\tau = \dfrac{L}{R} = \dfrac{12}{12} = 1$초이다.

27
정답 ③

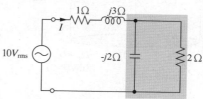

- 임피던스
$$Z = \left(\dfrac{-j2 \times 2}{-j2 + 2}\right) + (1 + j3)$$
$$= \left(\dfrac{-j4}{2 - j2}\right) + (1 + j3)$$
$$= \dfrac{2 + j6 - j2 + 6 - j4}{2 - j2}$$
$$= \dfrac{8}{2 - j2} \text{ (분모, 분자공액)}$$
$$= \dfrac{8 \cdot (2 + j2)}{(2 - j2) \cdot (2 + j2)}$$
$$= 2 + j2[\Omega]$$
$$\therefore |Z| = \sqrt{(2)^2 + (2)^2} = \sqrt{8} = 2\sqrt{2}\,\Omega$$

- 역률
$$\cos\theta = \dfrac{(\text{임피던스의 실수부})}{|Z|} = \dfrac{2}{2\sqrt{2}} = \dfrac{1}{\sqrt{2}} = \dfrac{\sqrt{2}}{2}$$

- 유효전력
$$P = I^2 R = \left(\dfrac{V}{Z}\right)^2 \times R = \left(\dfrac{10}{2\sqrt{2}}\right)^2 \times 2 = 25\text{W}$$

28
정답 ②

ㄴ. RL 직렬회로의 임피던스는 $Z = R + j\omega L$이고,
그 크기는 $|Z| = \sqrt{(R)^2 + (\omega L)^2}$ 이다.

ㄹ. [양호도(Q)] $= \dfrac{1}{R}\sqrt{\dfrac{L}{C}}$

ㄱ. 인덕터만으로 연결된 회로의 유도 리액턴스는 $X_L = \omega L$이다. RL 회로는 전압이 전류보다 위상이 90° 앞선다.

ㄷ. RC 직렬회로의 임피던스는 $Z = R - j\dfrac{1}{wC}$이고,
그 크기는 $|Z| = \sqrt{(R)^2 + \left(\dfrac{1}{\omega C}\right)^2}$ 이다.

29

유전율이 서로 다른 유전체의 경계면에서 전속밀도의 수직(법선) 성분은 서로 같고 연속적이다($D_1\cos\theta_1 = D_2\cos\theta_2$).

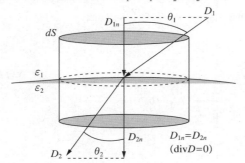

30

정답 ③

ㄱ. RLC 병렬이므로 전압은 모두 같다.
ㄷ. 공진 시 전류는 저항 R에만 흐른다.
ㅁ. 공진 시 에너지는 저항 R에서만 소비된다.

오답분석

ㄴ. [어드미턴스(Y)]$= \dfrac{1}{R} + j\dfrac{1}{X_c} - j\dfrac{1}{X_L}$ [℧]

$= \dfrac{1}{R} + j\left(\dfrac{1}{X_c} - \dfrac{1}{X_L}\right)$

$X_c = \dfrac{1}{\omega C}$, $X_L = \omega L$를 대입하여 정리하면

$\dfrac{1}{R} + j\left(\dfrac{1}{\dfrac{1}{\omega C}} - \dfrac{1}{\omega L}\right) = \dfrac{1}{R} + j\left(\omega C - \dfrac{1}{\omega L}\right)$ [℧]

ㄹ. L과 C의 전류 위상차 : $-90°$와 $+90°$, 즉 $180°$ 위상차가 발생한다.

L[H]	C[F]
$\dot{V}$(기준) O $\dfrac{\pi}{2}$ $\dot{I}$ $v > I\left(\dfrac{\pi}{2}\right)$	$\dot{I}$ $\dfrac{\pi}{2}$ O $\dot{V}$(기준) $v < I\left(\dfrac{\pi}{2}\right)$

31

정답 ⑤

직류 송전은 차단기 설치 및 전압의 변성이 어렵다.

32

정답 ③

Peek의 식

$$P = \frac{241}{\delta}(f+25)\sqrt{\frac{d}{2D}}(E - E_0)^2 \times 10^{-5}$$

- δ : 상대공기밀도$\left(\delta = \dfrac{0.368b}{273+t}, \ b : \text{기압}, \ t : \text{온도}\right)$
- D : 선간거리[cm]
- d : 전선의 지름[cm]
- f : 주파수[Hz]
- E : 전선에 걸리는 대지전압[kV]
- E_0 : 코로나 임계전압[kV]

33

정답 ②

구분	파형	실횻값	평균값	파고율	파형률
정현파 (사인파)		$\dfrac{V_m}{\sqrt{2}}$	$\dfrac{2}{\pi}V_m$	$\sqrt{2}$	$\dfrac{\pi}{2\sqrt{2}}$
전파 (정류)		$\dfrac{V_m}{\sqrt{2}}$	$\dfrac{2}{\pi}V_m$	$\sqrt{2}$	$\dfrac{\pi}{2\sqrt{2}}$
반파 (정류)		$\dfrac{V_m}{2}$	$\dfrac{V_m}{\pi}$	2	$\dfrac{\pi}{2}$
구형파 (사각파)		V_m	V_m	1	1
반구형파		$\dfrac{V_m}{\sqrt{2}}$	$\dfrac{V_m}{2}$	$\sqrt{2}$	$\sqrt{2}$
삼각파 (톱니파)		$\dfrac{V_m}{\sqrt{3}}$	$\dfrac{V_m}{2}$	$\sqrt{3}$	$\dfrac{2}{\sqrt{3}}$
제형파 (사다리꼴)		$\dfrac{\sqrt{5}}{3}V$	$\dfrac{2}{3}V_m$	$\dfrac{3}{\sqrt{5}}$	$\dfrac{\sqrt{3}}{2}$

34

정답 ②

병렬회로 공진 주파수는 직렬회로의 공진 주파수와 동일하다.

$$f = \frac{1}{2\pi\sqrt{LC}} \text{[Hz]}$$

$$= \frac{1}{2\pi\sqrt{100\times1\times10^4\times10^{-6}}} = \frac{1}{2\pi}\text{Hz}$$

35
정답 ③

$$\%Z = \frac{I_n Z}{E_n} \times 100 = \frac{PZ}{10V^2}$$

(I_n : 정격전류, Z : 내부임피던스, P : 변압기용량, E_n : 상전압 또는 유기기전력, V : 선간전압 또는 단자전압)

36
정답 ②

권선형 유도 전동기와 농형 유도 전동기

구분	권선형 유도 전동기	농형 유도 전동기
장점	• 기동전류가 작다. • 기동토크가 크다 • 용량이 크다.	• 구조가 간단하다. • 유지보수 및 수리가 간단하다. • 상대적으로 저렴하다.
단점	• 구조가 복잡하다.	• 기동전류가 크다. • 기동토크가 작다.

37
정답 ②

계기용변류기(CT)는 고압회로에 흐르는 큰 전류를 이에 비례하는 적은 전류로 변성하여 배전반의 측정계기나 보호 계전기의 전원으로 사용하는 전류 변성기이다.

오답분석

① 계기용변압기(PT) : 고압회로의 높은 전압을 이에 비례하는 낮은 전압으로 변성하는 변압기이다.

③ 과전압 계전기(OVR) : 전압이 일정 값 이상이 되었을 때 동작하는 계전기이다.

④ 지락 계전기(OCR) : 전류가 일정 값 이상으로 흐를 때 동작하는 계전기이다.

⑤ 단락방향 계전기(DSR) : 일정 방향으로 일정 값 이상의 단락 전류가 발생할 경우 동작하는 계전기이다.

38
정답 ⑤

자동제어계 동작

• 비례동작(P동작) : 정상오차를 수반하며 잔류편차를 발생시킨다.

• 적분동작(I동작) : 잔류편차를 제거하며 지상을 보상한다.

• 미분동작(D동작) : 오차가 커지는 것을 방지하며 진상을 보상한다.

• 비례적분동작(PI동작) : 잔류편차를 제거한다.

• 비례미분동작(PD동작) : 응답속응성을 개선한다.

• 비례적분미분동작(PID동작) : 잔류편차를 제거하고, 응답의 오버슈트가 감소하고, 응답속응성을 개선하며, 정상특성을 개선하는 최상의 최적제어로 안정한 제어가 되도록 한다.

39
정답 ⑤

수지식(가지식) 방식은 전압 변동이 크고 정전 범위가 넓다.

오답분석

① · ② 망상식(네트워크) 방식 : 무정전 공급이 가능하나, 네트워크 변압기나 네트워크 프로텍터 설치에 따른 설비비가 비싸다. 대형 빌딩가와 같은 고밀도 부하 밀집 지역에 적합한 방식이다.

③ 환상식(루프) 방식 : 전류 통로에 대한 융통성이 있어 전압 강하 및 전력 손실이 수지식보다 적다.

④ 뱅킹 방식 : 전압 강하 및 전력 손실, 플리커 현상 등을 감소시킨다.

40
정답 ④

등전위면과 전기력선은 항상 수직이다.

오답분석

① 도체표면은 등전위면이다.

② 도체표면에만 존재하고 도체내부에는 존재하지 않는다.

③ 전기력선은 등전위면 간격이 좁을수록 세기가 커진다.

⑤ 전기력선은 서로 교차하지 않고, 그 방향은 양(+)에서 음(−)으로 향한다.

전기력선의 성질

• 도체 표면에 존재한다(도체 내부에는 없다).

• 양전하(+)에서 음전하(−)로 향한다.

• 등전위면과 수직으로 발산한다.

• 전하가 없는 곳에는 전기력선이 없다(발생과 소멸이 없다).

• 전기력선 자신만으로 폐곡선을 이루지 않는다.

• 전위가 높은 곳에서 낮은 곳으로 이동한다.

• 전기력선은 서로 교차하지 않는다.

• 전기력선 접선방향은 그 점의 전계의 방향을 의미한다.

• 어떤 한 점의 전하량이 Q일 때, 그 점에서 $\frac{Q}{\varepsilon_0}$ 개의 전기력선이 나온다.

• 전기력선의 밀도는 전기장의 세기에 비례한다(전기력선의 세기는 등전위면 간격이 좁을수록 커진다).

41
정답 ④

$$A\bar{B} + \bar{A}B + AB = A(B+\bar{B}) + \bar{A}B$$
$$= A + \bar{A}B$$
$$= (A+\bar{A})(A+B)$$
$$= A + B$$

42 정답 ①

오답분석

② 펄스 폭에 대한 정의이다.
③ 지연 시간에 대한 정의이다.
④ 대역 폭에 대한 정의이다.
⑤ 언더슈트에 대한 정의이다.

43 정답 ⑤

오답분석

① 위상 변조 : 2진 신호를 반송파의 위상으로 변조하는 방식이다.
② 진폭 변조(AM) : 반송파의 진폭을 전달하고자 하는 신호의 진폭에 따라 변화시키는 변조하는 방식이다.
③ 델타 변조(DM) : 아날로그 신호의 증감을 2진 펄스로 변조하는 방식이다.
④ 펄스 코드 변조(PCM) : 아날로그 신호를 샘플링하여 펄스 코드로 양자화하는 방식이다.

44 정답 ④

차동 증폭기는 두 입력 신호의 차에 대한 신호를 증폭하여 출력한다.

45 정답 ②

$$\mathcal{L}(f) = \int_0^\infty (3t^2 - 4t + 1) dt$$
$$= 3 \cdot \frac{2!}{s^{2+1}} - 4 \cdot \frac{1}{s^2} + \frac{1}{s}$$
$$= \frac{6}{s^3} - \frac{4}{s^2} + \frac{1}{s}$$

오답분석

① $\mathcal{L}(f) = \int_0^\infty e^{-st}(4\cos wt - 3\sin wt) dt$
$$= 4 \cdot \frac{s}{s^2 + w^2} - 3 \cdot \frac{w}{s^2 + w^2}$$
$$= \frac{4s - 3w}{s^2 + w^2}$$

③ $\mathcal{L}(f) = \int_0^\infty (e^{2t} + 5e^t - 6) dt$
$$= \frac{1}{s-2} + \frac{5}{s-1} - \frac{6}{s}$$

④ $\mathcal{L}(f) = \int_0^\infty \cosh 5t \, dt$
$$= \frac{s}{s^2 - 5^2}$$
$$= \frac{s}{s^2 - 25}$$

⑤ 임의의 상수 a에 대한 라플라스 변환은 $\frac{a}{s}$이다.

라플라스 변환

t에 대한 함수 $f(t)$에 대하여 $f(t)$의 라플라스변환은
$$\mathcal{L}(f) = \int_0^\infty e^{-st} f(t) \, dt$$ 으로 정의한다.

$f(t)$	$\mathcal{L}(f)$	$f(t)$	$\mathcal{L}(f)$
1	$\frac{1}{s}$	$\cos wt$	$\frac{s}{s^2 + w^2}$
t^n	$\frac{n!}{s^{n+1}}$ (n은 자연수)	$\sin wt$	$\frac{w}{s^2 + w^2}$
e^{at}	$\frac{1}{s-a}$	$\cosh wt$	$\frac{s}{s^2 - w^2}$
$-$	$-$	$\sinh wt$	$\frac{w}{s^2 - w^2}$

이때 $\mathcal{L}(f)$는 다음 성질을 갖는다.
$$\mathcal{L}(ax + by) = a\mathcal{L}(x) + b\mathcal{L}(y)$$
(단, a, b는 상수이고 x, y는 함수이다)

46 정답 ①

$$E_{d\alpha} = \frac{1}{T} \int e\, d\theta = \frac{\sqrt{2}\, V}{\pi} \left(\frac{1 + \cos \alpha}{2} \right)$$
$$\therefore E = \frac{\sqrt{2}\, V}{\pi} \left(\frac{1 + \cos 60°}{2} \right) = 0.338 \text{V}$$

47 정답 ②

$$E_d = \frac{2\sqrt{2}\, E}{\pi} - e_a$$
$$\therefore E = \frac{\pi}{2\sqrt{2}} (E_d + e_a) = \frac{\pi}{2\sqrt{2}} (100 + 10) \fallingdotseq 122 \text{V}$$

48 정답 ②

구분	단상 반파	단상 전파	3상 반파	3상 전파
직류전압	E_d $=0.45E$	E_d $=0.9E$	E_d $=1.17E$	E_d $=1.35E$
맥동주파수	f	$2f$	$3f$	$6f$
맥동률	121%	48%	17%	4%

단상 반파의 직류전압은 $E_d = 0.45E$이고, $I_d = \frac{E_d}{R}$ 이므로,
$$I_d = \frac{0.45 \times 100}{10\sqrt{2}} \fallingdotseq 3.2 \text{A}$$ 이다.

49

정답 ③

다이오드는 전류를 한쪽 방향으로만 흐르게 하는 역할을 한다. 이 성질을 이용하여 교류전원을 직류전원으로 변환시킬 수 있으며, 이를 다이오드의 정류작용이라고 한다.

오답분석

① 증폭작용 : 전류 또는 전압의 진폭을 증가시키는 작용으로, 주로 트랜지스터를 이용한다.
② 발진작용 : 직류에너지를 교류에너지로 변환시키는 작용으로, 주로 인버터를 이용한다.
④ 변조작용 : 파동 형태의 신호 정보의 주파수, 진폭, 위상 등을 변화시키는 작용이다.
⑤ 승압작용 : 회로의 증폭 작용 없이 일정 비율로 전압을 높여주는 작용으로, 주로 변압기를 이용한다.

50

정답 ②

$W = \dfrac{1}{2} C V^2$ 이므로

$W = \dfrac{1}{2} \times (2,500 \times 10^{-6}) \times 100^2 = 12.5 \text{J}$ 이다.

| 03 | 기계

01	02	03	04	05	06	07	08	09	10
④	①	④	②	①	②	④	②	④	③
11	12	13	14	15	16	17	18	19	20
⑤	③	③	④	④	①	⑤	②	③	④
21	22	23	24	25	26	27	28	29	30
①	⑤	③	③	④	③	③	③	⑤	②
31	32	33	34	35	36	37	38	39	40
①	①	②	②	②	④	⑤	④	③	①
41	42	43	44	45	46	47	48	49	50
②	⑤	①	③	③	④	③	③	②	①

01

정답 ④

사바테 사이클은 복합 사이클 또는 정적 – 정압 사이클이라고도 하며, 정적 가열과 정압 가열로 열을 받아 일을 한 후 정적 방열을 하는 열 사이클이다. 고속 디젤기관에서는 짧은 시간 내에 연료를 연소시켜야 하므로 압축행정이 끝나기 전에 연료를 분사하여 행정 말기에 착화되도록 하면 공급된 연료는 정적 아래에서 연소하고 후에 분사된 연료는 대부분 정압 아래에서 연소하게 된다.

오답분석

① 오토 사이클 : 2개의 단열과정과 2개의 정적과정으로 이루어진 사이클로, 가솔린 기관 및 가스터빈의 기본 사이클이다.
② 랭킨 사이클 : 2개의 단열과정과 2개의 가열 및 팽창과정으로 이루어진 증기터빈의 기본 사이클이다.
③ 브레이턴 사이클 : 2개의 단열과정과 2개의 정압과정으로 이루어진 사이클로, 가스터빈의 기본 사이클이다.
⑤ 카르노 사이클 : 2개의 단열과정과 2개의 등온과정으로 이루어진 사이클로, 모든 과정이 가역적인 가장 이상적인 사이클이다.

02

정답 ①

$$S = \frac{\sigma_{\max}}{\sigma_a} \rightarrow \sigma_a = \frac{\sigma_{\max}}{S} = \frac{600}{7} = 85.71 \text{MPa}$$

$$\sigma_a = \frac{P}{A} = \frac{P}{\frac{\pi d^2}{4}}$$

$$\therefore d = \sqrt{\frac{4P}{\pi \sigma_a}} = \sqrt{\frac{4 \times 50 \times 10^3}{\pi \times 85.71 \times 10^6}} = 0.027 \text{m} = 2.7 \text{cm}$$

03

정답 ④

• 탄성계수 : $E = 2G(1 + \mu)$

• 전단탄성계수 : $G = \dfrac{E}{2(1 + \mu)}$

04
정답 ②

자유표면(수면)이 존재할 경우 프루드수나 레이놀즈수가 같아야 역학적 상사성이 존재하지만, 자동차의 풍동시험의 경우 수면이 존재하지 않는 유체의 흐름이므로 자유표면이 없으면 레이놀즈수가 모형과 원형의 값이 같아야 한다. 따라서 선체와 자동차 풍동시험은 역학적 상사를 이루기 위해 공통적으로 레이놀즈수가 같은지 고려해야 한다.

오답분석

① 마하수 : 유체의 유동속도와 음속의 비를 나타내는 무차원수이다.
③ 오일러수 : 유체의 압력 변화와 밀도와 유체의 속도 간 관계를 나타내는 무차원수이다.
④ 프루드수 : 유체 유동을 관성과 중력의 비로 나타내는 무차원수로, 유동의 역학적 상사성을 판단하기 위해 사용한다. 자유표면 유동 해석에 중요한 영향을 미친다.
⑤ 웨버수 : 유체의 관성력과 점성력의 비를 나타내는 무차원수이다.

05
정답 ①

소르바이트 조직은 트루스타이트보다 냉각속도를 더 느리게 했을 때 얻어지는 조직으로, 펄라이트보다 강인하고 단단하다.

06
정답 ②

나무토막이 일부 잠긴 채 떠 있다는 것은 나무토막에 작용하는 힘이 평형상태임을 나타낸다. 따라서 나무토막에 작용하는 부력과 중력의 크기는 같다.

07
정답 ④

$$[\text{냉동사이클의 성능계수}(\epsilon_r)] = \frac{(\text{증발온도})}{(\text{응축온도}) - (\text{증발온도})}$$

$$= \frac{270}{330 - 270} = 4.5$$

성적계수(COP: Coefficient Of Performance)

$$\epsilon_r = \frac{(\text{저온체에서 흡수한 열량})}{(\text{공급열량})} = \frac{Q_2}{Q_1 - Q_2}$$

08
정답 ②

$C_P = 1.075\text{kJ/kg} \cdot \text{K}$, $R = 0.287\text{kJ/kg} \cdot \text{K}$이므로
$C_V = C_P - R = 1.075 - 0.287 = 0.788\text{kJ/kg} \cdot \text{K}$이다.

09
정답 ④

하겐 – 푸아죄유 방정식

$$\triangle P = \frac{128\mu QL}{\pi D^4}$$

($\triangle P$: 압력손실, μ : 점성계수, Q : 유량, L : 관의 길이, D : 관의 직경)

10
정답 ③

$$L = 2 \times 1,000 + \frac{3 \times (250 + 600)}{2} + \frac{(600 - 250)^2}{4 \times 1,000}$$

$$= 3,305.625\text{mm} \fallingdotseq 3,305.6\text{mm}$$

벨트의 평행걸기와 엇걸기

구분	평행걸기	
개체 수		
길이	$L = 2C + \dfrac{\pi(D_2 + D_1)}{2} + \dfrac{(D_2 - D_1)^2}{4C}$	
접촉각	θ_1	$180° - \sin^{-1}\left(\dfrac{D_2 - D_1}{2C}\right)$
	θ_2	$180° + \sin^{-1}\left(\dfrac{D_2 - D_1}{2C}\right)$

구분	엇걸기	
개체 수		
길이	$L = 2C + \dfrac{\pi(D_2 + D_1)}{2} + \dfrac{(D_2 + D_1)^2}{4C}$	
접촉각	θ_1	$180° + \sin^{-1}\left(\dfrac{D_2 + D_1}{2C}\right)$
	θ_2	$180° + \sin^{-1}\left(\dfrac{D_2 + D_1}{2C}\right)$

11
정답 ⑤

정상류는 유체 임의의 한 점에서 유체의 모든 특성이 시간이 경과하여도 변화하지 않는 흐름의 상태를 말한다.

$$\frac{\partial V}{\partial t}=0, \quad \frac{\partial p}{\partial t}=0, \quad \frac{\partial T}{\partial t}=0, \quad \frac{\partial \rho}{\partial t}=0$$

12
정답 ③

자동차가 안정적으로 선회하기 위해서는 양 바퀴의 회전수가 달라야 한다. 이를 조절하기 위해 사용하는 기어는 유성기어와 태양기어이다. 먼저, 외부로부터 전달받은 동력을 베벨기어를 통해 링기어에 전달하여 회전시킨다. 이때 회전하는 링기어는 유성기어와 태양기어를 회전시킨다. 정상적인 직선 주행 중에는 양 바퀴의 회전수가 같으므로 유성기어와 태양기어가 같은 속력으로 회전하지만, 선회 시에는 양 바퀴에 작용하는 마찰저항이 서로 다르게 작용한다. 이를 유성기어, 태양기어에 전달하면 안쪽 바퀴의 회전저항은 증가하고 바깥쪽 바퀴의 회전수는 안쪽 바퀴의 감소한 회전수만큼 증가한다.

13
정답 ③

표준대기압은 1기압을 기준으로 한다.

1기압$=1,013$hPa$=1$kg$_f$/cm$^2=1.013$bar$=14.7$psi$=10.33$mAq$=760$mmHg이다.

14
정답 ④

동점성계수(ν)는 유체가 유동할 때 밀도를 고려한 점성계수(μ)로, 점성계수를 유체의 밀도(ρ)로 나눈 값이다.

단위로는 1Stokes$=1$cm^2/s를 사용한다[1Stokes(St)$=1$cm^2/s$=100$cSt].

15
정답 ④

$$\frac{P_1 V_1}{T_1}=\frac{P_2 V_2}{T_2} \text{에서}$$

$P_2=1.5P_1$이고, $V_1=V_2=V$이므로

$$\frac{P_1 V}{25+273.15}=\frac{1.5P_1 V}{T_2} \text{이다.}$$

$$\therefore T_2=1.5\times(25+273.15) ≒ 447.23\text{K}=174.08℃$$

16
정답 ①

선반은 공작물의 회전운동과 절삭공구의 직선운동에 의해 절삭가공을 하는 공작기계이다.

공작기계의 절삭가공 방법

종류	공구	공작물
선반	축 방향 및 축에 직각 (단면 방향) 이송	회전
밀링	회전	고정 후 이송
보링	직선 이송	회전
	회전 및 직선 이송	고정
드릴링 머신	회전하면서 상·하 이송	고정
셰이퍼, 슬로터	전·후 왕복운동	상하 및 좌우 이송
플레이너	공작물의 운동 방향과 직각 방향으로 이송	수평 왕복운동
연삭기 및 래핑	회전	회전, 또는 고정 후 이송
호닝	회전 후 상하운동	고정
호빙	회전 후 상하운동	고정 후 이송

17
정답 ⑤

오답분석

ㄱ. 열단형 칩 : 칩이 날 끝에 달라붙어 경사면을 따라 원활히 흘러나가지 못해 공구에 균열이 생기고 가공 표면이 뜯겨진 것처럼 보인다.

ㄴ. 균열형 칩 : 주철과 같이 취성(메짐)이 있는 재료를 저속으로 절삭할 때 발생하며, 가공면에 깊은 홈을 만들기 때문에 재료의 표면이 매우 불량해진다.

18
정답 ②

$$I_P=\frac{\pi(d_2{}^4-d_1{}^4)}{32}=\frac{\pi(5^4-3^4)}{32} ≒ 53.4\text{cm}^4$$

19
정답 ③

$\tau=\gamma \times G$ (τ : 전단응력, G : 전단탄성계수, γ : 전단변형률)

$$\therefore \gamma=\frac{\tau}{G}=\frac{1\times10^3}{80\times10^9}=12.5\times10^{-9}$$

20
정답 ④

단면의 형상에 따른 단면계수는 다음과 같다.

- 원형 중실축 : $Z = \dfrac{\pi d^3}{32}$

- 원형 중공축 : $Z = \dfrac{\pi d_2^{\,3}}{32}(1 - x^4)$ $\left(\text{단, } x = \dfrac{d_1}{d_2} \text{이며 } d_1 < d_2 \text{이다}\right)$

- 삼각형 : $Z_c = \dfrac{bh^2}{24}$, $Z_t = \dfrac{bh^2}{12}$

- 사각형 : $Z = \dfrac{bh^2}{6}$

21
정답 ①

축의 위험회전속도(n_c)를 구하기 위해서는 각속도(ω)를 구하는 식을 응용해야 한다.

$$\omega = \frac{2\pi n}{60}$$

위 식에 ω 대신 위험각속도(ω_c), 회전수 n 대신 축의 위험 회전수(n_c)를 대입하면 다음과 같다.

$$[\text{위험각속도}(\omega_c)] = \frac{2\pi n_c}{60}$$

$$n_c = \frac{60 \omega_c}{2\pi} = \frac{30}{\pi} w_c = \frac{30}{\pi}\sqrt{\frac{k}{m}}$$

한편, $[\text{고유진동수}(f)] = \dfrac{1}{2\pi}\sqrt{\dfrac{k}{m}}$ 이다.

따라서 n_c와 f 모두 $\sqrt{\dfrac{k}{m}}$ 와 연관이 있으므로 축의 위험속도(n_c)는 고유진동수(f)와 관련이 크다.

고유진동수(f)
단위시간당 진동하는 횟수이다. 구조물의 동적 특성을 표현하는 가장 대표적인 개념으로, 단위는 [Hz]를 사용한다.

$$f = \frac{1}{2\pi}\sqrt{\frac{k}{m}} \quad (k : \text{강성}, \ m : \text{질량})$$

22
정답 ⑤

레이놀즈수는 층류와 난류를 구분하는 척도로, 관성력과 점성력의 비이다 $\left[Re = \dfrac{(\text{관성력})}{(\text{점성력})}\right]$. 레이놀즈수가 작은 경우에는 점성력이 관성력에 비해 크게 영향을 미친다. 층류에서 난류로 변하는 레이놀즈수를 상임계 레이놀즈수라 하고, 난류에서 층류로 변하는 레이놀즈수를 하임계 레이놀즈수라고 한다. 또한, 유동단면의 형상이 변하면 임계 레이놀즈수도 변화한다.

23
정답 ③

유체가 층류일 때 $f = \dfrac{64}{Re}$ 이므로 $Re = \dfrac{64}{0.04} = 1,600$이다.

$Re = \dfrac{VD}{\nu}$ 이므로

$$V = \frac{Re \times \nu}{D} = \frac{1,600 \times 5}{50} = 160\text{cm/s} = 1.6\text{m/s}$$이다.

24
정답 ③

Darcy-Weisbach 식에 의해

$h_L = f\,\dfrac{l}{D}\,\dfrac{v^2}{2g}$ 이고 층류이므로 $f = \dfrac{64}{Re}$ 이다.

따라서 $Re = \dfrac{64lv^2}{2gh_L D} = \dfrac{64 \times 10 \times 10^2}{2 \times 9.8 \times 4.5 \times 0.5} ≒ 1,451$이다.

25
정답 ③

$$T = P \times \frac{D}{2}$$

$$4,500\text{N} \cdot \text{cm} = P \times \frac{60\text{cm}}{2}$$

$$\therefore \ P = 4,500\text{N} \cdot \text{cm} \times \frac{1}{30\text{cm}} = 150\text{N}$$

드럼 브레이크의 제동력 구하는 식
$$T = P \times \frac{D}{2} = \mu Q \times \frac{D}{2}$$

T : 토크
P : 제동력($P = \mu Q$)
D : 드럼의 지름
Q : 드럼 브레이크와 블록 사이의 수직력
μ : 마찰계수

26
정답 ③

$$\sigma = \frac{P}{A} = E\varepsilon = E \cdot \frac{\lambda}{l} \ \rightarrow \ \lambda = \frac{Pl}{AE}$$

$$\therefore \ U = \frac{1}{2} P\lambda = \frac{P^2 l}{2AE}$$

$$= \frac{(50 \times 10^3)^2 \times 1}{2 \times \left(\dfrac{\pi \times 0.03^2}{4}\right) \times (303.8 \times 10^9)} ≒ 5.82\text{J}$$

27
정답 ④

하중에 따른 안전율의 크기
충격하중 > 교번하중 > 반복하중 > 정하중

하중의 종류
- 정하중 : 힘의 크기와 방향 및 작용점이 항상 일정하게 작용하는 하중이다. 인장하중, 압축하중, 전단하중 등이 있다.
- 반복하중 : 힘의 방향과 크기 및 작용점이 항상 같으며, 일정한 주기를 갖고 반복하여 작용하는 하중이다.
- 충격하중 : 매우 짧은 시간에 큰 힘이 작용하는 하중이다.
- 교변하중 : 힘의 작용점은 항상 같으나, 힘의 방향 및 크기가 주기적으로 변하는 하중이다.
- 이동하중 : 힘의 작용점이 시간에 따라 변화하는 하중이다.
- 임의진동 : 힘의 크기와 방향, 주기 등이 불규칙적인 하중이다.

28
정답 ③

릴리프 밸브는 유압회로에서 회로 내 압력이 설정치 이상이 되면 그 압력에 의해 밸브가 열려 압력을 일정하게 유지시키는 역할을 하는 밸브로, 안전 밸브의 역할을 한다.

오답분석
① 시퀀스 밸브(Sequence Valve) : 정해진 순서에 따라 작동시키는 밸브로, 기계의 정해진 순서를 조정하는 밸브이다.
② 유량 제어 밸브(Flow Control Valve) : 유압회로 내에서 단면적의 변화를 통해서 유체가 흐르는 양을 제어하는 밸브이다.
④ 감압 밸브(Pressure Reducing Valve) : 액체의 압력이 사용 목적보다 높으면 사용하는 밸브로, 압력을 낮춘 후 일정하게 유지시켜주는 밸브이다.
⑤ 체크 밸브(Check Valve) : 액체의 역류를 방지하기 위해 한쪽 방향으로만 흐르게 하는 밸브이다.

29
정답 ⑤

공압 시스템은 공압기기의 녹을 방지하고 윤활성을 주기 위해 급유를 해야 한다.

30
정답 ②

- 체심입방격자(BCC) : 강도, 경도가 크고 용융점이 높은 반면에 연성, 전성이 낮다.
  – 대표 원소 : V, Ta, W, Rb, K, Li, Mo, $\alpha-$Fe, $\delta-$Fe, Cs, Cr, Ba, Na
- 면심입방격자(FCC) : 강도, 경도가 작고 연성, 전성이 좋다.
  – 대표 원소 : Ag, Cu, Au, Al, Ni, Pb, Pt, Si, $\gamma-$Fe, Pd, Rh, Ge, Ca

- 조밀육방격자(HCP) : 연성, 전성이 낮고 취성이 있다.
  – 대표 원소 : Mg, Zn, Ce, Zr, Ti, Y, Ru, Co

31
정답 ①

노칭(Notching)은 판재의 옆면을 여러 가지 모양으로 잘라내는 가공법으로, 프레스가공 중 전단가공에 속한다.

오답분석
② 냉간가공은 재결정온도 이하에서 가공한다.
③ 가공경화는 소성가공 중 재료가 강해지는 현상이다.
④ 열간가공은 금속을 가열하여 부드럽게 해서 가공하는 방법이다.
⑤ 압연 시 압하율이 크면 롤 간격에서의 접촉호가 길어지므로 최고압력은 증가한다.

32
정답 ①

강도의 크기
극한강도 > 항복응력 > 탄성한도 > 허용응력 ≥ 사용응력

33
정답 ②

제시된 축에 대한 삼각형의 단면 2차 모멘트는 $I = \dfrac{bh^3}{36}$ 이다.

(b : 밑변, h : 높이)

따라서 단면 2차 모멘트는 $I = \dfrac{bh^3}{36} = \dfrac{20 \times 30^3}{36} = 15,000\text{cm}^4$ 이다.

34
정답 ②

인성(Toughness)이란 재료가 파괴되기(파괴강도) 전까지 에너지를 흡수할 수 있는 능력이다.

35
정답 ②

1지점에서의 유량과 2지점에서의 유량은 같으므로
$$\frac{\pi D_1^2}{4} v_1 = \frac{\pi D_2^2}{4} v_2 \rightarrow v_1 = \left(\frac{D_2}{D_1}\right)^2 v_2$$ 이다.

1지점과 2지점에 대해 베르누이 방정식을 적용하면
$$\frac{P_1}{\gamma_{oil}} + \frac{v_1^2}{2g} = \frac{P_2}{\gamma_{oil}} + \frac{v_2^2}{2g}$$
$$\rightarrow \frac{P_1}{\gamma_{oil}} + \frac{v_2^2}{2g}\left(\frac{D_2}{D_1}\right)^4 = \frac{P_2}{\gamma_{oil}} + \frac{v_2^2}{2g}$$ 이다.

v_2에 대해 정리하면 $v_2 = \sqrt{\dfrac{2g\dfrac{P_1-P_2}{\gamma_{oil}}}{1-\left(\dfrac{D_2}{D_1}\right)^4}}$ 이다.

한편, $P_1 + \gamma_{oil}h = P_2 + \gamma_m h$이므로
$P_1 - P_2 = (\gamma_m - \gamma_{oil})h$이다.

따라서 이를 대입하면 $v_2 = \sqrt{\dfrac{2gh\left(\dfrac{\gamma_m}{\gamma_{oil}}-1\right)}{1-\left(\dfrac{D_2}{D_1}\right)^4}}$ 이다.

36   정답 ④
냉동 사이클에서 냉매는 '압축기 → 응축기 → 팽창밸브 → 증발기 → 압축기'로 순환하는 경로를 갖는다.

냉동기의 4대 구성요소
- 압축기 : 냉매기체의 압력과 온도를 높여 고온, 고압으로 만들면서 냉매에 압력을 가해 순환시킨다.
- 응축기 : 복수기라고도 불리며 냉매기체를 액체로 상변화시키면서 고온, 고압의 액체를 만든다.
- 팽창밸브 : 교축과정 상태로 줄어든 입구를 지나면서 냉매액체가 무화되어 저온, 저압의 액체를 만든다.
- 증발기 : 냉매액체가 대기와 만나면서 증발되면서 기체가 된다.
---

37   정답 ⑤
① 텅스텐(W) : 경도를 증가시킨다.
② 니켈(Ni) : 내식성 및 내산성을 증가시키지만, 크리프 저항까지 증가시키지는 않는다.
③ 망간(Mn) : 적열 메짐을 방지한다.
④ 크롬(Cr) : 전자기적 성질을 개선하지는 않는다.

38   정답 ④
Y합금은 Al에 Cu, Mg, Ni를 첨가한 합금이다.

주요 합금 구성요소

Y합금	Al+Cu+Mg+Ni
두랄루민	Al+Cu+Mg+Mn
스텔라이트	Co+Cr+W+Mi

39   정답 ③
① 침탄법 : 순철에 0.2% 이하의 C(탄소)가 합금된 저탄소강을 목탄과 같은 침탄제 속에 완전히 파묻은 상태로 약 900 ~ 950℃로 가열하여 재료의 표면에 C를 침입시켜 고탄소강으로 만든 후 급랭시킴으로써 표면을 경화시키는 열처리법이다. 기어나 피스톤핀을 표면경화할 때 주로 사용된다.
② 화학증착법 : CVD(Chemical Vapor Deposition)법으로, 기체 상태의 혼합물을 가열된 기판의 표면 위에서 화학반응을 시킴으로써 그 생성물이 기판의 표면에 증착되도록 만드는 기술이다.
④ 크로마이징 : 크롬(Cr)을 1,000 ~ 1,400℃인 환경에서 침투 및 확산시키는 표면처리방법이다.
⑤ 고주파경화법 : 고주파유도전류로 강(Steel)의 표면층을 급속 가열한 후 급랭시키는 방법으로, 가열시간이 짧고 피가열물에 대한 영향을 최소로 억제하며 표면을 경화시키는 표면경화법이다.

40   정답 ①
$Q = \triangle U + W$에서 외부로부터 받은 일의 양이 36kJ/kg이고 방출한 열이 36kJ/kg이므로 다음과 같다.
$-36 = \triangle U - 68$
따라서 내부에너지의 변화량은 $\triangle U = -36 - (-68) = 32$kJ/kg이고, 양수이므로 증가하였다.

41   정답 ②
$$R = 8.314 \text{J/mol} \cdot \text{K} = \frac{8.314 \text{J/mol} \cdot \text{K}}{30 \text{g/mol}} = 0.277 \text{J/mol} \cdot \text{K}$$

42   정답 ⑤
1냉동톤(1RT)은 0℃의 물 1,000kg을 24시간 동안 0℃인 얼음으로 만들 때 냉각해야 할 열량이다.
즉, 물과 얼음 사이의 잠열은 79.68kcal/kg이므로
$$1RT = \frac{79.68 \times 1,000}{24} = 3,320 \text{kcal/hr이다.}$$

43   정답 ①
재열 사이클은 터빈출구의 건도를 높임으로써 높은 보일러압력을 사용할 수 있도록 한 열기관 사이클이다.

44   정답 ③
절삭깊이를 감소시키면 절삭 시 공구에 작용하는 압력과 마찰열이 줄어들기 때문에 구성인선의 발생을 감소시킨다. 또한, 구성인선이 발생하지 않으므로 표면조도 또한 양호하다.

① 경질의 재료일수록 절삭저항이 더 크다.

② 절삭송도를 증가시키면 공구의 온도가 상승하여 마모가 빠르게 진행된다.

④ 절삭속도를 증가시키면 바이트의 설치 위치 및 절삭깊이, 경사각 등에 따라 표면조도를 좋게 할 수 있다.

⑤ 절삭속도를 감소시켜도 절삭깊이가 깊으면 표면조도가 불량할 수 있다.

45 정답 ③

오토 사이클은 '흡입 → 단열 압축 → 정적 가열 → 단열 팽창 → 정적 방열 → 배기' 과정을 거친다.

따라서 오토 사이클은 0 → 1 → 2 → 3 → 4 → 1 → 0 과정을 거치므로 단열과정은 1 → 2, 3 → 4이다.

46 정답 ④

$$Q=0.6\times10\times\frac{10}{1\times10^{-2}}\times3,600$$

$$=21,600,000J \fallingdotseq 5,184,000cal=5,184kcal$$

물체에 열이 전도되는 열량

$$Q=\kappa A\frac{\Delta T}{d}t$$

• Q : 열량
• κ : 열전도율
• A : 면적
• d : 길이(두께)
• ΔT : 온도차
• t : 시간

47 정답 ③

처음에 가해진 충격에 의한 변위가 현가시스템에 의해 시간에 따라 점차 감소하고 있다. 이때 변위의 그래프는 점차 감소하는 진동을 보이므로 감쇠비는 $0<\zeta<1$이다.

감쇠비(Damping Ratio)

$$\zeta=\frac{c(감쇄계수)}{2\sqrt{km}}=\frac{c}{2m\omega_n}(k : 강성)$$

48 정답 ③

카르노 사이클의 $P-V$선도와 $T-S$선도

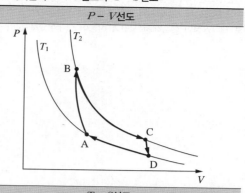

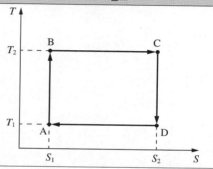

• P는 압력, V는 부피, T는 온도, S는 엔트로피이다.
• 각 과정에 해당하는 과정은 다음과 같다.
  - A → B : 단열압축과정
  - B → C : 등온팽창과정
  - C → D : 단열팽창과정
  - D → A : 등온압축과정

49 정답 ②

플래시(Flash) 현상이 나타난 성형불량에 대한 대책이다.

① 스프링백(Spring Back) 현상 : 소성(塑性) 재료의 굽힘 가공에서 재료를 굽힌 다음 압력을 제거하면 원상으로 회복되려는 탄력 작용으로 굽힘량이 감소되는 현상을 말한다.

③ 웰드마크(Weld Mark) 현상 : 플라스틱 성형 시 흐르는 재료들의 합류점에서 재료의 융착이 불완전하여 나타나는 줄무늬 불량이다.

④ 플로마크(Flow Mark) 현상 : 냉각 시 성형재료 표면에 물결 모양의 줄무늬가 생기는 현상이다.

⑤ 싱크마크(Sink Mark) 현상 : 냉각속도가 큰 부분의 표면에 오목한 형상이 발생하는 불량이다. 이 결함을 제거하려면 성형품의 두께와 러너와 게이트를 크게 하여 금형 내의 압력을 균일하게 한다.

50

정답 ①

가단주철은 백주철을 고온에서 장시간 열처리하여 시멘타이트조직을 분해하거나 소실시켜 조직의 인성과 연성을 개선한 주철이므로 제작공정이 복잡해서 시간과 비용이 상대적으로 많이 든다.

한국전력기술 NCS 답안카드

번호	①	②	③	④	⑤	번호	①	②	③	④	⑤	번호	①	②	③	④	⑤	번호	①	②	③	④	⑤
1	①	②	③	④	⑤	21	①	②	③	④	⑤	41	①	②	③	④	⑤	61	①	②	③	④	⑤
2	①	②	③	④	⑤	22	①	②	③	④	⑤	42	①	②	③	④	⑤	62	①	②	③	④	⑤
3	①	②	③	④	⑤	23	①	②	③	④	⑤	43	①	②	③	④	⑤	63	①	②	③	④	⑤
4	①	②	③	④	⑤	24	①	②	③	④	⑤	44	①	②	③	④	⑤	64	①	②	③	④	⑤
5	①	②	③	④	⑤	25	①	②	③	④	⑤	45	①	②	③	④	⑤	65	①	②	③	④	⑤
6	①	②	③	④	⑤	26	①	②	③	④	⑤	46	①	②	③	④	⑤	66	①	②	③	④	⑤
7	①	②	③	④	⑤	27	①	②	③	④	⑤	47	①	②	③	④	⑤	67	①	②	③	④	⑤
8	①	②	③	④	⑤	28	①	②	③	④	⑤	48	①	②	③	④	⑤	68	①	②	③	④	⑤
9	①	②	③	④	⑤	29	①	②	③	④	⑤	49	①	②	③	④	⑤	69	①	②	③	④	⑤
10	①	②	③	④	⑤	30	①	②	③	④	⑤	50	①	②	③	④	⑤	70	①	②	③	④	⑤
11	①	②	③	④	⑤	31	①	②	③	④	⑤	51	①	②	③	④	⑤	71	①	②	③	④	⑤
12	①	②	③	④	⑤	32	①	②	③	④	⑤	52	①	②	③	④	⑤	72	①	②	③	④	⑤
13	①	②	③	④	⑤	33	①	②	③	④	⑤	53	①	②	③	④	⑤	73	①	②	③	④	⑤
14	①	②	③	④	⑤	34	①	②	③	④	⑤	54	①	②	③	④	⑤	74	①	②	③	④	⑤
15	①	②	③	④	⑤	35	①	②	③	④	⑤	55	①	②	③	④	⑤	75	①	②	③	④	⑤
16	①	②	③	④	⑤	36	①	②	③	④	⑤	56	①	②	③	④	⑤	76	①	②	③	④	⑤
17	①	②	③	④	⑤	37	①	②	③	④	⑤	57	①	②	③	④	⑤	77	①	②	③	④	⑤
18	①	②	③	④	⑤	38	①	②	③	④	⑤	58	①	②	③	④	⑤	78	①	②	③	④	⑤
19	①	②	③	④	⑤	39	①	②	③	④	⑤	59	①	②	③	④	⑤	79	①	②	③	④	⑤
20	①	②	③	④	⑤	40	①	②	③	④	⑤	60	①	②	③	④	⑤	80	①	②	③	④	⑤

한국전력기술 NCS 답안카드

※ 본 답안지는 마킹연습용 모의 답안지입니다.

성 명	

지원 분야	

문제지 형별기재란	Ⓐ
(형)	Ⓑ

수 험 번 호
⓪ ① ② ③ ④ ⑤ ⑥ ⑦ ⑧ ⑨
⓪ ① ② ③ ④ ⑤ ⑥ ⑦ ⑧ ⑨
⓪ ① ② ③ ④ ⑤ ⑥ ⑦ ⑧ ⑨
⓪ ① ② ③ ④ ⑤ ⑥ ⑦ ⑧ ⑨
⓪ ① ② ③ ④ ⑤ ⑥ ⑦ ⑧ ⑨
⓪ ① ② ③ ④ ⑤ ⑥ ⑦ ⑧ ⑨
⓪ ① ② ③ ④ ⑤ ⑥ ⑦ ⑧ ⑨

감독위원 확인	
(인)	

1	① ② ③ ④ ⑤	21	① ② ③ ④ ⑤	41	① ② ③ ④ ⑤	61	① ② ③ ④ ⑤
2	① ② ③ ④ ⑤	22	① ② ③ ④ ⑤	42	① ② ③ ④ ⑤	62	① ② ③ ④ ⑤
3	① ② ③ ④ ⑤	23	① ② ③ ④ ⑤	43	① ② ③ ④ ⑤	63	① ② ③ ④ ⑤
4	① ② ③ ④ ⑤	24	① ② ③ ④ ⑤	44	① ② ③ ④ ⑤	64	① ② ③ ④ ⑤
5	① ② ③ ④ ⑤	25	① ② ③ ④ ⑤	45	① ② ③ ④ ⑤	65	① ② ③ ④ ⑤
6	① ② ③ ④ ⑤	26	① ② ③ ④ ⑤	46	① ② ③ ④ ⑤	66	① ② ③ ④ ⑤
7	① ② ③ ④ ⑤	27	① ② ③ ④ ⑤	47	① ② ③ ④ ⑤	67	① ② ③ ④ ⑤
8	① ② ③ ④ ⑤	28	① ② ③ ④ ⑤	48	① ② ③ ④ ⑤	68	① ② ③ ④ ⑤
9	① ② ③ ④ ⑤	29	① ② ③ ④ ⑤	49	① ② ③ ④ ⑤	69	① ② ③ ④ ⑤
10	① ② ③ ④ ⑤	30	① ② ③ ④ ⑤	50	① ② ③ ④ ⑤	70	① ② ③ ④ ⑤
11	① ② ③ ④ ⑤	31	① ② ③ ④ ⑤	51	① ② ③ ④ ⑤	71	① ② ③ ④ ⑤
12	① ② ③ ④ ⑤	32	① ② ③ ④ ⑤	52	① ② ③ ④ ⑤	72	① ② ③ ④ ⑤
13	① ② ③ ④ ⑤	33	① ② ③ ④ ⑤	53	① ② ③ ④ ⑤	73	① ② ③ ④ ⑤
14	① ② ③ ④ ⑤	34	① ② ③ ④ ⑤	54	① ② ③ ④ ⑤	74	① ② ③ ④ ⑤
15	① ② ③ ④ ⑤	35	① ② ③ ④ ⑤	55	① ② ③ ④ ⑤	75	① ② ③ ④ ⑤
16	① ② ③ ④ ⑤	36	① ② ③ ④ ⑤	56	① ② ③ ④ ⑤	76	① ② ③ ④ ⑤
17	① ② ③ ④ ⑤	37	① ② ③ ④ ⑤	57	① ② ③ ④ ⑤	77	① ② ③ ④ ⑤
18	① ② ③ ④ ⑤	38	① ② ③ ④ ⑤	58	① ② ③ ④ ⑤	78	① ② ③ ④ ⑤
19	① ② ③ ④ ⑤	39	① ② ③ ④ ⑤	59	① ② ③ ④ ⑤	79	① ② ③ ④ ⑤
20	① ② ③ ④ ⑤	40	① ② ③ ④ ⑤	60	① ② ③ ④ ⑤	80	① ② ③ ④ ⑤

한국전력기술 NCS 답안카드

성 명

지원 분야

문제지 형별기재란

( )형 Ⓐ Ⓑ

수 험 번 호

⓪①②③④⑤⑥⑦⑧⑨
⓪①②③④⑤⑥⑦⑧⑨
⓪①②③④⑤⑥⑦⑧⑨
⓪①②③④⑤⑥⑦⑧⑨
⓪①②③④⑤⑥⑦⑧⑨
⓪①②③④⑤⑥⑦⑧⑨
⓪①②③④⑤⑥⑦⑧⑨

감독위원 확인

㉑

번호	1	2	3	4	5		번호	1	2	3	4	5		번호	1	2	3	4	5		번호	1	2	3	4	5
1	①	②	③	④	⑤		21	①	②	③	④	⑤		41	①	②	③	④	⑤		61	①	②	③	④	⑤
2	①	②	③	④	⑤		22	①	②	③	④	⑤		42	①	②	③	④	⑤		62	①	②	③	④	⑤
3	①	②	③	④	⑤		23	①	②	③	④	⑤		43	①	②	③	④	⑤		63	①	②	③	④	⑤
4	①	②	③	④	⑤		24	①	②	③	④	⑤		44	①	②	③	④	⑤		64	①	②	③	④	⑤
5	①	②	③	④	⑤		25	①	②	③	④	⑤		45	①	②	③	④	⑤		65	①	②	③	④	⑤
6	①	②	③	④	⑤		26	①	②	③	④	⑤		46	①	②	③	④	⑤		66	①	②	③	④	⑤
7	①	②	③	④	⑤		27	①	②	③	④	⑤		47	①	②	③	④	⑤		67	①	②	③	④	⑤
8	①	②	③	④	⑤		28	①	②	③	④	⑤		48	①	②	③	④	⑤		68	①	②	③	④	⑤
9	①	②	③	④	⑤		29	①	②	③	④	⑤		49	①	②	③	④	⑤		69	①	②	③	④	⑤
10	①	②	③	④	⑤		30	①	②	③	④	⑤		50	①	②	③	④	⑤		70	①	②	③	④	⑤
11	①	②	③	④	⑤		31	①	②	③	④	⑤		51	①	②	③	④	⑤		71	①	②	③	④	⑤
12	①	②	③	④	⑤		32	①	②	③	④	⑤		52	①	②	③	④	⑤		72	①	②	③	④	⑤
13	①	②	③	④	⑤		33	①	②	③	④	⑤		53	①	②	③	④	⑤		73	①	②	③	④	⑤
14	①	②	③	④	⑤		34	①	②	③	④	⑤		54	①	②	③	④	⑤		74	①	②	③	④	⑤
15	①	②	③	④	⑤		35	①	②	③	④	⑤		55	①	②	③	④	⑤		75	①	②	③	④	⑤
16	①	②	③	④	⑤		36	①	②	③	④	⑤		56	①	②	③	④	⑤		76	①	②	③	④	⑤
17	①	②	③	④	⑤		37	①	②	③	④	⑤		57	①	②	③	④	⑤		77	①	②	③	④	⑤
18	①	②	③	④	⑤		38	①	②	③	④	⑤		58	①	②	③	④	⑤		78	①	②	③	④	⑤
19	①	②	③	④	⑤		39	①	②	③	④	⑤		59	①	②	③	④	⑤		79	①	②	③	④	⑤
20	①	②	③	④	⑤		40	①	②	③	④	⑤		60	①	②	③	④	⑤		80	①	②	③	④	⑤

※ 본 답안지는 마킹연습용 모의 답안지입니다.

한국전력기술 NCS 답안카드

성 명	

지원분야	

문제지 형별기재란	Ⓐ Ⓑ
( )형	

수험번호

0	0	0	0	0	0	0
①	①	①	①	①	①	①
②	②	②	②	②	②	②
③	③	③	③	③	③	③
④	④	④	④	④	④	④
⑤	⑤	⑤	⑤	⑤	⑤	⑤
⑥	⑥	⑥	⑥	⑥	⑥	⑥
⑦	⑦	⑦	⑦	⑦	⑦	⑦
⑧	⑧	⑧	⑧	⑧	⑧	⑧
⑨	⑨	⑨	⑨	⑨	⑨	⑨

감독위원 확인
(인)

번호	1	2	3	4	5		번호	1	2	3	4	5		번호	1	2	3	4	5		번호	1	2	3	4	5
1	①	②	③	④	⑤		21	①	②	③	④	⑤		41	①	②	③	④	⑤		61	①	②	③	④	⑤
2	①	②	③	④	⑤		22	①	②	③	④	⑤		42	①	②	③	④	⑤		62	①	②	③	④	⑤
3	①	②	③	④	⑤		23	①	②	③	④	⑤		43	①	②	③	④	⑤		63	①	②	③	④	⑤
4	①	②	③	④	⑤		24	①	②	③	④	⑤		44	①	②	③	④	⑤		64	①	②	③	④	⑤
5	①	②	③	④	⑤		25	①	②	③	④	⑤		45	①	②	③	④	⑤		65	①	②	③	④	⑤
6	①	②	③	④	⑤		26	①	②	③	④	⑤		46	①	②	③	④	⑤		66	①	②	③	④	⑤
7	①	②	③	④	⑤		27	①	②	③	④	⑤		47	①	②	③	④	⑤		67	①	②	③	④	⑤
8	①	②	③	④	⑤		28	①	②	③	④	⑤		48	①	②	③	④	⑤		68	①	②	③	④	⑤
9	①	②	③	④	⑤		29	①	②	③	④	⑤		49	①	②	③	④	⑤		69	①	②	③	④	⑤
10	①	②	③	④	⑤		30	①	②	③	④	⑤		50	①	②	③	④	⑤		70	①	②	③	④	⑤
11	①	②	③	④	⑤		31	①	②	③	④	⑤		51	①	②	③	④	⑤		71	①	②	③	④	⑤
12	①	②	③	④	⑤		32	①	②	③	④	⑤		52	①	②	③	④	⑤		72	①	②	③	④	⑤
13	①	②	③	④	⑤		33	①	②	③	④	⑤		53	①	②	③	④	⑤		73	①	②	③	④	⑤
14	①	②	③	④	⑤		34	①	②	③	④	⑤		54	①	②	③	④	⑤		74	①	②	③	④	⑤
15	①	②	③	④	⑤		35	①	②	③	④	⑤		55	①	②	③	④	⑤		75	①	②	③	④	⑤
16	①	②	③	④	⑤		36	①	②	③	④	⑤		56	①	②	③	④	⑤		76	①	②	③	④	⑤
17	①	②	③	④	⑤		37	①	②	③	④	⑤		57	①	②	③	④	⑤		77	①	②	③	④	⑤
18	①	②	③	④	⑤		38	①	②	③	④	⑤		58	①	②	③	④	⑤		78	①	②	③	④	⑤
19	①	②	③	④	⑤		39	①	②	③	④	⑤		59	①	②	③	④	⑤		79	①	②	③	④	⑤
20	①	②	③	④	⑤		40	①	②	③	④	⑤		60	①	②	③	④	⑤		80	①	②	③	④	⑤

한국전력기술 NCS 답안카드

성 명

지원 분야

문제지 형별기재란

( )형   Ⓐ Ⓑ

수 험 번 호

⓪	①	②	③	④	⑤	⑥	⑦	⑧	⑨
⓪	①	②	③	④	⑤	⑥	⑦	⑧	⑨
⓪	①	②	③	④	⑤	⑥	⑦	⑧	⑨
⓪	①	②	③	④	⑤	⑥	⑦	⑧	⑨
⓪	①	②	③	④	⑤	⑥	⑦	⑧	⑨
⓪	①	②	③	④	⑤	⑥	⑦	⑧	⑨
⓪	①	②	③	④	⑤	⑥	⑦	⑧	⑨

감독위원 확인

(인)

번호	①	②	③	④	⑤
1	①	②	③	④	⑤
2	①	②	③	④	⑤
3	①	②	③	④	⑤
4	①	②	③	④	⑤
5	①	②	③	④	⑤
6	①	②	③	④	⑤
7	①	②	③	④	⑤
8	①	②	③	④	⑤
9	①	②	③	④	⑤
10	①	②	③	④	⑤
11	①	②	③	④	⑤
12	①	②	③	④	⑤
13	①	②	③	④	⑤
14	①	②	③	④	⑤
15	①	②	③	④	⑤
16	①	②	③	④	⑤
17	①	②	③	④	⑤
18	①	②	③	④	⑤
19	①	②	③	④	⑤
20	①	②	③	④	⑤

번호	①	②	③	④	⑤
21	①	②	③	④	⑤
22	①	②	③	④	⑤
23	①	②	③	④	⑤
24	①	②	③	④	⑤
25	①	②	③	④	⑤
26	①	②	③	④	⑤
27	①	②	③	④	⑤
28	①	②	③	④	⑤
29	①	②	③	④	⑤
30	①	②	③	④	⑤
31	①	②	③	④	⑤
32	①	②	③	④	⑤
33	①	②	③	④	⑤
34	①	②	③	④	⑤
35	①	②	③	④	⑤
36	①	②	③	④	⑤
37	①	②	③	④	⑤
38	①	②	③	④	⑤
39	①	②	③	④	⑤
40	①	②	③	④	⑤

번호	①	②	③	④	⑤
41	①	②	③	④	⑤
42	①	②	③	④	⑤
43	①	②	③	④	⑤
44	①	②	③	④	⑤
45	①	②	③	④	⑤
46	①	②	③	④	⑤
47	①	②	③	④	⑤
48	①	②	③	④	⑤
49	①	②	③	④	⑤
50	①	②	③	④	⑤
51	①	②	③	④	⑤
52	①	②	③	④	⑤
53	①	②	③	④	⑤
54	①	②	③	④	⑤
55	①	②	③	④	⑤
56	①	②	③	④	⑤
57	①	②	③	④	⑤
58	①	②	③	④	⑤
59	①	②	③	④	⑤
60	①	②	③	④	⑤

번호	①	②	③	④	⑤
61	①	②	③	④	⑤
62	①	②	③	④	⑤
63	①	②	③	④	⑤
64	①	②	③	④	⑤
65	①	②	③	④	⑤
66	①	②	③	④	⑤
67	①	②	③	④	⑤
68	①	②	③	④	⑤
69	①	②	③	④	⑤
70	①	②	③	④	⑤
71	①	②	③	④	⑤
72	①	②	③	④	⑤
73	①	②	③	④	⑤
74	①	②	③	④	⑤
75	①	②	③	④	⑤
76	①	②	③	④	⑤
77	①	②	③	④	⑤
78	①	②	③	④	⑤
79	①	②	③	④	⑤
80	①	②	③	④	⑤

※ 본 답안카드는 마킹연습용 모의 답안카드입니다.

한국전력기술 NCS 답안카드

성 명	

지원 분야	

문제지 형별기재란	(A)
(형)	(B)

수험번호

| ⓪ | ① | ② | ③ | ④ | ⑤ | ⑥ | ⑦ | ⑧ | ⑨ |

감독위원 확인	(인)

번호	①	②	③	④	⑤		번호	①	②	③	④	⑤		번호	①	②	③	④	⑤		번호	①	②	③	④	⑤
1	①	②	③	④	⑤		21	①	②	③	④	⑤		41	①	②	③	④	⑤		61	①	②	③	④	⑤
2	①	②	③	④	⑤		22	①	②	③	④	⑤		42	①	②	③	④	⑤		62	①	②	③	④	⑤
3	①	②	③	④	⑤		23	①	②	③	④	⑤		43	①	②	③	④	⑤		63	①	②	③	④	⑤
4	①	②	③	④	⑤		24	①	②	③	④	⑤		44	①	②	③	④	⑤		64	①	②	③	④	⑤
5	①	②	③	④	⑤		25	①	②	③	④	⑤		45	①	②	③	④	⑤		65	①	②	③	④	⑤
6	①	②	③	④	⑤		26	①	②	③	④	⑤		46	①	②	③	④	⑤		66	①	②	③	④	⑤
7	①	②	③	④	⑤		27	①	②	③	④	⑤		47	①	②	③	④	⑤		67	①	②	③	④	⑤
8	①	②	③	④	⑤		28	①	②	③	④	⑤		48	①	②	③	④	⑤		68	①	②	③	④	⑤
9	①	②	③	④	⑤		29	①	②	③	④	⑤		49	①	②	③	④	⑤		69	①	②	③	④	⑤
10	①	②	③	④	⑤		30	①	②	③	④	⑤		50	①	②	③	④	⑤		70	①	②	③	④	⑤
11	①	②	③	④	⑤		31	①	②	③	④	⑤		51	①	②	③	④	⑤		71	①	②	③	④	⑤
12	①	②	③	④	⑤		32	①	②	③	④	⑤		52	①	②	③	④	⑤		72	①	②	③	④	⑤
13	①	②	③	④	⑤		33	①	②	③	④	⑤		53	①	②	③	④	⑤		73	①	②	③	④	⑤
14	①	②	③	④	⑤		34	①	②	③	④	⑤		54	①	②	③	④	⑤		74	①	②	③	④	⑤
15	①	②	③	④	⑤		35	①	②	③	④	⑤		55	①	②	③	④	⑤		75	①	②	③	④	⑤
16	①	②	③	④	⑤		36	①	②	③	④	⑤		56	①	②	③	④	⑤		76	①	②	③	④	⑤
17	①	②	③	④	⑤		37	①	②	③	④	⑤		57	①	②	③	④	⑤		77	①	②	③	④	⑤
18	①	②	③	④	⑤		38	①	②	③	④	⑤		58	①	②	③	④	⑤		78	①	②	③	④	⑤
19	①	②	③	④	⑤		39	①	②	③	④	⑤		59	①	②	③	④	⑤		79	①	②	③	④	⑤
20	①	②	③	④	⑤		40	①	②	③	④	⑤		60	①	②	③	④	⑤		80	①	②	③	④	⑤

한국전력기술 기출 전공 답안카드

성 명

지원분야

문제지 형별기재란

( )형 Ⓐ Ⓑ

수험번호
⓪ ① ② ③ ④ ⑤ ⑥ ⑦ ⑧ ⑨

감독위원 확인

(인)

번호						번호						번호					
1	①	②	③	④	⑤	21	①	②	③	④	⑤	41	①	②	③	④	⑤
2	①	②	③	④	⑤	22	①	②	③	④	⑤	42	①	②	③	④	⑤
3	①	②	③	④	⑤	23	①	②	③	④	⑤	43	①	②	③	④	⑤
4	①	②	③	④	⑤	24	①	②	③	④	⑤	44	①	②	③	④	⑤
5	①	②	③	④	⑤	25	①	②	③	④	⑤	45	①	②	③	④	⑤
6	①	②	③	④	⑤	26	①	②	③	④	⑤	46	①	②	③	④	⑤
7	①	②	③	④	⑤	27	①	②	③	④	⑤	47	①	②	③	④	⑤
8	①	②	③	④	⑤	28	①	②	③	④	⑤	48	①	②	③	④	⑤
9	①	②	③	④	⑤	29	①	②	③	④	⑤	49	①	②	③	④	⑤
10	①	②	③	④	⑤	30	①	②	③	④	⑤	50	①	②	③	④	⑤
11	①	②	③	④	⑤	31	①	②	③	④	⑤						
12	①	②	③	④	⑤	32	①	②	③	④	⑤						
13	①	②	③	④	⑤	33	①	②	③	④	⑤						
14	①	②	③	④	⑤	34	①	②	③	④	⑤						
15	①	②	③	④	⑤	35	①	②	③	④	⑤						
16	①	②	③	④	⑤	36	①	②	③	④	⑤						
17	①	②	③	④	⑤	37	①	②	③	④	⑤						
18	①	②	③	④	⑤	38	①	②	③	④	⑤						
19	①	②	③	④	⑤	39	①	②	③	④	⑤						
20	①	②	③	④	⑤	40	①	②	③	④	⑤						

한국전력기술 전공 답안카드

	1	2	3	4	5			1	2	3	4	5			1	2	3	4	5
1	①	②	③	④	⑤		21	①	②	③	④	⑤		41	①	②	③	④	⑤
2	①	②	③	④	⑤		22	①	②	③	④	⑤		42	①	②	③	④	⑤
3	①	②	③	④	⑤		23	①	②	③	④	⑤		43	①	②	③	④	⑤
4	①	②	③	④	⑤		24	①	②	③	④	⑤		44	①	②	③	④	⑤
5	①	②	③	④	⑤		25	①	②	③	④	⑤		45	①	②	③	④	⑤
6	①	②	③	④	⑤		26	①	②	③	④	⑤		46	①	②	③	④	⑤
7	①	②	③	④	⑤		27	①	②	③	④	⑤		47	①	②	③	④	⑤
8	①	②	③	④	⑤		28	①	②	③	④	⑤		48	①	②	③	④	⑤
9	①	②	③	④	⑤		29	①	②	③	④	⑤		49	①	②	③	④	⑤
10	①	②	③	④	⑤		30	①	②	③	④	⑤		50	①	②	③	④	⑤
11	①	②	③	④	⑤		31	①	②	③	④	⑤							
12	①	②	③	④	⑤		32	①	②	③	④	⑤							
13	①	②	③	④	⑤		33	①	②	③	④	⑤							
14	①	②	③	④	⑤		34	①	②	③	④	⑤							
15	①	②	③	④	⑤		35	①	②	③	④	⑤							
16	①	②	③	④	⑤		36	①	②	③	④	⑤							
17	①	②	③	④	⑤		37	①	②	③	④	⑤							
18	①	②	③	④	⑤		38	①	②	③	④	⑤							
19	①	②	③	④	⑤		39	①	②	③	④	⑤							
20	①	②	③	④	⑤		40	①	②	③	④	⑤							

※ 본 답안지는 마킹연습용 모의 답안지입니다.

성 명

지원 분야

문제지 형별기재란
Ⓐ
Ⓑ
( )형

수 험 번 호

⓪	①	②	③	④	⑤	⑥	⑦	⑧	⑨
⓪	①	②	③	④	⑤	⑥	⑦	⑧	⑨
⓪	①	②	③	④	⑤	⑥	⑦	⑧	⑨
⓪	①	②	③	④	⑤	⑥	⑦	⑧	⑨
⓪	①	②	③	④	⑤	⑥	⑦	⑧	⑨
⓪	①	②	③	④	⑤	⑥	⑦	⑧	⑨
⓪	①	②	③	④	⑤	⑥	⑦	⑧	⑨

감독위원 확인
(인)

2025 최신판 시대에듀 사이다 모의고사
한국전력기술 NCS + 전공

개정2판1쇄 발행	2025년 04월 10일 (인쇄 2025년 03월 28일)
초 판 발 행	2023년 10월 20일 (인쇄 2023년 10월 06일)
발 행 인	박영일
책 임 편 집	이해욱
편 저	SDC(Sidae Data Center)
편 집 진 행	김재희 · 김미진
표지디자인	박종우
편집디자인	김경원 · 임창규
발 행 처	(주)시대고시기획
출 판 등 록	제10-1521호
주 소	서울시 마포구 큰우물로 75 [도화동 538 성지 B/D] 9F
전 화	1600-3600
팩 스	02-701-8823
홈 페 이 지	www.sdedu.co.kr
I S B N	979-11-383-9211-2 (13320)
정 가	18,000원

합격의 공식
시대
에듀

www.sdedu.co.kr

사~ 사사
이
다~ 다다

사일 동안
이것만 풀면
다 합격!

한국전력기술
NCS + 전공

기업별 맞춤 학습 "기본서" 시리즈

공기업 취업의 기초부터 심화까지! 합격의 문을 여는 **Hidden Key!**

기업별 시험 직전 마무리 "모의고사" 시리즈

실제 시험과 동일하게 마무리! 합격을 향한 **Last Spurt!**

※ **기업별 시리즈** : HUG 주택도시보증공사 / LH 한국토지주택공사 / 강원랜드 / 건강보험심사평가원 / 국가철도공단 / 국민건강보험공단 / 국민연금공단 / 근로복지공단 / 발전회사 / 부산교통공사 / 서울교통공사 / 인천국제공항공사 / 코레일 한국철도공사 / 한국농어촌공사 / 한국도로공사 / 한국산업인력공단 / 한국수력원자력 / 한국수자원공사 / 한국전력공사 / 한전KPS / 항만공사 등

※도서의 이미지 및 구성은 변동될 수 있습니다.

NEXT STEP

시대에듀가 합격을 준비하는
당신에게 제안합니다.

성공의 기회
시대에듀를 잡으십시오.

시대에듀

기회란 포착되어 활용되기 전에는 기회인지조차 알 수 없는 것이다.

- 마크 트웨인 -